Behavioral Data Analysis with R and Python

행동 데이터 분석

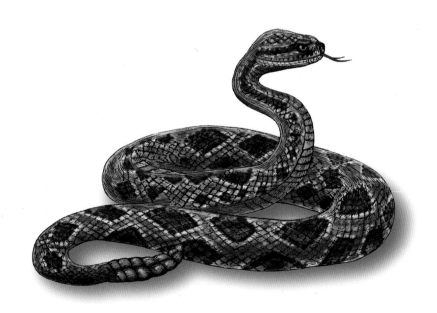

O'REILLY® **IB** 한빛미디어
Hanbit Media, Inc.

이 책은 저자의 행동 데이터 분석에 대한 깊은 이해와 실무 경험으로 작성되었습니다. 또한, 다양한 사례를 활용하여 설명하고 있어, 개발자뿐만 아니라 행동 데이터 분석과 관련된 모든 직종의 사람이 쉽게 이해할 수 있도록 서술되었습니다. 사용자 행동 데이터 분석에 관심이 있는 사람뿐 아니라, 더 깊은 이론을 배우고 싶은 모든 사람에게 이 책을 추천합니다.

류영표, 프리랜서 개발자 및 강사

데이터 분석을 공부하면서 실무를 경험하다보면 항상 마주치는 질문이 있습니다.

"사람들은 어떻게 행동하는가?", "사람들은 왜 이렇게 행동하는가?"

물론, 데이터 분석만으로 이 질문에 대한 해답을 완벽하게 찾을 수 없습니다. 하지만 이 책에서 제공하는 저자의 다양한 노하우로 실무에서 마주하게 될 다양한 질문에 당당히 마주할 수 있을 것입니다. 따라서 초보자들에게는 이 책이 다소 어려울 수 있습니다. 그러나, 사람들의 행동에 대한 궁금증을 가진 독자에게는 끊임없이 탐구하는 여정을 함께하며 영감을 주는 좋은 친구가 되어줄 것입니다.

송진영, 데이터 분석가

실무에서 데이터 분석을 수행하다보면 '왜' 이러한 결과가 나타났는지를 설명해야 하는 상황이 자주 발생합니다. 이 책은 이러한 상황에서 도움이 되는 인과관계와 행동 분석의 이론을 다루며, R과 파이썬 두 가지 언어를 활용하여 실제 데이터를 분석하고 결과를 해석하는 방법을 소개합니다. 복잡한 모델링 기술보다는 데이터의 본질을 파악하고 결과를 해석하는 기술을 익히는 데 중점을 두고 있어 실무에서 유용한 책입니다.

양민혁, 현대모비스 데이터사이언스팀

Behavioral Data Analysis with R and Python

행동 데이터 분석

| 표지 설명 |

표지 동물은 열대방울뱀Crotalus durissus으로 남아메리카 방울뱀South American rattlesnake이라고도 부릅니다. 열대방울뱀은 독성이 강한 살무삿과pit viper이며 안데스 산맥과 남쪽 끝을 제외한 남아메리카 전역에 서식합니다. 열대방울뱀은 도마뱀이나 설치류를 먹습니다. 성체는 최대 6피트까지 자랄 수 있고 사육 환경에서는 20년까지 살 수 있습니다. 열대방울뱀은 계절에 따라 번식을 하고 암컷은 한번에 14마리의 새끼를 낳습니다. 이 방울뱀의 독에는 네 가지 주요 독소(크로톡신crotoxin, 컨벌신convulxin, 자이록신gyroxin, 크로타민crotamine)가 있으며 열대방울뱀은 이 독을 사용하여 먹이를 잡고 소화시킵니다. 방울뱀은 종종 큰 동물이 접근하면 위장으로 몸을 숨기고 가만히 멈춥니다. 이러한 방어 전략은 사람이 뱀을 발견하기 어렵게 만들기 때문에 사람이 뱀에게 너무 가까이 다가가거나 심지어 뱀을 밟는 경우 뱀에게 물릴 수 있습니다. 위장 말고 또 다른 방울뱀의 방어 수단으로 독특한 경고 기능을 하는 꼬리의 방울이 있습니다. '방울뱀'이라는 이름은 바로 이 꼬리에서 유래되었습니다. 꼬리에 달린 방울은 여러 개의 느슨한 층이 있는 케라틴 비늘로 이루어져 있고 뱀이 꼬리에 있는 특정 근육을 사용하여 꼬리를 진동시키면 마른 층이 서로 부딪히면서 딸랑이와 같은 소리를 냅니다. 뱀이 탈피를 할 때마다 방울이 추가되기 때문에 뱀의 크기나 길이와 더불어 꼬리의 방울 개수는 뱀의 나이를 측정할 수 있는 잠재적인 지표로 사용됩니다. 국제 자연 보전 연맹(IUCN)은 열대방울뱀을 '최소관심종least concern'으로 선정했습니다. 오라일리 표지에 등장하는 동물은 대부분 멸종 위기종입니다. 이 동물들은 모두 소중한 존재입니다. 표지 그림은 『Meyers Kleines Lexicon』에 실린 흑백 판화를 기반으로 캐런 몽고메리Karen Montgomery가 그린 작품입니다.

행동 데이터 분석

R과 파이썬으로 시작하는 행동 데이터 분석 가이드

초판 1쇄 발행 2023년 5월 24일

지은이 플로랑 뷔송 / **옮긴이** 시진 / **펴낸이** 김태헌
펴낸곳 한빛미디어(주) / **주소** 서울시 서대문구 연희로2길 62 한빛미디어(주) IT출판2부
전화 02-325-5544 / **팩스** 02-336-7124
등록 1999년 6월 24일 제25100-2017-000058호 / **ISBN** 979-11-6921-106-2   93000

총괄 송경석 / **책임편집** 박민아 / **기획 · 편집** 김지은
디자인 표지 박정우 내지 박정화 조판 이경숙
영업 김형진, 장경환, 조유미 / **마케팅** 박상용, 한종진, 이행은, 김선아, 고광일, 성화정, 김한솔 / **제작** 박성우, 김정우

이 책에 대한 의견이나 오탈자 및 잘못된 내용에 대한 수정 정보는 한빛미디어(주)의 홈페이지나 아래 이메일로 알려주십시오. 잘못된 책은 구입하신 서점에서 교환해드립니다. 책값은 뒤표지에 표시되어 있습니다.
한빛미디어 홈페이지 www.hanbit.co.kr / **이메일** ask@hanbit.co.kr

지금 하지 않으면 할 수 없는 일이 있습니다.
책으로 펴내고 싶은 아이디어나 원고를 메일(writer@hanbit.co.kr)로 보내주세요.
한빛미디어(주)는 여러분의 소중한 경험과 지식을 기다리고 있습니다.

이 책은 행동 과학 분야에서의 데이터 분석에 초점을 맞춘 책입니다. 이론을 실제로 적용하는 방법을 실제 예제와 케이스 스터디를 통해 설명합니다. 인과 모델링을 통해 통계적 모델링 결과를 인과적으로 해석하는 방법을 자세히 다루며, 이를 통해 분석 결과를 더욱 신뢰할 수 있게 만드는 방법을 제시합니다. 또한, R과 파이썬을 사용하여 데이터 분석을 구현하는 방법도 다루므로, 실제로 데이터 분석을 진행하는 데 필요한 기술을 익힐 수 있습니다. 사용자 행동 분석에 어려움을 겪는 모든 사람에게 이 책을 추천합니다. 이 책을 통해 데이터 분석의 기초를 다지고, 사용자 행동 분석에 대한 이해를 높일 수 있을 것입니다.

우수연, 데이터 분석가

'상관관계는 인과관계가 아니다'는 통계학에서 매우 중요한 원칙 중 하나입니다. 그러나 실제 데이터 분석에서는 상관관계와 인과관계를 명확히 구분하는 것은 어려울 수 있습니다. 이러한 문제를 해결하기 위해 이 책에서는 DAG를 이용한 인과 추론에 대해 소개합니다. 이를 통해 실험을 설계하고 분석하는 과정이나, 비즈니스 관계자를 설득하는 데 활용할 수 있습니다.

조현석, 컨스택츠코리아 데이터 가드너

이 책은 데이터 과학 기술을 소개하는 것에서 멈추지 않고 데이터 중심의 지혜, 즉 데이터에 나타난 인간 행동 경향을 상세하고 미묘한 내용까지 이해할 수 있도록 안내합니다.

스티브 웬델 Steve Wendel, Morningstar 행동 과학 책임자

행동 데이터 분석은 통제된 실험을 실행할 수 없는 경우에도 데이터를 이해할 수 있게 합니다.

콜린 맥파랜드 Colin McFarland, 넷플릭스 실험 플랫폼 책임자

우리 주변에는 데이터가 넘쳐나며 이러한 데이터는 중요한 리소스입니다. 실무자는 실제 행동을 예측하고 설명하는 유효한 인과 모델을 구축하기 위해 데이터를 사용하는 방법을 주변 데이터로부터 익힐 수 있습니다.

데이비드 루이스 David Lewis, BEworks Research CEO

행동 과학을 적용하여 비즈니스 의사결정을 내리고 싶은 모든 사람에게 이 책을 추천합니다. 이 책은 실험과 행동 분석에서 인과관계를 활용하는 방법에 대한 귀중하고 심층적인 내용을 소개합니다.

맷 라이트 Matt Wright, WiderFunnel 행동 과학 책임자

행동 과학은 정량 통찰력과 정성 통찰력을 매끄럽게 결합하여 사람들의 행동 이유를 이해할 수 있도록 합니다. 이 책은 기본적인 데이터 기술을 가진 사람이라면 누구나 이러한 행동 과학 과정에 의미 있게 참여할 수 있도록 돕습니다.

맷 월러트 Matt Wallaert, Frog 행동 과학 책임자

지은이·옮긴이 소개

지은이 플로랑 뷔송 Florent Buisson

10년간 경영, 분석 및 행동 과학 분야에서 경력을 쌓은 행동경제학자입니다. 소르본 대학교에서 계량경제학 석사 학위와 행동경제학 박사 학위를 받았으며, 이후 올스테이트에서는 행동 과학팀을 신설하여 4년 동안 팀을 이끌었습니다. 그전에는 프랑스 전략 컨설팅 회사에서 경제학과 데이터 분석을 활용하여 복잡한 측정 문제를 해결하는 업무를 담당했습니다. 또한 유엔식량농업기구UN Food and Agriculture Organization의 의뢰를 받아 개발도상국의 농업 정책 안전성을 측정하는 지표를 작성했고, 전문 의료 분석 분야에서 중증 질환 환자의 행동을 분석했습니다.

옮긴이 시진

자연어 처리 연구를 진행하며 챗봇을 개발하는 평범한 개발자입니다. 새로운 분야나 지식을 접하고 공부하는 것을 좋아하고 학습과 지식 공유를 목표로 번역에 참여하고 있습니다.

옮긴이의 말

행동 과학 분야를 전혀 모르는 상태에서 번역을 시작하면서 처음에는 원서의 내용을 오류 없이 잘 전달할 수 있을까 걱정이 많았습니다. 그런데 번역을 할수록 이 분야가 궁금해지고 책의 흐름을 차근차근 따라가다보니 어떻게 하면 책에서 공부한 내용을 현업에 적용할 수 있을까 기대하게 되더라구요. 혹시 저와 같이 행동 과학 분야가 처음인 독자라면 이 책이 새로운 분야를 접하고 관련된 데이터를 분석하는 구체적인 방법까지 살펴볼 좋은 기회가 될 수 있지 않을까 생각합니다. 또한 다양한 예제로 행동 과학 이론을 소개하고 분석의 목표를 구체적으로 세운다는 점과, R과 파이썬으로 코드를 구현하고 결과를 해석하는 단계까지 잘 짜여져 있다는 점이 이 책의 가장 큰 매력이라고 생각합니다.

끝으로 도움을 주신 분들께 감사한 마음을 전합니다. 먼저 이 책의 처음부터 끝까지 모든 과정을 함께해주신 김지은 편집자님께 감사드립니다. 행동 과학 분야에 익숙하지 않아 용어 선정이나 의역 과정에서 고민이 많았는데 적극적으로 소통해주시고 의견을 나눠주신 덕분에 원고를 무사히 완성할 수 있었습니다. 항상 따뜻하고 친절하게 대해주시고 꼼꼼한 피드백으로 서툰 원고를 깔끔하게 다듬어주셔서 감사합니다. 그리고 부족한 원고를 리뷰하고 다양한 관점에서 피드백을 진행해주신 모든 베타리더님께도 감사하다는 말씀을 드리고 싶습니다. 마지막으로 늘 곁에서 힘이 되어주는 가족에게 무한한 사랑과 감사를 전합니다.

책을 출간할 때마다 책을 마무리하고 옮긴이의 말을 쓰는 이 순간이 가장 떨립니다. 열심히 준비한 만큼 이번 책도 독자 여러분께 조금이나마 도움이 되는 책이 되기를 바랍니다.

시진

감사의 말

책을 집필할 때는 보통 배려해준 배우자에게 감사를 표하고 능력 있는 감수자에게 감수를 부탁하곤 합니다. 저에게 이 두 가지 역할을 모두 담당해준 소중한 배우자가 있다는 것은 정말 큰 축복이었습니다. 이렇게 여러 번 원고를 검토하고 수정하게 만드는 감수자가 있나 싶을 정도로 까다롭게 작업을 진행했지만 덕분에 훨씬 더 나은 책을 완성할 수 있었습니다. 제 평생의 동반자이자 영혼의 짝꿍에게 감사의 인사를 전합니다.

그리고 기꺼이 시간을 내어 초고를 읽고 아낌 없이 조언을 건네준 나의 동료 Jean Utke, Jessica Jakubowski, Chinmaya Gupta, Phaedra Daipha에게도 감사의 말을 전합니다. 덕분에 원고를 좋은 방향으로 개선할 수 있었습니다.

또한 집필에 가장 큰 도움을 준 Bethany Winkel에게 감사하다는 말을 특별히 전하고 싶습니다.

초고가 얼마나 투박하고 혼란스러웠는지 떠올리면 민망하기만 합니다. 이 책을 완성할 수 있도록 다양한 관점으로 전문 지식을 공유하며 끈기 있게 이끌어준 편집자와 기술 자문자가 있습니다. Gary O'Brien, Xuan Yin, Shannon White, Jason Stanley, Matt LeMay, and Andreas Kaltenbrunner에게도 감사의 인사를 드립니다.

플로랑 뷔송

이 책에 대하여

통계는 놀라울 정도로 많이 사용되지만 효과적으로 사용할 줄 아는 실무자는 극소수에 불과하다.

– 브래들리 에프론Bradley Efron과 로버트 팁시라니R. J. Tibshirani,

『An Introduction to the Bootstrap』(Chapman & Hall/CRC, 1993)

『행동 데이터 분석』에 오신 것을 환영합니다! 우리가 데이터 시대에 살고 있다는 말은 이제 진부할 만큼 당연한 사실이 되었습니다. 오늘날 엔지니어는 터빈turbine이나 각종 기계에 부착된 센서로 매일 데이터를 수집하여 고장 시점을 예측하고 고장을 예방하도록 기계를 정비합니다. 또한 마케터는 고객 통계 정보에서 개인 구매 이력까지 다양한 데이터를 사용하여 언제 어떤 광고를 내보낼지 결정합니다. '데이터는 새로운 석유이다'라는 말처럼 데이터는 하나의 자원으로 자리잡았으며 데이터를 처리하는 알고리즘은 경제를 발전시키는 일종의 새로운 엔진이라고 말할 수 있습니다.

분석, 머신러닝machine learning 및 데이터 과학을 다루는 대부분의 책은 엔지니어 또는 마케터와 같이 서로 다른 분야에 있는 실무자가 당면한 문제를 동일한 접근 방식과 도구로 해결할 수 있다고 암묵적으로 가정합니다. 물론, 다루는 변수도 다르고 바탕이 되는 지식도 도메인별로 다르지만 k−평균 클러스터링k-means clustering을 터빈의 센서 데이터에 적용하든 소셜 미디어의 게시물에 적용하든 핵심이 되는 접근법은 k−평균 클러스터링으로 동일하다는 의미입니다. 이러한 방식으로 머신러닝 도구를 도입하면서 기업은 분석 대상의 행동 경향을 대체로 정확하게 예측할 수 있게 되었지만 실제로 어떤 분석 원리로 결과를 도출할 수 있는지에 대해 깊고 풍부하게 이해하는 것은 포기해야 했습니다. 결국 데이터 과학 모델을 '블랙박스black box'라고 비판하는 목소리도 생겨났죠.

이 책은 정확하지만 불투명한 예측 방법을 알아보는 대신에 **'무엇이 행동을 유발하는가?'**라는 질문에 답을 찾고자 합니다. 구독형 서비스를 제공하는 기업에 근무하면서 잠재 고객에게 이메일을 보낸다고 상상해보세요. 정말로 고객이 **그 이메일을 계기**로 서비스를 구독할까요? 어떤 고객층에게 이메일을 보내야 할까요? **나이가 많은 고객**이 구매하는 상품이 따로 있을까요? 고객 경험이 충성도와 유지율에 어떤 영향을 줄까요? 단순히 행동을 예측하는 것에서 행동을 설명하고 그 원인을 파악하는 것으로 분석의 관점을 전환하면 수많은 분석가가 자신의 모델 결과에 확신을 갖지 못하게 했던 '상관관계가 인과관계는 아니다'라는 저주를 깰 수 있을 것입니다.

관점을 전환하라는 이야기가 새로운 분석 도구를 도입해야 한다는 의미는 아닙니다. 이 책에서는 이미 오래전부터 널리 쓰이고 있는 선형 회귀linear regression와 로지스틱 회귀logistic regression만 사용합니다. 이 두 가지 데이터 분석 도구는 본질적으로 다른 유형의 모델보다 해석하기 쉽습니다. 해석이 쉬운 모델일수록 예측 정확도가 더 낮다는 단점이 있지만(예를 들어 예측 오차가 더 커지는 등) 이 책의 목표는 변수 사이의 관계성을 알아내는 것이므로 예측 정확도는 문제가 되지 않습니다.

대신 이 책에서는 데이터를 이해하는 방법을 배우는 데 많은 시간을 쏟을 것입니다. 필자는 데이터 과학자 채용 면접관으로 활동하면서 정교한 머신러닝 알고리즘을 다룰 줄 알지만 데이터에 대한 감각은 부족한 지원자를 많이 보았습니다. 이러한 지원자는 알고리즘이 알려주는 사실을 제외하고는 데이터를 거의 이해하지 못했습니다.

다음과 같은 요소를 익힌다면 여러분은 데이터에 대한 직관을 기르고 수준 높고 가치 있는 분석 결과를 얻을 수 있습니다.

- 데이터 자체를 목적으로 하기보다는 데이터를 인간의 심리와 행동을 들여다보는 렌즈로 바라보는 행동 과학behavioral science적인 사고방식
- 여러 요인 사이의 인과관계를 알아내고 관계성이 얼마나 강한지 측정하는 인과관계 분석 도구 모음

이 두 가지는 각각 그 자체로 큰 이점을 제공하지만 함께 사용하면 최고의 효과를 낼 수 있는 영혼의 단짝입니다. '인과관계 분석 도구를 사용하는 행동 과학적인 사고방식'이라고 부르기에는 너무 길기 때문에 '인과–행동causal–behavioral 접근법' 또는 '프레임워크framework'라고 부르겠습니다. 이 프레임워크에는 또 다른 이점이 있습니다. 실험 데이터와 과거 데이터에 동일하게 적용하는 동시에 각각의 특성을 활용할 수 있습니다. 이 사실은 2개의 데이터 유형에 완전히 다른 도구

를 사용하는 전통적인 분석 방법(예: 실험 데이터에 대한 분산 분석$^{analysis\ of\ variance}$ (ANOVA) 및 t-검정$^{t\text{-test}}$)과 2개의 유형을 동일하게 취급하는 데이터 과학과 대조됩니다.

대상 독자

이 책은 R이나 파이썬을 사용하여 비즈니스 데이터를 분석하는 독자를 위한 책입니다. 이 책에서 '비즈니스'라는 용어는 올바른 통찰력과 실행으로 이어질 수 있는 결론 도출이 중요한 영리, 비영리 또는 정부조직을 포괄하는 의미로 사용됩니다.

여러분이 매달 실적을 예측하는 비즈니스 분석가이거나 사용자의 클릭 경향을 관찰하는 UX 연구원, 머신러닝 모델을 구축하는 데이터 과학자여도 좋습니다. 직업과 하는 일에 상관없이 이 책을 읽기 위해 필요한 수학과 통계 지식은 모두 동일합니다. 필요한 전제 조건은 바로 선형 회귀와 로지스틱 회귀에 대한 어느 정도의 지식입니다. 회귀를 이해한다면 이 책의 내용을 이해하고 유용하게 활용할 수 있을 것입니다. 분야 측면에서는 통계학이나 컴퓨터 과학 박사 학위를 가진 전문 데이터 과학자라도 행동 또는 인과분석의 전문가가 아니라면 이 책에서 새롭고 유용한 지식을 발견할 수 있을 것입니다.

프로그래밍 지식도 약간 필요합니다. R 또는 파이썬, 가능하다면 2개 모두로 코드를 읽고 작성할 수 있어야 합니다. 함수를 정의하는 방법이나 판다스의 데이터프레임^{dataframe}과 같은 자료구조를 조작하는 방법은 이 책에서 소개하지 않습니다. R이나 파이썬 프로그래밍을 공부하고 싶다면 『파이썬 라이브러리를 활용한 데이터 분석(2판)』(한빛미디어, 2019)과 『R을 활용한 데이터 과학』(인사이트, 2019)를 읽어보세요. R이나 파이썬 프로그래밍 책을 읽었거나 기초 강의를 들었거나 두 언어 중 하나를 업무에서 사용한 경험이 있다면 이 책을 읽기에 충분한 배경 지식을 갖추고 있을 것입니다. 이 책에서 소개하는 모든 코드는 책과 함께 제공하는 깃허브[1]에서 확인할 수 있습니다.

---

1 https://oreil.ly/BehavioralDataAnalysis

이 책이 다루지 않는 내용

학계에 있거나 학계의 전통적인 규범(예를 들어 제약 실험)을 따라야 하는 분야에 있다면 이 책의 내용이 흥미로울 수는 있지만 여러분의 지도 교수, 편집자나 관리자의 의견과 다를 수 있습니다.

이 책은 t-검정이나 ANOVA와 같은 기존의 행동 데이터 분석 방법론을 소개하는 책이 **아닙니다**. 필자는 비즈니스 문제를 풀면서 회귀 분석이 이러한 전통적인 방법보다 효과가 덜하다고 느낀 적이 없습니다. 이러한 이유로 이 책의 분석 방법을 선형 회귀와 로지스틱 회귀로 한정한 것입니다. 만약 다른 방법을 공부하고 싶다면 『핸즈온 머신러닝(2판)』(한빛미디어, 2020)을 읽어보세요.

응용 환경에서 행동 경향을 이해하고 변화시키려면 데이터 분석과 정성적 기술이 모두 필요합니다. 이 책 한 권에 모든 것을 담을 수 없어서 전적으로 전자에 초점을 맞춥니다. 후자가 궁금하다면 『넛지』(리더스북, 2018)와 『마음을 움직이는 디자인 원리』(위키북스, 2018)를 읽어보세요. 이 책은 데이터 분석에 집중하겠지만 여러분이 행동 과학 분야를 처음 접하더라도 이 책에서 소개하는 도구를 적용할 수 있도록 행동 과학의 개념을 소개할 것입니다.

마지막으로 여러분이 R이나 파이썬으로 데이터를 분석해본 적이 없다면 이 책이 어렵게 느껴질 수 있습니다. 이러한 경우라면 앞에서 소개한 책을 먼저 읽어볼 것을 추천합니다.

R과 파이썬 코드

왜 **R과 파이썬**이라고 할까요? 둘 중 하나가 더 우월하다고 말하기 어려운 이유는 무엇일까요? 'R이냐, 파이썬이냐'는 인터넷에서 여전히 뜨거운 논쟁 거리입니다. 필자의 생각을 조심스럽게 말해보자면 이러한 논쟁은 사실 의미가 없습니다. 현실적으로는 여러분이 속한 조직에서 사용하거나 시대에 맞는 언어를 사용해야 합니다. 필자가 의료 기업에서 일할 당시 그 기업에서는 업계 표준으로 오랫동안 사용해온 SAS를 주요 언어로 사용했습니다. 필자는 R과 파이썬 사용자였지만 해당 기업에서 이미 SAS로 구축한 기존 코드를 다루어야 했기 때문에 입사 후 첫 달은

이 책에 대하여

SAS를 익히면서 시간을 보내야 했습니다. R이나 파이썬을 사용하지 않는 기업에서 평생 일하지 않는 이상 두 언어 모두 최소한 기초 정도는 다루게 될 가능성이 높아 두 가지 언어 모두 공부하는 것이 좋습니다. 필자는 아직 '둘 중 자신이 사용하지 않는 언어로 코드를 읽고 쓰는 법을 괜히 공부했다'라고 말하는 사람을 단 한 번도 본 적이 없습니다.

운 좋게 두 언어 모두를 사용하는 조직에서 일하게 되었다면 둘 중 어느 것을 사용해야 할까요? 여러분의 상황과 수행해야 하는 작업에 따라 선택해야 합니다. 예를 들어 필자는 개인적으로 탐색적 데이터 분석exploratory data analysis(EDA)은 R로 하는 것을 선호하지만 웹 스크래핑web scraping을 할 때는 파이썬이 훨씬 쓰기 쉽다고 생각합니다. 또한 언어를 선택할 때 두 언어의 최신 정보를 참고할 것을 추천합니다. 두 언어 모두 꾸준히 개선되고 있으며 버전별로 차이가 크다는 점을 고려해야 합니다. 예를 들어 파이썬은 점점 EDA에 용이한 환경으로 변화하고 있습니다. 온라인 포럼을 찾아다니면서 둘 중 어느 언어가 더 나은지 고민하기보다는 두 언어를 모두 공부하는 것이 좋습니다.

코드 환경

각 장의 시작 부분에서 해당 장의 실습을 진행하기 위해 필요한 R과 파이썬 패키지를 안내합니다. 또한 책 전반에 걸쳐 사용되는 몇 가지 패키지 호출 방법을 소개합니다. 이 책과 함께 제공되는 깃허브에는 모든 스크립트에 호출 과정이 포함되어 있습니다. 이 책의 모든 실습을 진행하기 전에 다음과 같이 몇 가지 기본 사항을 꼭 먼저 설정해주세요.

```
## R
library(tidyverse)
library(boot)          # 부트스트랩 시뮬레이션에 필요합니다.
library(rstudioapi)    # 로컬 폴더에서 데이터를 로드할 때 필요합니다.
library(ggpubr)        # 다중 플롯을 생성할 때 필요합니다.

# 난수 시드를 설정하면 난수의 재현성이 보장됩니다.
set.seed(1234)
```

```
# 개인적으로 결과를 표시할 때 사용하는 과학적 숫자 표기법(예: 지수)을
# 읽기가 어렵다고 생각하여 해당 기능을 취소합니다.
options(scipen=10)
```

```
## 파이썬
import pandas as pd
import numpy as np
import statsmodels.formula.api as smf
from statsmodels.formula.api import ols
import matplotlib.pyplot as plt  # 그래픽용
import seaborn as sns            # 그래픽용
```

코드 규약

R 코드는 R스튜디오 환경에서 개발했습니다. 번역 당시 R의 최신 버전인 4.2.1로 코드를 작성 했습니다. R 코드인 경우 코드 블록을 파란색으로 강조하고, 주석에 '## R'로 표기합니다.

```
## R
> x <- 3
> x
```

3

파이썬은 아나콘다의 주피터 노트북 환경에서 개발했습니다. 이 책에서는 파이썬 2.0과 3.0의 차이는 설명하지 않습니다. 기존에 파이썬 2.0으로 작성된 코드 외에 신규로 작성하는 모든 코 드는 파이썬 3.0을 활용합니다. 번역 당시 파이썬의 최신 버전인 3.9로 코드를 작성했습니다. 파이썬 코드인 경우 코드 블록을 노란색으로 강조하고, 주석에 '## 파이썬'으로 표기합니다.

```
## 파이썬
x = 3
x
```

```
3
```

이 책에서 여러분은 회귀 분석의 결과를 자주 보게 될 것입니다. 회귀 분석의 결과는 다양한 내용을 포함하고 있지만 이 책에서 필요한 내용은 그중 일부에 불과합니다. 실제로 회귀 분석을 업무에 활용할 때는 결과 전체를 참조해야 할 수도 있습니다. 하지만 결과를 상세하게 해석하는 것은 회귀 분석을 전문적으로 다루는 책에게 맡기고 여기서는 출력 결과를 다음과 같이 생략하겠습니다.

```
## R
> model1 <- lm(icecream_sales ~ temps, data=stand_dat)
> summary(model1)
```

```
...
Coefficients:
            Estimate Std. Error t value Pr(>|t|)
(Intercept) -4519.055    454.566  -9.941   <2e-16 ***
temps        1145.320      7.826 146.348   <2e-16 ***
...
```

```
## 파이썬
model1 = ols("icecream_sales ~ temps", data=stand_data_df)
print(model1.fit().summary())
```

```
...
             coef      std err        t      P>|t|      [0.025     0.975]
--------------------------------------------------------------------------
Intercept  -4519.0554   454.566    -9.941    0.000    -5410.439  -3627.672
temps       1145.3197     7.826   146.348    0.000     1129.973   1160.666
...
```

함수형 프로그래밍 개요

함수의 사용 여부에 따라 초급 프로그래머와 중급 프로그래머를 나누곤 합니다. 코드를 길게 연속되는 명령으로 작성하는 대신 함수로 구조화한다면 중급 프로그래머로 거듭날 수 있습니다. 이 책에서는 여러 장에 걸쳐 함수를 만들고 재사용할 것입니다. 예를 들어 다음은 부트스트랩 신뢰 구간confidence interval을 생성하는 함수입니다.

```R
## R
boot_CI_fun <- function(dat, metric_fun, B=20, conf.level=0.9){

  boot_vec <- sapply(1:B, function(x){
    cat("bootstrap iteration ", x, "\n")
    metric_fun(slice_sample(dat, n = nrow(dat), replace = TRUE))})
  boot_vec <- sort(boot_vec, decreasing = FALSE)
  offset = round(B * (1 - conf.level) / 2)
  CI <- c(boot_vec[offset], boot_vec[B+1-offset])
  return(CI)
}
```

```python
## 파이썬
def boot_CI_fun(dat_df, metric_fun, B = 20, conf_level = 9/10):

    coeff_boot = []

    # 각 시뮬레이션에 대한 관심 계수 계산
```

```
for b in range(B):
    print("beginning iteration number " + str(b) + "\n")
    boot_df = dat_df.groupby("rep_ID").sample(n=1200, replace=True)
    coeff = metric_fun(boot_df)
    coeff_boot.append(coeff)

# 신뢰 구간 추출
coeff_boot.sort()
offset = round(B * (1 - conf_level) / 2)
CI = [coeff_boot[offset], coeff_boot[-(offset+1)]]

return CI
```

함수를 사용하면 일부 코드를 이해하지 못해도 전체 코드의 흐름을 파악할 수 있다는 장점이 있습니다. 이전 함수를 예로 들겠습니다. 부트스트랩 신뢰 구간을 구하는 함수가 어떻게 작동하는지 정확하게 이해하지 못해도 그 함수가 신뢰 구간을 반환한다는 점만 이해하면 해당 함수를 활용하는 다른 코드를 이해할 수 있습니다.

예제 코드 내려받기

보충 자료(예제 코드 등)는 https://oreil.ly/BehavioralDataAnalysis에서 내려받을 수 있습니다.

이 책의 구성

이 책에서 전달하고 싶은 핵심은 다음 세 가지 요소를 오가며 연마해야 효과적으로 데이터 분석을 할 수 있다는 점입니다.

- 현실 세계의 실제 행동 경향과 이와 관련된 심리적 현상(의도, 인지, 감정 등)
- 인과관계 분석 및 다이어그램
- 데이터

이 책은 다섯 부분으로 나뉩니다.

1부, 행동의 이해

1부에서는 인과–행동 프레임워크와 행동 경향, 인과관계 추론과 데이터 사이의 관계성을 소개합니다.

2부, 인과관계 다이어그램과 교란 해소

2부에서는 교란confounding의 개념을 소개하고 인과관계 다이어그램causal diagram을 사용하여 데이터를 분석할 때 교란을 해소하는 방법을 설명합니다.

3부, 견고한 데이터 분석

3부에서는 결측 데이터missing data를 다루는 도구를 살펴보고 부트스트랩 시뮬레이션을 소개합니다. 책의 나머지 부분에서 부트스트랩 신뢰도 구간 개념을 계속 활용할 것이기 때문에 이 개념에 익숙하지 않은 독자라면 3부를 주의 깊게 읽어보세요. 데이터가 작거나 불완전하고 혹은 불규칙한 형태(예를 들어 최댓값이 여러 개이거나 이상치outlier가 있는 경우)를 갖는 문제는 흔하지만 특히 행동 데이터에서 이런 문제가 많이 발생할 수 있습니다.

4부, 실험 설계와 분석

4부에서는 실험을 설계하고 분석하는 방법을 설명합니다.

5부, 행동 데이터 분석을 위한 고급 도구

마지막으로 5부에서는 모든 내용을 종합하여 조절효과moderation, 매개효과mediation와 도구 변수instrumental variable를 살펴봅니다.

각 장은 이전 장에서 소개한 개념을 바탕으로 작성되었기 때문에 책의 순서에 따라 처음부터 차근차근 읽을 것을 추천합니다.

CONTENTS

PART **1** 행동의 이해

CHAPTER **1** 인과–행동 프레임워크

CHAPTER **2** 행동 데이터를 이해하는 방법

PART **2** 인과관계 다이어그램과 교란 해소

CHAPTER **3** 인과관계 다이어그램의 개요

CONTENTS

CONTENTS

CHAPTER **7** **부트스트랩을 활용한 불확실성 측정**

CONTENTS

CHAPTER 12 매개효과와 도구 변수

PART 01

행동의 이해

1부에서는 행동 데이터를 분석할 때 새로운 접근법을 적용해야 하는 이유를 설명합니다.

▶▶▶ **1장**
인과–행동 프레임워크라는 새로운 데이터 분석 접근법을 소개합니다. 또한 아주 단순한 데이터 분석조차도 교란변수^{confounder} 때문에 잘못될 수 있다는 점을 구체적인 예제로 살펴봅니다. 전통적인 접근법으로는 문제를 해결하기 어려우며 최악의 경우 불가능할 수도 있습니다. 반면에 새로운 접근법을 사용하면 손쉽게 처리할 수 있습니다.

▶▶▶ **2장**
행동 데이터의 특성을 자세하게 소개합니다. 더불어 행동 과학이 무엇인지 알아보고 행동 데이터가 현실 세계의 행동 경향을 적절하게 반영하는지 확인하는 과정도 함께 살펴봅니다.

PART 01

행동의 이해

인과–행동 프레임워크

앞에서 언급했듯이 기업, 비영리 단체 또는 공공 기관과 같은 곳에서 인간의 행동을 변화시키려면 무엇이 행동을 유발하는지 이해해야 합니다. 이것이 바로 응용 분석^{applied analytics}의 핵심 목표입니다. 왜 같은 제품을 보고도 일부 사람은 구매를 하지만, 다른 사람은 **구매하지 않았을까요?** 사람들은 어떤 이유로 서비스 구독을 갱신하고 온라인에서 결제를 하는 대신 고객센터에 전화를 걸어 장기기증 서약을 하고 비영리 단체에 기부를 하는 걸까요? 이러한 질문의 이유를 알아낸다면 사람들이 다양한 상황에서 어떻게 행동할지 예측하고 그 행동을 하거나 하지 않도록 유도할 수 있을 것입니다. 필자는 데이터 분석과 행동 과학적인 사고방식, 인과관계 분석 도구 모음을 결합하여 '인과–행동 프레임워크'라고 이름 지었던 통합 접근법으로 이 목표를 이룰 수 있다고 생각합니다. 궁극적인 목표는 행동을 이해하는 것이기 때문에 이 프레임워크에서는 **행동**^{behavior}이 가장 우선시됩니다. [그림 1-1]과 같이 삼각형을 지지하는 2개의 기둥인 **인과관계 다이어그램**^{causal diagram}과 **데이터**를 사용하면 행동을 이해할 수 있습니다.

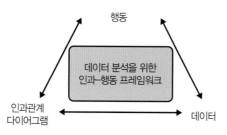

그림 1-1 데이터 분석을 위한 인과–행동 프레임워크

책 전반에 걸쳐 [그림 1-1]에 있는 삼각형의 각 기둥과 기둥 사이의 관계를 살펴볼 것입니다. 마지막 장에서는 모든 내용을 종합하여 '고객 만족도가 잠재 구매 증가에 미치는 영향'과 같이 전통적인 접근법으로 측정하기 어려운 작업을 한 줄의 코드로 해결해봅니다. 인과-행동 프레임워크를 사용하면 이러한 특별한 작업뿐만 아니라 '이메일 광고 또는 제품 기능이 구매 행동purchasing behavior에 미치는 효과 측정'과 같은 일반적인 분석을 보다 효과적으로 수행할 수 있습니다.

예측 분석predictive analytics에 익숙한 독자라면 왜 필자가 예측 분석보다 인과관계 분석causal analytics을 더 선호하는지 궁금할 수도 있습니다. 예측 분석이 비즈니스 문제를 굉장히 잘 풀어 왔고 앞으로도 비즈니스 분야에서 널리 사용되겠지만 인간의 행동은 분석하기 어려울 수 있기 때문입니다. 반면에 인과적 접근법은 행동 데이터에서 아주 흔하게 발생하는 '교란confounding' 현상을 파악하고 해결할 수 있다는 큰 장점이 있습니다. 다음 절에서 인과적 접근법이 왜 행동 데이터에서 유리한가를 자세히 설명하겠습니다.

1.1 인과관계 분석을 선택한 이유

인과관계 분석이 분석 분야에서 어느 영역에 속하는지를 이해하면 비즈니스 문제를 해결할 때 인과관계 분석이 필요한 이유를 더 쉽게 이해할 수 있을 것입니다. 이 필요성은 인간 행동의 복잡성에서 기인합니다.

1.1.1 분석의 유형

분석에는 기술 분석, 예측, 인과관계라는 세 가지 유형이 있습니다. 기술 분석descriptive analytics은 데이터에 대한 **설명**description을 제공합니다. 쉽게 말하면 '~는 무엇인가' 또는 '이미 측정한 것'에 대한 답을 줍니다. 비즈니스 보고가 이 분석 범주에 속합니다. '지난 달에 얼마나 많은 고객이 서비스 구독을 취소했나요?', '작년 이익은 얼마인가요?'와 같은 질문에 답할 수 있습니다. 평균이나 간단한 지표를 계산할 때마다 은연중에 기술 분석을 사용하기 때문입니다. 기술 분석은 가장 간단한 형태의 분석이지만 과소평가해서는 안 됩니다. 많은 조직이 조직의 운영 상태를 명확하고 일관된 관점으로 파악하는 데 어려움을 겪습니다. 조직에서 이 문제가 얼마나 큰지 확인하고 싶다면 재무 부서와 운영 부서에게 같은 질문을 던지고 두 부서의 답이 얼마나 다른지 확인하면 됩니다.[1]

예측 분석predictive analytics은 **예측**prediction을 제공합니다. '현재와 같은 조건이 지속된다면 ~는 무엇이 될까' 또는 '아직 측정하지 않은 것'에 대해 알려줍니다. 대부분의 머신러닝 방법(예를 들어 신경망neural network과 그레이디언트 부스팅gradient boosting 모델)이 이 분석 유형에 속하며 '다음 달에 구독을 취소하는 고객은 몇 명일까?', '이 주문은 허위일까?'와 같은 질문에 답할 수 있습니다. 지난 수십 년 동안 예측 분석은 세상을 바꿔왔습니다. 기업에 고용된 수많은 데이터 과학자의 예측 분석이 성공했다는 증거입니다.

마지막으로 인과관계 분석causal analytics은 데이터의 **인과관계**cause를 제공합니다. '만약 이렇다면?' 또는 '다른 조건에서는 ~가 어떻게 될까?'를 고민하는 분석 유형입니다. **'할인 쿠폰을 보내지 않으면** 다음 달에 얼마나 많은 고객이 구독을 취소할까?'와 같은 질문에 답할 수 있습니다. 가장 널리 알려진 인과관계 분석 도구는 무작위 실험randomized experiment 또는 무작위 대조군 연구randomized controlled trial(RCT)라고도 부르는 A/B 테스트입니다. 이전 질문을 다시 예로 들면 무작위로 선택한 고객군에 쿠폰을 보내고 대조군control group과 비교하여 얼마나 많은 고객이 구독을 취소하는지 확인하는 무작위 실험이 가장 간단하면서도 효과적인 분석 방법입니다.

자세한 실험 과정은 4부에서 설명하고 2부에서는 실험이 불가능한 환경에서 사용할 수 있는 인과관계 다이어그램이라는 도구를 살펴보겠습니다. 이 책의 목표 중 하나는 여러분이 인과관계 분석을 단순히 실험 과정으로 보지 않고 더 폭넓은 개념으로 이해하도록 돕는 것입니다.

> NOTE 세 가지 분석 유형이 뚜렷하게 나뉜다고 생각할 수 있지만 실제로는 세 유형 사이에 경계선이 분명하지 않습니다. 어떤 유형으로 해결할 수 있는 문제를 다른 유형으로 풀 수도 있으며 일부 분석 방법이 공유되기도 합니다. 또한 **처방 분석**prescriptive analytics과 같이 미묘하게 다른 분석 유형도 존재하며 이렇게 조금씩 다른 분석 유형은 분석 유형을 분류하는 큰 기준을 벗어나지는 않지만 각 유형을 정확히 분류하기 더욱 어렵게 만듭니다.

---

1 물론 두 부서는 서로 다른 목적으로 데이터를 사용하고 각 부서에 맞는 방향으로 분석을 진행하기 때문에 대부분의 상황에서 분석 결과가 다를 수밖에 없습니다. 하지만 그 점을 감안하여 공통된 답을 구할 수 있는 문제(예를 들어 '현재 직원이 몇 명인가요?')를 묻더라도 서로 다른 답을 제시하곤 합니다.

1.1.2 인간은 복잡한 존재다

예측 분석이 엄청난 성공을 이뤘고 인과관계 분석이 회귀와 같이 예측 분석과 동일한 데이터 분석 도구를 사용한다면 예측 분석을 마다할 이유가 있을까요? 그 이유를 한마디로 하자면 인간은 풍력 터빈보다 더 복잡한 존재이기 때문입니다. 인간의 행동은 다음과 같은 특징이 있습니다.

여러 요인에 영향을 받는다

터빈의 행동은 터빈의 성격, 터빈 공동체의 사회적 규범이나 양육 환경의 영향을 받지 않습니다. 반면에 인간의 행동은 모든 요인의 영향을 받기 때문에 하나의 변수가 갖는 예측력은 언제나 실망스럽기 마련입니다.

상황에 따라 다르다

어떤 선택에 기본으로 주어지는 값을 변경하는 것과 같이 환경에 눈에 띄지 않는 사소한 변화만 있어도 행동에 큰 영향을 줄 수 있습니다. 행동 **디자인** 관점에서는 이렇게 행동이 환경에 따라 변한다는 점이 축복이지만, 작은 변화만 있어도 환경이 달라지면 결과를 예측하기 어렵기 때문에 행동 **분석** 관점에서는 저주와 같습니다.

가변적이다

완전히 동일해 보이는 환경이 반복적으로 주어질 때 같은 사람이라도 매번 굉장히 다른 행동을 보일 수 있습니다. 기분과 같은 일시적인 영향이나 매일 먹는 아침이 질리는 것 같은 장기적인 영향을 받을 수 있기 때문입니다. 이 두 가지 요인 모두 행동을 완전히 바꿀 수 있지만 어떻게 바꿀지 예상하기 어렵습니다. 과학자는 이러한 행동의 가변성을 비결정적nondeterministic이라고 부르기도 합니다.

혁신적이다

환경 조건이 변하면 사람은 말 그대로 한 번도 하지 않았던 행동을 할 수도 있으며 이런 변화는 가장 평범한 상황에서도 발생합니다. 예를 들어 평소와 같이 출근길을 운전하는 데 바로 앞에서 자동차 사고가 난다면 충돌을 피하기 위해 핸들을 급하게 오른쪽으로 꺾을 수 있습니다.

전략적이다

사람은 다른 사람의 행동과 의도를 추론하고 반응합니다. 어떤 상황 때문에 멀어진 사이를 더욱 예측 가능하고 안정적인 관계로 '회복'시키기도 하고 반대로 체스와 같이 서로 경쟁하는 게임을 하거나 남을 속일 때 상대가 자신의 행동을 예측할 수 없도록 일부러 속임수를 쓰기도 합니다.

이러한 측면 때문에 인간의 행동은 물리적인 개체의 행동보다 훨씬 예측하기 어렵습니다. 예측 가능성을 높이는 규칙성을 찾으려면 일반적인 분석보다 한 단계 더 깊이 들어가서 행동의 원인을 이해하고 측정해야 합니다. 어떤 사람이 아침으로 오트밀을 먹고 월요일에 어떤 경로로 출근했다고 해서 화요일에도 똑같은 일과를 보낸다고 보장할 수 없습니다. 하지만 **아침**을 조금이나마 챙겨 먹고 **출근길**을 나설 것이라는 점은 어느 정도 예상할 수 있습니다.

분석의 보외법, 차원의 저주, 루카스 비판

수학적 지식이 많은 독자라면 '인간의 행동은 복잡하기 때문에 예측하기 어렵다'라는 의견에 완전히 공감하지 못할 수도 있습니다. 이해를 돕기 위해 수학 관점에서 이 의견을 뒷받침하겠습니다. 먼저 보간법interpolation과 보외법extrapolation의 차이를 알아봅시다. [그림 1-2]는 두 변수 사이에 선형 관계가 있는 시뮬레이션 데이터를 나타낸 그림입니다.

[그림 1-2]의 직선은 기울기 값이 약 3이며 두 변수의 관계를 나타내는 최적의 선형 회귀선입니다. 이 선을 사용하면 알려진 X 값을 기반으로 알 수 없는 Y 값을 예측(또는 반대로)할 수 있습니다. 예를 들어 $X = 50$일 때 Y는 150이라고 예측할 수 있습니다. 이 값의 왼쪽에는 $X < 50$일 때의 관측값이 있고 오른쪽에는 $X > 50$일 때의 관측값이 있습니다. 예측한 숫자가 다른 관측값 사이에 있기 때문에 이 예측 과정을 '보간법'이라고 합니다. 참고로 보간법을 의미하는 영어 단어 'interpolation'에서 접두사 **'inter'**는 '사이'를 의미합니다. 예를 들어 '국가의'를 의미하는 'national'에 접두사 'inter'를 붙인 'international'은 '국가 사이의'라는 의미를 가집니다. 반대로 회귀선에서 $X = 0$인 지점을 찾아 $Y = 0$을 예측하는 경우 예측하려는 점이 관측값이 모여 있는 영역을 벗어나 있기 때문에 '보외법'이라고 부릅니다. 참고로 보외법을 의미하는 영어 단어 'extrapolation'에서 접두사 **'extra'**는 '외부'를 의미합니다. 예를 들어 '평범한'을 나타내는 'ordinary'에 접두사 'extra'를 붙인 'extraordinary'는 '평범한 수준을 벗어난'을 의미합니다. 통계와 일상 생활에서 보외법을 수행한다는 것은 예측할 값이 관측값 범위를 벗어나기 때문에 관찰되고 알려진 영역을 벗어나야 한다는 것을 의미합니다.

보간법은 일반적으로 안전하고 신뢰할 수 있는 반면에 보외법은 언제나 다소 도전적입니다. 특정 범위에서 적용되는 규칙이 그 밖에서도 적용될 것이라고 믿어야 하기 때문입니다.

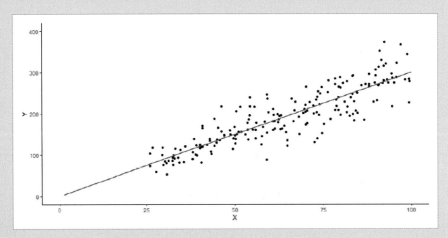

그림 1-2 두 변수 사이의 선형 관계를 나타내는 회귀선

풍력 터빈과 같은 물리적 개체는 적당하고 일정한 수의 요인에만 영향을 받습니다(일부 물리 법칙이 적용되지 않거나 새로운 법칙이 무작위로 생겨난다는 의미가 아닙니다). 따라서 분석 대상이 되는 데이터는 관심 공간의 차원에 몰리는 경향 때문에 대부분 보간법을 써서 예측합니다. 또한 모델을 단순화하기 위해 100년에 한 번 발생하는 태풍과 같이 드물게 발생하는 현상이나 영향이 적은 요소를 무시할 수도 있습니다. 만약 무시한 요인 때문에 이상치가 생기더라도 결과는 어느 정도 예측 가능합니다. 헬리콥터의 날개가 부러지더라도 바로 아래에 있는 물 위로 떨어지지 멀리 날아가 버리는 일이 없듯이 말이에요.

반대로 인간의 행동은 어떤 시점에 있을 수도 있고 없을 수도 있으며 시간이 지남에 따라 강해지거나 약해집니다. 따라서 풍력 터빈과는 다르게 관심 공간의 차원에 존재하는 데이터가 매우 적은 경향이 있습니다. 이것은 통계학에서 '차원의 저주curse of dimensionality'라고 불리는 현상이며 이러한 경우에는 '보외법'을 훨씬 더 자주 사용하게 됩니다. 또한 환경의 사소한 변화가 행동에 큰 변화를 일으킬 수 있기 때문에 과거의 행동만으로 미래의 인간 행동을 예측하는 것은 이길 확률이 매우 낮은 도박을 하는 것과 같습니다.

행동경제학behavioral economics에 관심이 있는 독자를 위해 덧붙이자면 거시경제학자인 로버트 루카스Robert Lucas는 1970년대에 이와 같은 주장을 했습니다.

앞에서 필자가 주장했듯이 로버트 루카스도 인간의 행동 자체를 예측하는 대신 소비자 선호도와 같이 인간의 행동을 유발하는 깊이 있는 매개변수가 무엇인지 고민해야 한다고 말했습니다.

1.2 회귀 분석을 방해하는 교란

이전 절에서 인과관계 분석은 종종 예측 분석과 동일한 도구를 사용한다고 언급했습니다. 그러나 두 분석 유형은 목표가 다르기 때문에 같은 도구여도 사용하는 방법이 다릅니다. 회귀는 두 가지 분석 유형 모두에서 중요한 역할을 하기 때문에 예측 분석과 인과관계 분석의 차이점을 살펴보기에 좋습니다. 예측 분석에 적합한 회귀는 인과관계 분석에서 사용할 수 없는 경우가 많으며 그 반대도 마찬가지입니다.

예측 분석에서는 회귀를 알 수 없는(주로 미래의) 값을 추정할 때 사용합니다. 이미 알고 있는 정보를 수집하고 다양한 요소를 종합하여 가장 적합한 값을 추측합니다. 이때 예측한 이유나 방법이 아니라 예측한 값과 정확도가 가장 중요합니다.

인과관계 분석에서도 회귀를 사용하지만 예측 분석과는 다르게 목표변수$^{target\ variable}$의 값을 측정하는 것만이 목표는 아닙니다. 대신 측정값을 유도한 요인이 무엇인가에 초점을 맞춥니다. 회귀 분석 용어로 설명하자면 종속변수$^{dependent\ variable}$ 자체가 아니라 주어진 독립변수$^{independent\ variable}$와의 관계가 중요하다는 의미입니다. 잘 설계된 회귀 분석에서 상관계수$^{correlation\ coefficient}$는 종속변수에 대한 독립변수의 인과 효과$^{causal\ effect}$를 나타내는 좋은 지표가 될 수 있습니다.

그렇다면 인과관계를 파악할 수 있도록 잘 설계된 회귀 분석이란 무엇일까요? 예측 분석에서 사용하는 회귀 분석을 그대로 사용하면서 주어진 계수로 인과관계를 측정할 수는 없을까요? 그렇게 할 수 없습니다. 회귀 분석에서 각 변수는 다른 변수에 영향을 줄 수 있기 때문입니다. 따라서 인과관계 분석에서는 변수를 정확한 예측을 목표로 설정하기보다는 정확한 관계의 계수를 가질 수 있도록 설계해야 합니다. 어떤 변수가 목표변수에 실제로 영향을 주지 않더라도 높은 상관관계를 가질 수 있기 때문에(즉, 높은 예측력을 가질 수 있기 때문에) 두 분석 유형의 변수 구조는 일반적으로 다릅니다.

이 절에서는 이러한 관점의 차이가 중요한 이유를 설명하고 행동 분석^{behavioral analytic}에서 변수 선택이 얼마나 중요한지 살펴보겠습니다. 이때 미국 전역에 매장이 있는 가상의 슈퍼마켓인 C 마트^{C-Mart}가 있다고 가정하고 이 마트를 활용하여 구체적인 예제를 설명하겠습니다. 책 전반에 걸쳐 사용할 가상 기업 두 곳이 있는데 그중 하나가 바로 C마트입니다. C마트 예제를 보면서 디지털 시대에 오프라인 매장 사업이 갖는 기회와 어려움을 이해할 수 있을 것입니다.

1.2.1 데이터

이 장의 깃허브 폴더[2]에는 chap1-stand_data.csv와 chap1-survey_data.csv라는 2개의 데이터셋을 제공합니다. 각 데이터셋은 이 장에서 살펴볼 두 가지 예제에 활용됩니다.

[표 1-1]은 C마트 가판대에서 판매한 아이스크림과 아이스 커피의 일일 매출 데이터를 담은 chap1-stand_data.csv이 나타내는 판매 정보입니다.

표 1-1 chap1-stand_data.csv가 나타내는 판매 정보

변수명	변수 설명
IceCreamSales	C마트 가판대의 일일 아이스크림 매출
IcedCoffeeSales	C마트 가판대의 일일 아이스 커피 매출
SummerMonth	해당 날짜가 여름철인지 나타내는 이진형 변수
Temperature	해당 날짜의 매장 내 평균 기온

[표 1-2]는 C마트 매장 밖에 있는 행인을 대상으로 진행한 설문조사 데이터를 포함한 chap1-survey_data.csv의 설문조사 정보입니다.

표 1-2 chap1-survey_data.csv의 설문조사 정보

변수명	변수 설명
VanillaTaste	인터뷰 대상자의 바닐라 선호도, 0~25
ChocTaste	인터뷰 대상자의 초콜릿 선호도, 0~25
Shopped	인터뷰 대상자가 지역 C마트에서 아이스크림을 구매한 적이 있는지를 나타내는 이진형 변수

---

2 https://oreil.ly/BehavioralDataAnalysis

1.2.2 상관관계가 인과관계가 아닌 이유

C마트는 매장마다 아이스크림 가판대가 있습니다. 이 기업은 날씨가 일일 매출에 영향을 미친다고 믿고 있습니다. 인과관계 용어로 말하자면 날씨가 매출의 인과요인이라고 판단하는 것입니다. 즉, 다른 모든 조건이 동일할 때 기온이 높아질수록 사람들이 아이스크림을 구매할 확률이 증가한다는 것입니다. 사실 직관적으로 봤을 때 맞는 가정일 가능성이 높겠죠. [그림 1-3]에서 볼 수 있듯이 과거 데이터로부터 기온과 매출 사이에 강한 상관관계가 있음을 확인할 수 있으며 이것은 C마트의 주장을 뒷받침합니다. 여기서 소개한 데이터와 코드는 책과 함께 제공되는 깃허브에 있으니 참고하세요.

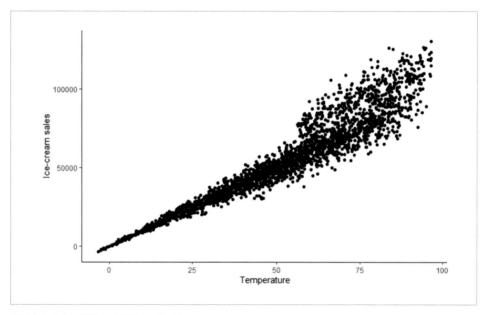

그림 1-3 관측 기온에 따른 아이스크림 매출

앞에서 계속 언급했듯이 이 책은 회귀 분석을 주요 데이터 분석 도구로 사용합니다. 관찰된 기온에 대한 아이스크림 매출의 선형 회귀 분석은 다음과 같이 한 줄의 코드로 수행할 수 있습니다.

```
## 파이썬 (출력 결과는 생략)
print(ols("icecream_sales ~ temps", data=stand_data_df).fit().summary())
```

```
## R
> summary(lm(icecream_sales ~ temps, data=stand_dat))
```

```
...
Coefficients:
            Estimate Std. Error t value Pr(>|t|)
(Intercept) -4519.055    454.566  -9.941   <2e-16 ***
temps        1145.320      7.826 146.348   <2e-16 ***
...
```

분석 결과 중 이 책에서 필요한 부분은 절편 추정치estimated intercept를 제공하는 'coefficients (계수)' 영역입니다. 결과를 보면 관찰 기온이 0도일 때 평균 아이스크림 매출은 이론적으로 −4,519로 추정됩니다. 실제로는 터무니없는 값이죠. 기온의 결과는 어떨까요? 기온의 절편 추정치는 1,145이며 기온이 1도 오를 때마다 아이스크림 매출이 $1,145씩 늘어난다는 것을 의미합니다.

유난히 더운 10월의 어느 한 주의 끝 무렵에 C마트가 모델의 예측에 따라 가판대의 아이스크림 재고를 미리 늘렸다고 가정하겠습니다. 해당 주의 주간 매출은 평소보다 높긴 했지만 모델에서 예측한 값에는 전혀 미치지 못했습니다. 앗! 이게 어떻게 된 일일까요? 회귀 모델을 구축한 데이터 분석가를 해고해야 할까요?

모델이 예측을 실패한 이유는 예측에 결정적인 영향을 미치는 요인을 고려하지 않았기 때문입니다. 대부분의 아이스크림 매출은 학생들이 학교를 가지 않는 여름방학 기간에 발생합니다. 회귀 모델은 주어진 데이터를 활용하여 최선의 예측을 수행했지만 여름방학 기간이 기온과 양의 상관관계가 있기 때문에 아이스크림 매출 증가에 영향을 주는 여름방학의 효과를 기온에 의한 것처럼 해석하는 오류가 있었습니다. 10월에 기온이 올라간다고 해서 (학생들은 아쉽겠지만) 갑자기 여름방학이 생기는 것은 아니므로 같은 기온의 여름방학 기간보다 매출이 낮은 것입니다.

기술적인 용어로 설명하자면 1년 중 판매 시점이 기온과 매출의 관계를 교란하는 요인입니다. 이것을 **교란변수**confounder라고 하며 회귀모델에 편향bias을 조성하는 변수를 의미합니다. 교란변수가 있는 환경에서 회귀모델의 계수를 인과관계로 해석하면 잘못된 결론을 내리게 됩니다.

겨울은 굉장히 춥고 여름은 매우 더운 대륙성 기후continental climate를 보이는 시카고와 같은 지역을 생각해봅시다. 매출이 발생한 월을 고려하지 않고 무작위로 더운 날과 추운 날의 아이스크림 매출을 비교한다면 더운 날은 학생들이 학교에 가지 않는 여름방학 기간에, 추운 날은 학생들이 학교에 가는 겨울에 속할 가능성이 높습니다. 이렇게 되면 기온과 매출의 관계를 과대평가하게 될 것입니다.

이 예제에서 추운 날씨에 매출이 일관되게 적게 예측되겠다는 점도 예상할 수 있습니다. 사실 여름방학 기간이 아이스크림 구매 행동에 큰 변화를 주지만 회귀 모델에서 오직 기온이라는 변수만으로 이 행동의 변화를 표현한다면 그 계수는 더운 날씨에 대해서는 과도하게 크고 추운 날씨에 대해서는 과도하게 작을 것입니다.

1.2.3 사공이 많으면 배가 산으로 간다

사공이 많으면 배가 산으로 가듯이 변수가 너무 많으면 문제가 될 수 있습니다. 교란 현상을 해결하는 잠재적인 방법은 회귀 모델에 가능한 모든 변수를 포함하는 것입니다. 이처럼 '가능한 한 모든 것을 동원하자'라는 사고방식을 지지하는 통계학자도 있습니다. 주데아 펄Judea Pearl과 다나 맥켄지Dana Mackenzie의 『The Book of Why』(Basic Books, 2018)를 보면 '심지어 최근에 한 저명한 통계학자[3]'는 '관찰된 공변량covariate을 조건화하기를 피하는 것은… 비과학적인 임기응변이다'라고 저술했다'(『The Book of Why』 160페이지)라는 내용이 나옵니다. 많은 데이터 과학자도 이 사고방식에 동의합니다. 어떤 변수의 값을 예측하는 것만이 목적이라면 그저 테스트 데이터를 적절히 일반화하는 모델을 만들고 예측된 변수가 특정 값을 갖는 이유는 궁금해하지 않아도 됩니다. 원하는 것은 결과지 과정이 아니기 때문에 충분히 납득이 가는 사고방식입니다. 하지만 인과관계를 이해하고 이를 기반으로 어떤 의사결정을 내리는 것이 목적이라면 이러한 사고방식은 통하지 않습니다. 이 경우에는 분석 모델에 가능한 한 모든 변수를 포함하는 것이 비효율적일 뿐만 아니라 역효과를 일으키고 결과를 왜곡할 수 있습니다.

C마트 예제로 다시 돌아가서 회귀 모델에 변수를 추가하고 모델이 어떻게 편향되는지 알아보겠습니다. 회귀 모델에서 기온 변수는 *Temperature*, 여름철 여부 변수는 *SummerMonth*, 아이스크림 매출 변수는 *IceCreamSales*, 아이스 커피 매출 변수는 *IcedCoffeeSales*라고 하겠습니다. 변수 *IcedCoffeeSales*(아이스 커피 매출)는 *Temperature*와 상관관계를 갖지만

---

3 '저명한 통계학자'는 도널드 루빈(Donald Rubin)을 가리킵니다.

*SummerMonth*와는 관계가 없습니다. *Temperature*, *SummerMonth*(해당 날짜가 7월이나 8월이면 1, 그 외의 달이면 0을 갖는 이진형 변수)와 더불어 *IcedCoffeeSales* 변수를 추가했을 때 회귀 모델에 어떤 일이 생기는지 살펴볼까요?

```
## R (출력 결과는 생략)
> summary(lm(icecream_sales ~ iced_coffee_sales + temps + summer_months,
                       data = stand_dat))
```

```
## 파이썬
print(ols("icecream_sales ~ temps + summer_months + iced_coffee_sales",
             data=stand_data_df).fit().summary())
```

```
...
                    coef     std err        t     P>|t|      [0.025     0.975]
-------------------------------------------------------------------------------
Intercept        24.5560    308.872     0.080     0.937    -581.127    630.239
temps         -1651.3728   1994.826    -0.828     0.408   -5563.136   2260.391
summer_months   1.976e+04   351.717    56.179     0.000     1.91e+04   2.04e+04
iced_coffee_sales  2.6500     1.995     1.328     0.184      -1.262      6.562
...
```

*Temperature*에 대한 계수가 이전 예제 결과와 다르게 크게 바뀌어 이제 음수가 됐습니다. *Temperature*와 *IcedCoffeeSales*가 높은 p-값p-value을 갖는 것을 보면 문제가 있다고 의심할 수 있지만 *Temperature*의 p-값이 상대적으로 '훨씬 더 나쁘기' 때문에 *Temperature*를 이 모델에서 제거해야 한다는 결론을 내릴 수도 있습니다.

사실 이 예제 데이터는 의도적으로 다음과 같은 사실을 내포하도록 구성되었습니다. 먼저 사람들은 날씨가 더울수록 아이스 커피를 많이 삽니다. 마찬가지로 아이스크림도 날씨가 더울수록 많이 팔립니다. 그러나 아이스 커피를 구매하는 행위 자체가 아이스크림의 구매 행위에 영향을 주는 것은 아닙니다. 여름방학을 맞은 학생들은 아이스 커피의 주요 구매층이 아니기 때문에 여름이라는 시간 요소는 아이스 커피 구매와 상관관계가 없습니다. 수학적인 설명이 궁금하다면 다음 내용을 참고하세요.

자세히 들여다보기: 다중공선성

예제 데이터의 아이스크림 매출은 다음 공식을 따릅니다.

$$IceCreamSales := 1,000.Temperature + 20,000.SummerMonth + \varepsilon_1$$

이때 ε_1은 평균이 0인 임의의 노이즈를 나타내고 $:=$ 부호는 우변이 좌변의 변수 $IceCreamSales$를 정의한다는 것을 의미합니다.

하지만 선형 회귀에서 추정하는 방정식은 다음과 같습니다.

$$IceCreamSales = \beta_T.Temperature + \beta_S.SummerMonth + \beta_C.IcedCoffeeSales$$

아이스 커피 매출이 따르는 공식은 다음과 같습니다.

$$IcedCoffeeSales := 1,000.Temperature + \varepsilon_2$$

이 공식을 사용하여 선형 회귀에서 추정한 방정식은 다음과 같이 바꿀 수 있습니다.

$$IceCreamSales = \beta_T.Temperature + \beta_S.SummerMonth + \beta_C.(1,000.Temperature + \varepsilon_2)$$
$$= (\beta_T + 1,000\,\beta_C).Temperature + \beta_S.SummerMonth$$

특별한 일이 없다면 계수 β_S는 실제 값 20,000에 가깝게 도출될 것입니다. 그러나 $Temperature$의 경우 회귀 모델은 다음의 방정식을 적용합니다.

$$\beta_T + 1,000.\beta_C = 1,000$$

이 방정식에는 2개의 미지수가 있기 때문에 무한한 해를 갖습니다. $\beta_T = 0$과 $\beta_C = 1$, $\beta_T = 500$과 $\beta_C = 0.5$, $\beta_T = 5,000$과 $\beta_C = -4$ 모두 해가 될 수 있습니다. 최소제곱법least-square algorithm은 가장 큰 R^2 값을 유도하는 해를 선택하겠지만 이 값을 신뢰할 수는 없습니다(현실 세계 문제에서는 보통 더 쓸만합니다). 이러한 현상을 수학 용어로 다중공선성multicollinearity이라고 합니다.

[그림 1-4]는 기온이 올라가면 아이스 커피와 아이스크림의 매출이 모두 오르기 때문에 두 변수 사이에 양의 상관관계가 있다는 점을 보여줍니다. 여름철 아이스 커피의 매출이 증가하는 것은 기온 변수와 아이스 커피 매출이 갖는 양의 상관관계를 기반으로 설명할 수 있습니다. 회

귀 알고리즘이 기온, 여름철 여부, 아이스 커피 매출이라는 세 가지 변수를 사용하여 아이스크림 매출을 예측한다면 아이스 커피 매출에 미치는 기온의 영향력이 기온 변수에 반영되고 아이스 커피 매출은 기온이 갖는 과도한 영향력을 줄이도록 모델링됩니다. 아이스 커피 매출은 통계적으로 유의statistically significant하지 않고 계수가 상대적으로 작지만 달러 단위의 매출이 온도 단위의 기온보다 절대 수치가 훨씬 크다는 점에서 기온의 계수가 과장된 것을 상쇄합니다.

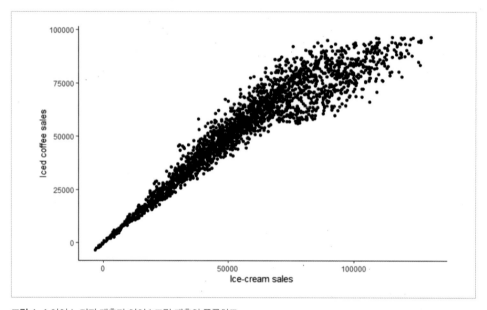

그림 1-4 아이스 커피 매출과 아이스크림 매출의 플롯차트

예제에 변수 *IcedCoffeeSales*를 회귀 분석에 추가하면서 기온과 아이스크림 매출 사이의 관계가 혼란스러워졌습니다. 불행히도 기온과 아이스 커피 매출의 관계까지 좋지 않은 영향을 받을 수 있습니다. 회귀에 잘못된 변수를 추가하면 실제로는 존재하지 않는 환상 속의 관계를 만들 수도 있습니다.

C마트의 아이스크림 가판대 예제를 계속 살펴보겠습니다. 손님의 입맛을 파악하기 위해 매장 밖을 지나가는 행인에게 바닐라 아이스크림과 초콜릿 아이스크림을 얼마나 좋아하는지(0에서 25 사이의 점수)와 가판대에서 아이스크림을 구매한 적이 있는지 물어보려고 합니다. 문제를 단순화하기 위해 가판대에서 아이스크림은 이 두 가지 맛만 판매한다고 가정하겠습니다. 그리고 회귀 모델에서 바닐라 맛 선호도 변수는 *VanillaTaste*, 초콜릿 맛 선호도 변수는

ChocTaste, 아이스크림 구매 여부 변수는 *Shopped*라고 하겠습니다.

바닐라 아이스크림의 맛과 초콜릿 아이스크림의 맛은 전혀 상관관계가 없다고 가정하겠습니다. 어떤 사람은 한 가지 맛만 좋아할 수도 있고 두 가지 맛을 모두 좋아하거나 한 가지 맛을 **조금 더** 선호할 수도 있습니다. 이 선호도는 한 사람이 아이스크림을 구매하는지 여부(예 또는 아니오)를 나타내는 이진형 변수 *Shopped*에 영향을 미칩니다.

Shopped 변수는 이진형 변수이기 때문에 맛의 선호도를 나타내는 2개의 *Taste* 변수가 구매 행위에 미치는 영향을 측정할 때 로지스틱 회귀를 사용하겠습니다. 두 *Taste* 변수는 상관관계가 없기 때문에 이 두 변수를 플롯차트로 나타내면 상관관계를 확인할 수 없는 둥그런 구름이 그려집니다. 하지만 각 *Taste* 변수는 구매 가능성에 영향을 미칩니다. [그림 1-5]를 확인해보세요.

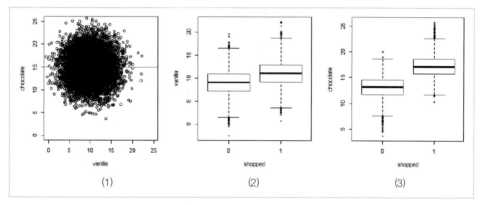

그림 1-5 (1) 전체 모집단에서 바닐라와 초콜릿 맛의 선호도는 상관관계가 없음, (2) 아이스크림을 구매하지 않은 사람보다 구매한 사람이 바닐라 맛을 더 선호함, (3) 초콜릿 맛도 같은 결과를 보임

[그림 1-5]의 첫 번째 그래프에서 회귀선이 완벽한 수평을 이룬다는 사실은 두 변수가 상관관계가 아니라는 것을 나타냅니다. 이때 상관계수는 표본오차^{sampling error}를 반영하여 0.004입니다. 두 번째와 세 번째 그래프에서 바닐라와 초콜릿 맛의 선호도는 아이스크림을 구매하지 않은 사람보다 구매한 고객(*Shopped*가 1인)이 더 높게 나왔습니다. 가판대에서 바닐라와 초콜릿 맛 아이스크림을 팔고 있어서 구매한 고객이 높은 선호도를 갖는 것은 자연스러운 결과라고 해석할 수 있습니다.

지금까지의 내용은 아마 이해하기 어렵지 않았을 것입니다. 다음으로 C마트가 설문조사 데이터를 바탕으로 가판대에서 아이스크림을 구매하면 다음에 구매할 때 사용할 수 있는 할인 쿠폰을 주는 것을 검토하고 있다고 생각해보세요. 이 쿠폰은 가판대에서 아이스크림을 구매한 적이 없는 사람에게는 영향을 미치지 않기 때문에 쿠폰을 지급할 모집단은 구매한 사람입니다. C마트는 아이스크림 재고를 관리할 수 있도록 쿠폰으로 구매할 수 있는 맛을 제한하고 싶어하지만 이것이 각 맛의 구매량에 어떤 영향을 줄 수 있을지는 모릅니다. 바닐라 아이스크림을 구매한 사람에게 초콜릿 아이스크림을 50% 할인받을 수 있는 쿠폰을 준다면 그 사람이 쿠폰을 사용할까요? 바닐라 아이스크림을 좋아하는 사람이 초콜릿 아이스크림도 좋아할까요?

이번에는 가판대에서 아이스크림을 구매한 사람만 고려해서 그래프를 그려보겠습니다. [그림 1-6]을 확인해보세요.

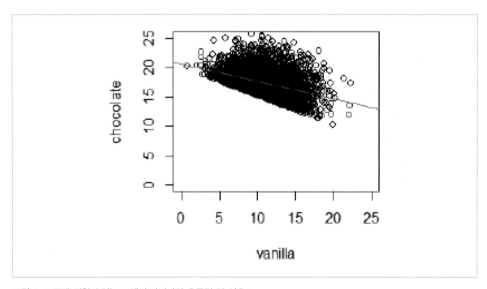

그림 1-6 구매 경험이 있는 고객의 바닐라와 초콜릿 맛 선호도

[그림 1-6]을 보면 두 변수 사이에 강한 음의 상관관계가 있다는 점을 확인할 수 있습니다. 이때 상관계수는 -0.39입니다. 무슨 일이 일어난 것일까요? 바닐라 맛을 좋아하는 사람이 C마트 아이스크림을 구매하면 초콜릿 맛을 싫어하게 되거나 그 반대의 일이 일어난 걸까요? 물론 그런 일은 없습니다. 이 상관관계는 분석 대상을 구매 경험이 있는 고객으로 한정했을 때 관찰되는 가상의 관계입니다.

데이터가 실제로 갖고 있는 인과관계를 다시 살펴보면 어떤 사람의 바닐라 맛 선호도가 높을수록 아이스크림 구매로 이어지는 경향이 있고 이는 초콜릿 맛도 마찬가지라고 했었죠. 두 변수에 누적 효과cumulative effect가 있다는 의미입니다. 바닐라 아이스크림과 초콜릿 아이스크림을 둘 다 좋아하지 않는 사람은 아이스크림을 구매할 가능성이 매우 낮습니다. 다시 말해서 일단 아이스크림을 구매했다면 적어도 두 맛 중 하나는 좋아한다는 의미이므로 바닐라 아이스크림을 좋아하지 않는 사람은 초콜릿 아이스크림을 매우 좋아하는 경향이 있습니다. 반면에 바닐라 아이스크림을 매우 좋아하는 사람은 초콜릿 맛을 좋아하지 않아도 아이스크림을 구매했을 것입니다. [그림 1-6]을 보면 바닐라 맛의 선호도가 대략 15점보다 높은 경우에는 초콜릿 맛의 선호도가 15점 이하로 낮은 경우가 있습니다. 반면에 바닐라 맛의 선호도가 5점 이하로 낮은 경우에는 초콜릿 맛의 선호도가 17점 이상으로 높습니다. 정리하자면 이 음의 상관관계는 구매 전후에 입맛이 바뀌었기 때문이 아니라 바닐라와 초콜릿 맛을 모두 좋아하지 않는 사람을 분석 대상에서 제외했기 때문에 관찰되는 일종의 허위 관계입니다.

이 현상은 전문 용어로 벅슨의 역설Berkson's paradox이라고 부릅니다. 주데아 펄과 다나 맥켄지는 이 현상을 '해명 효과explain-away effect'라는 보다 직관적인 이름으로 부릅니다. 어떤 구매 고객이 바닐라 맛을 매우 좋아한다면 초콜릿 맛의 선호도와는 '상관없이' 아이스크림을 구매한 이유를 충분히 설명할 수 있습니다. 반면에 어떤 구매 고객이 바닐라 맛을 선호하지 않는다면 바닐라 아이스크림을 구매할 이유가 없어서 초콜릿 아이스크림을 구매했을 것이고 초콜릿 맛의 선호도가 매우 높을 것이라고 예상할 수 있습니다.

벅슨의 역설은 처음에는 직관적이지 않고 이해하기 어렵습니다. 분석을 시작하기 전에도 수집 방법에 따라 데이터 자체에 편향이 생길 수 있습니다. 데이터에 편향이 있을 때 인위적인 상관관계가 생기는 현상을 설명하는 고전적인 예를 들면 일반적인 모집단이 아니라 병원 환자를 모집단으로 설정하면 몇몇 질병이 더 강한 상관관계를 보입니다. 한 가지 병에만 걸렸을 때보다 두 가지 병을 함께 앓을 때 건강이 더욱 악화될 것이고 건강이 나쁠수록 병원에 입원 가능성이 높아져 병원 환자 모집단에 두 가지 질병을 함께 앓는 경우가 많을 것입니다.[4]

---

4 전문 용어로 설명하자면 사실 이 예제는 2개의 선형(또는 로지스틱) 관계 대신 문턱 효과(threshold effect)가 있어서 벅슨의 역설과는 약간 다른 상황입니다. 하지만 잘못된 변수를 분석에 포함하면 인위적인 상관관계가 생길 수 있다는 기본 원리는 동일하게 적용됩니다.

1.3 정리하기

예측 분석은 지난 수십 년 동안 굉장히 많이 사용되었고 앞으로도 승승장구할 것입니다. 하지만 인간의 행동을 이해하고 특히 변화시키려고 할 때는 인과관계 분석이 강력한 대안이 될 수 있습니다.

단, 인과관계 분석은 예측 분석과 다른 접근법을 적용해야 한다는 점을 주의해야 합니다. 이 장의 예제에서 선형 또는 로지스틱 회귀 분석을 할 때 변수를 무분별하게 추가해서는 안 된다는 것을 분명하게 확인했기를 바랍니다. 다른 종류의 모델과 알고리즘에서도 이러한 원칙이 동일하게 적용되는지 궁금할 수도 있습니다. 그레이디언트 부스팅이나 딥러닝^{deep learning} 모델은 교란변수, 다중공선성과 허위 상관관계^{spurious correlation}로부터 자유로울까요? 불행히도 그렇지 않습니다. 모델이 이러한 현상에 영향을 받지 않는다고 느낀다면 '블랙박스'라는 특성이 교란 현상을 발견하기 어렵게 만들기 때문일 것입니다.

다음 장에서는 행동 데이터를 이해하는 방법에 대해 살펴보겠습니다.

행동 데이터를 이해하는 방법

1장에서 이 책의 핵심 목표는 데이터 분석을 사용하여 행동을 유발하는 요인을 이해하는 것이라고 이야기했습니다. 목표를 달성하려면 1장에서 설명한 인과–행동 프레임워크를 나타내는 [그림 2–1]에서 화살표로 표시된 데이터와 행동 사이의 관계를 이해해야 합니다.

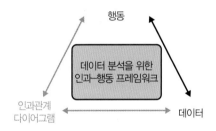

그림 2-1 2장에서 다룰 내용을 강조한 인과–행동 프레임워크

영화 〈매트릭스〉를 보면 주인공이 세상을 바라볼 때 그 이면에 있는 숫자를 볼 수 있습니다. 이 장에서는 데이터를 살펴보고 매트릭스의 주인공과 같이 데이터 뒤에 숨겨진 행동 경향을 확인하는 방법을 알아봅니다.

2.1절은 비즈니스나 데이터 분석 배경지식이 있는 독자를 대상으로 작성했으며 행동 과학의 핵심 개념을 소개합니다. 숙련된 행동 과학자라면 대부분 아는 내용이겠지만 이 책에서 사용하는 용어를 파악하는 의미로 한번 훑어볼 것을 추천합니다.

2.1절의 내용을 바탕으로 2.2절에서는 행동 과학 관점에서 데이터를 살펴보고 각 변수와 연관

된 행동의 의미를 파악하는 방법을 설명합니다. 대부분의 경우 변수는 변수가 대응하는 행동과 처음에는 느슨하게 연관되므로 관계를 바로 파악하기 어렵습니다. 이렇게 의미를 알기 힘든 변수를 '행동화^{behaviorize}'하는 방법도 살펴보겠습니다.

2.1 인간 행동의 기본 모델

'행동'이라는 단어는 굉장히 자주 쓰여서 친숙하지만 올바르게 정의된 경우는 드뭅니다. 비즈니스 파트너에게 분석 대상이 어떤 행동을 하도록 유도하고 싶은지 물었을 때 '무언가를 알게 하고 싶다'라는 대답을 들었던 적이 있습니다. 그때 필자는 두 가지를 깨달았습니다. 첫 번째로 프로젝트의 목표를 명확하게 해야 처음 기대했던 것보다 더 큰 가치를 얻을 수 있다는 것을 깨달았습니다. 두 번째로 비즈니스 파트너가 '무언가를 안다'는 것을 '행동'이라고 생각하는 것을 보니 제가 행동 과학을 제대로 설명하지 못했다는 생각이 들더군요. 이 절에서는 같은 실수를 반복하지 않도록 최선을 다해 설명하려고 합니다. 부디 이 책이 여러분의 실무에 큰 도움이 되길 바랍니다.

행동 과학적 사고방식은 사람들로 하여금 자신이 무엇을 하려는지를 보다 정확하게 생각하도록 한다는 큰 장점이 있습니다. 사람의 마음을 변화시키는 것은 그 사람의 행동에 영향을 미치는 것과는 다르며 그 반대도 마찬가지입니다. 행동 과학적 사고방식을 이해할 수 있도록 단순하면서도 실제로 활용 가능한 모델을 제안하려고 합니다. 예를 들어 중년 고객이 갖는 위기감을 이용하여 수익을 내는 가상의 개인 생활 관리 기업이 있다고 가정하겠습니다. 이 기업의 인간 행동 모델은 [그림 2-2]와 같습니다.

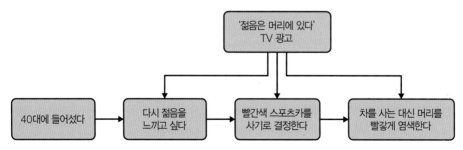

그림 2-2 중년 고객의 위기감을 기반으로 하는 인간 행동 모델

[그림 2-2]를 보면 '40대에 들어섰다'라는 개인 특성personal characteristic은 '다시 젊음을 느끼고 싶다'라는 인지와 감정cognition and emotion을 이끌어내고 이것은 다시 '빨간색 스포츠카를 사기로 결정한다'라는 의도intention가 생기게 합니다. 이 의도는 'TV 광고를 한다'는 비즈니스 행동business behavior에 영향을 받아 기존의 의도를 그대로 담은 행동이나 '차를 사는 대신 머리를 빨갛게 염색한다'라는 다른 행동으로 이어질 수 있습니다.

어떤 경우에는 고객이 아니라 임직원이나 공급업체의 행동에 영향을 주고 싶을 수 있습니다. 목표에 따라 인간 행동 모델을 적절히 수정해야겠지만 영향을 주고 싶은 행동의 주제인 사람이 있고 기업이 제어하는 프로세스, 규칙, 결정으로 모델이 구성된다는 핵심은 변하지 않습니다. 인간 행동 모델을 [그림 2-3]처럼 일반화할 수 있습니다.

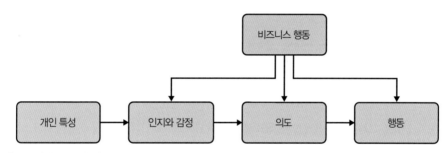

그림 2-3 일반적인 인간 행동 모델

이 모델에서 개인 특성은 인지와 감정에 영향을 미치고 이것은 다시 의도에 영향을 미치며 결국 행동에도 영향을 줍니다. 목적에 따라 제어 가능한 프로세스, 규칙, 결정으로 구성되는 비즈니스 행동은 개인 특성을 제외한 나머지 세 요소에 영향을 끼칩니다.

이 밖에도 많은 모델이 존재하며 여기서 제안한 모델이 가장 좋거나 특별한 것은 아닙니다. 하지만 이 책에서 다루는 데이터 유형과 앞으로 진행할 데이터 분석 과정에는 여기서 제안한 모델을 구성하는 5가지 요소가 가장 적합하다고 생각합니다. 각 구성 요소를 하나씩 살펴보면서 정의를 이해하고 윤리적인 방법으로 필요한 데이터를 수집하고 처리하는 방법을 알아보겠습니다.

2.1.1 개인 특성

응용 분석에서는 연령, 성별, 가족관계와 같은 인구통계 변수demographic variable를 수집하고 사용하는 것이 중요합니다. 이러한 변수는 누군가의 행동을 예상할 수 있는 좋은 예측 변수가 되기 때문입니다. 그러나 행동 데이터 분석에서는 더 광범위하고 정확하게 개인 특성을 파악해야 합니다. 행동 데이터 분석에서는 분석 기간 동안 드물게 혹은 굉장히 점진적으로만 변하는 모든 개인정보를 **개인 특성**personal characteristic으로 정의합니다.

C마트의 아이스크림 가판대 예제를 다시 떠올려보세요. 이 예제에서 개인 특성은 개인의 성향과 생활 습관 등을 포함합니다. 새로운 경험에 거부감이 없고 블루베리 치즈와 같은 새로운 맛의 조합에 늘 도전하는 성향의 사람이 있다고 가정하겠습니다. 심리학에서는 개인의 성향이 일생에 걸쳐 변히는 것이라고 말하지만 여기서는 개인의 성향을 변하지 않는 특성으로 가정해도 좋습니다. 반대로 수십 년 뒤의 미래를 내다봐야 하는 도시 계획가라면 생활 습관의 점진적인 변화뿐만 아니라 변화의 방향 자체를 결정하는 잠재적인 요인까지 고려하고 싶을 수 있습니다. 하지만 이러한 잠재적 요인까지 다 고려하면 끝이 없기 때문에 이 책에서는 개인 특성을 '대표 요인primary cause'으로 정의하고 변화는 고려하되 변화시키는 요인은 무시하겠습니다.

인구통계 변수는 상대적인 안정성과 대표성을 지녀서 대표 요인의 개념에 부합하지만 어떻게 인지, 감정, 의도 및 행동의 원인이 된다는 것인지는 이해하기 다소 어려울 수 있습니다. 예를 들어 나이나 성별이 사람의 행동을 결정할 수 있다는 말이 불편하게 느껴지는 사람도 있을 것입니다. 사회 결정론social determinism을 주장한다고 생각할 수 있기 때문입니다.

확률론적 관점에서 행동의 원인을 '기여 요소contributing factor'로 정의하면 이러한 문제를 해결할 수 있습니다. 40대가 된다고 해서 모든 사람이 중년의 위기감을 느끼는 것은 아니고 중년의 위기감을 느낀다고 해서 빨간색 스포츠카를 구매한다는 보장은 없습니다. 사실 두 인과관계는 다른 기여 요소와 매우 밀접하게 얽여 있습니다. 나이라는 요소가 삶의 회의감에 기여하는 정도는 직업이나 가족관계와 같은 사회적인 환경(예를 들어 사회생활을 시작하거나 첫 아이를 갖는 등)에 큰 영향을 받으며 소비로 이러한 불안한 감정을 해소하려면 충분한 소득이 있어야 합니다. 또한 개인이 광고에 영향을 받는 정도에 따라서도 행동이 좌우될 수 있습니다.

행동 과학에는 '행동은 사람과 환경의 함수이다'라는 유명한 말이 있습니다. 사회적 요소가 인구통계 변수보다 중요도가 더 높은 경우가 많습니다. 인과관계 모델링과 데이터 분석 관점에서 사회 현상과 개인 특성의 상호작용은 조절효과와 매개효과를 기반으로 파악할 수 있습니다. 조절효과와 매개효과는 11장과 12장에서 자세히 설명하겠습니다.

하지만 인구통계 변수도 행동 데이터 분석에서 유용할 때가 많습니다. 인구통계 변수가 기여 요소로 작용하면 해당 변수가 기여하는 더 심리적이고 실용적인 개인 특성을 유추할 수 있기 때문입니다. 예를 들어 미국을 포함한 많은 나라에서 경찰 업무와 간호 업무는 여전히 특정 성별에 치우쳐 있는 영역입니다. 이것을 경험으로 알게 되는 규칙으로 이해하기보다는 이러한 현상이 생기는 이유를 따져보는 것이 더 흥미로울 것입니다. 예를 들어 권위와 보살핌이 상징하는 사회적 표상과 규범 혹은 대체 롤모델의 부재를 가설로 세울 수 있습니다. 한 가지 가설을 채택하거나 둘 중 어디에 더 무게를 싣는지에 따라 보다 효과적인 청소년의 진로 상담이 가능해질 수도 있습니다.

데이터 수집과 윤리

비즈니스 분석에서 인구통계 정보는 광범위하게(심지어 남용된다는 의견도 있을만큼) 사용됩니다. 인구통계 정보를 사용할 때 가장 어려운 점은 행동에 영향을 주는 요인을 올바르게 분석할 수 있도록 인구통계 변수로부터 관련된 개인 특성을 파악하고 측정하는 것입니다. 이때 시장과 사용자 조사가 매우 유용합니다.

변수의 효과를 잘못 이해하면 윤리적인 측면에서도 문제가 될 수 있습니다. 많은 경우에 현재나 미래의 행동 요인을 인구통계 변수에 의식적으로나 무의식적으로 잘못 귀속시키는 경우 차별이 발생합니다. 데이터 분석 결과가 정확하더라도 그 결과가 의도치 않게 어떤 이점과 약점을 심화하지 않도록 유의해야 합니다.

2.1.2 인지와 감정

'인지와 감정cognition and emotion'은 감정, 인지, 심성 모형mental model, 신념과 같은 정신 상태를 아울러 표현하는 문구입니다. 의도나 보다 영구적인 개인 특성을 제외하고 고객의 뇌에서 일어나는 모든 일이라고 생각하면 됩니다. 예를 들어 다음과 같은 사고 흐름이 여기에 해당합니다. 잠재 고객이 여러분의 기업과 해당 제품 또는 서비스를 알고 있을까요? 만약 알고 있다면 어떤 평가를 내리고 있을까요? 은행의 운영 방식에 대해 어떻게 생각할까요? 길을 가다가 멋진 테슬라Tesla 자동차를 볼 때마다 부러움을 느낄까요?

인지와 감정은 이 모든 것을 비롯하여 **고객 만족도**customer satisfaction(CSAT)와 **고객 경험**customer experience(CX)과 같은 모호한 비즈니스 용어를 포함합니다. CX는 비즈니스에서 자주 쓰이는 개념입니다. 많은 회사에 CX 부서가 있으며 다양한 CX 컨퍼런스, 컨설턴트와 서적이 있습니다. 하지만 CX라는 것이 정확히 무엇을 말하는 걸까요? CX의 요인과 효과를 측정할 수 있을까요? 네, 할 수 있습니다. 하지만 인내심을 가지고 시간과 노력을 많이 들여야 합니다.

데이터 수집과 윤리

인지와 감정은 두 가지 측면에서 심리적인 개인 특성이라고 할 수 있습니다. 첫째, 인지와 감정은 직접 관찰할 수 없습니다. 둘째, 설문조사나 사용자 경험user experience(UX) 관찰로 관련 데이터를 수집합니다. 심리학적인 방법을 사용하지 않는 이상 **진술**이나 **관찰**된 지표에 의존해야 합니다.

이것이 UX 또는 인간 중심 디자인human-centered design과 행동 과학의 가장 큰 차이점입니다. UX는 인간이 스스로 무엇을 원하는지, 무언가에 대해 어떻게 느끼는지, 왜 그렇게 느끼는지를 알고 있다고 가정합니다. 반면에 행동 과학은 인간이 자신의 머릿속에서 일어나는 많은 일을 인지하지 못한다고 가정합니다. 비유를 하자면 누군가가 어떤 이야기를 했을 때 행동 과학자는 그 이야기가 믿을만하다고 확인할 때까지 의심을 하고 UX 연구원은 반대로 그 이야기가 틀렸다는 점을 확인할 때까지 사실로 믿습니다.

이러한 차이점이 절대적인 것은 아닙니다. 상황에 따라 두 가지의 경계선이 모호한 경우가 많습니다. 아마 고객이 행동 과학자에게 웹사이트가 복잡해서 사용하기 불편하다고 말한다면 UX 연구원처럼 실제로 고객이 불편함을 느꼈다는 사실을 믿을 것입니다. 반대로 숙련된 UX 연구원이 기초 제품 연구를 한다면 고객의 의견을 표면적으로 받아들이기보다는 그 안에 숨겨진 요구 사항을 파악하려고 노력할 것입니다.

누군가의 인지와 감정을 바꾸려고 하는 것이 윤리적으로 옳은가를 판단하기는 어렵습니다. 필자는 이를 판단하는 방법으로 'NYT' 테스트를 추천합니다. 이 테스트는 여러분의 의도와 방법을 **뉴욕 타임스**New York Times의 첫 페이지에 싣는다고 했을 때 직급이 아주 높은 상사가 흔쾌히 수락할 만큼 선하고 투명한지를 확인합니다. 예를 들어 광고는 사람들의 인지와 감정에 영향을 주려고 노력하기 마련이지만 '소비자의 구매 욕구를 자극하기 위해 수십억 달러를 쓰는 기업'이라는 헤드라인을 뉴욕 타임스에서 보고 싶지는 않을 것입니다. 문구가 너무 지루해서 하품이 날지도 모르니까요. '지금 세 명이 이 매물을 보고 있어요!'와 같은 고전적인 거짓말은 의도가 불순하기 때문에 테스트를 통과하지 못할 것입니다. 이런 문구는 소비자의 행동을 교묘하게 조종하려는 행동 과학의 속임수로 슬러지sludge 마케팅라고도 합니다. 반면에 행동 과학을 정직하게 쓸 수 있는 방법도 많습니다. 예를 들어 고객이 선호하는 용어로 제품의 이점을 설명하거나 구매 경험을 보다 쉽고 즐겁게 만들 수 있습니다. 이 책의 주제는 행동 디자인이 아니라 데이터 분석이기 때문에 행동을 유발하는 중재intervention 방법은 살펴보지 않고 행동을 유발하는 요인을 분석하는 방법에 집중하겠습니다.

2.1.3 의도

누군가가 '나는 X를 할 거야'라고 말한다면 X는 **의도**intention를 표현한 것입니다. X는 일주일치 장을 보는 일일 수도 있고 휴가 계획을 세우는 일일 수도 있습니다. 이처럼 의도는 행동에 한 발 더 가까운 요소입니다.

엄밀히 말하면 의도는 일종의 정신 상태로 인지와 감정에 속한다고 볼 수 있지만 응용 행동 데이터 분석에서 굉장히 중요한 역할을 하기 때문에 별도의 요소로 분리했습니다. 고객의 특정 행동을 강제하는 것이 아니라면(예를 들어 웹사이트에서 전화번호를 삭제해서 고객이 전화를 못하게 만드는 경우) 일반적으로 고객의 의도를 파악하고 이를 이용해서 행동을 유도하는 것이 좋습니다.

또한 하고 싶다고 생각한 행동이 실제 행동으로 이어지지 않는 경우도 있습니다. 이것을 행동 과학에서는 의도-행동 차이intention-action gap라고 합니다. 아마 새해 다짐을 지키지 못했던 경험이 있는 독자라면 의도-행동 차이를 쉽게 이해할 것입니다. 고객이 기대했던 행동을 하지 않았다면 그 이유가 '고객이 그 행동을 **하고 싶어하지 않아서**'인지 혹은 '의도와 행동 사이에 차이가 있어서'인지를 잘 파악해야 고객의 행동을 유도할 수 있을 것입니다.

데이터 수집과 윤리

일반적으로 비즈니스 과정에서 고객의 의도를 직접적으로 나타내는 데이터를 구하기는 어렵습니다. 따라서 이러한 데이터는 대부분 두 가지 방법으로 수집할 수 있습니다.

설문조사

사용자 경험이 발생한 '직후(예를 들어 웹사이트나 매장 방문을 마칠 때)'에 수집하거나 비동기적인 방법(예를 들어 우편, 이메일, 전화)으로 수집할 수 있습니다.

사용자 경험 관찰

UX 연구원은 대상자에게 특정 경험을 하게 하고 의도 정보를 수집합니다. 경험을 하는 중간에 큰 소리로 의도를 말하게 하거나 경험을 마친 후에 '그 시점에 무엇을 하려고 했나요?'와 같은 질문을 할 수도 있습니다.

또는 관찰된 행동으로부터 의도를 추측하는 방법도 있습니다. 이 방법은 분석에서 '의도 모델링intent modeling'이라고 부릅니다.

흔히 광고, 마케팅과 협상의 목표는 누군가의 의도에 영향을 미치는 것입니다. 이러한 행위는 충분히 윤리적으로 수행할 수 있지만 목표에 집중하다가 윤리의 중요성을 놓치기도 하고 반대로 지나치게 윤리를 지키려다가 원하는 목표를 달성하지 못하는 역효과가 나기도 합니다. 이러한 상황에서는 의도에 영향을 미치는 방법을 고민하기보다는 고객의 의도-행동 차이를 해소하는 방법을 찾는 것이 훨씬 간단하고 안전합니다. 비즈니스에서는 의도를 달성하는 것을 방해하는 장애물을 표현할 때 '페인 포인트pain point'라는 용어를 사용합니다. 고객의 페인 포인트를 해결하는 방법에 집중하다보면 원하는 목표를 이룰 수 있는 길을 찾을 것입니다.

2.1.4 행동

행동action은 **행동 경향**behavior의 기본 단위이며 이 책에서는 두 개념을 같은 의미로 사용합니다. 행동은 말로 표현하지 않아도 직접 관찰할 수 있는 움직임을 의미합니다. '아마존에서 물건 구매하기'는 행동입니다. '아마존에서 제품 구매 후기 읽기'도 행동입니다. 하지만 '무언가를 이해하기' 또는 '아마존에서 무언가를 구매하기로 마음먹기'는 행동이 아닙니다. 이러한 경우에는 관찰 대상에게 직접 질문하거나 대상자가 결정에 따라 행동하기 전까지 마음 속에서 어떤 결정을 내렸는지 알 수 없습니다.

행동은 다양한 수준으로 세분화하여 정의할 수 있습니다. '헬스장 가기'는 관찰 가능한 행동이며 이 정도면 행동을 충분히 상세하게 표현했다고 말할 수 있습니다. 어떤 사람에게 무료 방문 쿠폰을 나눠주고 쿠폰을 받은 사람이 실제로 방문 한다면 기대한 목적을 달성했기 때문에 행동을 정의하기 위해 더 깊게 생각할 필요가 없습니다. 하지만 여러분이 건강 관리 앱을 개발하고 있고 사용자가 계획을 잘 실천하기를 원한다면 행동의 단계를 세분화해야 합니다. 필자는 '헬스장 가기'라는 행동을 단계적으로 설명한 행동 과학자 스티브 웬델Steve Wendel의 강의를 들은 적이 있습니다. 이 강의에서는 '차에 타기', '헬스장에서 옷 갈아입기', '헬스장에서 무슨 운동을 할지 결정하기'와 같이 행동을 세분화했습니다. 행동을 방해하는 요소를 파악하고 해결하려면 행동의 단계를 세분화해서 정의해야 합니다. 웹사이트나 앱에서 고객이 경험하는 과정을 나타내는 고객 여정customer journey을 정의할 때도 같은 원리를 적용할 수 있습니다. '회원가입하기'는 무엇을 의미할까요? 이 행동을 하려면 어떤 정보를 찾아서 입력해야 할까요? 사용자가 선택해야 하는 사항은 무엇인가요?

데이터 수집과 윤리

행동 또는 행동 데이터는 가장 방대한 고객 데이터이며 보통 '트랜잭션 데이터transactional data'에 속합니다. 그러나 많은 상황에서 이 데이터가 행동을 명확히 반영하게 하려면 몇 가지 처리가 필요합니다. 2.2절에서 데이터 처리 방법을 더 자세히 살펴보겠습니다.

임직원 행동을 분석해야 할 때(예를 들어 인사관리를 하거나 이직률을 줄이기 위해)는 기업 운영 프로그램에서 데이터를 수집해야 합니다. 하지만 대외비 혹은 개인 데이터가 많아서 유출에 신경써야 하는 만큼 데이터에 접근하기 어렵고 활용 가능한 데이터 양이 적을 수 있습니다.

단도직입적으로 말해서 행동을 수정하는 것이 행동 분석의 궁극적인 목표입니다. 어떤 경우에는 아주 간단하게 이 목표를 달성할 수 있습니다. 예를 들어 웹사이트에서 고객센터 전화번호를 삭제한다면 고객센터로 전화하는 고객의 수가 줄어들 것입니다. 하지만 이것이 좋은 방법인가는 별개의 문제입니다. 이렇게 단순한 경우도 있지만 행동 변화와 관련된 수많은 문헌[1]에서 설명하듯이 행동을 수정하는 일은 굉장히 어려울 수도 있습니다.

어렵든 쉽든 행동 수정은 윤리적 책임이 따릅니다. 행동 수정을 고려할 때는 이전에도 언급했었던 NYT 테스트를 활용할 것을 추천합니다.

---

[1] 리처드 세일러(Richard H. Thaler)와 캐스 선스타인(Cass R. Sunstein)의 『넛지』(리더스북, 2009)와 니르 이얄(Nir Eyal)의 『훅: 일상을 사로잡는 제품의 비밀』(유엑스리뷰, 2022)을 참고하세요.

2.1.5 비즈니스 행동

마지막 데이터 유형은 **비즈니스 행동**business behavior입니다. 비즈니스 행동은 조직이나 임직원이 고객(또는 다른 임직원)에게 영향을 주고자 하는 행동을 의미하며 다음과 같은 요소로 구성됩니다.

- 이메일과 우편을 포함한 의사소통
- 웹사이트 문구나 고객센터 상담원의 응대 매뉴얼 변경
- 고객보상(예를 들어 '지난 6개월 동안 X달러 이상 구매한 고객에게 쿠폰 지급')이나 채용 기준과 같은 사업 규칙
- 허위 고객 계정을 판별하거나 직원을 승진시키는 것과 같은 임직원 개인의 결정

데이터 수집

행동 데이터 분석에 있어서 비즈니스 행동은 축복이자 저주입니다. 중재 디자인intervention design 관점에서 보면 비즈니스 행동은 개인의 행동을 이끌어내는 주요 수단입니다. 예를 들어 우편 내용이나 이메일 발송 빈도를 조절하여 고객이 청구 금액을 제때에 지불하도록 유도할 수 있습니다. 이러한 비즈니스 행동은 목표를 달성하는 과정에 없어서는 안 될만큼 매우 유용한 수단입니다. 또한 비즈니스 행동을 결정할 때 필요한 데이터는 다른 데이터 유형에 비해 상대적으로 수집하기 더 수월합니다. 관련된 데이터를 수집할 때 고려해야 하는 윤리적 사항이 적기 때문입니다. 일반적으로 조직은 운영이나 임직원과 관련된 데이터를 자유롭게 수집할 수 있습니다. 물론 사생활을 침해하지 않도록 주의해야 합니다.

하지만 어떤 면에서는 데이터 수집과 분석 관점에서 비즈니스 행동이 굉장히 까다로운 존재이기도 합니다. 마치 우리가 공기의 존재를 의식하지 않고 숨을 쉬듯이 조직은 의도하지 않은 비즈니스 행동을 무의식중에 하고 있을 수도 있으며 이것이 개인에게 미치는 영향은 분석 결과를 해석하기 어렵게 만드는 노이즈를 파생하기도 합니다. 이러한 노이즈는 두 가지 이유로 발생합니다.

첫째, 고객 행동을 세분화하는 수준만큼 비즈니스 행동을 상세하게 추적하지 못하는 조직이 많습니다. 예를 들어 C마트가 2018년 여름에 영업시간을 단축하는 실험을 해서 매출이 일시적으로 줄어들었다고 가정하겠습니다. 실험을 진행했다는 사실을 모르는 상태로 매출 데이터만 보면 2018년 여름에 매출이 감소한 이유를 해석하기 어려울 것입니다. 비즈니스 규칙을 소프트

웨어로 구현하더라도 모든 경우의 수를 다 담을 수는 없습니다. 또한 비즈니스 행동의 특이 사항을 기록한다 해도 보통 부서별 데이터베이스(또는 어떤 특정 파일)에 남기고 비즈니스를 대표하는 종합 데이터에는 포함하지 않는 경우가 많습니다.

둘째, 비즈니스 행동은 고객 행동과 관련된 변수를 해석하는 데 영향을 줄 수 있습니다. 소비자를 혼란스럽게 만들기 위해 의도적으로 논란을 일으키고 오해의 소지를 만드는 **슬러지**sluge 마케팅이 대표적인 예입니다. '광고성 이메일 수신 동의' 체크박스를 해제하고 이메일 주소를 입력하면 다시 해당 체크박스가 자동으로 선택되는 회원가입 페이지가 있다고 상상해보세요. 이 체크박스가 정말 사용자의 의견을 반영하는 것일까요? 이렇게 명백한 예제 외에도 많은 예제가 있지만 특히 영업 영역에서 다양한 고객 행동 뒤에 숨겨진 비즈니스 행동이 있는 경우가 많습니다. 많은 구매 성향propensity-to-buy 모델은 영업 부서가 목표로 하는 고객층으로 한정하여 설정되어야 합니다. 역설적으로 영업 담당자의 보상 체계는 기업 경영진이 활발한 영업 활동을 권장하기 위해 가장 신경 쓰는 부분이지만 매출과 관련된 고객 구매 행동 모델에 포함되는 경우는 드뭅니다.

궁극적으로 신뢰할 수 있는 비즈니스 행동 데이터를 확보하는 것은 행동 데이터 분석에 있어서 굉장히 어려운 도전이며 시간에 따른 데이터일 경우 더욱 그렇습니다. 하지만 이러한 도전에 성공한다면 조직에 큰 가치를 창출할 수 있습니다.

2.2 행동과 데이터의 연결고리

개인 특성, 인지와 감정, 의도, 행동과 비즈니스 행동은 행동 데이터 분석에서 세상을 표현하고 이해하기 위해 사용하는 개념입니다. 그러나 행동과 데이터를 연결하는 것은 단순히 이 개념 중 하나에 데이터 변수를 할당하는 것이 아닙니다. 어떤 변수가 '행동과 관련된 내용'이라고 해서 '행동 데이터'의 자격을 얻는 것은 아닙니다. 예를 들어 이전 절에서 보았듯이 고객 행동과 관련된 것으로 보이는 변수가 실제로는 비즈니스 규칙만 대변할 수도 있습니다. 이 절에서는 데이터를 행동화하고 데이터가 표현해야 하는 현실 세계의 요소와 실제로 얼마나 가까운지 확인하는 여러 가지 방법을 소개합니다.

내용의 이해를 돕기 위해 구체적인 예제로 설명하겠습니다. 이번 예제에서 사용할 C마트에 이은 두 번째 가상 기업 에어씨앤씨^{Air Coach and Couch} (AirCnC)는 온라인 여행 및 숙박 예약 서비스를 제공하는 기업입니다. 에어씨앤씨의 경영진은 CSAT가 향후 구매 행동에 미치는 영향, 즉 핵심 성과 지표 중 하나인 예약 이후 6개월 동안 소비한 금액(앞으로 *M6Spend* 변수라고 하겠습니다)을 측정하려고 합니다. 이것은 평범해 보이지만 꽤 까다로운 문제입니다. 자세한 해결 방법은 12장에서 살펴보고 여기서는 전체 그림을 그리는 방법만 살펴보겠습니다.

2.2.1 행동 무결성 사고방식

행동 과학을 비즈니스에 적용하는 사례가 아직 많지 않기 때문에 여기서 배운 내용을 실무 데이터에 적용한다면 새로운 가치를 창출할 수 있을 것입니다. 비즈니스 데이터는 보통 수백 또는 수천 개의 변수 때문에 행동 과학을 적용하는 것이 쉽지 않겠지만 올바른 사고방식을 추구한다면 적절한 방법을 찾을 수 있습니다.

여러분이 구조 엔지니어이고 교량 유지 관리를 새롭게 담당하게 되었다고 상상해보세요. 구조물의 한쪽 끝에서 시작하여 반대쪽 끝에 도달할 때까지 인치(또는 센티미터) 단위로 무결성을 평가한 다음 완벽한 구조적 무결성에 도달하기 위한 10년 계획을 세울 수도 있습니다. 하지만 구조물에 움푹 들어간 곳이 있다면 느긋하게 무결성을 평가하고 10년치 계획을 세우는 동안 그곳은 점점 더 악화되어 구조물을 건너는 자동차 운전자를 위험에 빠뜨리거나 이동 수단을 망가뜨릴 수도 있습니다. 따라서 완벽함을 추구하기보다는 우선 구조물을 빠르게 살펴보고 중요도에 따라 주요 문제의 우선순위를 정하는 것이 좋습니다. 보다 구조적으로 문제를 해결할 시간과 예산이 생길 때까지 임시방편으로 유지보수가 필요한 장소를 파악하는 것이 중요합니다.[2]

동일한 사고방식을 데이터에도 적용할 수 있습니다. 새로 시작하는 사업이 아니라 기존에 존재하는 기업에서 업무를 한다면 기존 데이터와 레거시 프로세스를 다룰 것입니다. 당황하지 말고 주어진 자료를 처음부터 완벽하게 읽으려고 하지 마세요. 비즈니스 문제의 중요도를 파악하고 중요도가 높은 순서대로 비즈니스 문제를 선택하여 부정확한 변수가 있는지 검토하세요.

1 관심이 있는 원인과 결과

2 매개변수^{mediator}와 조절변수^{moderator}(해당되는 경우)

---

2 혹시라도 구조 엔지니어에게 실례가 되거나 실제 업무와 다른 설명이 있다면 진심으로 사과드립니다. 비유를 위한 예제로 이해해주시길 부탁드립니다.

3 잠재적 교란변수

4 기타 교란의 여지가 없는 독립변수(혹은 공변량)

이러한 내용을 살펴보면서 분석의 요소를 결정해야 합니다. 예를 들어 특정 변수를 분석에 포함해야 할까요? 아니면 의미가 불분명해서 제거하는 것이 나을까요? 아쉽게도 이런 결정을 올바르게 내리는 공식이 없어서 비즈니스 감각과 전문성에 의존해야 합니다. 하지만 반대로 절대 내려서는 **안 되는** 결정이 있습니다. 바로 변수를 모른척하는 것입니다. 변수는 분석에 포함되는 쪽이나 포함되지 않는 쪽의 두 가지 중 하나에 반드시 속해야 합니다. 분석에 포함해야 한다는 쪽으로 마음이 기울면 이유를 명시하고 잠재적인 오류의 원인을 설명하고 변수가 제외되는 경우 결과가 어떻게 달라지는지 생각해보세요. 언젠가 한 UX 연구원은 저에게 이렇게 말했습니다. "비즈니스 연구원이 된다는 것은 '무엇을 제외해도 되는지'를 끊임없이 알아내는 것이다."

2.2.2 불신과 검증

불행히도 많은 상황에서 비즈니스나 재무 규칙에 따라 데이터의 기록 방식이 결정되고 고객 중심이 아닌 트랜잭션 중심의 방식으로 데이터를 기록합니다. 따라서 무결성이 입증될 때까지 변수를 의심해야 합니다. 예를 들어 *CustomerDidX*라는 변수가 '고객이 X를 수행했다(customer did X)'라는 의미를 나타낸다고 확신하면 안 됩니다. 다음과 같이 완전히 다른 의미를 가질 수도 있기 때문입니다.

- 고객은 X에 동의한다는 작은 글씨를 읽지 않고 체크박스를 선택했습니다.
- 고객이 아무말도 하지 않았기 때문에 기본적으로 X로 설정했습니다.
- 고객이 X를 했다고 말했지만 확신할 수 없습니다.
- 고객이 일생의 어느 시점에서 정기적으로 X를 수행했음을 나타내는 데이터를 공급업체로부터 구매했습니다.

고객이 실제로 X를 했다고 해도 그 의도는 추측할 수 없습니다. 다음과 같이 다양한 이유가 있을 수 있기 때문입니다.

- 알림 이메일을 보낸 경우
- 페이지가 새로고침이 되지 않아서 네 번 연속으로 새로고침을 누른 경우

- Y를 하고 싶었는데 실수로 X를 수행한 경우
- 일주일 전부터 했는데 제약 사항이 있어서 오늘만 기록된 경우

〈프린세스 브라이드〉라는 영화의 명대사[3]를 따라서 다시 말하자면 '그 변수 계속 사용하시는데, 제 생각에 그 변수는 당신이 생각한 그런 의미가 아닌 것 같아요.'

2.2.3 범주 식별

앞에서 언급했듯이 에어씨앤씨 경영진의 목표는 CSAT가 구매에 미치는 영향을 측정하는 것입니다. 이는 매우 어려운 일입니다. 분석을 시작하기 전에 먼저 무엇을 분석해야 하는지 명확하게 정리하겠습니다.

대학교 1학년 때 철학 교수님이 '진보란 무엇인가?'라던지 '인간과 기계'와 같은 주제로 에세이 과제를 낸 적이 있습니다. 에세이를 쓰기 어려워하는 학생들에게 교수님은 '이 주제를 하나의 장으로 생각했을 때 책의 제목은 무엇일까?'를 생각하라는 훌륭한 조언을 남기셨습니다. 역설적이지만 문제가 광범위하고 다루기 어렵다고 느껴질 때 그 문제가 어떤 더 넓은 범주에 속하는지 고민하는 것이 도움이 될 때가 있습니다.

다행스럽게도 행동 데이터 분석을 할 때는 에세이를 쓸 때와 같이 영감을 주는 참고 서적을 찾아 헤맬 필요가 없습니다. 분석할 때 어떤 요소를 고려해야 하는지 이미 설명했었죠?

- 개인 특성
- 인지와 감정
- 의도
- 행동(또는 행동 경향)
- 비즈니스 행동과 프로세스

이제 방해가 되는 요소를 제거하겠습니다. 주어진 비즈니스 문제의 첫 번째 변수는 고객 만족도입니다. 고객 만족도는 시시각각 변하기 때문에 값이 유지되어야 하는 개인 특성으로 보긴 어렵습니다. 사람이 하는 것도 아니고 하려고 하는 것도 아니므로 행동이나 의도도 아닙니다.

---

3 옮긴이_ 'You keep using that word. I do not think it means what you think it means(그 단어 계속 쓰는데, 그 단어는 네가 생각하는 그런 뜻이 아닐걸).'

마지막으로 기업이나 조직이 주체자가 아니기 때문에 당연히 비즈니스 행동이나 프로세스도 아닙니다. 따라서 고객 만족도는 고객 경험과 마찬가지로 인지와 감정에 속합니다. 비즈니스 문제의 두 번째 변수인 '구매 행동'은 분류하기 훨씬 쉽습니다. 고객이 하는 행동이므로 '행동'에 속합니다.

필자의 경험에 따르면 비즈니스 분석 프로젝트의 목표를 명확하게 하지 않았을 때 프로젝트가 실패하거나 실망스러운 결과로 이어지는 경우가 많습니다. 조직마다 기업의 이익, 비영리 단체의 성과와 같은 핵심 성과를 나타내는 지표를 정의합니다. 더 작은 단위로 보면 고객 경험 부서의 NPS^{Net Promoter Score}, IT 부서의 가동 중지 시간 비율^{downtime percent}과 같이 부서별 성과 지표도 있습니다. 비즈니스 파트너가 이러한 성과 지표와 관련이 없는 변수를 측정하거나 개선하도록 요청한다면 일반적으로 주어진 변수와 성과 지표가 서로 관련이 있다고 오해하고 있을 가능성도 있습니다.

행동 과학에서 일종의 버즈워드^{buzzword}로 취급하는 '고객 참여^{customer engagement}'라는 단어가 이런 현상의 좋은 예시입니다. 이 단어가 정확히 무엇을 의미하는지 정의하기 어렵다는 의견이 많으며 실제로 다음과 같이 두 가지 의미로 해석됩니다.

- **행동**

  비즈니스와의 광범위한 상호작용 경향을 의미합니다. 예를 들어 고객 A가 고객 B보다 웹사이트에 더 자주 접속하고 오래 머무른다면 고객 A가 고객 B보다 더 많이 참여하고 있다고 말합니다.

- **인지와 감정**

  영화를 보는 관객이나 강의를 듣는 수강생이 흐름에 몰두하고 다음 내용을 기대할 때 영화나 강의에 '참여'한다고 말합니다. 이때 참여의 기준이 인지와 감정이므로 집중하는 정도가 높을수록 참여도가 높습니다.

두 가지 의미를 혼동하여 오해가 생기는 일도 있겠지만 개인적으로는 다양한 신생 기업이 생겨나고 빠르게 디지털화되는 세상에서 고객 참여가 중요한 지표이며 이를 평가할 때는 두 가지 의미를 모두 고려해야 한다고 생각합니다. 예를 들어 필자는 세탁기가 작동을 멈출 때 세탁기와 상호작용을 가장 많이 합니다. 따라서 첫 번째 의미로 봤을 때 참여도가 높다고 말할 수 있습니다. 하지만 이러한 상호작용이 즐거움이나 열정과 같이 긍정적인 인지와 감정을 불러일으키는 것은 아니므로 두 번째 의미로 봤을 때는 참여도가 낮습니다. 이 예시와 같이 단순히 행동으로 참여도를 높이려는 조직은 결과에 실망할 가능성이 높습니다. 행동으로서의 참여가 감정으로서의 참여로 이어지지 않으면 충성도와 유지율이 높아지는 것과 같은 바람직한 결과로 이어지지 않습니다.

개인적인 경험을 한 가지 더 예시로 들자면 한 비즈니스 파트너가 필자에게 임직원들이 어떤 교육을 받을 수 있도록 도와달라고 요청한 적이 있습니다. 약간의 논의를 끝맺은 뒤 비즈니스 파트너가 진정으로 원하는 것은 임직원이 비즈니스 규칙을 준수하게 하는 것임을 파악했습니다. 그 파트너는 임직원이 비즈니스 규칙을 잘 모르기 때문에 준수하지 않았다고 생각했습니다. 이 시점에 필자는 임직원이 규칙을 준수하지 않는 이유를 파악하고 준수하도록 권장하는 방법을 이해하는 방향으로 프로젝트의 목표를 수정했습니다. 이 경험으로 얻은 교훈을 간단히 표현하자면 '자가 진단 환자'를 조심해야 합니다.

이제 인간 행동 모델을 기반으로 에어씨앤씨의 비즈니스 문제를 다시 정의하겠습니다. 에어씨앤씨 경영진은 인지와 감정이 고객의 행동에 영향을 미치는지 여부와 영향이 있다면 미치는 정도가 얼마인지 알고 싶어합니다. 실제로 대다수의 비즈니스 분석 문제가 고객 또는 비즈니스 행동을 변수로 갖습니다. 고객에게 후속 이메일을 보낸다면 고객 만족도가 올라갈까요? 만족도가 높은 고객이 구매할 가능성이 더 높을까요?

만약 비즈니스 문제와 관련된 변수의 범주를 모두 분류했는데 고객 또는 비즈니스 행동 범주에 해당하는 변수가 하나도 없다면 문제가 있는 것입니다. 이러한 비즈니스 문제는 명확한 결론이나 가치를 이끌어내기 어렵습니다. 가치 있는 결론을 얻으려면 먼저 주어진 정보로부터 의미를 찾아내야 합니다. 예를 들어 고객의 나이가 많을수록 만족도가 높다고 가정하겠습니다. 이것이 무엇을 의미할까요? 이 정보를 바탕으로 어떤 결론을 도출할 수 있을까요? 비즈니스 결과는 비즈니스 또는 고객의 행동에 의해 좌우됩니다.

관련 행동이 무엇인지 파악했다면 해당 변수를 더 깊게 파고들 시간입니다.

2.2.4 행동 변수 세분화

앞에서 언급했듯이 '행동에 관한' 변수는 행동 변수와 동일한 것이 아닙니다. 행동에 관한 변수를 진정한 행동으로 만들고 싶다면 일종의 변환을 해야 합니다.

고객 행동이 비즈니스 행동보다 더 직관적이므로 고객 행동을 중점적으로 살펴보겠습니다. 고객 행동에 적용한 논리는 비즈니스 행동에도 비슷하게 적용할 수 있습니다. 좋은 행동 변수는 다음과 같은 특성을 지닙니다.

관찰 가능성

1장에서 언급했듯이 행동은 원칙적으로 관찰할 수 있어야 합니다. 고객과 같은 공간에 있다고 할 때 고객이 하는 행동을 **볼 수 있어야 하죠**. 예약을 진행하다가 중간에 포기하는 것은 관찰할 수 있습니다. 하지만 중단해야겠다고 마음을 먹는 생각은 관찰할 수 없습니다. 타임스탬프timestamp가 없는 행동은 구체적이지 않으며 더 세분화할 수 없습니다.

독립성

기업은 비율(예를 들어 계정을 탈퇴한 고객의 비율)과 같은 집계 지표에 의존하는 경우가 많습니다. 집계 지표는 보고서에 쓰기 좋은 그림이 될 수 있지만 특히 시간 간격을 기반으로 계산할 때 고객 구성의 변화와 같은 편향과 교란변수의 희생양이 될 수 있습니다.

예를 들어 마케팅 캠페인을 성공해서 에어씨앤씨의 웹사이트에 신규 고객이 많이 유입되었다고 가정하겠습니다. 하지만 상당한 비율의 신규 고객이 캠페인의 혜택을 한 달 동안 누리고 혜택이 끝나는 첫 달에 계정을 탈퇴한다고 가정하겠습니다. 이러한 경우 에어씨앤씨의 일반적인 일일 탈퇴율이 그대로 유지되더라도 캠페인 다음 달에 탈퇴율이 놀라울 정도로 급증할 수 있습니다. 경험상 좋은 집계 변수는 좋은 독립 변수에서 얻을 수 있습니다. 변수가 집계 상태에서만 의미가 있고 개별 수준에서는 의미 있는 해석을 할 수 없으면 좋은 변수가 아닙니다. 에어씨앤씨 예제에서 탈퇴율에 대응하는 의미 있는 독립 지표는 탈퇴 확률입니다. 개인 특성과 서비스 이용 기간을 바탕으로 측정하는 이 지표는 신규 고객이 유입되어도 안정적으로 유지됩니다.

원자성

기업은 의도가 같은 서로 다른 행동을 함께 집계하는 경우가 많습니다. 예를 들어 고객이 에어씨앤씨로 청구 주소를 변경하는 방법이 세 가지입니다. 계정 설정 페이지에 접근하는 방법, 예약을 완료할 때 정보를 편집하는 방법, 고객센터에 문의하는 방법이 있습니다. 겉으로 보이는 행동은 다르지만 모두 청구 주소를 변경하는 행동이기 때문에 데이터를 기록할 때 세 가지 행동이 유사하게 집계될 수 있습니다. 다시 말하지만 행동 집계 변수가 본질적으로 나쁘다는 의미는 아닙니다. 세 가지 청구 주소 변경 행동을 *ChangedBillingInformation*이라는 이진형 변수로 통합하여 분석할 수도 있습니다. 하지만 최소한 이 변수의 배경이 되는 구체적인 행동을 알고 있어야 하며 도출한 결론이 각 행동에 동일하게 적용 가능한지 확인하는 것이 좋습니다.

대부분의 상황에서 만족스러운 행동 변수를 식별하거나 생성하려면 '손을 더럽혀야' 합니다. 분석 또는 연구 목적으로 구축된 데이터베이스는 많은 경우에 '정제된' 진실을 담고 있습니다. 예를 들어 트랜잭션 데이터베이스는 가장 최신의 검증된 정보만 나열합니다. 분석이나 연구를 하는 사람이라면 아마 완전히 공감할 것입니다. 고객의 총 소비 금액을 *AmountSpent* 변수라고 할 때 고객이 예약을 한 다음에 취소하고 환불을 받았다면 예약할 때 결제한 금액을 *AmountSpent*에 포함하지 않고 싶을 것입니다. 결국, 비즈니스 관점에서 에어씨앤씨는 환불을 진행한 건에서 수익을 창출하지 못했기 때문입니다. 그러나 행동 과학 관점에서 보면 그 고객은 같은 기간에 예약을 하지 않은 고객과는 다르며 일단 예약을 했다는 점을 고려해야 하는 분석 영역도 있을 것입니다. 가장 낮은 레벨의 데이터베이스에 접근하기 위해 COBOL과 같은 고대 프로그래밍 언어를 배우기보다는 직관적인 테이블로 구성된 데이터를 살펴보는 것을 추천합니다.

2.2.5 맥락 이해

'행동은 사람과 환경의 함수이다'라는 말은 행동 과학의 기본 원리를 나타냅니다. 개인 변수가 중요한 것은 사실이지만 쉽게 사용할 수 있어서 분석할 때 이러한 변수에 지나치게 의존하는 경향이 있으며 결과적으로 맥락 변수contextual variable를 충분히 고려하지 못하는 경우가 많습니다.

사람들이 행동하는 맥락을 이해하는 가장 좋은 방법은 인터뷰나 설문조사와 같은 정성 연구qualitative research이며 이 연구의 통찰력은 새로운 변수를 생성하는 바탕이 될 수 있습니다. 하지만 여기서는 기존 데이터에서 맥락 정보를 추출하는 방법에 중점을 두겠습니다.

시간의 중요성

앞에서 언급했듯이 행동은 관찰 가능합니다. 타임스탬프가 있다면 이론적으로 그리고 실제로 발생한 시점을 정확히 찾아낼 수 있습니다. 타임스탬프는 직관적이고 실용적인 통찰력을 얻기 쉽기 때문에 행동 분석의 보물입니다. 하지만 안타깝게도 타임스탬프를 추출하는 알고리즘은 정해져 있지 않습니다. 따라서 비즈니스 감각과 당면한 문제의 특성을 기반으로 추출해야 합니다. 타임스탬프를 유추할 수 있는 단서를 몇 가지 알려드리겠습니다.

- **빈도**

  행동 혹은 더 광범위하게는 사건 데이터를 볼 때는 **빈도**[frequency], 단위 시간당 사건/행동 수를 먼저 살펴보는 것이 좋습니다. 빈도 데이터는 오류가 있거나 행동의 변화를 반영하지 않는 인위적인 불연속성을 나타낼 수 있습니다. 예를 들어 에어씨앤씨 고객이 매년 여름과 겨울마다 휴가를 간다면 연간 2건의 예약을 한다고 해석할 수 있습니다. 만약 어느 해에 겨울 휴가를 12월이 아닌 1월에 갔다면 고객의 입장에서는 두 달의 연도는 다르지만 계절이 같기 때문에 '겨울 휴가 가기'라는 행동을 동일하게 한 것입니다. 하지만 데이터는 한 해를 기준으로 빈도를 집계하기 때문에 여름휴가를 간 해에는 연간 1건의 예약을 했다고 해석하고 그다음 해에는 미뤄진 1월의 겨울 휴가, 그해의 여름과 겨울 휴가를 합쳐 총 3건의 예약을 했다고 계산할 것입니다. 이렇게 짧은 지속시간 뒤에 긴 지속시간이 오는 현상을 캐치업 현상[catch-up phenomena]이라고 부르며 이 현상은 사건이나 행동의 지속시간을 측정하여 발견할 수 있습니다. 캐치업 현상을 감안하더라도 빈도는 여전히 강력한 지표입니다.

- **지속시간**

  지속시간[duration]은 감쇠 효과[decaying effect]를 측정하는 자연스러운 방법을 제공합니다. 여러분이 했던 일이나 오래전에 일어난 일은 최근에 일어난 일보다 영향을 더 적게 미치는 경향이 있습니다. 이러한 특징은 지속시간을 좋은 예측 변수로 만듭니다. 만약 고객이 5년 전에 에어씨앤씨에서 좋지 않은 경험을 했지만 에어씨앤씨를 계속 이용하고 있다면 5년 전의 일은 더 이상 고객의 서비스 이용 경험에 영향을 미치지 않을 것입니다. 따라서 CSAT는 단순히 전체 값의 평균으로 측정하기보다는 경험이 발생한 시점에 따라 가중치를 두는 것이 좋습니다.

- **근접성**

  마찬가지로 서로 매우 가까운 시기에 혹은 연속된 순서로 하는 행동은 우연이 아닐 가능성이 높으며 그 행동을 보면 어떤 상황인지에 대한 단서를 얻을 수 있습니다. 온라인에서 청구 정보를 변경하려고 애쓴 **다음에** 에어씨앤씨의 고객센터에 전화를 걸어서 청구 정보를 변경한 고객과 처음부터 고객센터에 전화를 거는 고객은 서로 다른 행동 경향을 보입니다. 사일로[silo][4]화된 데이터는 옴니채널[omnichannel] 분석 프로젝트를 어렵게 만들지만 서로 다른 채널의 데이터를 모으는 데 큰 도움이 될 것입니다. 행동 데이터를 집계하는 가장 좋은 방법은 'X를 수행한 후 Z를 수행하기'를 나타내는 변수를 만드는 것입니다.

- **사회적인 일상**

  사람들은 보통 월요일에서 금요일까지 출퇴근하며 직장에 다닙니다.[5] 그리고 주말이 오면 토요일

---

4 옮긴이_데이터가 조직 또는 시스템 별로 관리되며 공유되지 않는 현상을 의미합니다.
5 물론 세계적인 유행병이 없다면요.

아침에 느긋하게 여행지를 찾아보거나 자녀가 있는 사람이라면 자녀를 학원에 데리러 갈 수도 있습니다. 일반적으로 많은 사람이 공감하는 일상이 있기 마련입니다. 저마다 다른 인생을 살기 때문에 같은 일상이라도 경우의 수가 정말 많지만 주 단위의 공통된 흐름이 있습니다. 따라서 행동의 시간을 다룰 때는 '하루 중 시간'과 '요일' 변수를 두고 일별로 데이터를 관리하기보다는 '주 단위의 시간' 변수를 관리하는 것을 추천합니다. 비즈니스 문제에 따라 '평일 저녁'과 같은 변수를 관리해도 좋습니다.

정보와 '알려진 무지'

숲에 나무가 쓰러져서 데이터에 기록했는데 아무 고객도 그 소리를 듣지 못했다면 그것은 소리가 난 것일까요?[6] 조직과 고객은 서로 다른 시점의 정보를 알고 있습니다. 행동과 관련하여 사용되는 변수는 행동의 주체자가 그 행동을 하는 동안 이용할 수 있는 정보를 항상 반영해야 합니다. 예를 들어 고객에게 이메일을 보낼 때는 '발송일'로 정의한 변수를 고객의 입장에서 '수신 예정일'로 바꾸면 됩니다. 고객이 여러분에게 이메일을 보내는 경우에도 마찬가지입니다. 사람들은 이메일을 확인하기 전까지는 내용을 모르기 때문에 발송하는 주체일 때와 수신하는 주체일 때의 변수 의미가 다릅니다. 항상 그렇듯이 이러한 과정에는 정답이 없고 상식과 행동 논리를 따릅니다. 하지만 변수가 해당 행동에 더 적합해지도록 만들 수 있습니다.

짖지 않는 개

때때로 사람은 어떤 행동 대신 다른 행동을 하고 어쩔 수 없는 행동을 하거나 아무 행동도 하지 못합니다. **사람이 하지 않는 행동**도 하는 행동만큼 의미가 있습니다. 대안 행동alternative behavior을 식별하는 한 가지 방법은 분기점을 찾는 것입니다. 행동 B가 행동 A 다음에 자주 발생한다면 다른 행동 C도 행동 A 다음에 자주 발생할까요? 반대로 행동 D가 행동 B 다음에 자주 발생한다면 어떤 행동이 행동 D로 이어질까요? 이러한 질문을 바탕으로 '행복한 경로happy path'를 찾거나 길을 잃고 헤매는 고객을 파악할 수 있습니다.

행동 관점은 행동의 맥락을 깊게 이해할 수 있도록 하며 에어씨앤씨와 같은 비즈니스 분석 프로젝트에 가치를 제공합니다. 에어씨앤씨 경영진이 온라인 예약 경험, 숙박 경험 또는 에어씨

---

6 옮긴이_ 'If a tree falls in a forest and no one is around to hear it, does it make a sound?(숲에 나무가 쓰러졌는데 주위에 아무도 그 소리를 듣지 못했다면 그것은 소리가 난 것일까요?)'라는 유명한 철학적 사고 실험 논제를 따라한 문구입니다.

앤씨의 서비스 담당자를 포함한 다양한 요소를 바탕으로 고객 만족도를 측정하길 요청했나요? 그렇다면 고객이 에어씨앤씨 서비스를 이용하기 시작한 시점부터 어느 시점에서든 고객에게 얼마나 만족했는지 질문할 수 있습니다. 그러면 고객은 답변을 하겠지만 답변은 일관성이 없을 수도 있고 어떤 의미를 내포하는지 해석하기 어려울 수도 있습니다.

예제의 경우 에어씨앤씨의 경영진이 진정으로 원하는 것은 서비스 통화 후 수집한 고객 만족도가 얼마나 중요한지 이해하는 것입니다. 이 중요도를 바탕으로 경영진은 서비스 개선을 위해 임직원 교육에 투자해야 하는지 아니면 서비스를 아웃소싱outsourcing[7]할지 결정할 수 있습니다.

2.3 정리하기

응용 행동 과학의 매력이면서도 가장 어려운 부분은 정성 분석qualitative analytics과 정량 분석quantitative analysis 사이를 끊임없이 오가며 고민해야 한다는 점입니다. 이 장의 핵심 목표는 인간 행동의 기본 모델과 실용적인 팁을 소개하여 이해를 돕고 행동을 데이터에 연결할 수 있도록 하는 것입니다. 즉, 데이터 분석을 하지 않아도 데이터의 행동 무결성을 개선하고 비즈니스 문제에 접근하는 방법을 명확히 하는 것만으로도 조직에 가치를 더할 수 있습니다.

2부에서는 인과–행동 프레임워크의 세 번째 기둥을 소개합니다. 즉, 행동 사이의 관계를 구축할 수 있는 인과관계 다이어그램을 살펴보겠습니다.

7　옮긴이_기업이 업무의 일부를 외부에 위탁하는 것을 의미합니다.

PART 02

인과관계 다이어그램과 교란 해소

1부에서는 교란이 가장 단순한 데이터 분석조차도 얼마나 위태롭게 할 수 있는지 살펴보았습니다. 2부에서는 변수 사이의 관계를 표현하고 이해하며 인과관계 다이어그램을 그리는 방법을 알아봅니다.

▶▶▶ 3장
인과관계 다이어그램과 해당 구성 요소를 소개합니다.

▶▶▶ 4장
먼저 새로운 분석을 할 때 인과관계 다이어그램을 처음부터 만드는 방법을 살펴봅니다. C마트의 아이스크림 예제에서 본 인과관계 다이어그램은 매우 단순한 설계를 바탕으로 만들었습니다. 그러나 현실 세계에서 어떤 주제의 원인과 결과 외에 인과관계 다이어그램에 어떤 변수를 포함해야 하는지 그리고 변수 사이의 관계를 결정하는 방법을 파악하기는 어렵습니다.

▶▶▶ 5장
마찬가지로 C마트의 아이스크림 예제에서 교란변수를 제거하는 과정은 매우 간단했습니다. 회귀에서 사용하는 변수의 공통 요인을 모델에 포함하기만 하면 됩니다. 하지만 더 복잡한 인과관계 다이어그램을 사용하면 회귀에 어떤 변수를 포함해야 하는지 파악하기 어렵습니다. 5장에서는 가장 복잡한 형태의 인과관계 다이어그램에도 적용할 수 있는 규칙을 살펴봅니다.

PART 02

인과관계 다이어그램과 교란 해소

## CHAPTER 3

인과관계 다이어그램의 개요

사실 몇 가지 예외를 제외하면 상관관계는 인과관계를 의미합니다. 두 변수 사이의 체계적인 관계를 관찰하고 그 관계가 우연의 일치 때문일 가능성을 배제한다면 이 관계를 유발하는 요인이 반드시 존재해야 합니다. 말레이 그림자$^{Malay\ shadow}$ 공연을 볼 때 관객은 화면에서 완전한 둥근 그림자를 보고 공인지 밥그릇인지는 몰라도 어떤 3차원 물체가 그림자를 드리웠다는 것을 알 수 있습니다. 통계 입문자를 위해 조금 더 정확하게 표현하자면 단순한 상관관계는 해결되지 않은 인과 구조를 의미한다는 것입니다.

— 빌 쉬플리$^{Bill\ Shipley}$,
『Cause and Correlation in Biology』(Cambridge University Press, 2016)

인과관계 다이어그램$^{causal\ diagram}$(CD)은 모르는 사람이 많지만 매우 강력한 분석 도구입니다. 또한 [그림 3-1]과 같이 인과관계 다이어그램은 인과–행동 프레임워크의 세 말단(정점) 중 하나입니다. 인과관계 다이어그램은 인과관계를 표현하고 분석하는 언어를 제공하며 특히 행동 데이터 분석에서 효과적으로 작동합니다.

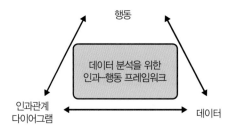

그림 3-1 데이터 분석을 위한 인과-행동 프레임워크

3.1절에서는 인과관계 다이어그램이 프레임워크에서 어떤 역할을 하는지 설명합니다. 즉 인과관계 다이어그램이 행동과 데이터에 연결되는 방식을 살펴봅니다. 3.2절에서는 인과관계 다이어그램의 세 가지 기본 구조인 사슬chain, 분기fork, 충돌collider을 설명합니다. 마지막으로 3.3절에서는 인과관계 다이어그램에 적용할 수 있는 몇 가지 일반적인 파생 형태를 살펴보겠습니다.

3.1 인과관계 다이어그램과 인과-행동 프레임워크

먼저 인과관계 다이어그램이 무엇인지 정의하겠습니다. 인과관계 다이어그램은 변수를 상자로 표현하고 변수 사이의 관계를 상자 사이의 화살표로 표현한 그림입니다.

1장의 C마트 예제에서 변수 *IcedCoffeeSales*(아이스 커피 매출)는 *Temperature*(기온)라는 한 가지 요인의 영향을 받았습니다. 이 변수의 관계를 그림으로 나타내면 다음과 같습니다.

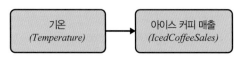

그림 3-2 첫 번째 인과관계 다이어그램

[그림 3-2]의 각 상자는 관찰 가능한(데이터셋에 있는) 변수를 나타내며 그 사이의 화살표는 인과관계의 존재와 방향을 나타냅니다. 이때 *Temperature*와 *IcedCoffeeSales* 사이의 화살표는 오른쪽 방향을 가리키고 있으며 이것은 왼쪽에 있는 *Temperature*가 오른쪽에 있는 *IcedCoffeeSales*의 요인임을 나타냅니다.

관찰할 수 없는 변수가 존재하는 경우도 있습니다. 이러한 변수를 인과관계 다이어그램에 나타낼 때는 더 어두운 색의 상자를 사용합니다.

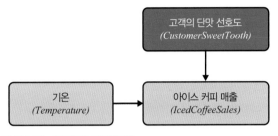

그림 3-3 관찰되지 않은 변수가 있는 인과관계 다이어그램

[그림 3-3]에서 추가한 '고객의 단맛 선호도' 변수를 *CustomerSweetTooth*라고 하겠습니다. [그림 3-3]에서 *CustomerSweetTooth*는 *IcedCoffeeSales*의 요인이며 단맛을 좋아할수록 아이스 커피를 구매하는 경향이 있다는 의미입니다. 하지만 고객의 단맛 선호도는 관찰할 수 없습니다. 인과관계 분석에서 관찰되지 않은 교란변수와 더 포괄적인 의미의 관찰되지 않는 변수의 중요성은 나중에 자세히 설명합니다. 여기서는 어떤 변수를 관찰할 방법이 없더라도 인과관계 다이어그램에 표시하겠습니다.

3.1.1 행동을 나타내는 인과관계 다이어그램

인과관계 다이어그램은 행동 사이의 인과관계를 나타내는 그림입니다. 이때 행동뿐만 아니라 행동에 영향을 미치는 현실 세계의 다른 현상을 나타내기도 합니다. 이러한 관점에서 인과관계 다이어그램의 요소는 실제로 존재하고 서로 영향을 주는 '사물'을 나타냅니다. 물리학으로 비유하자면 자석, 철 막대와 자석 주위의 자기장이 인과관계 다이어그램의 요소가 될 수 있습니다. 자기장은 눈에 보이지 않지만 존재하며 철 막대에 영향을 줍니다. 자기장에 대한 데이터가 없거나 자기장을 나타내는 방정식을 모르더라도 철 막대를 움직이면 자기장이 존재한다는 것을 느낄 수 있고 자기장이 어떤 역할을 하는지 관찰하며 직관적으로 이해할 수 있습니다.

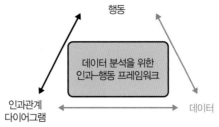

그림 3-4 인과–행동 프레임워크에서 인과관계 다이어그램과 행동의 관계

행동을 유발하는 요인도 같은 관점으로 이해할 수 있습니다. 인간이 습관, 취향, 감정이 있다는 것은 직관적으로 이해할 수 있고 수치 데이터가 없더라도 이러한 요소를 행동의 요인으로 인지할 수 있습니다. '철수는 배가 고파서 땅콩을 샀다'라고 말한다면 일반적인 사람 또는 철수 개인에 대한 지식, 경험과 믿음을 바탕으로 철수를 이해한 것입니다. 철수의 혈당이나 뇌의 활성화 상태를 측정하지 않아도 배가 고프다는 사실을 눈치챌 수 있습니다.

예제는 현실을 인과적으로 표현한 문구입니다. 이 문구는 반대로 말하면 '배가 고프지 않았다면 땅콩을 사지 않았을 것이다'라는 의미입니다. 인과관계는 현실을 직관적으로 이해하는 매우 기본적인 개념이기 때문에 과학적 방법이나 데이터 분석을 배우기 훨씬 전에 심지어 어린 아이들도 정확한 인과관계를 추론할 수 있습니다. '왜냐하면', '때문에'와 같은 단어 하나면 충분합니다. 사실 이러한 직관은 상식이나 전문적인 지식을 바탕으로 하더라도 행동 과학 입장에서는 편향을 일으키는 요인입니다. 그러나 일상 생활에서는 정량적인 데이터 없이 세상을 이해하는 좋은 수단입니다.

인과관계 다이어그램으로 현실 세계에 대한 직관과 신념을 표현했을 때 어느 정도의 주관이 담기는 것은 어쩔 수 없습니다. 하지만 인과관계 다이어그램은 사고와 분석을 위한 도구이기 때문에 담고 있는 모든 내용이 '사실'일 필요는 없습니다. 철수가 땅콩을 산 이유는 사람마다 다르게 해석할 수 있습니다. 즉, 같은 사건을 보더라도 서로 다른 인과관계 다이어그램을 그릴 수 있습니다. 또한 생각하는 행동의 요인이 완전히 같더라도 모든 요소를 하나의 다이어그램으로 나타내기는 어렵습니다. 포함하거나 제외할 변수와 관계를 결정하는 기준이 사람마다 다를 것입니다. 어떤 경우에는 데이터를 사용하면 도움이 됩니다. 주어진 데이터와 호환되지 않는 인과관계 다이어그램을 지양할 수 있습니다. 그러나 다양한 형태의 인과관계 다이어그램이 데이터와 호환될 수 있으며 이러한 경우 하나의 인과관계를 선택하기 어렵습니다. 특히 실험 데이터가 없는 경우라면 더 선택하기 어렵습니다.

인과관계 다이어그램의 주관성이 (아마도 치명적인) 결함처럼 보일 수 있지만 사실 이 특성은 버그가 아니라 기능입니다. 인과관계 다이어그램이 불확실성을 갖는 것이 아니라 현실 세계에 이미 존재하는 불확실성을 반영하는 것입니다. 주어진 상황에 대한 유효한 해석이 여러 가지라면 모든 해석은 의미가 있습니다. 한 가지 해석이 진실이라고 믿는 것은 좋은 방향이 아니며 심지어 한 가지 해석이 유일한 진실이라는 점이 사실도 아닙니다. 여러 가지 해석의 가능성을 인정하면 원칙에 입각한 토론을 거쳐 분석할 수 있습니다.

3.1.2 데이터를 나타내는 인과관계 다이어그램

인과관계 다이어그램을 만들고 해석하는 철학적인 영역이 있다면 과학적으로 활용하는 방법도 있습니다. [그림 3-5]와 같이 인과관계 다이어그램을 사용하여 데이터의 변수 사이의 관계를 나타낼 수 있습니다. 이러한 관계가 완전히 또는 거의 선형일 때 인과관계 다이어그램을 선형대수학적으로 해석합니다. 즉, 선형대수의 규칙과 도구를 사용하여 인과관계 다이어그램을 조작하고 변환하는 방법의 '합법성'을 검증하여 올바른 결론을 도출할 수 있습니다.

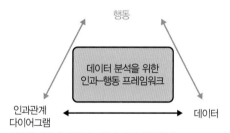

그림 3-5 인과–행동 프레임워크에서 인과관계 다이어그램과 데이터의 관계

선형성^{linearity}을 만족해야 한다는 점이 매우 제한적으로 보일 수 있습니다. 그러나 선형대수의 어떤 규칙과 도구는 일부 관계가 선형은 아니지만 일반화된 선형 모델$^{generalized\ linear\ model}$ (GLM) 이라는 광범위한 모델 범주에 속할 때 그대로 적용할 수 있습니다. 예를 들어 로지스틱 회귀 모델은 GLM입니다. 이것은 효과 변수가 이진형 변수인 경우 인과관계를 다이어그램으로 표현하고 처리할 수 있음을 의미합니다. 조금 더 심화된 수학을 적용해야 하지만 인과관계 다이어그램의 큰 틀은 변하지 않습니다.

자세히 들여다보기: 인과관계 다이어그램과 로지스틱 회귀

지금까지 살펴본 변수 사이의 관계는 모두 선형입니다. 종속변수가 이진형 변수인 경우(일반적으로 '예'와 '아니오'의 두 값만 사용하는 경우) 선형 회귀가 아니라 로지스틱 회귀를 사용합니다. 로지스틱 회귀는 GLM에 속하며 선형은 아니지만 선형 특성을 일부 갖습니다. 이것은 인과관계 다이어그램의 논리를 여전히 적용할 수 있다는 것을 의미합니다. 관심이 있다면 다음 내용을 더 살펴보세요.

C마트의 바닐라 맛과 초콜릿 맛 아이스크림 예제를 다시 살펴보겠습니다. 이번에는 아이스크림 구매 여부를 이진형 변수로 나타내겠습니다. 고객이 어떤 날짜에 적어도 하나의 아이스크림을 구매한 경우 값이 1이고 구매하지 않은 경우 값이 0입니다.

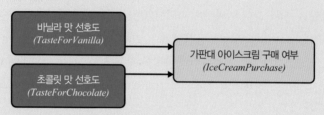

그림 3-6 아이스크림 구매를 표현한 인과관계 다이어그램의 이진형 변수

[그림 3-6]을 보면 인과관계 다이어그램의 화살표는 선형 회귀 대신 로지스틱 회귀를 나타냅니다. 즉, 목표변수가 1일 확률은 설명 변수explanatory variable의 선형 조합의 변환 결과입니다. 가판대 아이스크림 구매 여부 변수를 *IceCreamPurchase*, 바닐라 맛 선호도 변수를 *TasteForVanilla*, 초콜릿 맛 선호도 변수를 *TasteForChocolate*라고 하겠습니다.

$$P(IceCreamPurchase = 1) = (1 + e^{-(\beta_0 + \beta_V.TasteForVanilla + \beta_C.TasteForChocolate)})^{-1}$$

$F(x) = 1/(1 + e^{-x})$는 로지스틱 함수라고 하며 0과 1 사이의 값을 갖는 S자형 곡선s-curve을 그립니다. 로지스틱 함수를 기호 f로 나타내어 수식을 다음과 같이 재정의합니다.

$$P(IceCreamPurchase = 1) = f(\beta_0 + \beta_V.TasteForVanilla + \beta_C.TasteForChocolate)$$

이것은 바닐라 아이스크림의 선호도가 1만큼 상승했을 때 구매 확률이 고정된 양만큼 상승하는 것은 아니라는 사실을 나타냅니다.

로지스틱 회귀의 계수는 이러한 이유로 해석하기가 매우 어렵습니다. 그러나 로지스틱 함수에서 계수와 변수 사이의 관계는 선형으로 유지되며 이러한 특성 때문에 다음 절에서 살펴볼 대수적 변환이 가능합니다.

예를 들어 다크 초콜릿 맛, 퍼지 초콜릿 맛과 같이 다양한 종류의 초콜릿 맛이 있다고 가정하겠습니다. 이러한 경우 $TasteForChocolate$ 변수를 $TasteForDarkChocolate$(다크 초콜릿 맛 선호도)과 $TasteForFudgeChocolate$(퍼지 초콜릿 맛 선호도) 변수로 나눌 수 있습니다. 수식은 다음과 같습니다.

$$P(IceCreamPurchase = 1) = F(\beta_0 + \beta_V.TasteForVanilla +$$
$$\beta_{DC}.TasteForDarkChocolate + \beta_{FC}.TasteForFudgeChocolate)$$

로지스틱 함수에서 설명 변수는 여전히 선형이며 선형 변환을 그대로 적용할 수 있습니다. 선형 회귀가 더 일반적이기 때문에 이 책에서는 선형 회귀를 사용하겠지만 이처럼 로지스틱 회귀도 약간의 수학적 변환을 거치면 책에서 다루는 내용을 적용할 수 있습니다.

$Temperature$를 $IcedCoffeeSales$에 연결하는 [그림 3-3]의 인과관계 다이어그램은 다음과 같은 선형 관계를 담고 있습니다.

$$IcedCoffeeSales = \beta * Temperature + \varepsilon$$

이 선형 회귀는 다른 모든 조건이 동일한 상태에서 기온이 1도 올라가면 아이스 커피 매출이 β 달러만큼 늘어난다는 것을 의미합니다. 인과관계 다이어그램의 각 상자는 데이터의 열을 나타내며 회귀에 [표 3-1]은 인과관계 다이어그램의 관계를 적용한 시뮬레이션 데이터입니다.

표 3-1 인과관계 다이어그램의 관계를 보여주는 시뮬레이션 데이터

Date (날짜)	Temperature (기온)	IcedCoffeeSales (아이스 커피 매출)	β * Temperature	ε = IcedCoffeeSales − β * Temperature
2019/6/1	71	$70,945	$71,000	$55
2019/6/2	57	$56,969	$57,000	$31
2019/6/3	79	$78,651	$79,000	−$349

선형 회귀 수식을 수식을 선형대수 표기법으로 나타내면 다음과 같습니다.

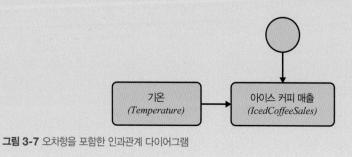

인과관계 다이어그램과 오차항

[표 3-1]의 마지막 열은 회귀의 잔차^{residual} 또는 오차항$^{error term}$을 나타냅니다. 하지만 이 항목은 [그림 3-2]의 인과관계 다이어그램에 표현되어 있지 않습니다. 완전한 인간관계 다이어그램을 그리고 싶다면 오차항을 [그림 3-7]과 같이 인과관계 다이어그램에서 빈 원으로 표시할 수 있습니다. 하지만 이 책에서는 암묵적으로 모든 인과관계 다이어그램에 오차항이 있다고 가정하고 인과관계 다이어그램의 가독성을 높이기 위해 오차항은 생략하겠습니다.

그림 3-7 오차항을 포함한 인과관계 다이어그램

정리하면 인과관계 다이어그램은 데이터, 즉 변수 사이의 관계를 나타낸 것입니다. 요인이 여러 개인 경우도 나타낼 수 있습니다. 다음의 [그림 3-8]은 $Temperature$와 $SummerMonth$(여름철 여부)가 모두 $IceCreamSales$(아이스크림 매출)의 요인임을 나타낸 인과관계 다이어그램입니다.

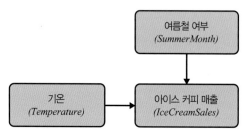

그림 3-8 요인이 2개 이상인 인과관계 다이어그램

인과관계 다이어그램을 다음 방정식과 같이 수학적으로 표현할 수 있습니다.

$$IceCreamSales = \beta_T.Temperature + \beta_S.SummerMonth + \varepsilon$$

분명히 이 방정식은 표준 다중 선형 회귀multiple linear regression이지만 인과관계 다이어그램과 연결되었을 때는 다르게 해석합니다. 인과관계를 모르는 상태라면 이 방정식으로부터 이끌어낼 수 있는 유일한 결론은 '기온이 1도 증가하는 것은 아이스크림 매출이 β_T달러 증가하는 것과 관련이 있다'입니다. 상관관계는 인과관계가 아니기 때문에 더 이상 아무것도 추론할 수 없습니다. 그러나 이 예제와 같이 인과관계 다이어그램이 회귀를 뒷받침한다면 '인과관계 다이어그램이 사실인 경우 기온이 1도 증가한다면 아이스크림 매출은 β_T달러 증가합니다'와 같이 훨씬 더 강력한 주장을 펼칠 수 있습니다. 기업은 보통 이정도의 추론을 필요로 합니다.

데이터 과학과 같은 정량 분석 분야에 있다면 행동의 관계를 나타내는 인과관계 다이어그램보다 데이터의 관계를 나타내는 인과관계 다이어그램을 훨씬 더 선호할 것입니다. 이것은 의미 있는 선택이며 실제로 이런 배경에서 확률 그래프 모형probabilistic graphical model이라고 하는 하나의 통계 모델이 탄생했습니다. 예를 들어 인간의 전문 지식이나 판단에 의존하지 않고 데이터의 인과관계를 파악하기 위해 알고리즘이 개발되어 왔고 여전히 개발되고 있습니다. 그러나 이 분야는 아직 초기 단계이며 알고리즘을 현실 세계 데이터에 적용할 때 여러 가능한 인과관계 다이어그램 중에서 선택하기 어려운 경우가 많습니다. 각 다이어그램이 기업에 미치는 영향이 크게 다르기 때문입니다. 비즈니스와 상식은 보통 가장 합리적인 선택을 할 수 있도록 도와줍니다. 따라서 필자는 이 책에서 소개하는 다양한 접근법을 조합하여 여러분에게 가장 적합한 접근법을 찾아갈 것을 추천합니다. 여러분의 직관과 데이터를 반복적으로 번갈아 검토하면서 인과관계 다이어그램을 그린다면 실무에 도움이 되는 결과를 얻을 수 있습니다.

3.2 인과관계 다이어그램의 기본 구조

인과관계 다이어그램에는 다양한 형태가 있습니다. 다행스럽게도 수많은 전문가가 인과관계 다이어그램의 형태를 오랫동안 연구해왔고 다음과 같은 규칙을 발견했습니다.

- 사슬, 분기, 충돌이라는 총 세 가지 기본 구조가 있으며 모든 인과관계 다이어그램은 이러한 기본 구조의 조합으로 표현할 수 있습니다.

인과관계 다이어그램을 가계도라고 생각하면 다이어그램에서 서로 멀리 떨어져 있는 변수 사이의 관계를 쉽게 설명할 수 있습니다. 예를 들어 어떤 변수는 다른 변수의 '자손descendant'이거나 '자식child'이라고 말할 수 있습니다.

그리고 실제로 이게 전부입니다! 이제 기본 구조를 자세히 살펴보고 이러한 구조와 변수 사이의 관계를 이름 짓는 방법에 익숙해지면 다루는 모든 인과관계 다이어그램을 완벽하게 설명할 수 있습니다.

3.2.1 사슬

사슬chain은 3개의 변수를 나타내는 3개의 상자와 각 상자를 직선으로 연결하는 2개의 화살표가 있는 인과관계 다이어그램입니다. 앞에서 살펴본 기온과 C마트 아이스 커피 예제에 한 가지 변수를 더 추가하여 총 3개의 변수를 갖는 사슬 인과관계 다이어그램을 그려보겠습니다. C마트가 도넛도 판매하기로 결정했다고 가정해봅시다. 이때 모델을 단순화하기 위해 *IcedCoffeeSales* 변수만 도넛 매출에 영향을 준다고 하겠습니다. 그러면 *Temperature*, *IcedCoffeeSales*, *DonutSales*(도넛 매출)은 다음과 같은 인과관계로 연결됩니다.

그림 3-9 사슬 구조의 인과관계 다이어그램

사슬 구조는 2개의 화살표가 '같은 방향'으로 연결된다는 특징이 있습니다. 즉, 첫 번째 화살표는 첫 번째 상자에서 두 번째 상자로 가고, 두 번째 화살표는 두 번째 상자에서 세 번째 상자로 이어집니다. [그림 3-9]의 인과관계 다이어그램은 [그림 3-3]을 확장한 다이어그램입니다. 기온이 아이스 커피 매출을 유발하고 이것이 다시 도넛 매출로 이어진다는 사실을 나타냅니다.

변수 사이의 관계를 나타내는 몇 가지 용어를 정의하겠습니다. [그림 3-9]에서 *Temperature*는 *IcedCoffeeSales*의 **부모**parent라고 하고 *IcedCoffeeSales*는 *Temperature*의 **자식**child이라고 합니다. 또한 *IcedCoffeeSales*는 자식인 *DonutSales*의 부모이기도 합니다. 변수가 다른 변수와 부모/자식 관계를 가지는 경우 이것을 **직접적인 관계**direct relationship라고 합니다. 만약 그 사이에 중간변수가 있으면 **간접적인 관계**indirect relationship라고 합니다. 관계를 간접적으로 만드는 변수의 개수는 보통 중요하지 않습니다. 따라서 간접적인 관계의 구조를 설명하려고 중간에 있는 상자의 개수를 셀 필요는 없습니다.

또한 어떤 변수의 부모 변수가 부모를 가지고 같은 방식으로 부모가 계속 있는 구조라면 최상위에 있는 부모 변수를 해당 변수의 **조상**ancestor이라고 부릅니다. 예를 들어 [그림 3-9]의 예제에서는 *Temperature*가 *DonutSales*의 조상입니다. *Temperature*가 *DonutSales*의 부모인 *IcedCoffeeSales*의 부모이기 때문입니다. 같은 원리로 *DonutSales*는 *Temperature*의 **자손**descendant이라고 부릅니다.

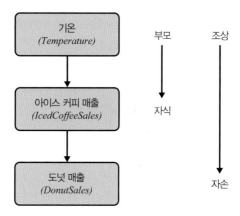

그림 3-10 사슬 구조에 있는 변수 사이의 관계

여기서 *IcedCoffeeSales*는 *Temperature*와 *DonutSales* 관계의 **매개변수**mediator입니다. 12장에서 매개효과가 무엇인지 자세히 살펴보고 여기서는 매개변수 값이 변하지 않으면 조상 변수의 값이 변해도 화살표 방향을 따라 자손에 영향을 미치지 못한다는 점만 기억하세요. 예를 들어 예제에서 C마트가 아이스 커피가 매진되면 아이스 커피 재고가 생길 때까지 기온의 변화가 도넛 매출에 영향을 미치지 않는다고 예상할 수 있습니다.

사슬 축소

[그림 3-9]의 인과관계 다이어그램은 다음의 회귀 방정식으로 변환할 수 있습니다.

$$IcedCoffeeSales = \beta_T.Temperature$$
$$DonutSales = \beta_I.IcedCoffeeSales$$

그리고 두 번째 방정식의 *IcedCoffeeSales*를 첫 번째 방정식의 표현식으로 다음과 같이 대체할 수 있습니다.

$$DonutSales = \beta_{I} \cdot (\beta_{T} Temperature) = (\beta_{I}\beta_{T})\,Temperature$$

이때 $\beta_{I}\beta_{T}$는 2개의 상수 계수를 곱한 것이므로 하나의 새로운 계수로 취급할 수 있습니다.

$$DonutSales = .\,Temperature$$

결과적으로 *DonutSales*를 *Temperature*의 선형 함수로 표현한 것이며 이것을 다시 [그림 3-11]과 같이 인과관계 다이어그램으로 변환할 수 있습니다.

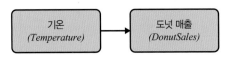

그림 3-11 축소한 인과관계 다이어그램

짜잔! 사슬을 **축소**collapsing했습니다. 즉, 중간에 있는 변수를 제거하고 첫 번째 변수에서 마지막 변수로 화살표를 바로 연결했습니다. 이렇게 인과관계 다이어그램을 효과적으로 단순화하여 관심이 있는 관계에 초점을 맞출 수 있습니다. 만약 사슬의 마지막 변수가 비즈니스 지표로 관심 변수이고 첫 번째 변수가 실행 가능한 경우에 사슬 축소가 유용할 수 있습니다. 예를 들어 가격이나 프로모션을 관리하고 싶어서 *Temperature*와 *IcedCoffeeSales* 사이, *IcedCoffeeSales*와 *DonutSales* 사이의 중개 관계에 관심을 갖는 경우가 있을 수 습니다. 또는 *Temperature*와 *DonutSales* 사이의 관계에만 관심이 있을 수도 있습니다.

선형대수의 전이성transitivity은 여기에도 적용할 수 있습니다. *DonutSales*가 다른 변수를 유발했다면 해당 사슬을 *DonutSales* 주변에서 축소할 수도 있습니다.

사슬 확장

축소를 할 수 있다면 반대로 확장도 할 수 있습니다. 중간에 *IcedCoffeeSales* 변수를 추가하여 [그림 3-11]의 인과관계 다이어그램을 [그림 3-9]와 같이 바꿀 수 있습니다. 더 일반적으로 말하면 주어진 인과관계 다이어그램에서 화살표로 연결된 두 변수 사이에 중간변수를 삽

입할 때 사슬을 **확장**expanding한다고 말합니다. 예를 들어 [그림 3-11]과 같이 *Temperature*
와 *DonutSales* 사이의 관계에서 시작한다고 가정하겠습니다. 이 인과관계는 *DonutSales* =
*Temperature*의 수식으로 변환할 수 있습니다. *Temperature*가 *IcedCoffeeSales*를 통해서만
*DonutSales*에 영향을 미칠 수 있다고 가정합니다. 이 변수를 인과관계 다이어그램에 추가하
면 [그림 3-12]와 같은 다이어그램을 완성할 수 있고 이것은 축소 전의 인과관계 다이어그램
[그림 3-9]와 같습니다.

그림 3-12 확장한 인과관계 다이어그램

사슬 확장을 사용하면 주어진 상황에서 무슨 일이 일어나고 있는지 더 자세히 이해할 수 있습
니다. 예를 들어 기온이 상승했지만 도넛의 매출은 오르지 않았다고 가정하겠습니다. 이러한
현상에는 두 가지 잠재적인 이유가 있을 수 있습니다.

- 첫째, 기온이 상승했지만 아이스 커피의 매출이 증가하지 않았습니다. 아마도 매장 관리자가 에어컨
  을 세게 틀어서 매장 안은 바깥의 기온과 상관없이 시원했기 때문일 것입니다. 즉, [그림 3-11]의
  첫 번째 화살표가 사라지거나 약해진 것입니다.
- 둘째, 기온이 상승하면서 아이스 커피의 매출이 **증가했지만** 아이스 커피의 매출 증가가 도넛의 매출
  증가로 이어지지 않았습니다. 예를 들어 도넛 대신 새로 출시된 쿠키를 구매했기 때문입니다. 즉, [그
  림 3-11]에서 첫 번째 화살표는 변경되지 않았지만 두 번째 화살표가 사라지거나 약해진 것입니다.

어느 것이 사실인지에 따라 에어컨을 *끄거나* 쿠키 가격을 변경하는 등 다른 조치를 취할 수 있
습니다. 사슬 중간에 있는 변수, 즉 매개변수를 보면 어떤 결정을 내려야 할지 알 수 있습니다.

> NOTE 사슬은 마음대로 축소하거나 확장할 수 있기 때문에 일반적으로 완성된 형태라는 것은 없습니다. 모
> 든 화살표는 잠재적으로 확장되어 중간변수의 존재를 부각할 수 있습니다.
>
> 이것은 앞에서 언급한 '직접적인 관계'와 '간접적인 관계'의 정의가 인과관계 다이어그램의 특정 표현과 관련
> 이 있다는 점을 의미합니다. 즉, 사슬을 축소하면 변수가 간접적인 관계가 되고 사슬을 확장하면 간접적인 관
> 계가 직접적인 관계를 갖게 됩니다.

3.2.2 분기

변수가 둘 이상의 효과를 일으키는 경우 관계는 **분기**[fork]를 생성합니다. *Temperature*는 두 가지 변수 *IcedCoffeeSales*와 *IceCreamSales*의 요인이기 때문에 분기점을 [그림 3-13]과 같이 나타낼 수 있습니다.

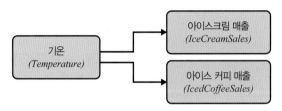

그림 3-13 세 변수 사이의 분기

[그림 3-13]의 인과관계 다이어그램은 *Temperature*가 *IcedCoffeeSales*와 *IceCreamSales*에 모두 영향을 미치지만 영향을 받는 두 변수 사이에는 관계가 없음을 보여줍니다. 날씨가 너무 더우면 아이스크림과 아이스 커피의 수요가 모두 증가하지만 하나를 산다고 해서 다른 것도 사는 것은 아니고 하나를 샀다고 해서 다른 하나를 살 가능성이 낮아지는 것도 아닙니다.

두 변수에 공통된 요인이 있는 상황은 매우 흔하지만 이 두 변수 사이에 상관관계가 생겨서 잠재적으로 문제가 될 수 있습니다. 날씨가 더우면 둘 다 매출이 증가하고 추우면 둘 다 매출이 감소하기 때문입니다.

*IcedCoffeeSales*에서 *IceCreamSales*를 예측하는 선형 회귀는 성능이 꽤 좋을지도 모릅니다. 하지만 상관관계는 인과관계와 같지 않으며 여기서 두 변수 사이의 인과관계 영향은 0이라는 점을 알고 있기 때문에 회귀 모델이 계산하는 계수는 정확하지 않습니다.

다른 관점에서 이 관계를 살펴보겠습니다. 두 변수 사이에 인과관계가 없기 때문에 C마트에서 아이스 커피가 매진되어도 아이스크림 매출에는 영향이 없어야 합니다. 하지만 실제로는 더운 날 아이스 커피가 없다면 시원한 아이스크림을 대신 사는 사람이 생길 수도 있겠죠. 일반화하자면 분기는 데이터 분석 세계에서 일종의 악의 근원이라고 해도 과언이 아닙니다. 두 변수 사이에 직접적인 인과관계가 성립되지 않는데(즉, 서로 요인이 아닌데) 두 변수 사이의 상관관계를 관찰하게 된다면 공통 요인을 공유하기 때문인 경우가 많습니다. 이런 경우에 인과관계 다이어그램을 사용하면 주어진 현상이 일어나는 이유를 해석하고 어떻게 수정해야 하는지를 매우 명확하고 직관적으로 확인할 수 있습니다.

분기는 또한 인구통계 변수를 다룰 때 유용합니다. 나이, 성별, 거주지는 서로 인과관계가 없는 다양한 변수의 공통 요인이 되기 때문입니다. 특히 나이와 같은 인구통계 변수는 뿌리를 넓게 펼친 나무와 같이 많은 분기를 가질 수 있습니다.

인과관계 다이어그램 중간에 분기가 있을 때 그 주위의 사슬을 축소할 수 있을까요? 예를 들어 [그림 3-14]의 인과관계 다이어그램을 사용하여 *SummerMonth*와 *IcedCoffeeSales* 사이의 관계를 분석한다고 가정하겠습니다.

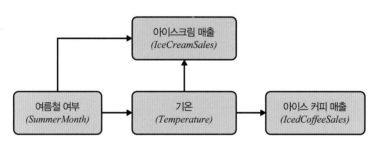

그림 3-14 분기와 사슬이 있는 인과관계 다이어그램

[그림 3-14]의 인과관계 다이어그램에는 *SummerMonth*와 *Temperature*에 분기가 있고 동시에 *SummerMonth* → *Temperature* → *IcedCoffeeSales* 사슬도 있습니다. 사슬을 축소할 수 있을까요?

이 인과관계 다이어그램의 경우에는 사슬을 축소할 수 있습니다. 5장에서 변수가 관계의 교란변수인 경우를 판단하는 방법을 살펴보겠습니다. 여기에서는 *IceCreamSales*가 *SummerMonth*와 *IcedCoffeeSales* 사이의 관계를 교란하지 않는다고 이해하면 됩니다. 이 조건을 바탕으로 인과관계 다이어그램을 [그림 3-15]와 같이 단순화할 수 있습니다.

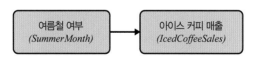

그림 3-15 축소한 인과관계 다이어그램

*SummerMonth*와 *IceCreamSales* 사이의 관계에 관심이 있다면 [그림 3–14]에서 *IceCream Sales*는 무시할 수 있지만 *Temperature*는 무시할 수 없습니다.

분기는 인과관계 분석에서 매우 중요하기 때문에 공통 요인을 몰라도 그 존재를 분기로 나타내고 싶을 때가 있습니다. 이때 미지의 분기를 [그림 3–16]처럼 양방향 화살표로 표시합니다.

그림 3-16 공통 요인을 알 수 없는 분기

양방향 화살표는 두 변수가 마치 서로의 요인이 되는 것처럼 보이게 합니다. 이것은 의도된 연출이며 보통 두 변수 사이의 상관관계를 관찰하면서 어느 것이 원인인지 알 수 없을 때도 양방향 화살표를 사용합니다. 양방향 화살표는 두 변수 A와 B 사이에 상관관계가 존재할 가능성이 있는 세 가지 이유를 모두 상징합니다. 먼저 A는 B를 유발하거나 B가 A를 유발할 수 있고 혹은 A와 B가 공통 요인을 공유하기 때문일 수 있습니다. 이 책에서는 진정한 이유를 명확히 알 때까지 모호한 부분은 양방향 화살표로 표시할 것입니다. 만약 세 가지 이유 중 어느 것에 속해도 상관이 없다면 양방향 화살표를 그대로 두어도 무방합니다.

3.2.3 충돌

세상에 원인이 단 하나인 경우는 거의 없습니다. 2개 이상의 변수가 동일한 결과를 낳으면 관계는 **충돌**collider이 생깁니다. C마트의 가판대는 두 가지 맛(초콜릿, 바닐라)의 아이스크림만 판매하기 때문에 맛과 아이스크림 구매 행동을 나타내는 인과관계 다이어그램은 특정 맛의 선호도가 가판대에서 아이스크림을 구매하게 했다는 것을 의미합니다.

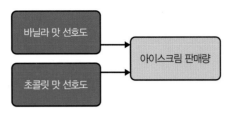

그림 3-17 충돌이 있는 인과관계 다이어그램

충돌은 흔하게 발생하며 데이터 분석의 방해 요소입니다. 충돌은 분기와 반대되는 개념이며 갖고 있는 문제점도 반대입니다. 분기는 공통 요인을 **제어하지 않으면** 문제가 되고 충돌은 공통 결과를 **제어하면** 문제가 됩니다. 이러한 문제점은 5장에서 더 자세히 설명하겠습니다.

이 절을 요약하면 사슬, 분기, 충돌은 인과관계 다이어그램에서 세 변수가 서로 관련되는 세 가지 방법을 나타냅니다. 하지만 세 가지 구조는 개별적으로 쓰이기보다는 함께 쓰이는 경우가 많습니다. [그림 3-18]과 같이 동시에 세 가지 구조를 모두 나타내는 3개의 변수를 갖는 것이 가장 일반적입니다.

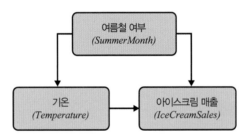

그림 3-18 세 변수가 사슬, 분기, 충돌을 동시에 갖는 인과관계 다이어그램

[그림 3-18]에서 $SummerMonth$는 $IceCreamSales$와 $Temperature$에 영향을 미치며 $Temperature$는 $IceCreamSales$에 영향을 줍니다. 인과관계는 비교적 단순하고 이해하기 쉽지만 이 그래프에는 세 가지 유형의 기본 관계가 모두 포함되어 있습니다.

- 사슬: $SummerMonth \rightarrow Temperature \rightarrow IceCreamSales$
- 분기: $SummerMonth$는 $Temperature$와 $IceCreamSales$의 공통 요인입니다.
- 충돌: $IceCreamSales$는 $Temperature$와 $SummerMonth$의 공통 결과입니다.

이때 변수가 서로 둘 이상의 관계를 갖고 있다는 점을 주의해야 합니다. 예를 들어 *SummerMonth*는 *IceCreamSales*의 부모입니다. *SummerMonth*에서 *IceCreamSales*로 가는 화살표가 있기 때문에 직접적인 관계가 있습니다. 그러나 동시에 *SummerMonth*는 *SummerMonth* → *Temperature* → *IceCreamSales*로 사슬이 이어져 있기 때문에 간접적으로 *IceCreamSales*의 조상이기도 합니다. 따라서 서로 배타적이지 않다는 사실을 확인할 수 있습니다.

인과관계 다이어그램은 항상 이 세 가지 구조로 구성될 수 있지만 한 가지 형태로 고정되어 있지는 않습니다. 인과관계 다이어그램은 앞으로 살펴보겠지만 변수 자체와 관계를 수정하여 변환할 수 있습니다.

3.3 인과관계 다이어그램의 일반적인 변환 방법

사슬, 분기, 충돌은 주어진대로 인과관계 다이어그램에 변수를 나타냅니다. 그러나 사슬을 축소하거나 확장할 수 있는 것이 변수 자체를 분할하거나 집계해서 특정 행동이나 범주를 '확대' 하거나 '축소'할 수 있습니다. 예를 들어 다루기 까다로운 순환 관계가 있을 때 화살표를 수정할 수 있습니다.

3.3.1 변수의 분할/분해

변수의 구성 요소를 나타내기 위해 분할slicing하거나 분해disaggregating할 때 분기나 충돌이 생성되는 경우가 많습니다. 이전 예제에서 *IcedCoffeeSales*가 매개변수인 *Temperature*와 *DonutSales* 사이의 관계를 살펴보았습니다.

그림 3-19 분할할 사슬

그러나 아이스 커피의 종류에 따라 수요를 파악하고 싶다면 [그림 3-19]와 같은 인과관계 다이어그램으로는 충분하지 않습니다. '아이스 커피 매출'이라는 포괄된 변수를 아이스 커피 메뉴별로 '분할'할 수 있습니다. 아이스 커피의 총 매출은 아이스 커피 메뉴별 매출의 총합이기 때문에 변수를 분할해도 선형대수학의 규칙에 어긋나지 않습니다. 예를 들어 아이스 커피에 아메리카노와 라떼가 있다고 가정하겠습니다. 이때 아이스 아메리카노 매출을 *IcedAmericanoSales*, 아이스 라떼 매출을 *IcedLatteSales*이라고 했을 때 *IcedCoffeeSales*는 다음과 같은 수식으로 표현할 수 있습니다.

$$IcedCoffeeSales = IcedAmericanoSales + IcedLatteSales$$

변수를 분할하면 왼쪽에 분기가 있고 오른쪽에 충돌이 있는 [그림 3-20]과 같은 인과관계 다이어그램이 완성됩니다.

그림 3-20 매개변수가 분할된 사슬

이제 분할된 각 변수는 각자의 방정식을 세울 수 있습니다.

$$IcedAmericanoSales = \beta_{TA}.Temperature$$
$$IcedLatteSales = \beta_{TL}.Temperature$$

*IcedCoffeeSales*를 분할한 결과 변수가 *Temperature*의 매개변수 역할을 하고 *DonutSales*에 대해 통합된 다중 회귀를 생성합니다.

$$DonutSales = \beta_{IA}.IcedAmericanoSales + \beta_{IL}.IcedLatteSales$$

변수를 분할하면 주어진 상황을 더 상세하게 파악할 수 있습니다. 예를 들어 기온이 올라가면 두 메뉴 모두 매출이 증가할까요? 두 메뉴가 도넛 판매량에 동일한 영향을 미칠까요? 아니면 둘 중에 하나가 더 많은 영향을 미칠까요?

3.3.2 변수 집계

아마 짐작하겠지만 분할된 변수는 다시 합쳐질 수 있으며 더 일반화하면 동일한 원인과 결과를 가진 변수를 집계^{aggregating}할 수 있습니다. 제품, 지역, 비즈니스 분야 등으로 데이터 분석을 집계하고 나눌 때 변수 분할과 집계를 사용할 수 있습니다. 그러나 정확하게 정의되지 않았으나 중요한 어떤 인과 요인을 나타낼 때 포괄적인 의미로 사용할 수도 있습니다. 예를 들어 나이(Age)와 성별($Gender$)이 모두 바닐라 맛 선호도($TasteForVanilla$)와 C마트 가판대에서 아이스크림을 구매하는 경향($PurchasedIceCream$)에 영향을 미친다고 가정하겠습니다. 이것을 인과관계 다이어그램으로 나타내면 [그림 3-21]과 같습니다.

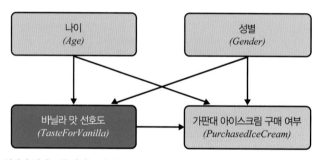

그림 3-21 나이와 성별이 별개로 존재하는 인과관계 다이어그램

Age와 $Gender$는 동일한 인과관계를 가지기 때문에 이것을 [그림 3-22]와 같이 $Demographic$ $Characteristics$(인구통계학적 특성)라는 변수로 집계할 수 있습니다.

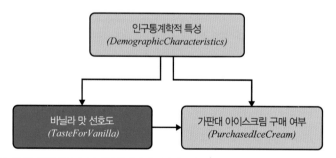

그림 3-22 나이와 성별이 단일 변수로 집계된 인과관계 다이어그램

이 예제는 사실 데이터에 '인구통계학적 특성' 또는 '인구통계'라는 열은 없습니다. 인과관계 다

이어그램에 있는 *DemographicCharacteristics* 변수는 다양한 변수를 대표하는 의미의 변수이며 자세히 살펴볼 필요가 없는 변수일 수도 있습니다. A/B 테스트를 실행하고 인과관계를 파악한다고 가정하겠습니다. 나중에 보게 되겠지만 무작위화^{randomization}를 사용하면 인구통계학적 요인을 제어할 수 있기 때문에 해당 요인은 분석에서 제외할수 있습니다. 하지만 여기서는 무작위화를 하지 않았기 때문에 인과관계 다이어그램에 인구통계학적 요인을 표시하겠습니다. 인구통계학적 변수를 정확하게 나타내야 한다면 개별 변수로 분할하여 다이어그램을 확장할 수도 있습니다. 그러나 **모든 변수는 분할할 수 있지만 집계할 때는 직접 및 간접 관계가 동일한 변수만 집계할 수 있다는 점**을 꼭 기억하세요.

자세히 들여다보기: 변수 집계와 선형대수학

요약된 변수 *DemographicCharacteristics* 변수를 사용하면 뭔가 주어진 상황을 모호하게 만들고 어떤 속임수를 쓰는 것과 같은 기분이 들 수도 있습니다. 하지만 실제로는 선형대수학의 관점에서 문제가 전혀 없습니다. 이유가 궁금하다면 다음 내용을 참고하세요. 괜찮다면 건너뛰어도 좋습니다.

변수를 벡터로 취급할 수 있습니다.

$$TaseForVanilla = \begin{pmatrix} 3 \\ 15 \\ 8 \\ \vdots \\ 17 \end{pmatrix}, Age = \begin{pmatrix} 23 \\ 78 \\ 52 \\ \vdots \\ 17 \end{pmatrix}, Gender = \begin{pmatrix} 0 \\ 1 \\ 1 \\ \vdots \\ 0 \end{pmatrix}$$

세 변수 사이의 관계를 나타낸 방정식은 다음과 같습니다.

$$TasteForVanilla = \beta_A.Age + \beta_G.Gender$$

벡터를 덧붙여 행렬로 만들 수도 있습니다. 보통 선형 회귀 모델이 기술적으로 행렬을 사용합니다.

$$DemographicCharacteristics = (Age \quad Gender) = \begin{pmatrix} 23 & 0 \\ 78 & 1 \\ 52 & 1 \\ \vdots & \vdots \\ 41 & 0 \end{pmatrix}$$

행렬을 바탕으로 변수의 방정식을 다음과 같이 다시 작성할 수 있습니다.

$$TasteForVanilla = (Age \ \ Gender) * \begin{pmatrix} \beta_a \\ \beta_a \end{pmatrix} = DemographicCharacteristics * \overline{\beta}, \overline{\beta} = \begin{pmatrix} \beta_a \\ \beta_a \end{pmatrix}$$

이제 *TasteForVanilla*를 벡터 표기법에서 *DemographicCharacteristics*의 선형 함수로 표현했습니다. 다시 말해 다른 변수와 정확히 동일한 관계를 갖는 변수만 집계한다면 견고한 수학적 근거를 바탕으로 집계할 수 있습니다.

3.3.3 순환 관계

앞에서 살펴본 인과관계 다이어그램의 세 가지 기본 구조에서는 주어진 두 상자 사이에 화살표가 하나만 있었습니다. 따라서 화살표 방향을 따라 가다가 동일한 변수에 두 번 도달하는 것(예를 들어 A → B → C → A)은 불가능했습니다. 변수는 한 변수의 결과이고 다른 변수의 원인일 수 있지만 동시에 한 변수의 원인이자 결과일 수는 없습니다.

그러나 현실 세계에는 서로가 서로에게 인과적으로 영향을 미치는 변수가 있습니다. 이러한 유형의 인과관계 다이어그램을 **순환**cycle이라고 부릅니다. 순환 관계는 다양한 이유로 발생할 수 있습니다. 행동 데이터 분석에서 가장 일반적인 두 가지 이유는 대체효과substitution effect와 피드백 루프feedback loop입니다. 다행히 순환이 발생했을 때 처리할 수 있는 몇 가지 해결 방법이 있습니다.

대체효과와 피드백 루프

대체효과substitution effect는 경제학 이론에서 아주 중요한 개념입니다. 고객은 제품의 가용성, 가격, 고객의 다양한 욕구에 따라 제품을 다른 제품으로 **대체**substitute할 수 있습니다. 예를 들어 C 마트 가판대에 오는 고객들은 기온뿐만 아니라 특별 프로모션과 이번 주에 커피를 마신 횟수를 기준으로 아이스 커피와 뜨거운 커피 중 하나를 선택할 수 있습니다.

따라서 아이스 커피 구매에서 뜨거운 커피 구매로 가는 방향으로 인과관계가 존재하고 반대 방향에는 또 다른 인과관계가 존재합니다.

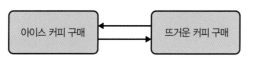

그림 3-23 대체효과로 인해 순환이 생긴 인과관계 다이어그램

> **NOTE** 한 가지 주의할 점은 화살표 방향은 결과가 증가 또는 감소하는 방향을 나타내는 것이 아니라 인과관계의 방향(원인은 무엇이며 결과는 무엇인가)을 나타낸다는 것입니다. 이전에 살펴본 모든 인과관계 다이어그램에서 변수는 하나가 증가하면 다른 하나도 증가하는 양의 관계를 가졌습니다. 하지만 이 경우에는 음의 관계를 나타내며 한 변수가 증가하면 다른 변수가 감소합니다. 효과의 부호는 인과관계 다이어그램에서 중요하지 않으며 인과관계를 올바르게 식별하면 회귀에서 계수의 부호를 올바르게 설정할 수 있습니다.

순환이 발생하는 또 다른 이유는 피드백 루프feedback loop입니다. 피드백 루프는 사람이 환경의 변화에 반응하여 행동을 수정하는 것을 의미합니다. 예를 들어 C마트에서 구매 대기줄이 너무 길면 구매하기를 포기하고 돌아가는 고객이 생길 수도 있습니다. 따라서 C마트의 매장 관리자는 줄이 너무 길어지면 새로운 계산대를 열어서 대기줄을 관리합니다.

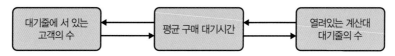

그림 3-24 순환을 생성하는 피드백 루프의 예

순환 관리

순환은 연구와 관리가 복잡한 상황을 나타내며 이러한 상황을 해결하기 위해 **시스템적 사고**systems thinking[1]라고 하는 연구 분야가 생겨나기도 했습니다. 구조 방정식 모델링과 같은 복잡한 수학적 기법은 순환을 정확하게 처리하는 목적으로 개발되었습니다. 이러한 분석 방법은 이 책의 주제를 벗어나기 때문에 다루지 않겠습니다. 대신 순환을 피할 수 있는 두 가지 경험 법칙을 소개하겠습니다.

첫 번째는 타이밍에 세심한 주의를 기울이는 것입니다. 거의 모든 경우에 한 변수가 다른 변수

---

1 시스템적 사고에 관심이 있다면 메도즈(Meadows)와 라이트(Wright)의 『ESG와 세상을 읽는 시스템 법칙』(세종서적, 2022)과 『학습하는 조직』(에이지21, 2014)을 참고하세요.

에 영향을 미치는 데 어느 정도의 시간이 걸립니다. 따라서 '순환을 끊고' '비주기적' 인과관계 다이어그램, 즉 순환이 없는 인과관계 다이어그램(이 책에서 소개한 도구로 분석할 수 있는 다이어그램)으로 전환할 수 있습니다. 예를 들어 구매 대기시간이 늘어나면서 매장 관리자가 새로운 대기줄을 열어 대응하는 데 15분이 걸리고, 고객이 대기 시간이 길다고 인식하는 데 15분이 걸린다고 가정하겠습니다. 이러한 경우에 요소의 시간적 순서를 명확하게 하여 인과관계 다이어그램에서 대기시간 변수를 다음과 같이 분할할 수 있습니다.

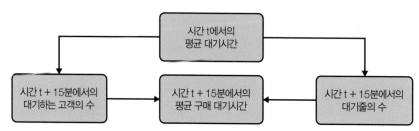

그림 3-25 시간 단위로 분할한 피드백 루프

[그림 3-25]의 인과관계 다이어그램을 보면서 요소를 하나씩 설명하겠습니다. 그림의 왼쪽에는 평균 대기시간에서 대기 중인 고객 수로 이어지는 화살표가 있습니다. 이 관계는 다음과 같이 표현할 수 있습니다.

$$NbCustomersWaiting(t + 15mn) = \beta_1.AvgWaitingTime(t)$$

예를 들어 오전 9시 15분에 대기하는 고객의 수는 오전 9시의 평균 대기시간의 함수로 표현할 수 있으며, 오전 9시 30분에 대기하는 고객의 수는 오전 9시 15분의 평균 대기시간의 함수로 표현할 수 있는 식입니다.

이와 비슷하게 그림의 오른쪽에는 평균 대기시간에서 열려있는 대기줄의 수로 이어지는 화살표가 있습니다. 이 관계는 다음과 같이 표현할 수 있습니다.

$$NbLinesOpen(t + 15mn) = \beta_2.AvgWaitingTime(t)$$

예를 들어 오전 9시 15분에 세워진 대기줄의 수를 오전 9시의 평균 대기시간의 함수로 표현할 수 있으며, 오전 9시 30분에 세워진 대기줄의 수도 오전 9시 15분의 평균 대기시간의 함수로 표현할 수 있는 식입니다.

[그림 3-25]의 중앙을 보면 대기하는 고객의 수와 대기줄의 수에서 평균 대기 시간까지 이어진 인과관계 화살표가 있습니다. 문제를 단순화하기 위해 이것이 선형 관계라고 가정하면 방정식은 다음과 같이 변환할 수 있습니다.

$$AvgWaitingTime(t) = \beta_3.NbCustomersWaiting(t) + \beta_4.NbLinesOpen(t)$$

> **NOTE** 실제로는 변수 사이의 관계가 선형 관계일 가능성은 매우 낮습니다. 대기열 또는 이벤트가 일어나기까지의 시간을 나타내는 변수를 위한 특별한 모델(예를 들어 생존분석 survival analysis)이 따로 있습니다. 이러한 모델은 더 넓은 범주의 GLM에 속하며 로지스틱 회귀와 같이 효과적인 모델입니다.

즉, 오전 9시 15분, 9시 30분에 계산대에 도달하는 고객의 평균 대기시간은 줄에서 대기하는 고객의 수와 열려있는 계산대의 수에 따라 다릅니다.

변수를 시간에 따라 나누면 순환이 없는 인과관계 다이어그램을 만들 수 있습니다. 순환 논리를 적용하지 않아도 앞의 세 가지 선형 회귀 방정식을 추정할 수 있습니다.

순환을 피하는 두 번째 경험 법칙은 인과관계 다이어그램을 단순화하고 가장 관심이 있는 인과관계 경로를 따라가는 화살표만 유지하는 것입니다. 피드백 효과 feedback effect (변수가 방금 자신에게 영향을 미친 변수에 영향을 미치는 경우)는 일반적으로 영향이 적으며 심지어 다른 변수가 직전에 준 영향에 비해 훨씬 작기 때문에 그 효과의 근사값으로 무시할 수 있습니다.

아이스 커피와 뜨거운 커피 예제에서 더울 때 아이스 커피의 판매량이 증가하면 뜨거운 커피의 판매량이 감소하지 않을까하는 걱정이 생길 수 있습니다. 분명 생각해볼만한 문제입니다. 하지만 뜨거운 커피의 판매량이 감소하더라도 그것이 다시 아이스 커피의 판매량 증가로 이어질 가능성은 낮기 때문에, 인과관계 다이어그램에서 이 피드백 효과를 무시할 수 있습니다.

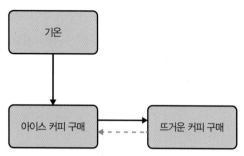

그림 3-26 특정 관계를 무시하여 인과관계 다이어그램 단순화

[그림 3-26]에서 뜨거운 커피 구매에서 아이스 커피로 가는 화살표를 삭제하고 해당 관계를 합리적인 근사치로 무시합니다.

다시 한번 말하지만 이것은 그저 경험에 의한 규칙일 뿐이며 순환과 피드백 효과를 무시해야 한다는 말이 아닙니다. 분석을 완전하게 하려면 두 가지 모두 인과관계 다이어그램에 포함되어야 합니다.

경로

변수가 상호작용할 수 있는 다양한 방법을 살펴보았으므로 이제 모든 변수를 포괄하는 마지막 개념인 **경로**path를 소개하겠습니다. **화살표의 방향과 상관없이 변수 사이에 화살표가 있으며 연결된 길에 중복된 변수가 없을 때** 변수 사이에 경로가 있다고 말합니다.

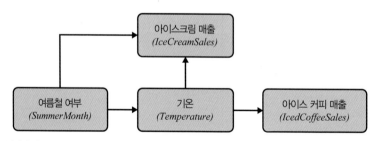

그림 3-27 인과관계 다이어그램에 있는 경로

[그림 3-26]의 인과관계 다이어그램에는 *SummerMonth*에서 *IcedCoffeeSales*로 가는 두 가지 경로가 있습니다.

- 사슬을 따라가는 경로: $SummerMonth \rightarrow Temperature \rightarrow IcedCoffeeSales$
- $IceCreamSales$를 거쳐가는 경로: $SummerMonth \rightarrow IceCreamSales \leftarrow Temperature \rightarrow IcedCoffeeSales$

이를 보면 사슬뿐만 아니라 분기나 충돌도 경로라는 사실을 알 수 있습니다. 또한 두 변수 사이에 있는 2개의 서로 다른 경로가 일부 화살표를 공유할 수도 있습니다. 이때 서로 다른 경로란 적어도 하나 이상의 화살표가 다른 두 경로를 의미합니다. 예를 들어 예제에서는 두 경로가 $Temperature \rightarrow IcedCoffeeSales$에 있는 화살표를 공유합니다.

반면에 유효하지 않은 경로도 있습니다. 예를 들어 $Temperature$와 $IcedCoffeeSales$로 가는 경로 중 다음의 경로는 유효하지 않습니다. $Temperature$가 두 번 등장하기 때문입니다.

- $Temperature \leftarrow SummerMonth \rightarrow IceCreamSales \leftarrow Temperature \rightarrow IcedCoffeeSales$

이러한 내용을 바탕으로 얻을 수 있는 결론은 인과관계 다이어그램에서 2개의 변수를 선택하면 항상 둘 사이에 최소한 하나 이상의 경로가 있다는 점입니다. 경로의 정의는 너무 광범위해서 쓸모가 없어 보일 수도 있지만 인과관계 다이어그램에서 교란변수를 식별할 때 아주 중요한 역할을 합니다. 자세한 내용은 5장에서 설명하겠습니다.

3.4 정리하기

교란 요소가 분석에 편향을 유발할 수 있기 때문에 상관관계는 인과관계가 아닙니다. 예를 통해 보았듯이 단순히 사용 가능한 모든 변수를 회귀에 무분별하게 다 포함하는 것은 교란 현상을 해결하는 좋은 방법이 아닙니다. 심지어 잘못된 변수를 제어하면 잘못된 상관관계가 발생하고 새로운 편향이 발생할 수도 있습니다.

편향되지 않은 회귀로 가는 첫 번째 단계는 인과관계 다이어그램입니다. 인과관계 다이어그램은 모르는 사람이 많지만 매우 강력한 분석 도구입니다. 이 도구를 사용하면 변수 사이의 인과관계뿐만 아니라 현실 세계의 인과관계를 나타낼 수 있으며 그 두 가지를 연결하는 다리의 역할로 활용하기도 합니다. 또한 직관과 전문 지식과 관찰된 데이터를 연결할 수 있습니다.

인과관계 다이어그램은 복잡하게 보일 수 있지만 사실 사슬, 분기, 충돌이라는 세 가지의 간단한 요소로 구성되어 있습니다. 선형대수학의 규칙에 따라 축소하고 확장하거나 분할하고 집계할 수 있습니다. 인과관계 다이어그램을 더 자세히 알고 싶다면 주데아 펄Judea Pearl과 다나 맥켄지Dana Mackenzie의 『The Book of Why』(Basic Books, 2018)를 읽어보기를 추천합니다.

인과관계 다이어그램의 모든 기능은 5장에서 더 자세히 다룹니다. 인과관계 다이어그램을 사용하면 실험 데이터가 없어도 회귀에서 교란변수를 최적으로 처리할 수 있다는 점을 확인할 수 있습니다. 이러한 장점뿐만 아니라 인과관계 다이어그램은 데이터를 더 잘 이해할 수 있도록 하는 등 더 광범위한 도움을 줍니다. 다음 장에서는 분석을 위해 데이터를 준비하고 정리하는 방법을 소개합니다. 분석하기 전에 데이터를 정리하면 편향을 완화할 수 있습니다. 몇 가지 간단한 설정을 하면서 인과관계 다이어그램에 더 익숙해질 수 있을 것입니다.

CHAPTER 4

인과관계 다이어그램 만들기

이쯤 되면 [인과관계 다이어그램]이 어디서 나온 것인지 궁금할 것입니다. 훌륭한 질문입니다. [인과관계 다이어그램]은 연구하고 있는 현상에 대한 최신 지식을 이론적으로 표현한 것입니다. 이것은 전문가가 어떤 개념을 설명하는 말과 같으며 그 전문성은 다양한 출처에서 나옵니다. 예를 들어 경제 이론이나 과학 모델, 전문가와의 대화, 직접 관찰한 내용이나 경험, 문헌 검토, 직관과 가설이 여기에 포함됩니다.

– 스콧 커닝햄Scott Cunningham,

『Causal Inference: The Mixtape』(Yale University Press, 2021)

이 책의 목표는 한 변수가 다른 변수에 미치는 영향을 측정하는 것입니다. 이 목표를 '시작' 인과관계 다이어그램으로 나타내면 [그림 4-1]과 같습니다.

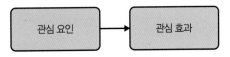

그림 4-1 가장 간단한 인과관계 다이어그램

관계를 다이어그램으로 나타냈다면 그다음 무엇을 해야 할까요? 포함해야 하는 변수가 무엇인지 어떻게 알 수 있을까요? 많은 사람이 이 단계에서 전문 지식이 필요하다고 말합니다. 경제학이나 역학과 같은 인과관계를 많이 경험했다면 여러분이 그간 쌓아온 전문 지식만으로도 충분합니다. 하지만 행동 과학을 처음 접하는 사람이라면 이 책을 통해 백지 상태에서 인과관계 다이어그램을 만들어볼 수 있습니다.

이 장에서는 [그림 4-1]의 기본 인과관계 다이어그램으로부터 실무에서 활용 가능한 인과관계 다이어그램을 만드는 방법까지 간단하게 소개합니다. 이 장의 궁극적인 목표는 행동을 유발하는 요소를 이해하는 것입니다. 비즈니스에 적합하고 실행 가능한 결론을 도출할 수 있도록 이 목표를 염두하면서 다이어그램을 구성하는 방법을 살펴보세요. 이 세상에 있는 모든 지식을 정확하게 다 알 필요는 없습니다. 여러분의 비즈니스 목표에 도움이 되는지 판단하면서 선택과 집중을 바탕으로 필요한 내용에 초점을 맞추세요.

또한 여기서 소개하는 방법이 인과관계 다이어그램을 만드는 유일한 정답은 아닙니다. 인과관계 다이어그램을 만들 때는 비즈니스 감각과 상식, 데이터 통찰력이 중요합니다. 당면한 인과관계 상황에 대한 정성적 이해와 데이터에 나타나는 정량적 관계를 오가며 만족스러운 결과를 얻을 때까지 교차 확인합니다. 여기에서 '만족스러운 결과'는 중요하면서도 이루기 어렵습니다. 분석해야 하는 대상이나 관계를 유추하는 상황이 복잡하면 만족스러운 결과를 얻기까지 3년이라는 시간이 걸릴 수도 있습니다. 만약 분석 결과를 상사에게 보고해야 한다면 현재 상황에서 얻을 수 있는 최선의 결론을 보고하고 몇 년에 걸쳐 데이터를 계속 수집하면서 분석 결과를 개선하는 것이 좋습니다.

다음 절에서는 이 장에서 다룰 비즈니스 문제를 설명하고 관련된 변수를 소개합니다. 그리고 다음 단계에 따라 인과관계 다이어그램을 점진적으로 구축하며 각 단계를 절로 나누어 설명합니다.

- 잠재적으로 인과관계 다이어그램에 포함될 수 있거나 포함되어야 하는 변수를 식별합니다.
- 변수를 포함해야 하는지 결정합니다.
- 필요에 따라 과정을 반복합니다.
- 다이어그램을 단순화합니다.

자, 이제 시작해볼까요?

4.1 비즈니스 문제와 데이터 설정

이 절에서는 같은 도시에 있는 두 호텔의 실제 예약 정보 데이터셋[1]을 활용합니다. 사용할 데이터와 패키지를 소개한 다음 분석할 관계를 자세히 살펴보겠습니다.

4.1.1 데이터와 패키지

이 장의 깃허브 폴더에 [표 4-1]와 같은 변수로 구성된 CSV 파일 chap4-hotel_booking_case_study.csv이 있습니다.

표 4-1 데이터 파일의 변수

변수명	변수 설명
NRDeposit (NRD)	환불 불가능한 보증금이 있는지 여부, 이진형 변수(0 또는 1)
IsCanceled	예약 취소 여부, 이진형 변수(0 또는 1)
DistributionChannel	예약 경로, 범주형 변수('Direct(개인)', 'Corporate(법인)', 'TA/TO(여행사)', 'Other(기타)')
MarketSegment	시장 세분 유형, 범주형 변수('Direct(개인)', 'Corporate(법인)', 'Online TA(온라인 여행사)', 'Offline TA/TO(오프라인 여행사)', 'Groups(단체)', 'Other(기타)')
CustomerType	고객 유형, 범주형 변수('Transient(단기)', 'Transient-Party(단기-다중 예약)', 'Contract(계약)', 'Group(단체)')
Children	어린이 인원수, 정수형 변수
ADR	1일 평균 요금, 총 예약 금액/예약 일수, 숫자형 변수
PreviousCancellation	고객의 취소 이력 여부, 이진형 변수(0 또는 1)
IsRepeatedGuest	고객의 예약 이력 여부, 이진형 변수(0 또는 1)
Country	고객의 출신 국가, 범주형 변수
Quarter	예약 분기, 범주형 변수
Year	예약 연도, 정수형 변수

----

1 누누 안토니오(Nuno Antonio), 아나 데 알메이다(Ana de Almeida), 루이스 누네스(Luis Nunes)의 'Hotel booking demand data sets', Data in Brief, 2019. https://doi.org/10.1016/j.dib.2018.11.126

이 장에서는 서문에서 언급한 공통 패키지 외에 다음의 패키지[2]를 사용합니다.

```R
## R
library(rcompanion) # 크래머 V 계수 함수용
library(car) # VIF(분산 팽창 인수) 진단 함수용
```

```python
## 파이썬
from math import sqrt # 크래머 V 계수 계산용
from scipy.stats import chi2_contingency # 크래머 V 계수 계산용
```

4.1.2 관심 대상의 관계 이해하기

[그림 4-2]는 '보증금 유형이 예약 취소율에 영향을 주는가?'라는 질문을 나타낸 그림입니다. 이 질문에 대한 답을 찾아봅시다.

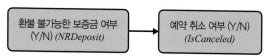

그림 4-2 관심 대상의 인과관계

보증금 유형별 기본 취소율부터 살펴보겠습니다. 개수가 적은 유형을 고려하여 절대적인 숫자와 비율을 모두 살펴보겠습니다.

```R
## R (출력 결과는 생략)
with(dat, table(NRDeposit, IsCanceled))
with(dat, prop.table(table(NRDeposit, IsCanceled), 1))
```

```python
## 파이썬
table_cnt = dat_df.groupby(['NRDeposit', 'IsCanceled']).\
agg(cnt = ('Country', lambda x: len(x)))
print(table_cnt)
```

---

2 옮긴이_패키지가 설치되지 않은 경우에는 패키지를 먼저 설치하세요.

```
table_pct = table_cnt.groupby(level=0).apply(lambda x: x/float(x.sum()))
print(table_pct)
```

```
                          cnt
NRDeposit IsCanceled
0         0             63316
          1             23042
1         0                55
          1               982

                          cnt
NRDeposit IsCanceled
0         0          0.733180
          1          0.266820
1         0          0.053038
          1          0.946962
```

결과를 보면 보증금이 없는 예약이 압도적으로 많으며 취소율은 약 27%입니다. 반면에 환불 불가 보증금이 있는 예약의 취소율은 약 95%로 매우 높습니다. 따라서 보증금 여부와 취소율은 강한 상관관계를 보여줍니다. 그렇다면 보증금 제도를 없애면 취소율이 무조건 감소할까요? 그렇지 않습니다. 실제로는 [그림 4-3]과 같이 호텔이 '취소 가능성이 높은' 예약에 환불 불가 보증금을 거는 경우가 많으며 이 때문에 허위 상관관계가 발생했을 가능성이 높습니다.

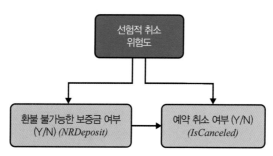

그림 4-3 교란변수가 있는 인과관계 다이어그램

[그림 4-2]에서 [그림 4-3]으로 변하는 과정을 빠르게 훑어보았지만 이 과정은 굉장히 중요한 단계입니다. [그림 4-2]의 인과관계 다이어그램은 '보증금 유형과 취소율 사이의 인과관계는

무엇인가?'라는 기본적인 비즈니스 분석 질문을 나타냅니다. 반면에 [그림 4-3]의 인과관계 다이어그램은 보다 정보에 입각한 행동 가설을 나타냅니다. '환불이 불가능한 보증금이 취소율을 높이는 것처럼 보이지만 이 관계는 결정해야 하는 요소에 의해 교란된 것일 수 있습니다.'

행동 데이터 분석 관점에서 인과관계 다이어그램은 훌륭한 협업 도구입니다. 인과관계 다이어그램에 대한 최소한의 지식이 있는 동료가 있다면 [그림 4-3]을 보고 '맞아요, 휴가철 예약 건에 환불이 불가능한 보증금을 겁니다. 날씨 때문에 예약을 취소하는 경우가 많거든요.'와 같이 데이터만 보고 알아내기 어려운 행동 과학적 지식이 담긴 정보를 말해줄 수 있습니다.

행동 가설을 확인하는 가장 좋은 방법은 무작위 실험입니다. 환불 가능하거나 환불이 불가능한 보증금을 임의의 고객 샘플에 할당하면 가설을 확인하거나 반증할 수 있습니다. 그러나 무작위 실험을 진행하기 어렵다면 인과관계 다이어그램에 포함할 관련 변수를 파악하여 관계를 최대한 명확하게 해야 합니다.

4.2 포함할 변수 식별하기

포함할 잠재적인 변수를 식별할 때 사용 가능한 데이터에서 시작하는 경향이 있습니다. 이것은 마치 술에 취한 사람이 열쇠를 잃어버린 장소가 아니라 빛이 있는 가로등 아래에서 열쇠를 찾는 것과 같습니다. 이렇게 하면 눈 앞에 보이지 않는다는 이유로 가장 중요한 변수를 놓칠 수 있습니다. 또한 데이터의 변수가 현실 세계에서 일어나는 일을 잘 나타내는지 고려하지 않고 변수를 액면 그대로 받아들일 가능성도 큽니다.

예를 들어 데이터의 범주형 변수는 고객 중심의 관점보다는 비즈니스 중심의 관점을 나타낼 가능성이 높으며 일부 범주를 함께 집계하거나 다른 변수를 새로운 변수로 병합하는 것이 더 적절할 수도 있습니다. 호텔 예약 데이터의 경우 시장 세분 유형을 나타내는 변수 *MarketSegment*와 예약의 어린이 인원수를 나타내는 변수 *Children*이 있습니다. 데이터를 보면 어린이를 동반한 법인 고객이 거의 없다는 점을 확인할 수 있습니다. 따라서 어린이가 있는 법인 고객을 이상치로 여겨 제외하고 '어린이가 없는 법인 고객', '어린이가 없는 비법인 고객'과 '어린이가 있는 비법인 고객'과 같은 범주가 있는 새로운 범주형 변수를 생성할 수 있습니다.

'보이는 것이 전부다'라는 함정[3]에 빠지지 않도록 2장에서 설명한 행동 범주부터 차근차근 살펴보겠습니다.

- 행동
- 의도
- 인지와 감정
- 개인 특성
- 비즈니스 행동

마지막으로 각 범주의 변수는 선형 추세 또는 계절성과 같은 시간 추세에 영향을 받을 수 있어서 이 절의 마지막에 시간 추세를 추가로 다룰 예정입니다. 정성적 직관에 집중할 수 있도록 관계 검증을 다루는 다음 절까지 데이터는 살펴보지 않습니다. 앞에서 살펴본 '선험적 취소 위험도'와 같은 잠재적인 교란변수를 이러한 범주로 대체하면 [그림 4-4]와 같은 인과관계 다이어그램을 얻을 수 있으며 관심 대상인 두 변수에 관찰되지 않은 많은 변수가 추가됩니다.

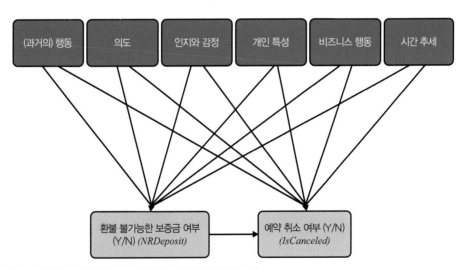

그림 4-4 포함할 잠재적인 변수 범주가 있는 인과관계 다이어그램

각 범주를 살펴보면서 관심 대상인 두 변수의 요인이 될 수 있는 변수를 찾습니다.

---

3 행동 과학자 다니엘 카네만(Daniel Kahneman)의 유명한 말입니다.

4.2.1 행동

행동 범주에 포함할 변수를 찾을 때 일반적으로 과거의 행동을 고려합니다. 예제에서는 호텔이 환불 불가능한 보증금(NRD)을 요구하는 여부에 영향을 미칠 수 있는 고객의 과거 행동을 생각해볼 수 있습니다. 고객이 과거에 예약을 취소한 이력이 있다면 호텔이 NRD를 요구할 가능성이 높습니다. 또한 과거에 예약을 취소한 이유와 상관없이 취소한 이력이 있는 고객은 미래에도 예약을 취소할 가능성이 더 높다고 생각할 수 있습니다.

관심 변수 중 하나가 어떤 행동이라면 과거 행동은 관찰되지 않은 개인 특성의 내용물일지라도 다이어그램에 포함할 가치가 있는 예측 변수인 경우가 많습니다. 데이터에는 이전 행동과 관련된 두 가지 변수 *PreviousCancellation*과 *IsRepeatedGuest*가 있습니다. [그림 4-5]는 이 두 변수를 포함하여 수정한 인과관계 다이어그램입니다. [그림 4-4]에서 변경되지 않은 부분은 회색으로 표시됩니다.

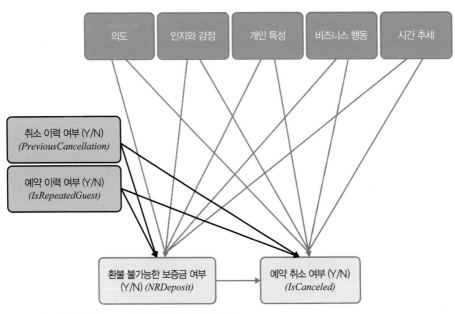

그림 4-5 과거 행동을 기반으로 수정한 인과관계 다이어그램

그림에 추가한 변수가 관심 변수와 관련된 유일한 과거 행동은 아닙니다. 이해를 돕기 위해 선정한 과거 행동이니 다른 과거 행동도 자유롭게 고려해보세요.

4.2.2 의도

의도는 데이터에서 누락되는 경우가 많기 때문에 데이터 분석에서 간과하기 쉽습니다. 그러나 행동의 중요한 요인이며 고객과 직원을 인터뷰하여 파악할 수 있습니다. 따라서 의도는 기존의 사용 가능한 데이터를 보는 것뿐만 아니라 '행동 우선' 접근법을 따르는 이점을 가장 잘 보여주는 사례입니다.

주어진 예제에서는 여행 목적과 취소 사유라는 두 가지 의도를 생각할 수 있으며 그림으로 나타내면 [그림 4-6]과 같습니다. 두 의도는 각각 *TripReason*, *CancellationReason*이라는 변수로 정의하겠습니다.

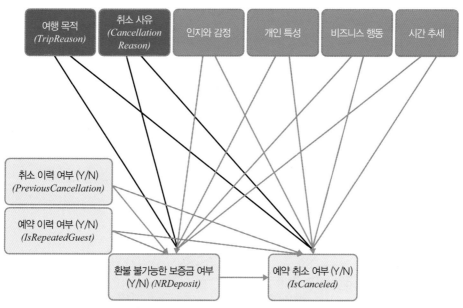

그림 4-6 의도를 추가한 인과관계 다이어그램

[그림 4-6]에서는 *TripReason*을 잠재적인 교란변수로 표시했습니다. 즉, 이 변수는 2개의 관심 변수 모두에 화살표가 있습니다. 반면에 *CancellationReason*은 *IsCanceled*에만 영향을 미칩니다. 취소 사유가 보증금 유형에 영향을 미치지 않는다는 것은 필자의 행동 과학적 직감에 불과합니다. 필자는 보증금을 입금하는 당시에 취소 사유를 알 수 없다는 점을 근거로 이러한 관계를 유추했습니다.

[그림 4-6]은 행동 분석을 위한 인과관계 다이어그램의 다양성을 보여줍니다. 두 변수에 실제로 어떤 이유가 포함되는지는 몰라도 인과관계 다이어그램에 잠재적인 변수로 추가할 수 있습니다. 실제 이유는 인터뷰로 알아내야 하지만 여기서는 [그림 4-7]과 같이 데이터에서 사용할 수 있는 세 가지 변수, 고객 유형(*CustomerType*), 시장 세분 유형(*MarketSegment*), 예약 경로(*DistributionChannel*)가 여행 목적에 영향을 받는다고 가정하겠습니다. 이 세 가지 변수는 개인 특성을 다루는 절에서 한 번 더 살펴볼 것입니다.

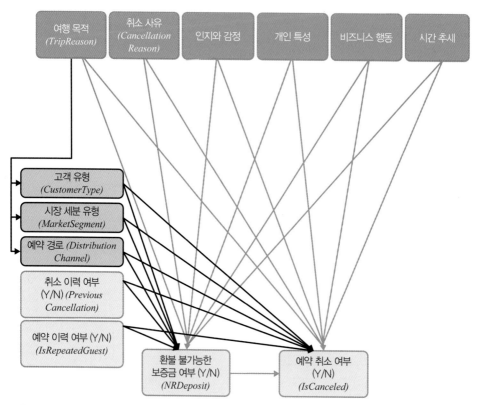

그림 4-7 의도를 기반으로 수정한 인과관계 다이어그램

4.2.3 인지와 감정

분석과 관련된 사회적, 심리적 또는 인지적 현상을 식별할 때 필자는 특정 결정 시점을 확대하는 것을 좋아합니다. 주어진 예제에서는 고객이 예약을 하고 취소하는 순간을 결정 시점으로 보겠습니다. 첫 번째 결정 시점에서 고객은 보증금이 환불되지 않는다는 사실을 이해하지 못하거나 잊어버릴 수 있습니다. 두 번째 결정 시점에서는 보증금을 매몰 비용sunk cost으로 여기고 예약을 취소하려고 할 수 있습니다. [그림 4-7]은 두 결정 시점에 영향을 주는 요인을 추가한 인과관계 다이어그램입니다.

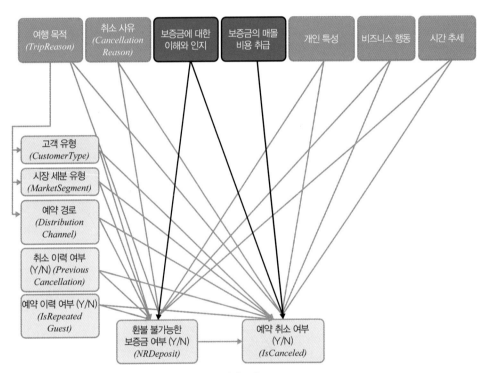

그림 4-8 인지와 감정을 기반으로 수정한 인과관계 다이어그램

4.2.4 개인 특성

2장에서 언급했듯이 인구통계 변수는 그 자체가 아니라 성격 특성과 같은 다른 개인 특성을 나타내는 대체재로서 가치가 있습니다. 따라서 이 단계에서는 데이터에 존재하는 인구통계 변수

를 배제하고 인과-행동 사고방식을 고수하는 것이 중요합니다. 인과-행동 사고방식을 고수하려면 인구통계 변수를 보기 전에 먼저 성격 특성을 생각해야 합니다.

성격 특성

성격 심리학에 따르면 5가지 성격 특성 요소가 있으며 이 중에서 예약 취소 행동을 유발하는 특성으로 성실성^{conscientiousness}($Conscientiousness$)과 신경성^{neuroticism}($Neuroticism$)을 생각할 수 있습니다. 즉, 계획성이 낮고 걱정 근심이 없는 사람일수록 예약을 취소할 가능성이 더 높다고 생각할 수 있습니다. 이러한 특성을 [그림 4-9]와 같이 인과관계 다이어그램에 나타낼 수 있습니다.

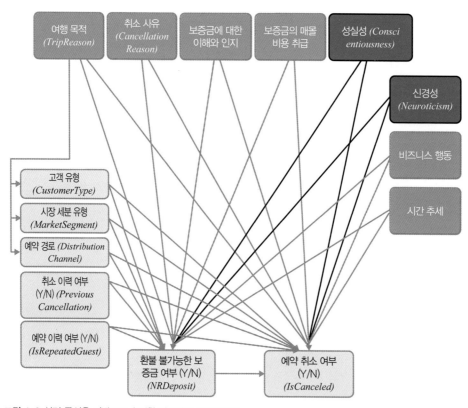

그림 4-9 성격 특성을 기반으로 수정한 인과관계 다이어그램

인구통계 변수

앞에서 법인과 비법인 고객이 있다는 것을 언급했습니다. 고객 유형은 여행 목적이나 취소 사유 외에도 가격 탄력성$^{price\ elasticity}$과 소득과 같은 다른 개인 특성에도 영향을 미치며 이러한 특성은 관심 변수에 영향을 미칩니다. 이 두 가지 개인 특성을 '재무적 특성'이라는 이름으로 묶어서 표현하겠습니다. 이 특성은 앞에서 살펴본 세 가지 변수 CustomerType, MarketSegment, DistributionChannel은 Children(어린이 인원수)이나 ADR(1일 평균 요금, 즉 1박 요금), Country(출신 국가)와 같은 데이터의 다른 변수에 영향을 줄 수 있습니다. 이것을 그림으로 나타내면 [그림 4-10]과 같습니다.

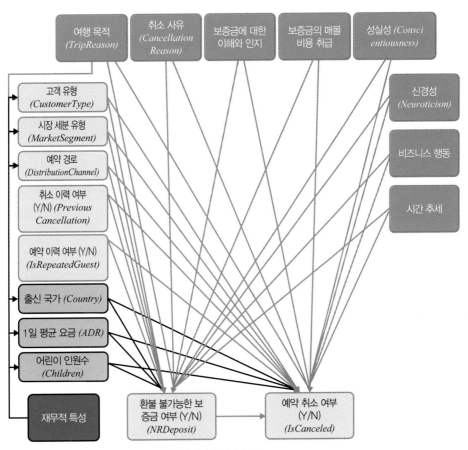

그림 4-10 인구통계 변수를 기반으로 수정한 인과관계 다이어그램

4.2.5 비즈니스 행동

비즈니스 행동은 분석하는 관계에서 큰 역할을 하지만 간과하기 쉽고 통합하기 까다로운 경우가 많습니다.

주어진 예제에서 비즈니스 규칙은 NRD를 적용할 고객을 결정하기 때문에 중요한 역할을 하는 것이 분명합니다. 즉, *NRDeposit*으로 들어가는 인과관계 다이어그램의 모든 화살표에 영향을 줍니다. 이러한 영향력은 비즈니스 규칙이 취하는 형태에 따라 여러 가지 방법으로 설명할 수 있습니다.

비즈니스 규칙은 2개의 관찰 가능한(관심 변수를 포함한) 변수를 명시적으로 연결할 수 있습니다. 예를 들어 이전에 예약을 취소한 적이 있는 모든 고객에게 NRD를 적용해야 한다는 비즈니스 규칙이 있을 수 있습니다. 이러한 모든 규칙을 나열하여 *NRDeposit*과 직접 연결되는 관찰 가능한 변수의 모든 화살표를 증명하거나 반증할 수 있습니다. 비즈니스 규칙과 관련이 있지만 아직 데이터에 없는 변수를 나타낼 수도 있습니다. 예를 들어 예약할 때 신분증을 제시하지 않은 고객은 NRD를 지불해야 하는 규칙을 생각할 수 있습니다. '아직 데이터에 없는' 변수란 데이터베이스에 직접 저장되지 않아도 비즈니스 규칙의 기준이 관찰 가능하다는 것을 의미합니다. 규칙이 적용되었다면 데이터에 분명히 영향을 줄 것이기 때문입니다.

또한 비즈니스 규칙을 중간변수로 추가하여 표현할 수도 있습니다. 예를 들어 크리스마스 휴일 동안 모든 예약이 NRD을 포함해야 한다면 크리스마스 휴일 여부를 나타내는 *ChristmasHolidays*라는 이름의 이진형 변수를 만들고 *NRDeposit*로 화살표를 연결할 수 있습니다. 그런 다음 해당 변수는 *CustomerType*이나 *Children*과 같은 다른 변수가 *NRDeposit*에 미치는 영향을 조정합니다.

주어진 예제의 두 호텔이 적용하는 비즈니스 규칙이 무엇인지 모르기 때문에 비즈니스 행동과 관련된 내용은 나중에 인터뷰로 알아낸다고 가정하고 넘어가겠습니다.

4.2.6 시간 추세

마지막으로 서로 관련이 없지만 취소율의 점진적인 증가나 NRD가 필요한 예약 수의 점진적인 증가와 같이 데이터에 전체적으로 적용되는 시간 추세가 있을 수 있습니다. 또한 호텔 산업의 계절성을 고려할 때 분석하고 싶은 몇 가지 주기적인 측면이 있을 수 있습니다. [그림 4-11]은 이러한 시간 추세를 인과관계 다이어그램에 포함한 그림입니다.

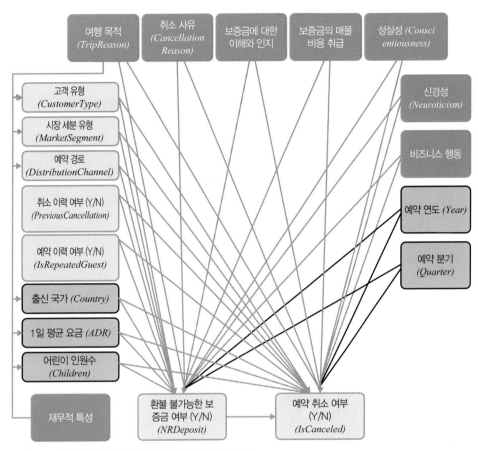

그림 4-11 시간 추세를 기반으로 수정한 인과관계 다이어그램

NOTE 여기서는 *Year*과 *Quarter* 변수가 추세와 주기만 나타냅니다. 때로는 특정 연도를 돋보이게 하거나 영구적인 변경을 의미하는 특정 이벤트를 설명할 때 이진형 변수를 사용하기도 합니다. 예를 들어 코로나 바이러스 감염증COVID-19의 경우 상황이 정리되고 났을 때 어떤 부문에서는 일시적인 현상으로 여기겠지만 다른 부문에서는 큰 변화의 시작이 될 수 있습니다.

[그림 4-11]은 가능한 후보 변수를 모두 추가한 최종 인과관계 다이어그램입니다. 어떤 변수는 관찰이 가능하고 어떤 변수는 그렇지 않습니다. 다음 절에서는 어떤 관찰 가능한 변수를 유지할지 결정하는 방법을 살펴보겠습니다.

4.3 데이터를 기반으로 포함할 관찰 가능한 변수 검증하기

[그림 4-12]는 변수 식별 단계를 마친 인과관계 다이어그램에서 관찰이 가능한 후보 변수를 나타낸 그림입니다.

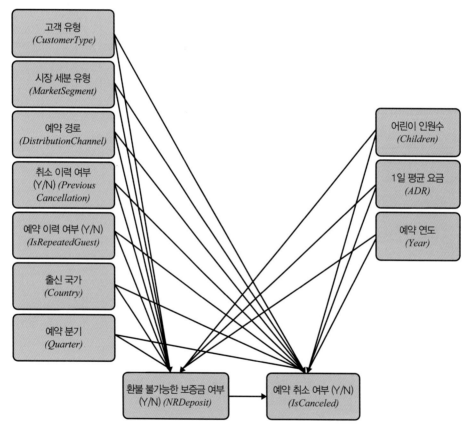

그림 4-12 범주형 변수(왼쪽)와 숫자형 변수(오른쪽)로 구분된 인과관계 다이어그램의 관찰 가능한 변수

주어진 예제의 이러한 모든 관찰 가능한 변수는 관심 대상인 두 변수와 모두 잠정적으로 연결됩니다. 대부분의 경우 관찰 가능한 변수가 두 관심 변수와 모두 관련이 있지만 어떤 경우에는 예측 변수를 관심 변수 중 하나에만 연결해야 하는 매우 강력한 선험적 근거가 있을 수 있습니다. 예를 들어 관찰되지 않은 일부 변수가 여기에 해당할 수 있습니다. 하지만 확신이 없다면 두 관심 변수에 모두 연결하는 것이 안전합니다.

[그림 4-12]에서 관찰 가능한 변수는 범주형 변수(인과관계 다이어그램의 왼쪽)와 숫자형 변수(인과관계 다이어그램의 오른쪽)로 나뉩니다. 이 두 가지 유형의 데이터에는 서로 다른 정량적 도구가 필요합니다. 차례대로 살펴보겠습니다.

4.3.1 숫자형 변수 사이의 관계

첫 번째 단계로 데이터의 모든 숫자형 변수의 상관계수 행렬correlation matrix을 살펴보겠습니다. 유용하지만 조금 치사한 요령을 소개하자면 이진형 변수를 0/1로 변환하여 숫자로 처리할 수 있습니다. 이렇게 하면 변수 사이의 상관관계를 파악할 수 있지만 통계 전문가 친구에게는 비밀로 하세요!

두 관심 변수의 행을 보면 데이터셋의 모든 숫자형 변수와 어떤 상관관계가 있는지 알 수 있습니다. 또한 한눈에 다른 변수 사이의 큰 상관관계도 확인할 수 있습니다. 관심 요인 및 효과와의 상관관계 강도를 보면 주어진 변수로 무엇을 할 것인지 결정할 수 있습니다.

얼마나 강해야 강한 상관관계가 있다고 말할 수 있을까요? 경우에 따라 다릅니다. 이 책의 목표는 관심 효과에 대한 관심 요인의 인과 효과를 정확하게 측정하는 것임을 기억하세요. 경험에 따르면 관심 요인과 관심 효과 사이의 상관관계와 같은 크기 정도order of magnitude(예를 들어 쉼표와 0이 아닌 첫 번째 숫자 사이의 0의 개수가 동일한 경우)를 가지는 모든 상관관계를 '강한 상관관계'라고 간주할 수 있습니다.

[그림 4-13]에서 볼 수 있듯이 두 관심 변수 사이의 상관계수는 0.16입니다. 첫 번째 열은 *NRDeposit*과의 상관관계를 나타내고 두 번째 열은 *IsCanceled*와의 상관관계를 나타냅니다. *PreviousCancellation*은 동일한 크기 정도(각각 0.15와 0.13)로 관심 변수와 상관계수를 갖습니다. 마찬가지로 *ADR*은 같은 기준으로 보았을 때 *IsCanceled*와 유의미한 상관계수(0.13)를 갖습니다.

변수의 포함 여부를 결정하는 '크기 정도' 임곗값은 정해져 있지 않으며 후보 변수의 개수에 따라 달라질 수 있습니다. 후보로 생각했던 변수 중에 임곗값을 통과하는 변수가 거의 없고 오히려 임곗값에 가까운 다른 변수가 있다면 해당 변수를 포함하는 것이 좋습니다.

변수가 관심 변수 중 하나와 낮은 상관관계가 있더라도 여전히 고려해야 하는 교란변수인 경우도 있지 않을까요? 맞습니다. 강력한 이론적인 근거가 있다면 변수가 관심 변수와 낮은 상관관계가 있더라도 변수를 포함할 수 있습니다. 그러나 일반적으로 관심 변수와 최소한 중간 수준의 상관관계가 있는 변수에 초점을 맞추는 것이 좋습니다.

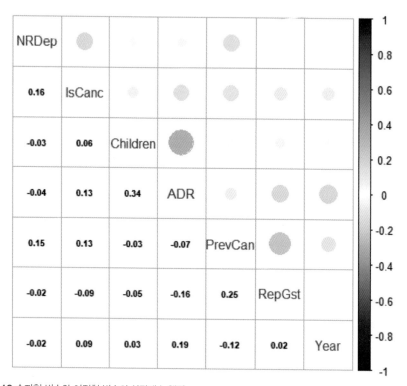

그림 4-13 숫자형 변수와 이진형 변수의 상관계수 행렬

[그림 4-13]에서 절댓값이 0.1 이상인 상관관계만 남기고 나머지를 제외하면 인과관계 다이어그램은 [그림 4-14]와 같이 수정됩니다.

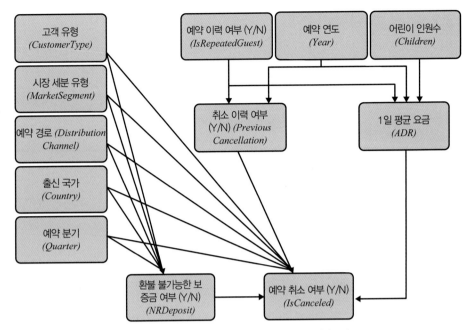

그림 4-14 관찰 가능한 숫자형 및 이진형 변수의 화살표를 수정한 인과관계 다이어그램

상관계수 행렬은 양방향 화살표를 나타내는 대칭 계수만 제공하지만 필자는 상식과 비즈니스 지식을 바탕으로 화살표 방향을 가정했습니다. 호텔 회사는 시간을 통제하는 능력이 없기 때문에 시간이 지남에 따라 사회 추세와 같은 중간변수intermediary variable를 거치더라도 *Years*는 관련된 변수의 요인이지 효과는 아니라고 가정할 수 있습니다. *IsRepeatedGuest*는 *PreviousCancellation*의 전제 조건입니다. *IsRepeatedGuest*은 과거 사건을 참조하기 때문에 *ADR*의 요인이기도 하며 *PreviousCancellation*와 *ADR*은 공통된 요인을 공유합니다.

> **NOTE** [그림 4–14]는 인과관계 다이어그램의 한 가지 예시라는 점을 잊지 마세요.
>
> - 인과관계 다이어그램의 일부 상관관계는 거짓 양성false positive(무작위성 때문에 계수가 실제보다 더 크게 나타날 수 있음)일 가능성이 있으며 반대로 계수가 더 작은 경우 거짓 음성false negative일 가능성이 있습니다.
> - 이 단계에서는 잠정적으로 상관관계를 인과관계의 증거로 삼고 있습니다. [그림 4–14]의 일부 화살표는 혼란스러운 관계를 나타내기도 합니다. *NRDeposit*과 *IsCanceled* 사이의 관계를 적절하게 분석한 후에 다른 변수 사이의 관계(예를 들어 *IsRepeatedGuest*와 *ADR*의 관계)도 동일한 방법으로 분석해야 할 수도 있습니다.

4.3.2 범주형 변수 사이의 관계

범주형 변수도 숫자형 변수와 같은 방법으로 관계를 분석할 수 있습니다. 하지만 범주형 변수는 피어슨 상관계수Pearson's correlation coefficient를 사용할 수 없는 유형입니다. 대신 크래머 V 계수Cramer's V를 사용할 수 있습니다. R의 경우에는 rcompanion 패키지에서 크래머 V 계수 함수를 제공합니다.

```R
## R
> with(dat, rcompanion::cramerV(NRDeposit, IsCanceled))
```

```
Cramer V
  0.165
```

이진형 변수는 크래머 V 계수를 적용했을 때 피어슨의 상관계수를 직접 적용한 것과 상당히 유사한 결과가 나오는 것을 확인할 수 있습니다. 안타깝게도 파이썬에는 크래머 V 계수 함수가 구현되어 있지 않아서 필자가 직접 구현한 함수를 실습 파일에 공유했습니다.

```python
## 파이썬
def  CramerV(var1, var2):
    ...
    return V

V= CramerV(dat_df['NRDeposit'], dat_df['IsCanceled'])
print(V)
```

```
0.16483946381640308
```

[그림 4-15]는 상관계수 행렬을 나타낸 그림입니다.

이 상관관계로 다양한 사실을 알아낼 수 있습니다. 행렬의 맨 아래 행을 보면 *Quarter*가 다른 어떤 변수와도 의미 있는 상관관계가 없다는 것을 알 수 있습니다. 이것은 계절성이 주어진 예제를 분석할 때 적절한 요인이 아니라는 사실을 나타냅니다. 혹은 *Quarter*의 시간 단위가 적절하지 않아서 생긴 문제일 수도 있습니다. 크리스마스 휴일과 같은 특정 기간에 집중하면 계절성의 의미가 생길 수 있습니다. 인과관계 다이어그램에서 *Quarter*를 삭제하고 나중에 계절성을 고려할 수 있도록 관찰되지 않은 변수 *Seasonality*로 교체합니다.

고객 세분 유형과 관련된 세 가지 변수 *CustomerType*, *MarketSegment*, *Distribution Channel*은 매우 강한 상관관계와 약한 상관관계가 있는 혼합된 형태를 보입니다. 다른 변수와의 상관관계도 마찬가지입니다. 예를 들어 세 변수 모두 *Country*와 0.1X의 상관관계가 있지만 *RepeatedGuest*와는 서로 다른 상관관계가 있습니다. *DistributionChannel*과 *MarketSegment*는 *RepeatedGuest*와 높은 상관관계(0.35와 0.4)가 있지만 *CustomerType*과 *RepeatedGuest*의 상관관계는 0.11에 불과합니다.이러한 변수가 서로를 대체할 수 있으며 동일한 행동의 일부 측면을 나타내고 있음을 의미합니다. 이런 경우 추가 분석이 필요하고 새로운 변수를 생성할 가능성도 높습니다.

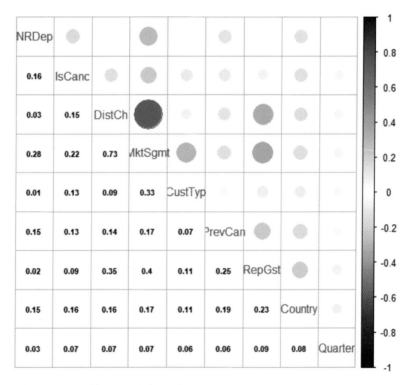

그림 4-15 범주형 변수와 이진형 변수의 상관계수 행렬

분석한 내용을 적용하고 [그림 4-15]에서 절댓값이 0.1 이상인 상관관계만 남기고 나머지를 제외하면 인과관계 다이어그램은 [그림 4-16]과 같이 수정됩니다.

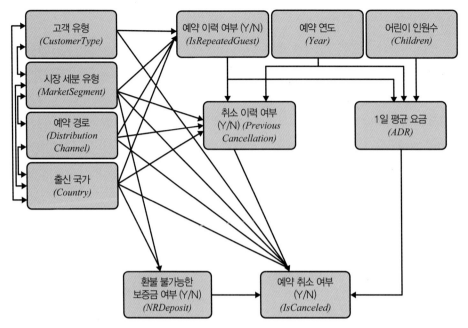

그림 4-16 관찰 가능한 범주형 및 이진형 변수의 화살표를 수정한 인과관계 다이어그램

인과관계 다이어그램이 약간 복잡해 보이지만 대부분 몇 가지 행동 과학적 견해로 요약할 수 있습니다.

- 왼쪽에 있는 4개의 변수는 개인의 특성을 반영하며 서로 유의미한 상관관계가 있습니다. 화살표 방향을 결정하는 것이 무의미하기 때문에 양방향 화살표로 이러한 상관관계를 표현했습니다. 예를 들어 *CustomerType*이 *MarketSegment*에 미치는 영향은 그 반대보다 크거나 작다고 말하기 어렵습니다. 실제로는 필요한 인터뷰를 진행한 후에 더 깊은 개인 특성을 나타내는 새로운 변수를 생성해야 합니다.

- 개인 특성이 관심 변수에 영향을 미치며 잠재적으로 교란을 일으킬 수 있습니다.

- 개인 특성이 *IsRepeatedGuest*와 *PreviousCancellation*이라는 과거 행동에 영향을 미쳤다고 볼 수 있습니다. 다시 말하지만 필자는 비즈니스 지식을 기반으로 효과의 방향을 가정합니다. 예를 들어 이전에 예약을 취소한 적이 있다고 해서 누군가의 국가 또는 시장 세분 유형이 바뀐다고 보기는 어렵습니다. 더 깊은 개인 특성이 작용한다는 것을 파악하고 나면 행동 페르소나(예를 들어 '출장이 잦은 고객 (Y/N)')를 생성하여 과거 행동이 일부 개인 특성 변수에 속하도록 만들 수도 있습니다.

4.3.3 숫자형 변수와 범주형 변수 사이의 관계

숫자형 변수와 범주형 변수 사이의 상관관계를 측정하는 것은 동일한 유형의 변수 사이의 상관관계를 측정하는 것보다 과정이 더 복잡합니다.

숫자형 변수와 범주형 변수 사이에 상관관계가 있다고 말하는 것은 범주형 변수의 범주에 따라 숫자형 변수의 값이 평균적으로 다르다는 것과 같습니다. 범주형 변수의 범수에 따른 숫자형 변수의 평균을 비교하면 이러한 상관관계를 확인할 수 있습니다. 예를 들어 호텔을 예약할 때 고객의 재정적 특성이 1일 평균 요금에 영향을 미친다고 가정하겠습니다. 고객을 세분화하여 변수를 구체화한 다음에 상관관계를 살펴보면 더 좋겠지만 여기서는 이미 존재하는 *CustomerType* 변수를 사용합니다. 예제 코드에서는 편의상 변수명을 *CustTyp*으로 줄여서 나타내겠습니다.[4]

```
## R (출력 결과는 생략)
> dat %>% group_by(CustTyp) %>% summarize(ADR = mean(ADR))
```

```
## 파이썬
dat_df.groupby('CustTyp').agg(mean_ADR = ('ADR', np.mean))
```

```
                    mean_ADR
CustTyp
Contract           92.753036
Group              84.361949
Transient         110.062373
Transient-Party    87.675056
```

결과를 보면 1일 평균 요금이 고객 유형에 따라 크게 다르다는 것을 알 수 있습니다.

> **NOTE** 변동variation이 실제로 맞는지 또는 무작위로 표본을 추출하면서 생긴 오류가 있는지 확실하지 않다면 7장의 뒷부분에서 설명한 부트스트랩을 사용하여 변동에 대한 신뢰 구간을 구해보세요.

---

4 옮긴이_깃허브의 실습 자료에는 변수명을 재정의하는 코드가 포함되어 있습니다.

주어진 예제에서 두 가지 숫자형 변수 ADR과 $Year$를 활용하여 범주형 변수와 상관관계를 확인하겠습니다. ADR은 고객 유형에 따라 크게 달라지지만 시간이 지나도 상당히 안정적입니다. 이것을 반영하여 관찰 가능한 변수를 포함하는 최종 인과관계 다이어그램을 [그림 4-17]과 같이 완성할 수 있습니다.

앞에서 관찰 가능한 변수를 검증하는 과정에서 상관관계가 인과관계라고 암묵적으로 가정한다고 언급했습니다. 여기서도 마찬가지로 이렇게 가정합니다. 하지만 이러한 관계는 교란을 일으킬 수 있습니다. 개인 특성 변수와 $PreviousCancellation$ 사이의 상관관계는 전적으로 개인 특성 변수와 $IsRepeatedGuest$ 사이의 관계로 인해 발생할 수 있습니다.

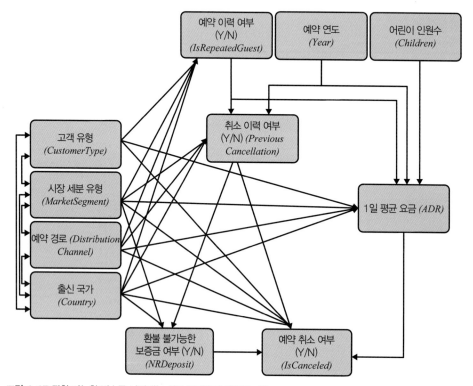

그림 4-17 관찰 가능한 변수를 나타내는 최종 인과관계 다이어그램

예를 들어 비즈니스 고객이 단골 손님일 가능성이 더 높다고 가정하겠습니다. 그러면 단골 고객 중에서 비즈니스 고객과 레저 고객의 이전 취소율이 완전히 동일하더라도 비즈니스 고객이 레저 고객보다 이전 취소율이 더 높은 것처럼 보일 수 있습니다.

이러한 인과관계 가정을 선의의 거짓말로 생각할 수 있습니다. 사실은 아니지만 괜찮습니다. 이 장의 목표는 진짜 완벽한 인과관계 다이어그램을 만드는 것이 아니라 NRD와 취소율 사이의 관계를 이해하는 것이기 때문입니다. 그런 관점에서 볼 때 관심 변수 외 다른 변수들 사이의 관계를 명확하게 정의하는 것보다 화살표 방향을 올바르게 잡는 것이 훨씬 더 중요합니다. 다음 장의 연습문제에서 이 문제를 더 자세히 살펴보겠습니다.

4.4 인과관계 다이어그램 확장

데이터를 기반으로 관찰 가능한 변수 사이의 관계를 증명하고 반증한 결과로 [그림 4-18]과 같은 인과관계 다이어그램을 얻을 수 있습니다. 그림의 가독성을 높이기 위해 개인 특성은 묶어서 하나로 표시합니다.

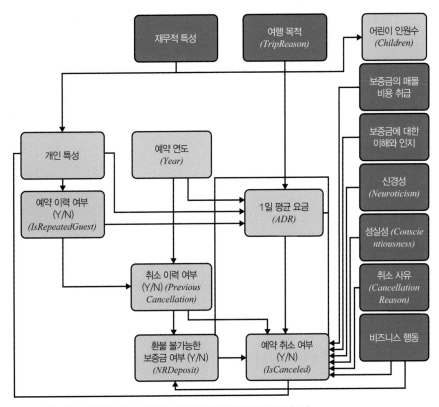

그림 4-18 관찰 가능한 변수와 관찰되지 않은 변수를 포함한 인과관계 다이어그램

[그림 4-18]에서 관찰되지 않은 변수에 대한 대리 변수proxy variable를 식별하고 현재 변수의 추가 요인을 식별하여 인과관계 다이어그램을 반복적으로 확장하겠습니다.

4.4.1 관찰되지 않은 변수에 대한 대리 변수 식별

관찰되지 않은 변수는 인터뷰나 UX 연구로 확인하더라도 회귀 분석에서 직접 설명할 수 없기 때문에 일종의 도전 과제와 같습니다. 인터뷰와 연구를 기반으로 잠재적인 대리 변수를 식별하여 어느 정도 설명 가능성을 높일 수 있습니다. 예를 들어 [그림 4-19]와 같은 성실성(*Conscientiousness*)은 실제로 낮은 취소율과 상관관계가 있으며 예약 확인 이메일 요청(*RequestedConfirmation*)과도 관련이 있습니다.

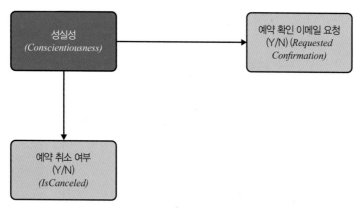

그림 4-19 관찰되지 않은 변수에 대한 대리 변수 식별

물론 예약 확인 이메일을 요청하는 것이 성실성 때문만은 아니며 얼마나 중요한 예약인지, 예약 현황을 확인할 방법이 마땅치 않은 시스템 등이 영향을 주기도 합니다. 반대로 예약할 때 쉽게 접근할 수 있는 정보를 제공하여 자체적으로 취소율을 낮출 수도 있습니다. 예약 확인 이메일을 보냈기 때문에 취소율이 낮은 것이 아닐 수도 있지만, 그럼에도 불구하고 예약 확인 이메일을 받는 행동이 취소율과 음의 상관관계가 있다는 것을 확인한다면 이를 서비스에 활용할 수 있습니다. 예를 들어 예약 확인 이메일 수신을 선택하지 않은 고객에게는 문자 알림을 보내는 방식으로 이러한 결론을 활용할 수 있습니다.

관찰되지 않은 변수에 대한 잠재적인 대리 변수를 연구하여 생각을 확장하고 검증함으로써 관찰 가능한 변수 사이를 의미 있게 연결할 수 있습니다. *RequestedConfirmation*이 *Conscientiousness*를 통해 *IsCanceled*와 연결되어 있다는 사실은 원시 통계적 규칙성^raw statistical regularity에 대한 행동 근거를 제공합니다.

4.4.2 추가 요인 식별

인과관계 다이어그램에 있는 '외부' 변수, 즉 현재 인과관계 다이어그램에서 부모 변수가 없는 변수의 요인을 식별하여 인과관계 다이어그램을 확장할 수도 있습니다. 예를 들어 관심 요인에 직·간접적으로 영향을 미치지만 관심 효과에는 영향을 미치지 않는 변수 A가 있고 반대로 관심 효과에 영향을 미치지만 관심 요인에는 영향을 미치지 않는 다른 변수 B가 있을 때 A와 B의 공통 요인은 인과관계 다이어그램을 교란시킵니다. 두 변수의 공통 요인은 두 관심 변수의 공통 요인이 되기 때문입니다.

주어진 예제에서 부모가 없는 유일한 관찰 가능한 변수는 *Year*입니다. 시간은 물리 법칙 같은 것을 제외하면 부모를 가질 수 없으므로 이 단계는 적용되지 않습니다.

4.4.3 반복

새로운 변수를 도입하면 새로운 대리 변수와 추가 요인을 생각할 수 있습니다. 예를 들어 새로 추가한 *RequestedConfirmation*은 *Conscientiousness*뿐만 아니라 *TripReason*의 영향을 받을 수 있습니다. 따라서 생각할 수 있는 모든 관련 변수를 고려하고 모든 변수 사이의 관계를 정의할 수 있을 때까지 인과관계 다이어그램을 계속 확장해야 합니다.

그러나 이렇게 계속해서 인과관계 다이어그램을 확장하면 문제가 발생할 수 있습니다. 인과관계 다이어그램을 확장할수록 변수와 관계가 많아지기 때문에 새로 추가되는 변수는 관심 변수와 점점 더 작은 상관관계를 갖는 경향이 생깁니다. 즉 너무 많은 변수의 관계를 설명하려다보면 정작 중요한 관심 변수의 관계를 파악하기 어려워집니다.

4.5 인과관계 다이어그램 단순화

인과관계 다이어그램을 확장하다가 어느 순간 확장을 멈추기로 결정했다면 이제 마지막 단계는 인과관계 다이어그램을 단순화하는 것입니다. 완성한 다이어그램은 실제 상황에 맞는 정확하고 완전하지만 비즈니스 요구 사항을 충족하는 데 가장 도움이 되는 방식으로 구성되지 않을 수 있습니다. 따라서 다음과 같은 단계로 단순화하는 것을 추천합니다.

- 중간변수에 관심이 없거나 중간변수가 관찰되지 않은 변수일 경우 사슬을 축소합니다.
- 관찰된 변수를 찾아야 하거나 다른 변수가 다이어그램과 어떤 관련이 있는지 알고 싶다면 사슬을 확장합니다.
- 하나의 변수에 흥미로운 정보가 포함되어 있다고 생각한다면 변수를 분할합니다. 예를 들어 변수를 분할하여 관심 변수와의 상관관계를 찾을 수도 있습니다.
- 다이어그램을 읽을 때 가독성을 높이거나 유형 사이의 변동이 중요하지 않은 경우 변수를 결합합니다.
- 순환을 발견할 때마다 중간 단계를 도입하거나 관계의 중요한 측면을 식별하여 순환을 끊습니다.

주어진 예제에서는 *IsRepeatedGuest*, *Children*, *Year*가 도출하는 가치보다 *PreviousCancellation*과 *ADR*이 도출하는 가치가 더 크다고 보고 세 변수를 생략할 수 있습니다. 실제로 이 세 가지 변수는 관심 변수와의 관계를 교란시킬 수 없기 때문에 [그림 4-20]과 같이 생략할 수 있습니다.

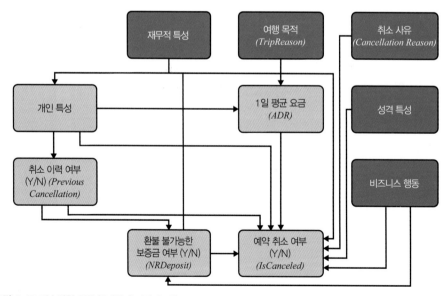

그림 4-20 단순화한 최종 인과관계 다이어그램

지금까지 본 것보다 다소 크지만 어느 정도 가독성이 높고 정리된 인과관계 다이어그램을 완성했습니다.

이 과정이 다소 길고 지루해보였나요? 실제로 길고 복잡한 과정이 맞습니다. 실험을 진행할 수 없는 상황에서 적어도 어느 정도 타당한 고객(또는 직원) 행동에 대한 인과적 추론을 이끌어내려면 여러분의 비즈니스를 아주 잘 이해해야 하기 때문에 이정도의 시간과 노력이 필요합니다.

다행히도 이 과정은 결과가 누적되는 작업이며 누적된 작업을 다른 상황에 적용하기 쉽습니다. 특정 분석에 대해 이 과정을 한 번 거치고 나면 비즈니스에 중요한 인과관계를 이해할 수 있고 쌓은 지식을 다른 분석에 다시 활용할 수 있습니다. 이 과정을 처음 수행할 때는 너무 깊이 들어가지 않더라도 교란 요소와 요인의 한 범주를 선택하여 집중해도 좋습니다. 다음에 해당 분석을 이어서 진행하거나 다른 유사한 분석을 진행할 때 이미 수행한 부분을 제외한 나머지 부분을 다시 선택하고 다른 범주를 더 깊이 파고들 수 있습니다. 예를 들어 고객을 인터뷰한다면 이미 인터뷰로 알고 있는 내용을 제외하고 새로운 측면의 고객 경험을 인터뷰할 수 있습니다. 마찬가지로 팀에서 누군가 이 과정을 거쳐 인과관계 다이어그램을 구축한다면 새로운 팀원이 합류하거나 신입사원이 들어왔을 때 축적된 작업을 바탕으로 매우 쉽고 빠르게 지식을 습득할 수 있으며 결과 인과관계 다이어그램을 보거나 염두해야 할 관련 변수 목록을 보고 중단된 부분부터 다시 시작할 수 있습니다.

4.6 정리하기

다소 진부한 표현을 사용하자면 인과관계 다이어그램을 구축하는 과정은 예술이자 과학입니다. 이 장에서 소개한 구축 방법이 여러분에게 큰 도움이 되었으면 좋겠습니다. 구축 과정을 요약하면 다음과 같습니다.

1 측정하고 싶은 관계에서 시작하세요.

2 포함할 후보 변수를 식별합니다. 행동 과학 지식과 비즈니스 전문 지식을 활용하여 관심 변수에 영향을 미칠 가능성이 있는 변수를 식별하세요.

3 데이터의 상관관계에 따라 포함할 관찰 가능한 변수를 확인합니다.

4 가능하다면 관찰되지 않은 변수의 대리 변수를 추가하고 지금까지 포함한 변수의 추가 요인을 추가하여 인과관계 다이어그램을 반복적으로 확장합니다.

5 마지막으로 관련이 없는 관계와 변수를 제거하여 인과관계 다이어그램을 단순화하세요.

과정을 따라 인과관계 다이어그램을 구축할 때 항상 관심 요인이 관심 효과에 미치는 인과적 영향을 측정한다는 궁극적인 목표를 염두하세요. 다음 장에서 인과관계 다이어그램을 사용하여 분석에서 교란을 제거하고 그 영향에 대한 편향되지 않은 추정치를 얻는 방법을 살펴보겠습니다. 가장 좋은 인과관계 다이어그램은 현재 사용 가능한 데이터를 최대한 활용할 수 있게 하고 유익한 추가 연구를 이끌어내는 인과관계 다이어그램입니다.

인과관계 다이어그램을 통한
데이터 분석의 교란 해소

인과관계는 세상을 이해하는 매우 기본적인 개념이기 때문에 유치원생도 직관적으로 이해할 수 있습니다. 그러나 이러한 직관과 데이터 분석은 1장에서 보았듯이 교란 때문에 잘못된 방향으로 흘러갈 수 있습니다. 두 관심 변수의 공동 요인을 제대로 이해하지 못하면 상황을 잘못 해석하게 되고 관심 요인에 대한 회귀 계수는 편향됩니다. 하지만 잘못된 변수를 고려했을 때도 문제가 발생할 수 있습니다. 따라서 어떤 변수를 포함하고 어떤 변수를 포함하지 않을지 결정하는 것은 데이터 분석 또는 더 나아가 인과적 사고방식의 교란을 해소하는 가장 중요한 문제입니다.

이것은 참으로 어려운 문제입니다. 많은 사람이 이 문제에 대해 광범위하거나 특별한 경우에 사용할 수 있는 다양한 규칙을 제안합니다. 극단적으로 광범위한 규칙은 주의가 필요하고 단순함의 오류가 있으며 어느 정도 합리적인 '없는 것 빼고 다 있는' 접근 방식으로 생각할 수 있습니다. 반대로 극단적으로 특별한 경우에 사용할 수 있는 규칙은 목표한 정확한 변수에 모든 초점을 맞추려는 접근법입니다. 이러한 접근법은 복잡도가 높으며 관련 지식이 많이 필요하다는 단점이 있습니다.

흥미롭게도 이 문제의 답을 구할 때 데이터는 필요하지 않습니다. 즉, 올바른 인과관계 다이어그램을 구축할 때 데이터가 필요하거나 있으면 좋다고 생각할 수 있지만 일단 올바른 인과관계 다이어그램이 있으면 데이터를 보지 않아도 교란의 여부를 파악할 수 있습니다. 이것은 [그림 5-1]에 나타난 인과–행동 프레임워크에서 인과관계 다이어그램과 행동의 관계로 확인할 수 있습니다. 이 장에서는 이 관계에 집중하면서 결과적으로 어떤 데이터도 사용하지 않을 것입니다.

대신에 서로 다른 장단점이 있는 두 가지 교란 해소 규칙인 '분리 인과 기준disjunctive cause criterion'
과 백도어 기준backdoor criterion'을 설명하고 상황에 따라 어떤 규칙을 선택하면 좋을지 소개하겠습
니다. 두 가지 기준을 적용하는 방법을 살펴보기 전에 다음 절에서 비즈니스 문제를 먼저 정의
하겠습니다.

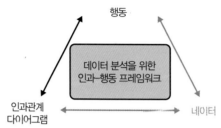

그림 5-1 인과–행동 프레임워크에서 인과관계 다이어그램과 행동의 관계

5.1 비즈니스 문제: 아이스크림과 생수 매출

C마트의 마케팅 부서에서 '건강한 고객'이라는 제목의 내부 보고서를 발표했습니다. 이 보고서
는 더 건강한 제품에 대한 장기적인 추세를 분석합니다. 이 보고서를 바탕으로 C마트는 패스
트푸드와 아이스크림 판매대에서 '생수도 같이 드릴까요?'라는 마케팅 캠페인을 시작했습니다.
이 장의 분석 목표는 아이스크림 매출(*IceCreamSales*)이 생수 매출(*BottledWaterSales*)에
미치는 영향에 대한 편향되지 않은 추정치를 얻는 것입니다.

마케팅 분석 팀은 기존 데이터와 전용 설문조사 결과를 활용하여 다음의 [그림 5-2]와 같은
인과관계 다이어그램을 설정하였으며 관심 관계는 굵게 표시하였습니다. 이때 인과관계 다이
어그램은 햄버거 매출(*BurgerSales*), 감자튀김 매출(*FrenchFrySales*), 매장 방문 고객 수
(*NumberOfCustomers*), 매장 방문 고객의 건강 관심도(*CustomerHealthMindset*), 매장
방문 고객의 평균 나이(*AverageCustomerAge*), 탄산음료 매출(*SodaSales*) 변수를 포함합
니다.

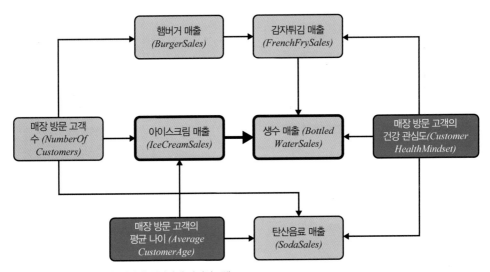

그림 5-2 비즈니스 상황을 나타낸 인과관계 다이어그램

이 인과관계 다이어그램은 적당히 복잡하고 교란변수가 어디에 숨어있는지 명확하게 보기 어렵기 때문에 [그림 5–3]과 같이 관리하기 쉬운 단위로 나누겠습니다.

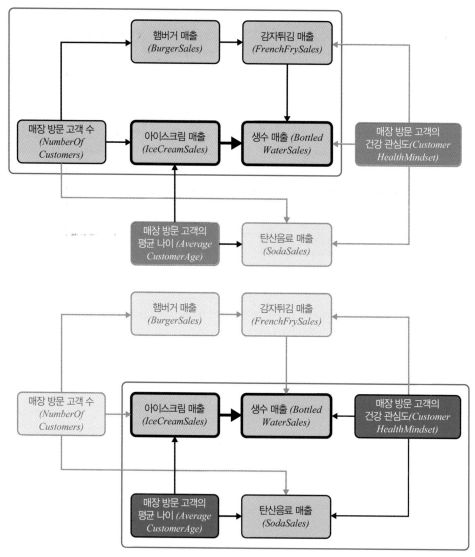

그림 5-3 인과관계 다이어그램을 개념적 단위의 영역으로 분리

이 두 가지 개념적 단위의 영역은 이해를 돕기 위한 수단일 뿐입니다. 두 영역이 서로 배타적이지도 완전하지도 않습니다. 즉, 관심 관계는 두 영역 모두에 걸쳐 존재하고 인과관계 다이어그램의 일부 화살표는 두 영역에 모두 나타나지 않기도 합니다.

인과관계 다이어그램의 왼쪽 위에 있는 첫 번째 영역은 고객 수를 기반으로 아이스크림 매출과 햄버거, 감자튀김 매출 사이에 연결되는 관계를 보여줍니다. 고객이 많은 매장일수록, 그리고 바쁜 날일수록 전체 매출이 높아지는 경향이 있으며 다양한 변수가 이 경향에 영향을 받습니다. 또한 점원은 햄버거를 판매할 때 '감자튀김도 같이 드릴까요?'라고 제안하고 감자튀김이나 아이스크림을 판매할 때는 '생수도 같이 드릴까요?'라고 제안하도록 교육을 받습니다.

인과관계 다이어그램의 오른쪽 아래에 있는 두 번째 영역은 설문조사에서 확인되었지만 개별 매출 단계에서는 관찰되지 않은 두 가지 요인 '매장 방문 고객의 평균 나이'와 '매장 방문 고객의 건강 관심도'의 영향을 보여줍니다. 나이가 어린 고객이거나 자녀와 함께 방문한 고객은 다른 고객들보다 단맛의 제품을 구매할 가능성이 더 높습니다. 건강에 관심이 많은 고객은 물을 구매할 가능성이 더 높고 탄산음료를 구매할 가능성이 낮습니다. 이때 다른 조건은 모두 동일하다고 가정합니다.

> **NOTE** 실제로 크거나 복잡한 인과관계 다이어그램을 분석에 적합하다고 생각하는 단위에 따라 자유롭게 영역을 나눌 수 있습니다. 분석의 마지막 단계에서 약간의 정리를 하고 관심 요인에서 관심 효과까지의 경로를 보장한다면 영역을 나누어 분석해도 괜찮습니다. 기존 인과관계 다이어그램에 교란이 없었다면 영역을 나눈 후에도 없어야 하고 교란이 있었다면 개념적 영역을 분석할 때 교란을 해소해야 합니다.

이 상황에서 아이스크림 매출($IceCreamSales$)과 생수 매출($BottledWaterSales$) 사이의 관심 관계가 교란의 대상이 되는지, 만약 그렇다면 어떻게 해결해야 할지는 아직 명확하지 않습니다. 기술적으로 말하자면 주어진 인과관계 다이어그램에는 두 관심 변수의 공통 요인이 없습니다. 이제 교란 해소의 결정 규칙을 살펴보겠습니다.

5.2 분리 인과 기준

분리 인과 기준^{disjunctive cause criterion}(DCC)은 교란 해소의 첫 번째 결정 규칙입니다. 이 규칙은 교란을 해소할 때 자식을 과잉 보호하는 부모처럼 필요 이상으로 해소 방법을 활용하여 규칙을 쉽게 이해하고 적용할 수 있습니다.

5.2.1 정의

분리 인과 기준의 정의는 다음과 같습니다.

> 관심 변수 사이의 매개변수를 제외하고 두 관심 변수 중 하나 또는 두 관심 변수 모두의 직접적인
> 원인이 되는 모든 변수를 회귀에 추가하면 관심 관계의 교란을 해소합니다.

5.2.2 첫 번째 영역

아이스크림 예제의 첫 번째 영역을 기반으로 분리 인과 기준의 정의를 자세히 살펴보겠습니다.

1 하나의 관심 변수 또는 두 관심 변수 모두의 직접적인 요인인 모든 변수

주어진 예제에서는 *NumberOfCustomers*와 같이 *IceCreamSales*의 직접적인 요인인 모든 변수를
포함해야 합니다. 또한 *FrenchFrySales*와 같이 *BottledWaterSales*의 요인인 모든 변수도 포함해
야 합니다. 그리고 마지막으로 두 관심 변수의 공통 요인도 포함해야 하지만 주어진 예제에서는 공
통 요인이 없기 때문에 이 과정은 생략합니다.

2 관심 변수 사이의 매개변수는 제외

매개변수는 관심 효과에 대한 관심 요인의 영향을 '전달'하는 변수입니다. 즉, 매개변수는 관심 요인
의 자식이며 관심 효과의 부모입니다. 매개변수는 12장에서 더 자세히 소개하겠습니다. 여기서는
회귀 모델의 통제변수control variable에서 매개변수를 **제외**해야 한다는 점만 짚고 넘어가겠습니다. 매개
변수를 회귀 모델에 포함하면 관찰하고자 하는 일부 인과관계가 어긋날 수 있기 때문입니다. 주어진
예제에서는 *IceCreamSales*와 *BottledWaterSales* 사이의 매개변수(즉, *IceCreamSales*의 자식
이고 *BottledWaterSales*의 부모가 되는 변수)가 없으므로 고민할 필요가 없습니다.

3 관심 관계의 모든 교란이 해소됨

1번에서 설명한 변수를 포함하면서 2번에서 설명한 변수를 포함하지 않으면 *BottledWaterSales*에
대한 *IceCreamSales*의 영향을 나타내는 회귀 계수가 첫 번째 영역의 변수에 의해 교란되지 않습
니다.

DCC는 **충분 조건**이지만 반드시 **필요 조건**은 아니라는 점에 유의하세요. DCC를 적용하면 교
란을 해소할 수 있지만 반드시 적용할 필요는 없습니다. 예를 들어 하나의 관심 변수의 요인
인 변수가 있고 이 변수가 다른 어떤 변수와도 전혀 관계가 없다고 확신하는 경우 이 변수는 교
란변수가 될 수 없기 때문에 교란을 해소하기 위해 이 변수를 회귀 모델에 포함할 필요가 없습
니다.

그러나 이러한 확신이 없을 때는 DCC를 사용하면 어떤 변수가 어떤 변수의 요인이고 교란변수인지 고민할 필요가 없습니다. 변수 사이의 일부 관계가 누락되었거나 아무 관계도 없다고 생각해도 상관없습니다. 교란변수가 아닌 변수를 교란변수라고 착각하거나 그 반대로 착각해도 괜찮습니다. 관심 있는 두 변수 중 하나와 직접적인 인과관계가 있는지만 올바르게 판단하면 변수를 포함할지 말지에 대한 옳은 결정을 내릴 수 있습니다.

예를 들어 *NumberOfCustomers*에서 *BurgerSales*와 *FrenchFrySales*를 지나 *Bottled WaterSales*로 가는 사슬을 살펴보겠습니다. 2장에서 설명했듯이 사슬은 변수와 화살표를 일직선으로 연결하는 인과관계 다이어그램입니다. 주어진 사슬을 그림으로 나타내면 [그림 5-4]와 같습니다.

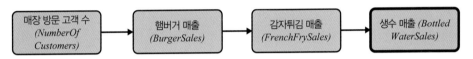

그림 5-4 첫 번째 영역의 확장된 사슬

물론 위, 아래 또는 오른쪽에서 왼쪽으로 가는 화살표로 이 사슬을 표현해도 상관없습니다. 중요한 것은 화살표가 모두 같은 방향으로 가고 있다는 점입니다. 따라서 사슬을 축소하고 *NumberOfCustomers*를 *BottledWaterSales*의 직접적인 요인으로 취급할 수 있습니다. 그러나 이렇게 하면 *NumberOfCustomers*는 *IceCreamSales*와 *BottledWaterSales*의 공통된 직접적 요인이 되며 두 변수 사이 관계의 교란변수가 됩니다.

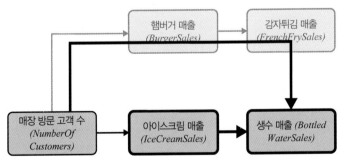

그림 5-5 사슬을 축소하여 BottledWaterSales의 직접적인 요인이 된 NumberOfCustomers

DCC의 정의에 따라 이 첫 번째 영역에 DCC를 적용하면 *NumberOfCustomers*와 *FrenchFrySales*를 회귀 분석에 통제변수로 포함해야 합니다. [그림 5-5]를 보면 두 변수를 모두 포함했을 때 앞에서 살펴본 사슬의 교란을 효과적으로 중화할 수 있다는 점을 알 수 있습니다. 즉, 사슬은 마음대로 확장하거나 축소할 수 있기 때문에 궁극적으로 두 관심 변수의 공통 요인인 변수(교란변수)가 인과관계 다이어그램의 연속된 중간변수 뒤에 숨어있을 수 있습니다.

마케팅 팀이 *NumberOfCustomers*에서 *BottledWaterSales*까지 연결되는 사슬을 누락하여 인과관계 다이어그램에 포함하지 않았더라도 DCC를 적용하면 *NumberOfCustomers*와 *FrenchFrySales*를 모두 포함해야 하는 요구 사항이 있기 때문에 결국 교란을 해소할 수 있을 것입니다. 이것이 DCC의 장점입니다. 하지만 [그림 5-5]를 보면 *NumberOfCustomers*만 포함해도 교란을 충분히 해소할 수 있는데 *FrenchFrySales*까지 포함하면 중복되는 작업이 아닐까라는 의문이 생길 수 있습니다. DCC를 소개하면서 언급했듯이 DCC는 필요한 것 이상의 해소 방법을 적용하는 일종의 확장 규칙으로 인과관계 다이어그램에 오류가 조금 있더라도 교란을 해소할 수 있습니다. 하지만 그만큼 중복의 가능성이 있고 더 많은 데이터를 필요로 한다는 트레이드오프trade-off가 있습니다. 이제 인과관계 다이어그램의 두 번째 영역을 살펴보겠습니다.

5.2.3 두 번째 영역

[그림 5-6]에 나타낸 두 번째 영역은 변수 사이의 관계가 더 복잡합니다.

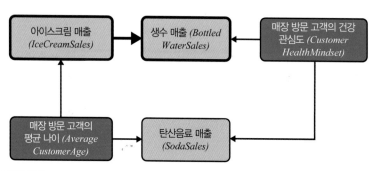

그림 5-6 두 번째 영역

두 번째 영역에서 관심 변수 외에 데이터가 있는 유일한 변수는 *SodaSales*입니다. 이 변수는 *IceCreamSales*나 *BottledWaterSales*의 요인이 아니기 때문에 DCC는 이 변수를 회귀에 포함하지 않습니다. 그러나 데이터가 없는(관찰되지 않은) *AverageCustomerAge*와 *CustomerHealthMindset* 변수는 관심 변수의 요인이기 때문에 모두 회귀에 포함해야 합니다. 이렇게 하면 반드시 교란이 생기는 것은 아니지만 교란이 생기지 않는다고 확신할 수도 없습니다. 이것이 DCC의 가장 큰 한계입니다. 관심 있는 변수의 일부 요인에 대한 데이터가 없으면 도움이 되지 않습니다. 이제 백도어 기준으로 넘어가겠습니다.

5.3 백도어 기준

백도어 기준backdoor criterion(BC)은 교란변수를 통제하는 대체 규칙으로 구성됩니다. 이 규칙은 분리 인과 기준과 매우 다른 트레이드오프가 있습니다. 이해하기 훨씬 더 복잡하고 완전히 정확한 인과관계 다이어그램이 필요하지만 실제 교란변수에 초점을 맞추고 회귀에 중복된 변수를 포함할 필요가 없습니다. 교란 해소의 정석은 이 규칙으로 식별한 변수를 통제하여 교란을 해소하는 것입니다. 이 방법은 교란 해소의 필요이자 충분 조건입니다.

5.3.1 정의
백도어 기준의 정의는 다음과 같습니다.

관심 요인으로 가는 화살표로 시작하는 차단되지 않은 비인과적 경로가 두 변수 사이에 하나 이상 있으면 두 변수 사이의 인과관계가 교란됩니다.

반대로, 모든 교란을 해소하려면 관심 요인으로 가는 화살표로 시작하는 두 변수 사이의 모든 비인과적 경로를 차단해야 합니다.

이 정의를 이해하려면 인과관계 다이어그램을 기반으로 정의에서 사용한 용어를 하나씩 살펴보는 것이 좋습니다. 이 절에서 살펴볼 기본 인과관계 다이어그램은 [그림 5–7]과 같습니다.

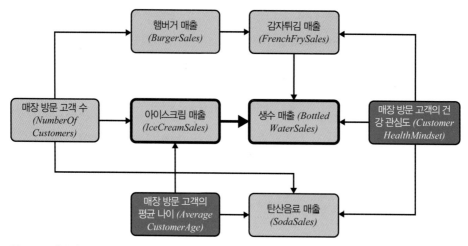

그림 5-7 주어진 비즈니스 상황을 나타낸 인과관계 다이어그램

먼저 **경로**path의 정의를 생각해보겠습니다. 화살표의 방향에 상관없이 두 변수 사이에 화살표가 있으면 두 변수 사이에 경로가 있다고 말합니다. 이때 경로에 있는 변수는 중복되지 않아야 하며 한 번씩 등장해야 경로가 성립됩니다. 사슬은 3개 이상의 변수를 따라가는 경로이며 분기와 충돌도 마찬가지입니다. 즉, 인과관계 다이어그램에 있는 두 변수는 하나 이상의 경로로 연결되며 일반적으로 여러 경로로 연결됩니다.

예를 들어 인과관계 다이어그램의 *NumberOfCustomers*와 *BottledWaterSales* 사이에는 7개의 고유한 경로가 있습니다.

- *NumberOfCustomers → IceCreamSales → BottledWaterSales*

- *NumberOfCustomers → BurgerSales → FrenchFrySales → BottledWaterSales*

- *NumberOfCustomers → BurgerSales → FrenchFrySales ← CustomerHealthMindset → BottledWaterSales*

- *NumberOfCustomers → BurgerSales → FrenchFrySales ← CustomerHealthMindset→ SodaSales ← AverageCustomerAge → IceCreamSales → BottledWaterSales*

- *NumberOfCustomers → SodaSales ← CustomerHealthMindset → BottledWaterSales*

- *NumberOfCustomers → SodaSales ← CustomerHealthMindset → FrenchFrySales → BottledWaterSales*

- *NumberOfCustomers → SodaSales ← AverageCustomerAge → IceCreamSales → BottledWaterSales*

'*NumberOfCustomers* → *BurgerSales* → *FrenchFrySales* ← *CustomerHealthMindset* → *SodaSales* ← *NumberOfCustomers* → *IceCreamSales* → *BottledWaterSales* 경로'는 *NumberOfCustomers* 변수가 두 번 나오므로 경로가 아닙니다.

경로가 사슬이면(경로의 모든 화살표가 같은 방향을 향하는 경우) 경로는 **인과적**causal입니다. 즉, 하나의 변수가 두 변수 사이의 경로를 따라 다른 변수를 유발하는 경우에 두 변수 사이의 경로가 '인과적'이라고 말합니다.

앞에서 언급한 7개의 경로 중 첫 번째와 두 번째 경로는 인과적입니다. 경로가 사슬이며 *NumberOfCustomers*가 *BottledWaterSales*에 영향을 미치는 과정을 나타냅니다. 다른 경로는 모두 하나 이상의 충돌 또는 분기를 포함하기 때문에 **비인과적**noncausal입니다. 충돌은 두 변수가 같은 변수의 요인이 되는 상황이며 분기는 두 변수가 같은 요인을 갖는 상황입니다. 예를 들어 세 번째와 네 번째 경로에는 모두 *FrenchFrySales* 주위에서 충돌이 발생하고 네 번째 경로에는 *SodaSales* 주위에도 충돌이 발생합니다. 또한 네 번째 경로에서는 *CustomerHealthMindset*과 *AverageCustomerAge* 주위에 2개의 분기가 있습니다.

마지막으로 경로가 다음의 두 경우 중 하나에 해당하면 인과관계 다이어그램에 있는 두 변수 사이의 경로가 **차단되었다**고 말합니다.

- 경로에 있는 중간변수 중 하나가 회귀에 포함되어 있으며 충돌이 아닙니다.
- 중심 변수가 회귀에 포함되지 않은 충돌이 경로에 있습니다.

여기에 해당하지 않으면 경로가 **차단되지 않았다**고 말합니다.

차단 또는 차단되지 않았다는 개념은 경로 자체의 교란 여부와 회귀에서의 통제 여부라는 두 가지 개념을 내포하기 때문에 한번에 이해하기 어려울 수 있습니다. 차단되지 않은 것을 {교란이나 통제되지 않음}으로, 차단된 것을 {교란되지 않거나 통제됨}으로 생각할 수 있습니다.

교란의 궁극적인 근본 원인은 언제나 공통 요인([그림 5-8]의 왼쪽 그림)입니다. 사슬은 마음 대로 축소하거나 확장할 수 있기 때문에 해당 교란변수는 연속된 중간변수 뒤에 '숨겨져([그림 5-8]의 가운데 그림)' 있을 수 있습니다. 그러나 사슬의 중간에 있는 충돌은 화살표의 방향을 분리하기 때문에([그림 5-8]의 오른쪽 그림) 축소할 수 없습니다. 따라서 충돌은 회귀에 포함 시키지 않는 한 교란을 차단합니다.

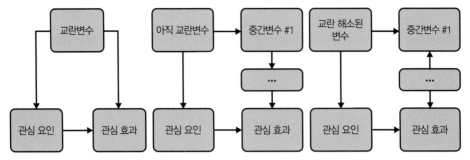

그림 5-8 교란변수는 공통 요인(왼쪽 그림)이지만 중간변수 뒤에 숨겨질 수 있으며(가운데 그림) 충돌은 사슬을 축소하는 것을 방지하여 교란을 제거(오른쪽 그림)합니다.

5.3.2 첫 번째 영역

이제 백도어 기준의 정의를 살펴보았으므로 인과관계 다이어그램의 첫 번째 영역에 있는 변수에 백도어 기준을 적용하는 방법을 살펴보겠습니다. DCC에서는 *NumberOfCustomers*와 *FrenchFrySales*를 회귀 분석에 통제변수로 포함해야 했습니다.

백도어 기준을 적용하려면 먼저 '관심 요인으로 가는 화살표'를 찾아야 합니다. 즉 관심 요인의 모든 요인이 대상이 되며 주어진 예제의 첫 번째 영역에서는 관심 요인인 *IceCreamSales*로 향하는 화살표를 가진 변수는 *NumberOfCustomers*가 유일합니다.

*NumberOfCustomers*를 지나는 모든 경로에 백도어 기준을 적용하겠습니다. 첫 번째 영역을 보면 *IceCreamSales*에서 *NumberOfCustomers*를 지나 *BottledWaterSales*로 가는 첫 번째 경로는 *IceCreamSales* ← *NumberOfCustomers* → *BurgerSales* → *FrenchFrySales* → *BottledWaterSales*입니다. 이 경로는 DCC에서도 주목한 경로이며 *NumberOfCustomers*와 *FrenchFrySales*를 회귀모델에 포함하여 교란을 해소했습니다. 백도어 기준의 조건을 확인해 보겠습니다.

- **비인과적** 경로인가요? 네, *NumberOfCustomers* 주변에 분기가 있기 때문입니다.
- 경로가 기본적으로 차단되어 있나요? 아니오, 경로에 충돌이 없고 아직 변수를 통제변수로 포함하지 않았기 때문입니다.

이 조건에 따르면 이 경로는 관심 관계를 교란시키기는 경로이며 회귀에 비충돌 변수 중 하나를 포함하여 경로를 통제해야 합니다. 즉, 백도어 기준에 따라 *NumberOfCustomers*, *BurgerSales*, *FrenchFrySales* 중 하나를 회귀에 포함하면 해당 경로를 충분히 통제할 수 있습니다. 그렇다면 어떤 변수를 선택해야 할까요? 필자는 개인적으로 경로의 첫 번째 변수, 즉 관심 요인의 요인을 포함하는 것을 추천합니다. 주어진 예제에서는 *NumberOfCustomers*를 선택하는 것이 좋습니다. 이렇게 하면 해당 변수로 시작하는 다른 교란 경로도 자동으로 통제되기 때문에 굳이 다른 경로를 확인할 필요가 없습니다.

보다시피 백도어 기준은 영역의 변수에 대해 완전하고 정확한 인과관계 다이어그램이 있다는 가정하에 DCC보다 경제적입니다. DCC는 *NumberOfCustomers*와 *FrenchFrySales*를 모두 회귀에 포함했지만 백도어 기준은 *NumberOfCustomers*만 포함하며 다른 경로를 확인하지 않고 첫 번째 영역을 넘어갈 수 있습니다.

5.3.3 두 번째 영역

DCC는 두 번째 영역의 변수에 대해서는 알 수 없다고 하고 넘어갔습니다. 관련된 데이터가 없기 때문에 *AverageCustomerAge*와 *CustomerHealthMindset* 변수를 회귀에 포함할 수 없었고 두 번째 영역에 통제되지 않은 교란이 있는지 여부를 확인할 수 없었습니다. 백도어 기준은 훨씬 더 확실하고 정확한 기준을 제공합니다.

*AverageCustomerAge*는 관심 요인인 *IceCreamSales*의 요인이므로 *IceCreamSales* ← *AverageCustomerAge* → *SodaSales* ← *CustomerHealthMindset* → *BottledWaterSales* 경로를 살펴보겠습니다.

- **비인과적 경로인가요?**

  네, 사실이 아닙니다. AverageCustomerAge 주위에 분기가 있고 SodaSales 주위에 충돌이 있으며 CustomerHealthMindset 주위에 또 다른 분기가 있습니다.

- **경로가 기본적으로 차단되어 있나요?**

  네, SodaSales 주변에 충돌이 있기 때문입니다.

즉, 이 경로는 교란되지 않으며 회귀에서 이 경로를 통제할 필요가 없습니다. 오히려 *SodaSales*를 포함하면 이 경로의 차단이 해제되면서 교란이 생길 수 있습니다!

충돌 주위에 2개의 분기가 있는 구성은 인과관계 다이어그램을 재배열했을 때 [그림 5-9]와 같이 알파벳 M 모양을 띈다고 하여 M패턴$^{\text{M-pattern}}$이라고 부릅니다. 이 패턴을 만들기 위해 인위적으로 데이터를 조작한 것처럼 느껴질 수도 있지만 주어진 예제는 『The Book of Why』(Basic Books, 2018)에서 소개한 예제를 각색한 것으로 2006년에 실제로 일어난 담배 소송에 관한 예제를 기반으로 합니다.

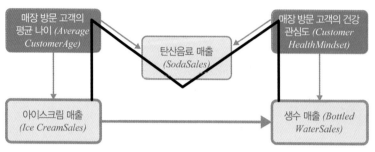

그림 5-9 백도어 기준의 M패턴

살펴본 경로 외에도 *IceCreamSales*에서 *AverageCustomerAge*를 거쳐 *BottledWaterSales*로 가는 모든 경로가 *SodaSales*를 거치기 때문에 회귀에 *SodaSales*를 포함하지 않는 한 모두 차단됩니다.

인과관계 다이어그램에서 교란을 찾는 것은 과학입니다. 규칙을 적용하면 교란을 찾을 수 있기 때문입니다. 하지만 약간의 요령을 더하면 지름길을 찾을 수 있습니다. 교란의 가능성이 있는 *IceCreamSales*의 두 요인을 파악하고 교란을 차단하면 이 두 요인을 거쳐 *IceCreamSales*로 오는 모든 경로는 일일이 확인할 필요가 없습니다. 인과관계 다이어그램을 만드는 경험을 많이 쌓으면 이러한 직관을 얻는 방법을 배우게 될 것입니다. 확신이 없을 때는 가능한 모든 경로에 규칙을 적용하여 사실을 확인하세요.

백도어 기준은 분리 인과 기준보다 더 정확하지만 인과관계 다이어그램의 오류에 대처하는 유연성이 부족합니다. 예를 들어 마케팅 팀이 인과관계 다이어그램을 만드는 과정에서 실수를 했다고 가정하겠습니다. 실제 관계와 반대로 [그림 5-10]과 같이 *SodaSales*가 *CustomerHealthMindset*를 유발한다고 작성했다면 어떨까요?

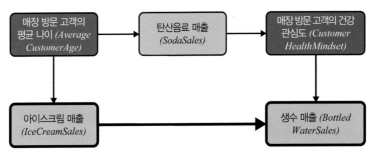

그림 5-10 오류가 있는 두 번째 영역

백도어 기준에 따르면 [그림 5-10]의 인과관계 다이어그램에 교란이 있다고 오해할 수 있으며 회귀에 *SodaSales*를 포함하여 교란을 해소하려고 할 것입니다.

요약하자면 백도어 기준을 사용하여 *IceCreamSales*의 두 가지 직접적인 요인을 거치는 두 가지 잠재적인 교란 경로를 발견했습니다. 회귀에 *NumberOfCustomers*를 포함하여 이 변수를 거치는 모든 잠재적인 교란 경로를 처리합니다. 반면에 *SodaSales*는 회귀에 **포함하지 않으면서** *AverageCustomerAge*를 거치는 모든 교란을 처리하는 충돌을 유지합니다.

5.4 정리하기

인과관계의 교란을 해소하는 것은 행동 데이터 분석의 핵심 과제 중 하나이며 '상관관계가 인과관계가 아니다'라는 난제를 해결하는 열쇠입니다. 이 장에서는 두 가지 교란 해소 규칙인 분리 인과 기준과 백도어 기준을 살펴보았습니다. 첫 번째는 관심 변수의 모든 직접적인 요인(매개변수 제외)을 포함하는 규칙입니다. 두 번째는 더 정교하며 명확한 교란 요소를 분별할 수 있는 규칙이지만 인과관계 다이어그램의 오류에 취약하고 강건성이 부족합니다.

PART 03

견고한 데이터 분석

이상적인 데이터는 크고 완전하며 규칙적인 형태(예를 들어 숫자형 변수의 경우 정규분포)입니다. 통계 입문 과정에서 보통 이상적인 데이터를 사용하곤 합니다. 현실 세계의 데이터는 입문 과정, 특히 행동 데이터를 다룰 때 적합하지 않은 경우가 많습니다.

▶▶▶ 6장

결측 데이터를 처리하는 방법을 알아봅니다. 결측 데이터는 데이터 분석에서 흔히 발생하는 문제이며 행동 데이터에 치명적인 영향을 주는 경우가 많습니다. 개인의 특성 및 행동과 관련된 데이터가 누락된 경우 분석 결과에 편향을 일으키기 때문입니다. 다행스럽게도 인과관계 다이어그램을 사용하면 이러한 상황을 최대한 파악하고 해결할 수 있습니다.

▶▶▶ 7장

부트스트랩이라는 컴퓨터 시뮬레이션에 대해 이야기합니다. 부트스트랩은 행동 데이터를 분석할 때 매우 유용한 도구입니다. 크기가 작거나 이상한 형태의 데이터를 다룰 때 추정치에 대한 불확실성을 적절하게 측정할 수 있습니다. 또한 실험을 설계하고 분석할 때 p-값을 대체할 값을 제공하여 분석에 도움을 줍니다.

PART 03

견고한 데이터 분석

결측 데이터 처리

데이터 분석에서 결측 데이터는 흔히 발생합니다. 빅데이터 시대인 만큼 데이터가 풍부하기 때문에 굉장히 많은 실무자가 결측 데이터를 성가시고 사소한 방해꾼으로 여기고 결측 데이터가 있는 행만 필터링하곤 합니다. 1,200만 행에서 1,100만 행으로 데이터가 줄어들어도 분석할 데이터가 충분히 많기 때문에 문제가 없지 않을까요?

안타깝게도 결측 데이터가 있는 행을 필터링하면 분석에 상당한 편향이 생길 수 있습니다. 예를 들어 나이가 많은 고객일수록 자동 결제 시스템을 사용하지 않는 경향이 있어서 자동 결제와 관련된 데이터가 누락될 가능성이 더 높다고 가정하겠습니다. 결측 데이터를 가진 고객을 필터링하게 된다면 데이터에는 나이가 어린 고객이 많은 비중을 차지하게 되고 이 데이터를 기반으로 분석한 결과는 젊은 고객에 맞게 편향될 것입니다. 변수의 평균값으로 결측값을 대체하는 것과 같이 결측 데이터를 처리하는 다른 일반적인 방법을 사용하더라도 방법에 따라 고유한 편향이 생기기 마련입니다.

여러 통계학자와 방법론자가 힘을 합쳐 기존 방법보다 편향이 훨씬 더 적거나 심지어 거의 없는 결측 데이터 처리 방법을 개발했습니다. 이 방법은 아직 실무자 사이에서 널리 사용되지 않지만 이 장을 읽고 여러분이 앞서 나갈 수 있길 바랍니다.

결측값 이론은 통계학에 뿌리를 두고 있으며 굉장히 수학적입니다. 이 장에서는 에어씨앤씨 시뮬레이션 데이터셋을 활용하여 결측값 처리 방법을 소개합니다. 마케팅 부서가 고객의 특성과 동기를 더 잘 이해하기 위해 3개 주에 있는 2,000명의 표본 고객에게 설문조사 이메일을 보내서 다음의 정보를 수집했다고 가정하겠습니다.

- 인구통계학적 특성
  - 나이(Age)
  - 성별($Gender$)
  - 주($State$, 3개 주에서만 표본 고객을 선택했으며 편의상 A, B, C로 지정)
- 성격 특성
  - 개방성($Openness$)
  - 외향성($Extraversion$)
  - 신경성($Neuroticism$)
- 예약 금액($BookingAmount$)

상황을 단순화하기 위해 인구통계학적 변수가 모두 예약 금액의 요인이며 서로 관련이 없다고 가정합니다. 이것을 바탕으로 [그림 6-1]과 같은 인과관계 다이어그램을 그릴 수 있습니다.

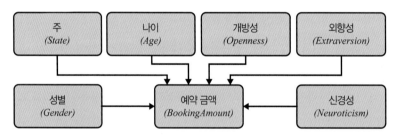

그림 6-1 예약 금액을 유발하는 인구통계학적 변수

> **NOTE** 2장에서 논의한 바와 같이 인구통계학 변수 $Gender$와 $Extraversion$이 $BookingAmount$의 요인이라는 것은 두 가지를 의미합니다. 첫째, 두 변수는 외생변수exogenous variable(목적의 주요 요인인 변수)이고 둘째, 사회 현상에 의해 크게 좌우되는 매개변수 및 조절변수와의 인과관계 때문에 두 변수는 $BookingAmount$의 예측 변수입니다.
>
> 예를 들어 $Gender$의 효과는 사람의 수입, 직업, 가족관계라는 매개변수에 영향을 줍니다. 그런 의미에서 $Gender$를 $BookingAmount$의 요인이라고 보는 것이 더 정확합니다. 그러나 이 효과는 교란되지 않으며 실제로 인과관계가 있다는 점을 유의해야 합니다.

이 장은 새로운 데이터셋을 처음 마주했을 때 처리하는 단계를 따릅니다. 먼저 결측 데이터를 시각화하여 데이터의 현황을 대략적으로 파악합니다. 그런 다음 결측 데이터를 진단하는 방법을 알아보고 통계학자 도널드 루빈Donald Rubin이 개발한 분류 체계를 살펴봅니다. 마지막 세 절에서는 해당 분류의 각 범주를 처리하는 방법을 소개합니다.

이러한 과정을 처리할 때 사용할 수 있는 훌륭한 R 패키지가 많습니다. 하지만 안타깝게도 파이썬에는 이러한 R 패키지에 직접적으로 대응하는 패키지가 없습니다. 필자는 파이썬으로 실습하는 방법을 소개할 것입니다. R에 비해 파이썬 코드가 훨씬 더 길고 복잡해 보일 수 있다는 점 미리 양해를 구할게요!

6.1 데이터와 패키지

시뮬레이션된 데이터를 사용하면 결측 데이터의 실제 값을 알고 있다는 장점이 있습니다. 이 장의 깃허브 폴더에는 [표 6-1]과 같은 세 가지 데이터셋이 있습니다.

- 네 가지 변수에 대한 완전한 데이터
- 일부 변수의 일부 값이 누락된 '사용 가능한' 데이터
- 분석을 보완하는 데 사용할 보조 변수를 담은 보조 데이터셋

표 6-1 데이터의 변수

변수명	변수 설명	chap6-complete_data.csv	chap6-available_data.csv	chap6-available_data_supp.csv
Age	고객의 나이	전체	전체	
Openness	개방성(심리적 특성), 0-10	전체	전체	
Extraversion	외향성(심리적 특성), 0-10	전체	일부	
Neuroticism	신경성(심리적 특성), 0-10	전체	일부	
Gender	고객의 성별, 범주형 변수, F(여성)/M(남성)	전체	전체	
State	고객이 거주하는 주, 범주형 변수, A/B/C	전체	일부	

변수명	변수 설명	chap6-complete_data.csv	chap6-available_data.csv	chap6-available_data_supp.csv
Booking Amount	고객이 예약한 금액	전체	일부	
Insurance	고객이 가입한 여행자 보험 금액			전체
Active	고객이 예약한 여행이 얼마나 활동적인지 나타내는 수치			전체

이 장에서는 서문에서 언급한 공통 패키지 외에 다음의 패키지[1]를 사용합니다.

```R
## R
library(mice)    # 결측값 다중 대체용
library(reshape) # melt() 함수용
library(psych)   # logistic() 함수용
```

```
## 파이썬
from statsmodels.imputation import mice # 다중 대체용
import statsmodels.api as sm # mice의 OLS 호출용
```

6.2 결측 데이터 시각화

정의에 따르면 결측 데이터missing data는 시각화하기 어렵습니다. 단변량univariate(한 번에 하나의 변수) 분석은 한계가 있기 때문에 이변량bivariate 분석 메서드를 사용합니다. 2개의 변수를 시각화하여 서로에게 미치는 영향을 관찰합니다. 인과관계 다이어그램과 함께 이변량 그래프를 사용하면 이해하기 매우 복잡한 관계를 시각화할 수 있습니다.

첫 번째 단계는 데이터가 '어떻게' 누락되었는지 파악하는 것입니다. R의 mice 패키지에는 결측 데이터를 시각화하는 매우 편리한 md.pattern() 함수가 있습니다.

---

1   옮긴이_ 패키지가 설치되지 않은 경우에는 패키지를 먼저 설치하세요.

```
## R
> md.pattern(available_data)
```

	age	open	gender	bkg_amt	state	extra	neuro	
368	1	1	1	1	1	1	1	0
358	1	1	1	1	1	1	0	1
249	1	1	1	1	1	0	1	1
228	1	1	1	1	1	0	0	2
163	1	1	1	1	0	1	1	1
214	1	1	1	1	0	1	0	2
125	1	1	1	1	0	0	1	2
120	1	1	1	1	0	0	0	3
33	1	1	1	0	1	1	1	1
23	1	1	1	0	1	1	0	2
15	1	1	1	0	1	0	1	2
15	1	1	1	0	1	0	0	3
24	1	1	1	0	0	1	1	2
24	1	1	1	0	0	1	0	3
23	1	1	1	0	0	0	1	3
18	1	1	1	0	0	0	0	4
	0	0	0	175	711	793	1000	2679

md.pattern() 함수는 각 행이 데이터의 가용성 패턴을 나타내는 테이블을 반환합니다. 첫 번째 행은 모든 변수의 값이 '1'이므로 완전한 레코드를 나타냅니다. 테이블의 왼쪽에 있는 숫자는 해당 패턴을 갖는 행의 수를 의미하고 오른쪽에 있는 숫자는 해당 패턴에서 누락된 변수의 수를 나타냅니다. 데이터에는 368개의 완전한 행이 있습니다. 두 번째 행은 *Neuroticism*의 값만 '0'이므로 *Neuroticism*만 누락된 레코드를 나타냅니다. 358개의 행이 *Neuroticism*만 누락되었습니다. 테이블의 가장 아래에 있는 숫자는 해당 변수의 결측값 개수를 나타내고 결측값의 개수가 증가하는 순서로 변수가 정렬됩니다. *Neuroticism*은 가장 오른쪽에 있는 변수이며 결측값이 1,000개로 가장 많습니다. md.pattern() 함수는 [그림 6-2]와 같이 테이블을 시각화한 그래프도 반환합니다.

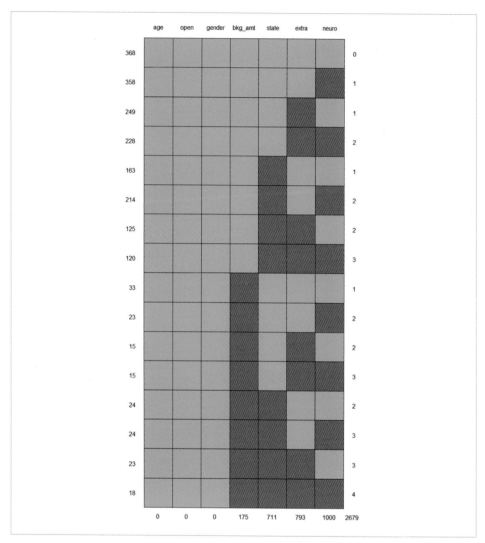

그림 6-2 결측 데이터의 패턴

[그림 6-2]에서 볼 수 있듯이 *Age, Openness, Gender* 변수에는 결측 데이터가 없지만 다른 모든 변수에는 결측 데이터가 있습니다. 필자가 작성한 함수를 사용하면 파이썬에서 동일한 결과를 얻을 수 있지만 가독성이 떨어질 수 있습니다.

```python
## 파이썬
def md_pattern_fun(dat_df):
    # 모든 열 이름 가져오기
    all_cols = dat_df.columns.tolist()
    # 일부 결측값이 있는 열 이름 가져오기
    miss_cols = [col for col in all_cols if dat_df[col].isnull().sum()]
    if miss_cols == all_cols: dat_df['index'] = dat_df.index
    # 결측값이 없는 열 제외
    dat_df = dat_df.loc[:,miss_cols]
    # 변수별 총 결측값 개수 표시
    print(dat_df.isnull().sum())
    # 개수 변수 추가
    dat_df['count'] = 1
    # 결측 변수의 조합 개수 표시
    print(dat_df.isnull().groupby(miss_cols).count())


md_pattern_fun(available_data_df)
```

```
extra         793
neuro        1000
state         711
bkg_amt       175
dtype: int64
                            count
extra neuro state bkg_amt
False False False False       368
                  True         33
            True  False       163
                  True         24
      True  False False       358
                  True         23
            True  False       214
                  True         24
True  False False False       249
                  True         15
            True  False       125
                  True         23
      True  False False       228
                  True         15
            True  False       120
                  True         18
```

출력 결과는 2개의 테이블로 구성됩니다.

- 첫 번째 테이블은 [그림 6-2]의 아래에서 볼 수 있듯이 데이터의 각 변수에 대한 총 결측값 개수를 나타냅니다. 예를 들어 *Extraversion*은 793개의 결측값이 있습니다.
- 두 번째 테이블은 각 결측 데이터 패턴의 세부 정보를 나타냅니다. 왼쪽의 논리값 위에 있는 변수 (예를 들어 *Extraversion*, *Neuroticism*, *State*, *BookingAmount*)는 데이터에 일부 누락된 값이 있는 변수입니다. 테이블의 각 행은 특정 패턴의 결측 데이터가 있는 행의 개수를 나타냅니다. 첫 번째 줄은 4개의 False로 구성되어 있습니다. 즉, 결측값이 있는 변수가 없는 패턴이며 [그림 6-2]의 첫 번째 줄에서 본 것처럼 데이터에 이러한 행이 368개 있습니다. 두 번째 줄은 마지막 False만 True로 바뀐 패턴으로 처음 3개의 False는 가독성을 위해 생략했습니다. 즉, 테이블에서 비어있는 논리값은 이전 값과 동일하다고 이해하면 됩니다. 이 False/False/False/True 패턴은 *BookingAmount*에만 결측값이 있을 때 발생하며 데이터의 33개 행에서 이러한 패턴이 관찰됩니다.

이렇게 데이터셋이 작아도 시각화되는 정보의 양이 매우 많으며 어떤 내용을 파악해야 하는지 알기 어려울 수 있습니다. 여기서는 두 가지 측면을 탐구할 것입니다.

결측 데이터의 양

데이터가 얼마나 많이 누락되었나요? 어떤 변수의 결측 데이터 비율이 가장 높은가요? 결측 데이터가 있는 행을 버릴 수 있나요?

결측 데이터의 상관관계

데이터가 레코드 단위 또는 변수 단위로 누락되었나요?

6.2.1 결측 데이터의 양

가장 먼저 살펴볼 것은 결측 데이터의 양과 결측 데이터의 비율이 가장 높은 변수입니다. [그림 6-2] 또는 파이썬의 출력 결과의 가장 아래에서 변수별 결측값의 개수를 오름차순으로 확인할 수 있습니다. 결측 데이터의 양이 매우 한정적인 경우(예를 들어 1,000만 행의 데이터셋에서 모든 변수가 10개 이하의 결측값만 있는 경우)에 다중 대체법으로 처리하는 것은 다소 과합니다. 결측 데이터가 있는 모든 행을 삭제하고 넘어가는 것으로 충분합니다. 결측값이 극도로 편향되어 있더라도 분석 결과에 실질적으로 영향을 미치기에는 양이 너무 적기 때문입니다.

주어진 예제에서 결측값 개수가 가장 많은 변수는 1,000개의 결측값이 있는 *Neuroticism*입니다. 양이 많은 걸까요? 얼마나 많아야 결측값이 많다고 할 수 있을까요? 10, 100, 1,000개의 행 또는 그 이상을 기준으로 잡아야 할까요? 이것은 상황에 따라 다릅니다. 결측 데이터를 삭제하는 기준을 판단하는 전략은 다양하지만 가장 간단한 전략을 소개하면 다음과 같습니다.

1 결측값이 가장 많은 변수를 가지고 2개의 새로운 데이터셋을 생성합니다. 하나는 모든 결측값을 해당 변수의 최솟값으로 대체하고 다른 하나는 해당 변수의 최댓값으로 대체합니다.

2 원본 데이터셋, 새로 생성한 2개의 데이터셋의 세 가지 데이터셋에 대해 해당 변수의 가장 중요한 관계의 회귀 분석을 실행합니다. 예를 들어 해당 변수가 관심 효과의 예측 변수라면 해당 회귀를 실행하세요.

3 회귀 계수가 세 회귀에서 크게 차이가 없는 경우, 즉 동일한 비즈니스 의미를 도출하거나 다른 값을 기반으로 동일한 경향을 보인다면 결측값의 양은 삭제하기 적합한 양이며 결측 데이터를 삭제할 수 있습니다. 즉, 분석 결과가 비즈니스 파트너에게 동일한 의미를 가진다면 결측 데이터를 삭제할 수 있습니다.

> **NOTE** 경험 법칙은 숫자형 변수에 적용하기 쉽지만 이진형 또는 범주형 변수는 어떨까요?
>
> 이진형 변수의 경우 최솟값은 0이고 최댓값은 1이며 경험 법칙을 적용할 수 있습니다. 새로 생성하는 2개의 데이터셋은 최상의 시나리오와 최악의 시나리오를 나타냅니다.
>
> 범주형 변수의 경우 최솟값과 최댓값의 규칙을 약간 바꿔야 합니다. 값의 빈도를 기준으로 결측값을 최소 빈도 또는 최대 빈도의 범주로 대체합니다.

*Neuroticism*에 이 전략을 적용해봅시다. *Neuroticism*은 관심 효과인 *BookingAmount*의 예측 변수이기 때문에 앞에서 설명했듯이 해당 관계를 사용할 수 있습니다.

```
## R (출력 결과는 생략)
min_data <- available_data %>%
  mutate(neuro = ifelse(!is.na(neuro), neuro, min(neuro, na.rm = TRUE)))
max_data <- available_data %>%
  mutate(neuro = ifelse(!is.na(neuro), neuro, max(neuro, na.rm = TRUE)))

summary(lm(bkg_amt~neuro, data=available_data))
summary(lm(bkg_amt~neuro, data=min_data))
summary(lm(bkg_amt~neuro, data=max_data))
```

```
## 파이썬 (출력 결과는 생략)
min_data_df = available_data_df.copy()
min_data_df.neuro = np.where(min_data_df.neuro.isna(), min_data_df.neuro.min(),
                             min_data_df.neuro)

max_data_df = available_data_df.copy()
max_data_df.neuro = np.where(max_data_df.neuro.isna(), max_data_df.neuro.max(),
                             max_data_df.neuro)


print(ols("bkg_amt~neuro", data=available_data_df).fit().summary())
print(ols("bkg_amt~neuro", data=min_data_df).fit().summary())
print(ols("bkg_amt~neuro", data=max_data_df).fit().summary())
```

결과는 다음과 같습니다.

- 사용 가능한 데이터를 기반으로 한 계수는 -5.9입니다.

- 결측값을 *Neuroticism*의 최솟값으로 대체하면 계수는 -8.0입니다.

- 결측값을 *Neuroticism*의 최댓값으로 대체하면 계수는 2.7입니다.

세 가지 값이 부호가 다를 정도로 서로 매우 다르기 때문에 결측 데이터 양이 데이터에 미치는 영향이 크다고 판단할 수 있습니다. *Neuroticism* 데이터가 누락된 행을 단순히 삭제할 수 없습니다. 다른 변수에도 동일한 방법을 적용하면 결측값을 무시할 수 없다는 결론을 내릴 수 있으며 적절하게 처리해야 합니다.

6.2.2 결측 데이터의 상관관계

처리해야 하는 변수를 결정하고 나면 결측값이 있는 변수 사이의 결측이 얼마나 관련되어 있는지 알고 싶을 것입니다. 결측의 상관관계가 높은 변수가 있다면 이것은 한 변수의 누락이 다른 변수의 누락을 의미한다는 것을 의미합니다. 예를 들어 설문조사 응답을 중간에 중단하면 특정 지점 이후의 모든 답변이 누락됩니다. 또는 결측을 유발하는 공통 원인이 있을 수도 있습니다. 예를 들어 일부 응답자가 자신에 대한 정보를 공개하는 것을 꺼려하는 경우 관련된 데이터의 누락이 생길 수 있습니다. 이 두 경우 모두 결측의 상관관계를 파악하면 보다 정확한 인과관계 다이어그램을 작성할 수 있으며 시간을 절약하고 분석을 보다 효과적으로 수행할 수 있습니다.

간단한 그림을 통해 결측 데이터의 상관관계를 살펴보겠습니다. 탬파Tampa와 타코마Tacoma라는 두 가지 기업의 면접 데이터가 있다고 가정하겠습니다. 이 두 기업에서 면접자는 3개의 동일한 필수 면접을 통과해야 하지만 탬파에서는 첫 번째 면접관이 면접자의 모든 점수를 기록해야 합니다. 반면에 타코마에서는 각 면접관이 각 면접의 점수를 따로 기록합니다. 면접관도 사람이다 보니 인사 담당자에게 데이터를 제출하는 것을 까먹기도 합니다. 탬파에서는 면접관이 데이터를 제출하는 것을 잊어버리면 시스템에는 면접자의 ID 외에는 데이터가 전혀 남지 않게 됩니다. [그림 6-3]은 탬파의 데이터를 나타낸 그림입니다.

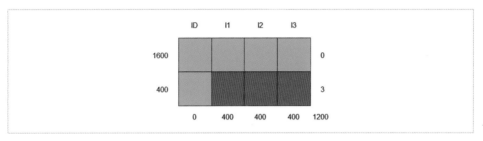

그림 6-3 탬파 데이터에서 상관관계가 높은 결측 데이터

[그림 6-3]을 보면 사례가 많음(총 2,000개 행 중 400개)을 나타내는 붉은 상자가 3개 있는 행이 높은 결측 상관관계가 있는 경우를 나타냅니다. 또한 그림을 보면 1개 또는 2개의 붉은 상자만 있는 행이 없습니다.

이러한 상황에서 결측 데이터를 한 번에 한 변수씩 분석하는 것은 의미가 없습니다. 머피라는 첫 번째 면접관이 첫 번째 면접의 데이터를 누락하는 경향이 강하다면 나머지 면접의 데이터도 누락했을 가능성이 높습니다.

반면에 타코마에서는 [그림 6-4]와 같이 각 면접의 결측이 서로 상관관계가 전혀 없습니다.

패턴이 탬파와 반대입니다.

- 결측 변수가 거의 없는 행이 많습니다. 오른쪽에 있는 숫자가 1이나 2인 행을 참조하세요.
- 모든 면접의 데이터가 누락된 행이 거의 없습니다. 왼쪽에 있는 숫자를 보면 3개의 변수가 모두 누락된 행은 17개뿐이라는 점을 확인할 수 있습니다.
- [그림 6-4]의 아래에 붉은 상자가 많은 행은 독립적인 무작위성의 결과이기 때문에 매우 적은 경우(17개의 행)에서만 나타납니다.

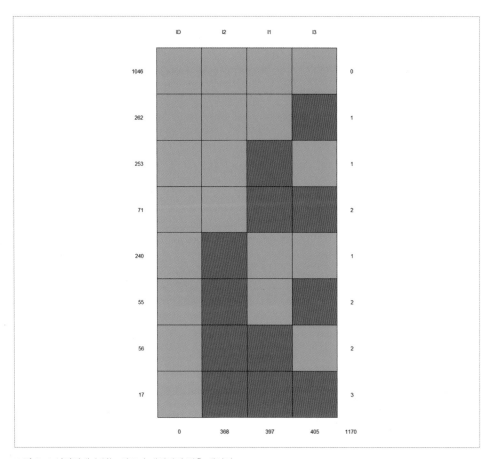

그림 6-4 상관관계가 없는 타코마 데이터의 결측 데이터

각 패턴이 이전 패턴에 결측 변수를 추가하는 결측의 증가 형태를 '러시아 인형(마트료시카)' 시퀀스라고 부릅니다. [그림 6-4]의 패턴을 설명한 세 가지 내용 중 마지막 내용은 넓은 의미에서 보면 이 러시아 인형 시퀀스를 나타낸다고 볼 수 있습니다. 예를 들어 '(I3) → (I3, I2) → (I3, I2, I1)'를 보면 경우의 수가 '262 → 55 → 17'입니다. 이 숫자는 감소하는 시퀀스를 형성하며 변수의 결측값이 완전히 상관관계가 없는 경우 다음과 같은 관계를 갖기 때문에 논리가 성립합니다.

$$Prob(I3\ 결측\ \&\ I2\ 결측) = Prob(I3\ 결측) * Prob(I2\ 결측)$$
$$Prob(I3\ 결측\ \&\ I2\ 결측\ \&\ I1\ 결측) = Prob(I3\ 결측) * Prob(I2\ 결측) * Prob(I1\ 결측)$$

표본이 적거나 매우 높은 수준의 결측값이 있는 경우 이러한 방정식이 데이터에 정확하게 맞지 않을 수도 있지만, 결측 변수가 50% 미만인 경우 일반적으로 다음을 만족해야 합니다.

$$Prob(I3\ 결측\ \&\ I2\ 결측\ \&\ I1\ 결측) < Prob(I3\ 결측\ \&\ I2\ 결측) < Prob(I3\ 결측)$$

실제 상황에서는 대규모로 수행하는 함수를 작성하더라도 이러한 모든 부등식을 직접 테스트 하기 다소 번거로울 수 있습니다. 대신에 중요한 이상치(동일한 변수의 일부 값보다 훨씬 큰 여러 변수의 값)를 시각화하여 살펴보는 것이 좋습니다.

보다 광범위하게 말하자면 이러한 시각화는 변수가 적을 때 사용하기 쉽습니다. 변수가 많아지 면 결측값에 대한 상관계수 행렬을 작성하고 시각화해야 합니다.

```r
## R (출력 결과는 생략)
# 상관계수 행렬 구축
tampa_miss <- tampa %>%
  select(-ID) %>%
  mutate(across(everything(),is.na))
tampa_cor <- cor(tampa_miss) %>%
  melt()

tacoma_miss <- tacoma %>%
  select(-ID) %>%
  mutate(across(everything(),is.na))
tacoma_cor <- cor(tacoma_miss) %>%
  melt()
```

```python
## 파이썬 (출력 결과는 생략)
# 상관계수 행렬 구축
tampa_miss_df = tampa_df.copy().drop(['ID'], axis=1).isna()
tacoma_miss_df = tacoma_df.copy().drop(['ID'], axis=1).isna()

tampa_cor = tampa_miss_df.corr()
tacoma_cor = tacoma_miss_df.corr()
```

[그림 6-5]는 결과 상관계수 행렬을 보여줍니다. 왼쪽에 있는 탬파의 상관계수 행렬의 모든 값은 1입니다. 즉, 하나의 변수가 누락되면 다른 2개도 마찬가지로 누락됩니다. 오른쪽에 있는 타코마의 상관계수 행렬의 경우 주대각선main diagonal의 값은 1이지만 다른 모든 값은 0에 가깝습니다.

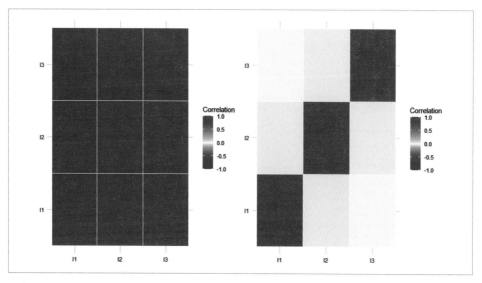

그림 6-5 완전한 상관관계가 있는 결측(왼쪽)과 완전히 상관관계가 없는 결측(오른쪽)에 대한 상관계수 행렬

에어씨앤씨 데이터셋으로 돌아가서 상관계수 행렬의 결과가 면접 예제에서 설명한 두 극단적인 사례 사이에서 어디쯤 위치하는지 살펴보겠습니다. 이해를 돕기 위해 [그림 6-2]를 [그림 6-6]으로 다시 가져오겠습니다.

[그림 6-6]은 양 극단의 중간 어딘가에 있습니다. 모든 가능한 결측 패턴이 고르게 나타나고 있으며 높은 상관관계를 보이는 결측 데이터가 없다는 것을 의미합니다.

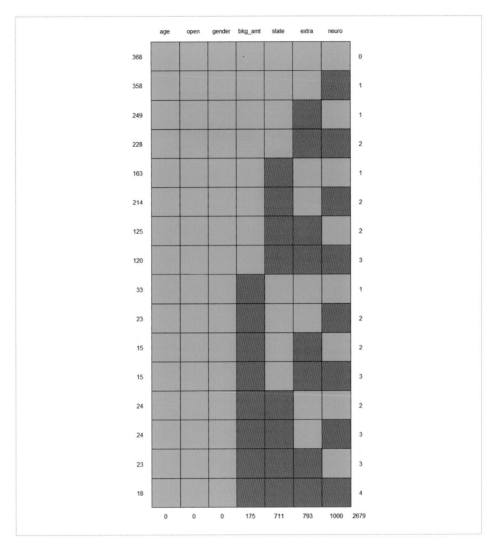

그림 6-6 결측 데이터의 패턴

[그림 6-7]은 에어씨앤씨 데이터의 결측 상관계수 행렬을 나타낸 그림입니다. 그림에서 볼 수 있듯이 변수의 결측은 거의 상관관계가 없으며 무작위 변동 범위 안에 있습니다. 결측의 상관관계 패턴에 더 익숙해지고 싶다면 깃허브에 있는 이 장의 연습문제를 풀어보세요. 다시 말하지만 상관관계 패턴을 보는 것 자체는 필수가 아니지만 통찰력을 얻고 시간을 절약할 수 있습니다.

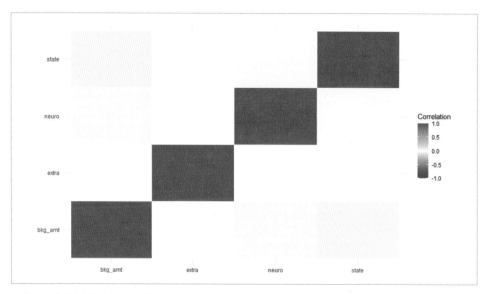

그림 6-7 에어씨앤씨 데이터의 결측 상관계수 행렬

6.3 결측 데이터 진단

결측 데이터를 시각화했다면 이제 결측 데이터의 요인을 이해할 차례입니다. 인과관계 다이어 그램을 사용하여 결측 데이터의 인과 메커니즘을 나타내겠습니다.

1장에서 소개했던 아주 간단한 예제를 다시 살펴보겠습니다. 3장에서 인과관계 다이어그램을 설명하면서 고객의 바닐라 아이스크림 선호도와 같이 관찰되지 않은 변수는 [그림 6-8]과 같이 더 어두운 색의 상자로 나타낸다고 언급했습니다.

그림 6-8 관찰되지 않은 변수는 어두운 색의 상자로 표시

관찰되지 않은 변수는 '잠재 변수latent variable'라고도 하며 이론상으로는 접근 가능할 수도 있지만 실제로는 가지고 있지 않은 정보를 말합니다. 주어진 예제에서 고객이 바닐라 아이스크림의 선

호도를 공개해야 아이스크림을 구매할 수 있도록 판매 전략을 바꾼다고 가정하겠습니다.

이렇게 하면 시스템에 선호도 데이터를 저장할 수 있으며 이 데이터를 [그림 6-9]와 같이 분석에 사용할 수 있습니다.

그림 6-9 관찰되지 않았던 정보 수집

그러나 고객이 원하지 않는 정보를 공개하도록 강요하는 것은 비즈니스에서 일반적으로 좋지 않은 관행이며 정보 공개 여부는 고객의 선택을 존중하는 경우가 많습니다. 즉, 어떤 데이터는 정보를 공개한 일부 고객으로부터만 수집할 수 있습니다. 이렇게 일부만 관찰된 변수는 [그림 6-10]과 같이 인과관계 다이어그램에서 상자를 점선으로 표현합니다.

그림 6-10 부분적으로 관측된 변수를 점선 상자로 표시

예를 들어 고객이 3명인 경우 고객 한 명이 바닐라 아이스크림 선호도를 공개하지 않는다면 [표 6-2]와 같은 데이터를 얻을 수 있습니다.

표 6-2 인과관계 다이어그램을 기반으로 수집한 데이터

고객 이름	바닐라 맛 선호도	고객이 공개한 맛 선호도	가판대 아이스크림 구매 여부 (Y/N)
앤	낮음	낮음	N
밥	높음	높음	Y
캐롤라인	높음	N/A	Y

이 책에서는 값이 정확하거나 누락되거나 둘 중 하나에 속한다고 가정하고 데이터를 단순화합니다. 이 가정에 의하면 사람들은 절대로 거짓말을 하거나 잘못 기억하거나 입력 오류를 범하지 않습니다. 물론 실생활에서 사람들은 실수를 하기 때문에 여러분은 2장과 6장에서 공부한 내용을 바탕으로 적절한 해결 방법을 찾아야 합니다. 먼저 올바른 값을 가진 숨겨진 변수가 있고 숨겨진 변수를 약간의 '잡음'을 포함하여 반영하는 관찰 가능한 변수가 있다고 가정합니다. 그런 다음 잡음이 완전히 무작위로 발생하는지 다른 변수의 값에 따라 달라지는지 아니면 뒤에서 설명할 루빈의 분류Rubin's classification와 유사하게 숨겨진 변수에 따라 달라지는지 확인합니다. 예를 들어 사용한다고 공개하기 부끄러운 제품(가발 등)을 구입한 사람들은 구매 여부를 물었을 때 사실을 밝히지 않을 가능성이 다소 있습니다. 이러한 경우 '가발 구매 여부'를 루빈의 용어로 '무작위가 아닌 거짓'이라고 합니다.

이 장에서는 단순히 변수 값의 요인이 아니라 변수를 누락시키는 요인을 이해하고자 합니다. 따라서 고객이 공개한 맛 선호도 변수가 누락된 경우를 추적하는 변수를 [표 6-3]과 같이 생성합니다.

표 6-3 결측값 추가

고객 이름	바닐라 맛 선호도	고객이 공개한 맛 선호도	고객이 공개한 맛 선호도 결측 여부 (Y/N)	가판대 아이스크림 구매 여부 (Y/N)
앤	낮음	낮음	N	N
밥	높음	높음	N	Y
캐롤라인	높음	N/A	Y	Y

해당 변수를 인과관계 다이어그램에 [그림 6-11]과 같이 추가합니다.

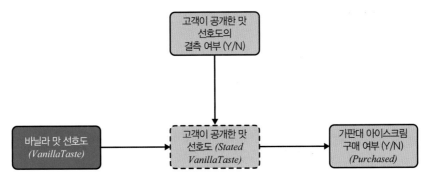

그림 6-11 인과관계 다이어그램에 결측 여부 변수 추가

일반적으로 결측 여부를 부분적으로 관찰된 변수의 요인으로 설정합니다. 이것은 정보가 결측 여부 변수에 의해 '숨겨지지' 않는 한 정보가 관찰되지 않은 변수에 완전히 존재하며 부분적으로 관찰된 변수가 관찰되지 않은 변수와 동일하다는 것을 가정합니다. 이렇게 하면 결측 여부를 따로 고려할 필요 없이 관심 관계를 나타내는 인과관계 다이어그램에서 결측의 요인을 표현하고 논의할 수 있기 때문에 분석이 훨씬 쉬워집니다.

결측 여부를 인과관계 다이어그램에 포함했다면 이제 '무엇이 결측의 요인인가?'를 고민해야 합니다.

6.3.1 결측의 요인: 루빈의 분류

통계학자 도널드 루빈의 분류에 의하면 기본적이고 상호 배타적인 세 가지 변수 결측 요인이 있습니다.

첫째, 변수의 결측이 무작위 요인과 같이 데이터 외부의 변수에만 영향을 받는 경우 해당 변수는 **완전 무작위 결측**missing completely at random (MCAR)이라고 합니다.

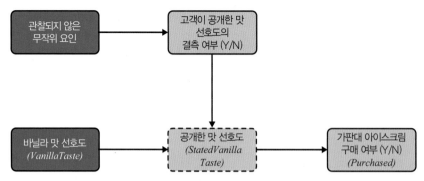

그림 6-12 고객이 공개한 맛 선호도가 완전히 무작위 결측인 경우

둘째, 데이터의 변수 중 하나라도 변수의 결측에 영향을 미치는 경우 해당 변수는 MCAR이 아닌 **무작위 결측**missing at random(MAR)이라고 합니다. 이때 데이터 외부의 변수와 무작위 요인도 결측에 영향을 줄 수 있지만 해당 변수의 값은 해당 변수의 결측에 영향을 미치지 않습니다. 예를 들어 구매 여부(*Purchased*)가 고객이 공개한 맛 선호도(*StatedVanillaTaste*)의 결측에 영향을 주었다면 이것은 지나가는 사람이 아닌 구매 고객만 인터뷰했기 때문입니다.

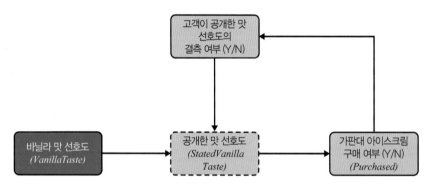

그림 6-13 고객이 공개한 맛 선호도가 무작위 결측인 경우

마지막으로 변수의 값이 자신의 결측에 영향을 미치는 변수는 **무작위가 아닌 결측**missing not at random(MNAR)이라고 합니다. 데이터 내부 또는 외부의 다른 변수가 해당 변수의 결측에 영향을 미치더라도 변수의 값이 해당 변수의 결측에 영향을 준다면 MNAR로 분류됩니다. 주어진 예제에서는 바닐라 맛 선호도(*VanillaTaste*)가 고객이 공개한 맛 선호도(*StatedVanillaTaste*)의 결측을 일으키는 경우 *StatedVanillaTaste*를 MNAR로 분류합니다.

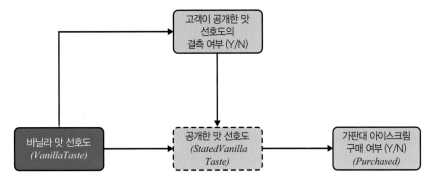

그림 6-14 고객이 공개한 맛 선호도가 무작위가 아닌 결측인 경우

> **NOTE** 부분적으로 관찰된 변수가 아닌 관찰되지 않은 변수로부터 화살표를 연결하여 변수의 값이 자신의 결측에 영향을 준다는 것을 나타냅니다. 이렇게 하면 '실제 특정 임곗값 아래에 있는 모든 값은 이 데이터에서 누락되었습니다'와 같은 의미 있는 사실을 나타낼 수 있습니다. 화살표가 부분적으로 관찰 가능한 변수에서 나온 경우 '결측된 값은 자신의 결측을 유발합니다'와 같은 정보가 없는 표현에 갇히게 됩니다.

결측의 각 범주를 식별하는 방법을 명확하게 소개할 수 있다면 참 좋겠지만 안타깝게도 결측된 데이터 분석은 아직 완전히 정복되지 않은 미지의 영역으로 연구가 더 필요합니다. 특히 결측과 인과관계가 어떻게 상호작용하는지 이해하기 쉽지 않습니다. 이런 이유로 결측 데이터를 다루는 것은 과학보다는 예술에 가깝습니다. 체계적인 분석 방법을 구축하려면 다루기 힘든 수의 예외를 처리해야 합니다. 또한 '패턴 X는 변수 2가 MNAR이 아닌 한 변수 1이 MAR임을 나타냅니다. 패턴 Y는 변수 1이 MAR이 아닌 한 변수 2가 MNAR임을 나타냅니다'와 같은 순환논법을 풀어내야 합니다. 필자는 이 책에서 한정된 데이터셋 안에서 최대한 많은 사례를 다루기 위해 최선을 다했지만 현실에서는 긴가민가한 상황을 접할 가능성이 높기 때문에 유연하게 판단하고 처리 방법을 고민해야 합니다.

좋은 소식이 있다면 몇 가지 예외를 제외하고 결측의 유형을 신중하게 분류했을 때 시간은 더 걸리겠지만 편향이 생기지 않는다는 것입니다. 변수가 MCAR, MAR 또는 MNAR인지 확실하지 않은 경우 가능한 최악의 시나리오를 가정하면 분석이 거의 편향되지 않습니다.

이러한 주의 사항을 염두에 두고 에어씨앤씨 데이터로 돌아가서 현실적인 데이터셋에서 결측을 진단하는 방법을 알아보겠습니다. 데이터셋에는 다음과 같은 변수가 포함되어 있습니다.

- 인구통계학적 특성

  - 나이(Age)

  - 성별($Gender$)

  - 주($State$, A, B, C)

- 성격 특성

  - 개방성($Openness$)

  - 외향성($Extraversion$)

  - 신경성($Neuroticism$)

- 예약 금액($BookingAmount$)

6.3.2 MCAR 변수 진단

MCAR 변수는 가장 간단한 경우입니다. 센서에 결함이 있거나 버그로 인해 고객의 모바일 앱에서 데이터 전송이 차단되거나 고객이 바닐라 아이스크림 선호도를 입력하는 것을 잊어버리는 경우가 여기에 해당합니다. 이유와 상관없이 결측은 '무작위'로 발생합니다. 기본적으로 변수를 MCAR로 진단합니다. 변수가 MAR이 아니라면 MCAR로 가정합니다. 즉, 반대 증거가 없다면 MCAR을 귀무가설로 생각할 수 있습니다.

결측을 진단할 때 사용할 주요 도구는 로지스틱 회귀입니다. 로지스틱 회귀를 사용하여 변수가 데이터셋의 다른 모든 변수에 의해 누락되었는지 여부를 확인합니다. 예를 들어 외향성($Extraversion$) 변수를 살펴보겠습니다.

```
## 파이썬 (출력 결과는 생략)
available_data_df['md_extra'] = available_data_df['extra'].isnull().astype(float)
md_extra_mod =smf.logit('md_extra~age+open+neuro+gender+state+bkg_amt',
                        data=available_data_df)
md_extra_mod.fit().summary()
```

```
## R
> md_extra_mod <- glm(is.na(extra)~.,
                      family = binomial(link = "logit"),
                      data=available_data)
> summary(md_extra_mod)
```

```
...
              coef   std err        z     P>|z|    [0.025   0.975]
Intercept  -0.2410   0.809    -0.298     0.766    -1.826   1.344
gender[T.F] -0.1742  0.192    -0.907     0.364    -0.551   0.202
age         0.0206   0.010     2.035     0.042     0.001   0.040
open        0.0362   0.050     0.727     0.467    -0.061   0.134
extra       0.0078   0.048     0.162     0.871    -0.087   0.102
neuro      -0.1462   0.087    -1.687     0.092    -0.316   0.024
bkg_amt    -0.0019   0.001    -1.445     0.149    -0.005   0.001
...
```

어떤 변수도 통계적으로 유의미한 계수를 갖지 않습니다. 다른 증거가 없다면 이것은 *Extraversion*의 결측 원인이 순전히 무작위이며 *Extraversion* 변수를 MCAR로 취급해야 한다는 점을 나타냅니다.

MCAR 데이터를 주사위 굴리기나 동전 던지기로 생각할 수 있습니다. 이 두 동작은 사람의 관점에서는 '무작위'이지만 사실 물리 법칙을 따릅니다. 이론적으로 충분한 정보와 컴퓨팅 능력이 있다면 결과는 완전히 예측 가능할지도 모릅니다. 주어진 예제도 마찬가지입니다. *Extraversion*이 MCAR이라고 말하는 것은 '*Extraversion*의 결측이 근본적으로 무작위이고 예측 불가능하다'고 말하는 것이 아니라 '현재 분석에 포함된 변수 중 어느 것도 *Extraversion*의 결측과 상관관계가 없다'고 말하는 것입니다. 하지만 어쩌면 다른 변수(성실성? 신뢰? 기술에 대한 친숙도?)와 상관관계가 있을지도 모릅니다. 진단의 목표는 *Extraversion*에 대한 철학적인 결론을 내리는 것이 아니라 현재 사용 가능한 데이터를 고려할 때 누락된 부분이 분석을 편향시킬 수 있는지 확인하는 것입니다.

통계적 유의성

4부에서는 통계적 유의성이 무엇인지, 왜 통계적 유의성에 너무 많은 관심을 두지 말아야 하는지를 자세히 설명하겠습니다. 특히 0.05 임곗값을 일종의 엄격한 진리와 같이 생각하고 사용해서는 안 됩니다. 계수가 얼마나 중요한가에 따라 판단해야 합니다. 확실하지 않은 경우에는 항상 계수가 실제로 강력하고 통계적으로 유의미한 것처럼 취급할 수 있습니다. 뒤에서 더 살펴보겠지만 통계적 유의성을 고려하려면 약간의 추가 작업이 필요하지만 이것 때문에 분석이 편향되지는 않습니다.

6.3.3 MAR 변수 진단

MAR 변수는 결측 여부가 데이터의 다른 변수 값에 따라 달라지는 변수입니다. 데이터셋의 다른 변수로 변수의 결측을 예측할 수 있다면 MNAR이라는 충분한 증거가 없는 한 해당 변수를 MAR로 보는 것이 기본 가설입니다. 주(*State*) 변수로 이러한 기본 가설을 살펴봅시다.

```
## R (출력 결과는 생략)
md_state_mod <- glm(is.na(state)~.,
                    family = binomial(link = "logit"),
                    data=available_data)
summary(md_state_mod)
```

```
## 파이썬
available_data_df['md_state'] = available_data_df['state'].isnull()\
    .astype(float)
md_state_mod =smf.logit('md_state~age+open+extra+neuro+gender+bkg_amt',
                        data=available_data_df)
md_state_mod.fit(disp=0).summary()
```

```
...
              coef    std err      z      P>|z|    [0.025   0.975]
Intercept   -0.1629    0.458    -0.356    0.722   -1.060    0.735
state[T.B]   0.0471    0.182     0.259    0.796   -0.309    0.404
state[T.C]  -0.1283    0.188    -0.683    0.495   -0.497    0.240
gender[T.F] -0.0935    0.151    -0.618    0.537   -0.390    0.203
age         -0.0126    0.008    -1.552    0.121   -0.029    0.003
open         0.0524    0.039     1.361    0.173   -0.023    0.128
extra       -0.0850    0.041    -2.092    0.036   -0.165   -0.005
bkg_amt      0.0032    0.001     3.020    0.003    0.001    0.005
...
```

나이(*Age*)는 양의 계수로 약간 유의합니다. 즉, 나이가 많은 고객은 자신의 주를 제공할 가능성이 낮아 보입니다. 이것을 인과관계 다이어그램으로 나타내면 [그림 6-15]와 같습니다.

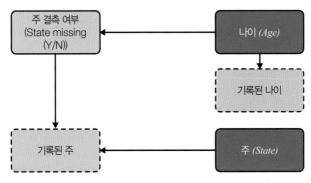

그림 6-15 무작위 결측인 주

[그림 6-16]과 같이 기록된 나이별로 주 결측 밀도를 시각화하여 상관관계를 확인할 수 있습니다. 나이가 많은 고객보다 나이가 어린 고객에서 관찰된 주 값이 더 많고 반대로 나이가 어린 고객보다 나이가 많은 고객에서 누락된 주 값이 더 많습니다.

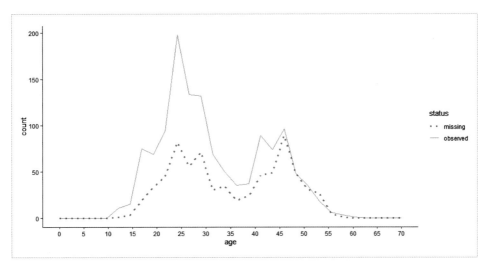

그림 6-16 관찰된 나이별 결측 및 관찰된 주 데이터의 밀도

이 밀도 도표는 X 변수(Age)도 누락된 행을 표시하지 않는다는 한계가 있습니다. 해당 변수에도 누락된 값이 있는 경우 문제가 되거나 오해의 소지가 있을 수 있습니다. X 변수가 누락된 행도 표시하고 싶다면 결측값을 −10과 같은 무의미한 값으로 대체하는 방법을 적용할 수 있습니다. Age에는 결측값이 없으므로 결측값이 있는 $Extraversion$을 X 변수로 대신 사용하겠습니다.

Extraversion 값별로 관찰되거나 누락된 *State* 데이터의 밀도를 시각화하겠습니다.

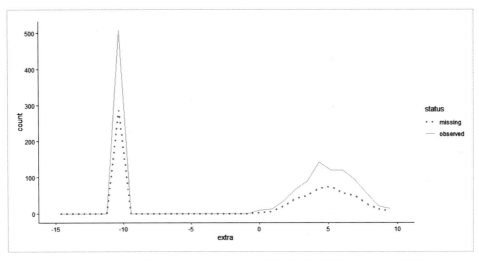

그림 6-17 누락된 Extraversion을 포함하여 Extraversion 레벨별 결측 및 관찰된 State 데이터의 밀도

[그림 6-17]을 보면 *Extraversion* 데이터가 없는 사람 중에서 *State*가 누락된 사람보다 관찰된 사람이 훨씬 더 많다는 것을 확인할 수 있습니다. 이것은 *State*가 MCAR이 아니라 MAR이라는 강력한 증거입니다. 결측이 데이터셋에서 사용할 수 있는 다른 변수와 상관관계가 있기 때문입니다.

> **NOTE** 앞에서 *Age* 또는 *Extaversion*과 *State*의 관계를 말할 때 '상관관계'라는 단어를 사용했다는 점을 눈치채셨나요? 실제로 지금까지 상관관계만 살펴보았고 *Age*가 *State*의 결측을 유발하지 않으며 두 가지 모두 관찰되지 않은 세 번째 변수에 영향을 받았을 가능성이 있습니다. 다행스럽게도 결측을 다룰 때 상관관계의 인과적 특성(또는 결여)은 분석에 영향을 미치지 않습니다. 관계의 계수를 직접적으로 다루지 않을 것이기 때문에 결측과 상관관계를 어느 정도 동일시해도 편향이 발생하지 않습니다.

6.3.4 MNAR 변수 진단

MNAR 변수는 결측 여부가 변수의 값에 따라 달라지는 변수입니다. 예를 들어 어떤 값이 높으면 낮을 때보다 누락될 가능성이 높습니다. MNAR 변수는 데이터 분석에서 가장 문제가 되는 동시에 가장 진단하기 까다롭습니다. 정의에 따르면 결측된 값을 모르기 때문에 진단하기 가장 까다롭습니다. 따라서 실마리를 조금 더 찾아야 합니다.

신경성(*Neuroticism*) 변수를 살펴보고 이전과 마찬가지로 데이터의 다른 변수에 대한 결측 회귀를 살펴보겠습니다.

```python
## 파이썬 (출력 결과는 생략)
available_data_df['md_neuro'] = available_data_df['neuro'].isnull()\
    .astype(float)
md_neuro_mod =smf.logit('md_neuro~age+open+extra+state+gender+bkg_amt',
                        data=available_data_df)
md_neuro_mod.fit(disp=0).summary()
```

```r
## R
md_neuro_mod <- glm(is.na(neuro)~.,
                    family = binomial(link = "logit"),
                    data=available_data)
summary(md_neuro_mod)
```

```
...
Coefficients:
            Estimate Std. Error z value Pr(>|z|)
(Intercept) -0.162896   0.457919  -0.356  0.72204
age         -0.012610   0.008126  -1.552  0.12071
open         0.052419   0.038502   1.361  0.17337
extra       -0.084991   0.040617  -2.092  0.03639 *
genderF     -0.093537   0.151376  -0.618  0.53663
stateB       0.047106   0.181932   0.259  0.79570
stateC      -0.128346   0.187978  -0.683  0.49475
bkg_amt      0.003216   0.001065   3.020  0.00253 **
...
```

예약 금액(*BookingAmount*)이 매우 유의미한 계수를 가지고 있다는 점을 알 수 있습니다. 표면적으로 이것은 *Neuroticism*이 *BookingAmount*에 대해 MAR임을 나타낸다고 볼 수 있습니다. 하지만 이 장의 앞부분에서 살펴봤듯이 [그림 6-1]의 인과관계 다이어그램을 보면 *BookingAmount*는 *Neuroticism*의 자식입니다. 따라서 행동 과학 관점에서 보면

Neuroticism은 BookingAmount에 대해 MAR이 아니라 MNAR일 가능성이 더 높습니다. 즉, 결측은 고객이 지출한 금액이 아니라 성격 특성에 의해 결정될 가능성이 더 높습니다.

어느쪽이 맞는지 확인하려면 결측 데이터가 있는 변수의 또 다른 자식을 살펴봐야 합니다. 이상적으로는 변수와 상관관계가 가능한 한 낮고 첫 번째 자식과 상관관계가 거의 없는 다른 자식을 살펴보는 것이 좋습니다. 추가 데이터셋에는 고객이 회사에서 평생 동안 가입한 여행 보험의 총 금액을 나타낸 데이터가 있습니다. 여행당 요금은 예약 금액과 매우 느슨한 상관관계가 있는 여행의 특성에 따라 달라지기 때문에 살펴보기에 적절합니다. 데이터셋에 보험 금액(Insurance)을 추가하면 Neuroticism의 결측을 예측하기 매우 쉽습니다. [그림 6-18]을 보면 관찰된 Neuroticism과 누락된 Neuroticism에서 Insurance의 분포가 크게 다르다는 것을 알 수 있습니다.

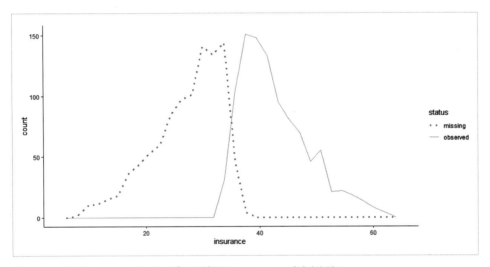

그림 6-18 관찰된 Insurance에 따른 결측 및 관찰된 Neuroticism 데이터의 밀도

Neuroticism의 결측과 상관관계가 있는 자식 변수가 많을수록 변수가 MNAR이라는 주장이 더욱 힘을 얻습니다. 나중에 살펴보겠지만 MNAR 변수를 처리하는 방법은 대체 모델에 보조 변수를 추가하는 것이며 자식 변수는 추가하기에 가장 적합한 후보입니다. 따라서 여러 개의 자식 변수를 찾는 것은 시간 낭비가 아니라 다음 단계로 가는 기반을 다지는 과정입니다.

기술적으로 변수가 몇 개의 자식 변수에 대한 MAR이 아니라 MNAR이라는 것을 완전히 증명할 수는 없지만 이것은 문제가 되지 않습니다. 기존 변수가 MNAR이 아닌 MAR이면 보조 변수는 모델을 편향시키지 않습니다.

6.3.5 결측의 스펙트럼

루빈의 분류는 이진 테스트를 기반으로 작동합니다. 예를 들어 변수가 낮은 값보다 높은 값에서 누락될 가능성이 높으면(또는 그 반대의 경우) 다른 사항을 고려할 필요없이 MNAR로 분류할 수 있습니다. 그러나 실제로 변수를 처리하는 단계에서는 값과 결측 사이의 관계 형태가 중요합니다. 예를 들어 특정 임곗값의 위 또는 아래에 있는 모든 변수 값이 누락된 경우 기본 접근 방식과 다르게 이 변수를 처리해야 합니다. 이러한 상황은 MAR 변수에서도 발생할 수 있기 때문에 한 걸음 물러서서 결측의 형태까지 고려하는 것이 좋습니다.

변수의 결측은 완전 확률론적에서 완전 결정론적인 스펙트럼에 해당한다고 생각할 수 있습니다. 스펙트럼의 '확률론적' 끝에서 변수는 MCAR이며 모든 값은 누락될 가능성이 있습니다. 스펙트럼의 '결정론적' 끝에는 임곗값이 있습니다. 임곗값의 한 쪽에 있는 모든 변수는 누락되고 다른 쪽에 있는 모든 변수는 사용 가능합니다. 임곗값 기반의 결측은 비즈니스 규칙을 적용한 결과로 나타나기도 합니다. 예를 들어 채용을 할 때 학점이 3.0 이상인 지원자만 면접을 보는 경우 해당 임곗값 미만의 지원자에 대한 면접 점수는 없습니다. 즉, [그림 6-19]와 같이 학점(GPA)에 대해 면접 점수(InterviewScore)가 MAR이 됩니다.

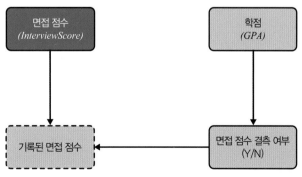

그림 6-19 학점에 대해 MAR인 면접 점수

루빈의 MCAR/MAR/MNAR 분류는 오로지 결측의 요인이 무엇인지에 근거하며 인과관계가 무작위성을 보이는지 여부는 고려하지 않습니다. 주어진 예제에서 *InterviewScore*의 결측이 결정론적으로 *GPA*에 기반을 두고 있다는 사실은 무작위성이 개입되지 않았음에도 불구하고 *InterviewScore*를 *GPA*에 대해 MAR로 만듭니다.

특정 임곗값 위 또는 아래의 값만 기록되는 MNAR 변수의 경우에도 이러한 경향이 발생할 수 있습니다. 예를 들어 정상 범위를 벗어난 값만 파일에 저장하거나 세금 처리와 같은 목적으로 특정 임곗값 이하 또는 초과인 사람만 등록하는 경우가 여기에 해당합니다.

완전한 무작위성과 완전한 결정론(MAR 또는 MNAR 유형 중 하나)의 사이에는 결측 요인의 값을 기반으로 결측 확률이 지속적으로 증가하거나 감소하는 경향을 보입니다.

[그림 6-20]은 이러한 경향이 X(결측값이 존재)와 Y라는 두 변수에서 어떻게 나타나는지 간단하게 나타낸 그림입니다. 가독성을 위해 사용 가능한 값은 색이 채워진 사각형으로 표시하고 '결측값'은 십자형으로 표시합니다. [그림 6-20]의 첫 번째 행은 X에 대한 Y의 산점도를 나타내고 두 번째 행은 X와 결측 확률의 관계에 대한 선을 나타냅니다.

- 왼쪽 열은 X가 MCAR임을 나타냅니다. 결측값의 확률은 0.5로 일정하며 X와 무관합니다. 사각형과 십자형은 그림 전체에 비슷하게 분포되어 있습니다.
- 가운데 열은 X가 강도가 증가하는 확률론적 MNAR임을 나타냅니다. 사각형은 그림의 왼쪽에, 십자형은 그림의 오른쪽에 나타나는 경향이 있지만 일부 사각형은 오른쪽에도 존재하고 일부 십자형은 왼쪽에도 존재합니다.
- 오른쪽 열은 X가 결정론적으로 MNAR임을 나타냅니다. 5 미만의 X 값(사각형)은 모두 사용할 수 있고 5 이상의 모든 값은 '결측값'(십자형)입니다.

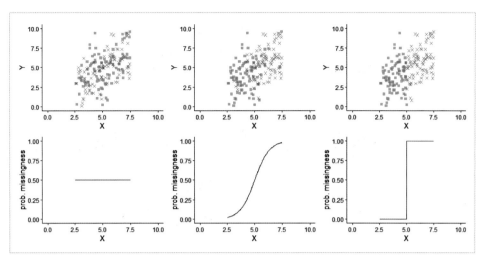

그림 6-20 결측 스펙트럼: MCAR(왼쪽), 확률론적 MNAR(가운데), 결정론적 MNAR(오른쪽)

이러한 결측 스펙트럼은 수학적인 방법만으로는 확인하기 어렵기 때문에 결측 데이터를 통계적으로 처리할 때는 고려되지 않습니다. 하지만 이 책은 행동 분석을 다루기 때문에 상식과 비즈니스 지식을 사용해야 합니다. 학점 예제에서 데이터의 임곗값은 비즈니스 규칙을 적용할 때 결정되며 사용자는 이 비즈니스 규칙을 이해해야 합니다. 대부분의 경우 변수가 어떤 값의 범위 안에 있을지 예상하고 가능한 값이 데이터에 표시되지 않을 가능성이 어느 정도인지 파악해야 합니다.

에어씨앤씨 설문조사 데이터에는 세 가지 성격 특성이 있습니다. 개방성(*Openness*), 외향성(*Extraversion*), 신경성(*Neuroticism*)입니다. 실제로 이러한 변수는 몇 가지 질문에 대한 답변을 종합한 결과이며 일정 구간에 걸쳐 종 모양의 분포를 갖습니다. 데이터에서 구간이 0에서 10이라고 가정하고 변수 분포를 살펴보면 [그림 6-21]과 같습니다.

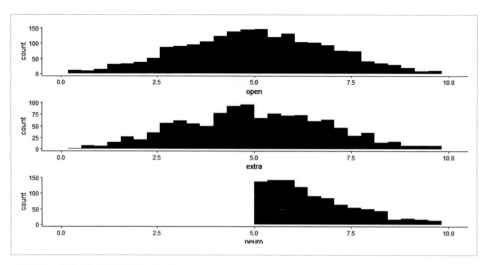

그림 6-21 데이터의 성격 특성 히스토그램

흠, 신경성에 문제가 있는 것 같습니다. 성격 특성이 구성되는 방식에 따라 세 변수 모두 동일한 유형의 곡선을 나타낼 것으로 기대하는 것이 일반적입니다. 값이 5인 고객은 많고 4인 고객이 없을 것이라고 예상하기는 어려울 것입니다. 이러한 결과를 보면 *Neuroticism*이 결정론적 MNAR 변수일 가능성이 매우 높다고 판단할 수 있습니다.

이제 여러분은 데이터셋의 결측 패턴에 대한 합리적인 의견을 제시할 수 있어야 합니다. 결측 값은 몇 개인가요? 누락된 것이 변수 자체(MNAR), 다른 변수(MAR)와 관계가 있나요? 아니면 두 가지 모두 관계가 없나요(MCAR)? 이러한 결측 관계는 확률론적인가요 아니면 결정론적인가요?

[그림 6-22]는 결측 데이터를 진단하는 논리를 요약한 의사결정트리를 나타낸 그림입니다.

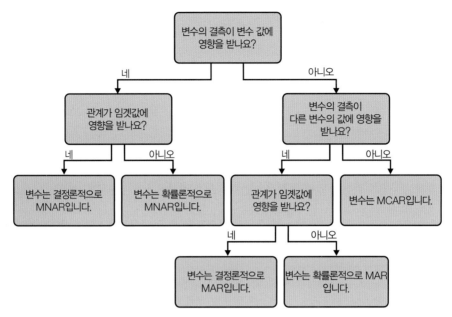

그림 6-22 결측 데이터를 진단하는 의사결정트리

다음 절에서는 각 경우에 결측 데이터를 처리하는 방법을 살펴보겠습니다.

6.4 결측 데이터 처리

이 절을 살펴볼 때 가장 먼저 염두에 두어야 할 것은 결측 데이터를 처리하는 것이 목표가 아니라는 점입니다. 목표는 데이터에서 인과관계에 대해 편향되지 않고 정확한 추정치를 얻는 것입니다. 결측 데이터는 이 목표를 방해하는 요소일 뿐입니다.

결측 데이터가 없는 데이터셋을 완성해야 결측 데이터를 성공적으로 처리했다고 생각할 수 있지만 사실 그렇지 않습니다. 이 절에서 사용할 방법은 서로 다른 대체값을 사용하여 데이터의 복사본을 여러 개 생성하는 다중대체법^{multiple imputation}(MI)입니다. 쉽게 말해서 '누락된 밥의 나이는 정확히 42세입니다'라고 말하지 않고 '밥은 42세, 44세 또는 38세일 수 있습니다'라고 말하는 것과 같습니다. 한 가지 최선의 추측을 하는 것이 아니라 가능성의 분포를 찾습니다. 결측 데이터를 처리하는 또 다른 방법으로 최대가능도 방법^{maximum likelihood estimation}이 있습니다. 이 방법에서도 개별 값을 추측하지 않고 평균 및 공분산과 같은 고차 계수만 다룹니다.

다음 절에서는 MI 접근법의 개요를 소개합니다. 그런 다음 모델에 적용할 알고리즘을 자세히 살펴보겠습니다.

1 예측 평균 매칭predictive mean matching 알고리즘

2 정규분포 알고리즘

3 알고리즘에 보조 변수를 추가하는 방법

안타깝게도 루빈의 분류에 있는 결측 유형별로 정해진 알고리즘이 있는 것은 아닙니다. 알고리즘을 선택할 때 정보의 양도 고려해야 하기 때문입니다.

표 6-4 결측 유형 및 사용 가능한 정보를 기반으로 달라지는 MI 매개변수

결측 유형	정보가 없는 경우	변수의 분포가 정규분포인 경우	변수의 분포가 결정론적 분포인 경우
MCAR	평균 매칭 알고리즘	정규분포 알고리즘	(불가능)
MAR	평균 매칭 알고리즘	정규분포 알고리즘	정규분포 알고리즘 + 보조 변수
MNAR	평균 매칭 알고리즘 + 보조 변수	정규분포 알고리즘 + 보조 변수	정규분포 알고리즘 + 보조 변수

6.4.1 다중대체법의 개요

결측 데이터를 다루는 전통적인 접근법과 비교하여 살펴보면 다중대체법multiple imputation (MI)이 작동하는 방식을 이해하기 쉽습니다. 결측값이 있는 모든 행을 단순히 삭제하는 등 전통적인 접근법은 모두 결측값을 특정 값으로 대체하곤 합니다. 대체값으로 변수의 전체 평균이나 특정 고객에 대해 사용 가능한 다른 변수를 기반으로 예측한 값을 사용할 수 있습니다. 그러나 대체값을 결정하는 규칙과 상관없이 이러한 접근법은 결측 데이터가 존재하기 때문에 발생하는 불확실성을 무시하고 분석에 편향을 일으킬 수 있기 때문에 근본적으로 문제가 있습니다.

다중대체법은 이 문제를 해결하고자 결측값을 서로 다른 값으로 대체하는 여러 개의 데이터셋을 구축한 다음 각 데이터를 분석하고 마지막에 결과 계수를 집계합니다.

R과 파이썬에서 간단한 코드 몇 줄로 다중대체법을 구현할 수 있습니다. 분석하고 싶은 데이터셋과 분석 방법을 지정하기만 하면 됩니다.

먼저 R 코드를 살펴보겠습니다.

```
## R
> MI_data <- mice(available_data, print = FALSE)
> MI_summ <- MI_data  %>%
    with(lm(bkg_amt~age+open+extra+neuro+gender+state)) %>%
    pool() %>%
    summary()
> print(MI_summ)
```

```
          term    estimate  std.error  statistic           df           p.value
1  (Intercept) 246.584439 14.2779664 17.2702772    43.521430 0.000000000000000
2          age  -1.003315  0.1726467 -5.8113775    48.310107 0.000000476601854
3         open   2.992006  0.8174335  3.6602445 1342.407440 0.000261748867226
4        extra  11.203473  1.0706998 10.4636926    18.768080 0.000000002869394
5        neuro  -7.444384  2.2284486 -3.3406127     9.877884 0.007608901126021
6      genderF -12.884947  3.3818044 -3.8100804   202.684258 0.000184170155805
7       stateB  -8.259339  4.0496629 -2.0395128   250.975424 0.042446297842698
8       stateC  -3.660521  4.5710379 -0.8008075    59.796922 0.426413531668536
```

먼저 mice(연쇄 방정식을 통한 다중대체) 패키지에 있는 mice() 함수를 사용하여 여러 데이터셋을 생성합니다. 그런 다음 with() 키워드를 사용하여 관심있는 회귀를 각 데이터셋에 적용합니다. 마지막으로 mice의 pool() 함수를 사용하면 summary() 함수로 읽을 수 있는 형식으로 결과를 집계할 수 있습니다.

파이썬 코드도 R 코드와 유사합니다.

```
## 파이썬
MI_data_df = mice.MICEData(available_data_df)
fit = mice.MICE(model_formula='bkg_amt ~ age + open + extra + neuro + \
            gender_M + gender_F + state_A + state_B + state_C',
            model_class=sm.OLS, data=MI_data_df)
MI_summ = fit.fit(n_imputations=20).summary()
print(MI_summ)
```

```
                         Results: MICE
===============================================================
Method:               MICE         Sample size:        2000
Model:                OLS          Scale               5008.92
Dependent variable:   bkg_amt      Num. imputations    20
---------------------------------------------------------------
             Coef.    Std.Err.    t     P>|t|   [0.025   0.975]   FMI
---------------------------------------------------------------
Intercept  125.2042   7.9735  15.7025  0.0000  109.5765 140.8320 0.3507
age         -1.0887   0.1715  -6.3474  0.0000   -1.4249  -0.7525 0.2605
open         3.0211   0.8512   3.5494  0.0004    1.3529   4.6894 0.0921
extra       11.0076   0.9465  11.6299  0.0000    9.1525  12.8627 0.2747
neuro       -5.9883   1.8572  -3.2244  0.0013   -9.6283  -2.3482 0.4523
gender_M    68.7530   4.3277  15.8867  0.0000   60.2709  77.2352 0.3131
gender_F    56.4512   4.3032  13.1186  0.0000   48.0172  64.8852 0.3084
state_A     42.4301   3.6544  11.6107  0.0000   35.2676  49.5926 0.3084
state_B     39.5145   3.9418  10.0244  0.0000   31.7886  47.2403 0.2480
state_C     43.2596   3.7718  11.4692  0.0000   35.8670  50.6523 0.1912
===============================================================
```

이때 mice 알고리즘은 statsmodels.imputation 패키지에서 불러올 수 있습니다.

먼저 MICEData() 함수로 여러 데이터셋을 생성합니다. 그런 다음 MICE() 함수를 사용하여 모델 수식, 회귀 유형(예제 코드에서는 statsmodels.OLS를 사용)과 사용하려는 데이터를 지정합니다. 결과를 출력하기 전에 .fit()과 .summary() 메서드를 사용하여 모델을 학습합니다.

> NOTE 파이썬으로 구현한 mice의 한 가지 문제점은 범주형 변수를 예측 변수로 허용하지 않는다는 것입니다. 만약 범주형 변수를 파이썬의 mice에 적용하고 싶다면 범주형 변수를 원핫 인코딩one-hot encoding해야 합니다. 다음은 성별(Gender) 변수를 파이썬의 mice에 활용하는 방법을 나타낸 예제 코드입니다.

```python
## 파이썬
gender_dummies = pd.get_dummies(available_data_df.\
                                gender,
                                prefix='gender')
available_data_df = pd.concat([available_data_df,
                               gender_dummies],
                              axis=1)
available_data_df.gender_F = \
np.where(available_data_df.gender.isna(),
```

```
            float('NaN'), available_data_df.gender_F)
    available_data_df.gender_M = \
    np.where(available_data_df.gender.isna(),
            float('NaN'), available_data_df.gender_M)
    available_data_df =  available_data_df.\
    drop(['gender'], axis=1)
```

먼저 pandas의 get_dummies() 함수를 사용하여 변수 gender_F와 gender_M을 생성합니다. 해당 변수를 데이터프레임의 열로 추가하고 결측값이 있는 위치를 확인합니다. 이때 기본적으로 범주형 변수의 값이 누락된 경우 원핫 인코딩은 모든 이진형 변수를 0으로 설정한다는 점을 활용합니다. 마지막으로 데이터에서 기존의 범주형 변수를 삭제하고 추가한 새로운 변수로 모델을 학습합니다.

원핫 인코딩을 사용하면 범주형 변수를 파이썬의 mice에서 다룰 수 있게 됩니다. 하지만 원핫 인코딩은 변수 사이의 논리적 연관성을 제거하여 데이터의 내부 구조를 일부 망가뜨리기 때문에 결과가 달라질 수 있습니다. 예를 들어 R과 파이썬에서 구한 범주형 변수의 계수가 다를 수 있습니다. 따라서 범주형 변수가 데이터에서 중요한 역할을 하는 경우에는 파이썬보다 R을 사용할 것을 추천합니다.

여기까지만 읽어도 여러분은 전통적인 결측값 처리 방법보다 훨씬 더 나은 방법으로 결측 데이터를 처리할 수 있습니다. 하지만 대체 알고리즘을 조금 더 깊게 살펴보면 이것보다 더 나은 방법을 찾을 수 있습니다. 다음 단계로 넘어가볼까요?

6.4.2 기본 대체 방법: 예측 평균 매칭

앞 절에서는 대체 방법을 지정하지 않고 mice의 기본값을 적용했습니다. 파이썬에서 사용할 수 있는 유일한 대체 방법은 예측 평균 매칭이므로 파이썬 코드는 더 살펴볼 것이 없습니다. 하지만 R의 경우에는 여러 가지 대체 방법을 제공합니다. summary를 사용하여 R의 기본 대체 방법이 무엇인지 확인해봅시다.

```
## R
> summary(MI_data)
```

```
Class: mids
Number of multiple imputations:  5
Imputation methods:
```

```
         age       open      extra     neuro     gender      state     bkg_amt
          ""        ""        "pmm"     "pmm"       ""      "polyreg"    "pmm"
PredictorMatrix:
       age open extra neuro gender state bkg_amt
age      0    1     1     1      1     1       1
open     1    0     1     1      1     1       1
extra    1    1     0     1      1     1       1
neuro    1    1     1     0      1     1       1
gender   1    1     1     1      0     1       1
state    1    1     1     1      1     0       1
```

출력되는 내용이 많아도 당황하지 마세요. 대체 방법을 나타내는 Imputation methods 행을 집중적으로 살펴보겠습니다. 결측 데이터가 없는 변수에는 빈 필드 ""가 있습니다. 대체할 결측 데이터가 없기 때문에 빈 필드가 표시됩니다. 범주형 변수 state를 보면 3개 이상의 범주가 있을 때 사용하는 분화 로지스틱 회귀polytomous logistic regression를 나타내는 polyreg가 있습니다. 숫자형 변수(예를 들어 extra)에는 예측 평균 매칭predictive mean matching(PMM)을 나타내는 pmm이 있습니다. pmm 방법은 결측값이 있는 레코드와 가장 가까운 레코드를 선택하고 결측값을 이웃한 레코드 중 하나의 값으로 대체합니다. 예를 들어 Age(나이)와 ZipCode(우편번호)라는 2개의 변수만 있는 데이터셋이 있다고 가정하겠습니다. 우편번호가 60612인 고객의 나이가 누락된 경우 PMM 알고리즘은 동일한 우편번호에 있거나 가능한 가까운 다른 고객의 나이를 무작위로 선택하여 누락된 나이를 대체합니다.

PMM 알고리즘은 일부 무작위성이 있기 때문에 데이터셋마다 결과가 조금씩 다를 수 있습니다. R의 mice 패키지에서 densityplot() 함수를 사용하여 이것을 시각화할 수 있습니다.

```
## R
> densityplot(MI_data, thicker = 3, lty = c(1,rep(2,5)))
```

[그림 6-23]은 숫자형 변수의 분포를 나타낸 그림입니다. 원본 데이터에서 사용 가능한 데이터는 굵은 선으로, 대체된 데이터셋은 가는 점선으로 나타냅니다. 그림에서 볼 수 있듯이 대체된 데이터셋의 분포는 원본 데이터와 매우 유사합니다. BookingAmount 변수만 예외적으로 원본 데이터보다 대체된 데이터셋에서 평균 주변에 전반적으로 더 집중되어 있다(피크peak가 더 높다)는 차이가 있습니다.

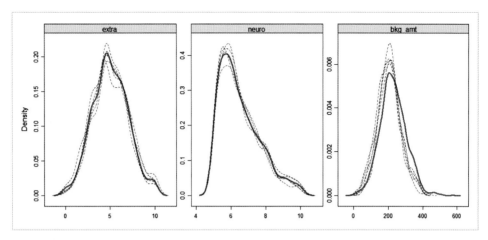

그림 6-23 데이터의 숫자형 변수에 대한 대체값의 분포

PMM은 상황에 따라 득이 될 수도 있고 실이 될 수도 있는 몇 가지 중요한 속성을 가집니다. 가장 중요한 속성은 PMM이 기본적으로 보간법interpolation이라는 점입니다. 즉, PMM은 기존 값 사이에 있는 값을 생성하는 것으로 생각할 수 있습니다. 이렇게 하면 임신한 아빠 또는 음수 총 액과 같이 터무니없는 상황을 만들 위험을 최소화합니다. 이 접근법은 2개의 피크가 있는 *Age* 변수와 같이 변수가 이상한 분포를 보일 때도 잘 작동합니다. 왜냐하면 변수는 전체 분포의 모 양과 상관없이 가까운 이웃 값을 취하기 때문입니다.

그러나 PMM에는 몇 가지 단점이 있습니다. PMM은 속도가 느리고 대규모 데이터셋에 적용 하기 어렵습니다. 레코드 사이의 거리를 지속적으로 다시 계산해야 하기 때문입니다. 또한 변 수가 많거나 결측값이 많을 때 가장 가까운 이웃이 '멀리' 있을 수 있으며 이러한 경우 이웃 값 이 대체값으로 적절하지 않을 수도 있습니다. 따라서 분포 정보가 있는 경우에는 PMM을 사용 하지 않는 경우가 많습니다.

6.4.3 정규분포 대체법 (R의 경우)

PMM도 괜찮은 방법이지만 숫자형 변수의 분포 정보를 알고 있는 경우가 많으며 이 정보를 사용하면 R에서 대체 모델의 속도를 높이고 개선할 수 있습니다. 특히 행동 및 자연 과학에서 는 숫자형 변수가 정규분포를 따른다고 가정하거나 실제로 정규분포를 따르는 경우가 많기 때 문입니다. 만약 숫자형 변수가 정규분포를 따른다면 PMM을 사용하는 대신 정규분포를 변수에 적합시킨 다음 해당 분포에서 대체값을 가져올 수 있습니다. 정규성을 가정할 변수에 대해 'norm.nob' 값으로 대체 방법의 벡터를 생성한 다음 해당 벡터를 mice() 함수의 method 매개변수에 전달합니다.

```
## R
> imp_meth_dist <- c("pmm", rep("norm.nob",3), "", "pmm", "norm.nob")
> MI_data_dist <- mice(available_data, print = FALSE, method = imp_meth_dist)
```

보다시피 코드는 매우 간단합니다. 여기서 중요한 점은 어떤 숫자형 변수를 정규분포에 사용할 것인지 결정하는 것입니다. 주어진 예제 데이터에 있는 숫자형 변수를 살펴보면 [그림 6-24]와 같습니다.

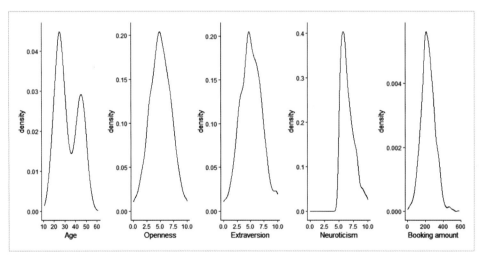

그림 6-24 주어진 데이터의 숫자형 변수 분포

*Age*는 2개의 피크를 갖기 때문에 정규분포를 따르지 않지만 다른 변수는 모두 하나의 피크만 가집니다. *Openness*, *Extraversion*, *BookingAmount*를 보면 피크를 기준으로 대칭에 가깝다(왜도가 0에 가깝다)고 보여집니다. 통계 시뮬레이션에 따르면 변수가 하나의 피크를 가지고 한쪽 방향으로만 '두꺼운 꼬리fat tail'를 가지지 않는 한 정규성이 편향되지 않는다고 가정합니다. 따라서 *Openness*, *Extraversion*, *BookingAmount*는 정규성을 가정할 수 있습니다.

앞 절에서 살펴본 것처럼 *Neuroticism*은 특이한 비대칭 패턴을 보입니다. 성격 특성의 척도는 0에서 10까지의 범위를 갖지만 *Neuroticism*은 [5, 10]의 범위로 제한된 값을 가집니다. 이것은 *Neuroticism*이 '결정론적'으로 MNAR임을 의미합니다. 즉, 특정 임곗값 미만의 *Neuroticism* 값은 모두 누락되었음을 나타냅니다. 이러한 상황에서 대체법으로 PMM을 사용하면 문제가 발생합니다. 상당한 범위의 값이 대체할 이웃 값이 없거나 정해진 몇 개의 값으로 모두 대체될 수 있기 때문입니다. 극단적으로 변수의 모든 결측값은 임곗값 5로 대체될 수도 있습니다. 이런 경우 정규분포 방법을 사용하면 실제 결측값을 더 잘 반영할 수 있습니다. 두 방법으로 대체된 값을 비교하면서 정규분포 방법의 효과를 살펴보겠습니다. [그림 6-25]는 사용 가능한 *Neuroticism* 값(사각형)과 PMM 방법으로 대체된 값(십자형, 위 그림), 정규분포 방법으로 대체된 값(십자형, 아래 그림)을 나타냅니다.

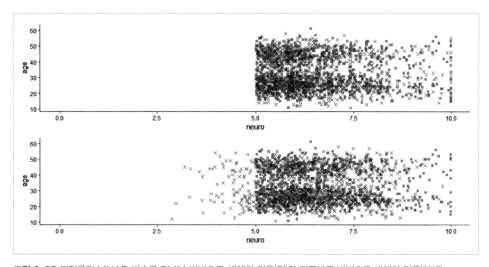

그림 6-25 결정론적 MNAR 변수를 PMM 방법으로 대체한 경우(위)와 정규분포 방법으로 대체한 경우(아래)

[그림 6-25]에서 볼 수 있듯이 PMM 방법은 *Neuroticism*의 값을 5 미만으로 대체하는 경우가 없는 반면에 정규분포 방법은 5 미만으로 대체하는 경우가 있습니다. 또한 PMM 방법은 너무 많은 값을 10으로 대체하는 반면에 정규분포 방법은 분포의 전체 모양을 조금 더 적절하게 나타냅니다. 그러나 정규분포 방법은 실제 분포(0까지)를 복구하지는 못합니다. 이것은 결정론적으로 MAR 또는 MNAR인 변수에서 공통으로 발생하는 문제입니다. 보조 변수를 사용하면 정규분포 방법을 더욱 개선할 수 있습니다.

> **강건한 대체법**
>
> 피크가 하나지만 정규분포가 아닌 변수(예를 들어 분포의 양쪽 꼬리 중 적어도 하나가 정규분포에 비해 비정상적으로 두껍거나 얇은 경우)가 있을 때 정확도를 더 올리고 싶다면 R 패키지의 `ImputeRobust`를 사용할 수 있습니다. `ImputeRobust`는 `mice` 패키지를 기반으로 구축되었으며 이것을 사용해 대체 모델을 개선합니다. 자세한 내용은 CRAN 문서를 참고하세요.

6.4.4 보조 변수 추가

결측 데이터가 있는 변수와 상관관계가 있지만(예를 들어 해당 변수의 요인 또는 효과) 회귀 모델에는 속하지 않는 변수가 종종 있습니다. 바로 이때 `mice` 알고리즘이 빛을 발합니다. 이러한 변수를 대체 모델에 추가하면 정확도를 높일 수 있기 때문입니다. 이러한 변수는 대체 모델의 '보조 변수auxiliary variable'라고 합니다.

에어씨앤씨 예제의 경우 사용 가능한 보조 데이터셋에는 *Insurance*와 *Active* 변수가 포함됩니다. *Insurance*는 고객이 가입한 여행 보험의 금액을 나타내며 이 변수는 *Neuroticism*과 강한 상관관계가 있습니다. 반면에 *Active*는 고객이 예약한 여행이 활동적인 여행(예를 들어 암벽 등반)을 선택한 정도를 측정한 변수이고 *Extraversion*과 강한 상관관계가 있습니다. 이 두 변수를 사용하여 *Neuroticism*과 *Extraversion*의 대체값을 찾아보겠습니다.

대체 모델에 보조 변수를 추가하는 방법은 매우 간단합니다. 대체 단계 전에 보조 변수를 데이터셋에 추가하면 됩니다.

```
## R
augmented_data <- cbind(available_data, available_data_supp)
MI_data_aux <- mice(augmented_data, print = FALSE)
```

```
## 파이썬
augmented_data_df = pd.concat([available_data_df, available_data_supp_df],
                             axis=1)
MI_data_aux_df = mice.MICEData(augmented_data_df)
```

보조 변수를 데이터셋에 추가하고 나면 기존에 데이터셋에 적용했던 분석을 모두 동일하게 적용할 수 있습니다. 보조 변수를 추가할 때는 일반적으로 보조 변수(여기서는 *Neuroticism*과 *Extraversion*)와 상관관계가 있는 변수에 정규분포 방법을 적용하는 것이 좋습니다. 특히 이러한 변수가 임곗값을 기준으로 잘려있거나 MNAR인 경우 정규분포 방법을 적용합니다.

데이터셋에 추가할 수 있는 보조 변수의 개수에는 제한이 없습니다. 그러나 보조 변수를 추가하면 일부 보조 변수가 우연히 원본 데이터셋의 변수와 상관관계가 있는 것처럼 보일 위험이 있습니다. 예를 들어 *Insurance*가 *Extraversion*과 상관관계가 없음에도 불구하고 마치 *Extraversion*과 상관관계가 있는 것처럼 보일 수 있습니다. 이러한 '거짓 양성' 상관관계는 대체 모델에 의해 더욱 도드라질 수 있습니다.

잠재적인 문제를 해결하려면 보조 변수가 특정 변수의 대체값으로만 사용하도록 제한해야 합니다. 안타깝게도 이 해결 방법은 R에서만 활용할 수 있으며 `mice()`의 예측 변수 행렬을 사용합니다. 이 행렬은 `summary`로 대체 단계를 출력할 때 확인할 수 있으며 `MIDS` 객체에서 직접 추출할 수도 있습니다.

```
## R
> pred_mat <- MI_data_aux$predictorMatrix
> pred_mat
```

```
          age open extra neuro gender state bkg_amt insurance active
age         0    1     1     1      1     1       1         1      1
open        1    0     1     1      1     1       1         1      1
extra       1    1     0     1      1     1       1         1      1
neuro       1    1     1     0      1     1       1         1      1
gender      1    1     1     1      0     1       1         1      1
state       1    1     1     1      1     0       1         1      1
bkg_amt     1    1     1     1      1     1       0         1      1
insurance   1    1     1     1      1     1       1         0      1
active      1    1     1     1      1     1       1         1      0
```

이 행렬은 어떤 변수를 사용하여 어떤 변수를 대체할지 나타냅니다. 기본적으로 모든 변수는 자신을 제외한 모든 변수를 대체할 때 사용할 수 있습니다. 행렬의 '1'은 '열' 변수가 '행' 변수를 대체할 때 사용된다는 것을 나타냅니다. *Insurance*는 *Neuroticism*만 대체하고 *Active*는

*Extraversion*만 대체할 수 있도록 하려면 마지막 두 열, 즉 *Insurance*와 *Active* 열의 값을 수정합니다.

```
## R
> pred_mat[,"insurance"] <- 0
> pred_mat[,"active"] <- 0
> pred_mat["neuro","insurance"] <- 1
> pred_mat["extra","active"] <- 1
> pred_mat
```

	age	open	extra	neuro	gender	state	bkg_amt	insurance	active
age	0	1	1	1	1	1	1	0	0
open	1	0	1	1	1	1	1	0	0
extra	1	1	0	1	1	1	1	0	1
neuro	1	1	1	0	1	1	1	1	0
gender	1	1	1	1	0	1	1	0	0
state	1	1	1	1	1	0	1	0	0
bkg_amt	1	1	1	1	1	1	0	0	0
insurance	1	1	1	1	1	1	1	0	0
active	1	1	1	1	1	1	1	0	0

이와 같이 열의 값을 수정하면 대체 모델에 원치 않는 우연한 상관관계가 생기는 위험을 줄일 수 있습니다.

6.4.5 대체 데이터셋의 개수 확장

`mice` 알고리즘으로 생성하는 대체 데이터셋의 기본 개수는 R 5개, 파이썬 10개입니다. 탐색적 데이터 분석에 적절한 개수로 설정되었습니다.

회귀 계수의 추정 값에만 관심이 있다면 대체 데이터셋을 20개 생성하는 것이 좋습니다. `mice()` 함수에 'm=20'을 매개변수로 전달하면 데이터셋을 20개 생성할 수 있습니다. 신뢰 구간이나 변수 사이의 상호작용과 같은 보다 정확한 정보를 얻으려면 50에서 100 사이의 개수를 사용하는 것이 좋습니다. 그러나 컴퓨터의 속도와 메모리에 따라 설정할 수 있는 최대 데이터셋 개수가 달라진다는 점에 유의하세요. 데이터셋이 100Mb 또는 1Gb인 경우 사용하는 RAM이 100개의 복사본을 생성할 수 있는 사양인지 확인해야 합니다. 대체 데이터셋의 개수를 변경하는 코드는 간단합니다. R에서는 mice() 함수에 매개변수로 개수를 전달하고 파이썬에서는 MICE 객체의 .fit() 메서드에 매개변수로 개수를 전달하면 됩니다.

```
## R
MI_data <- mice(available_data, print = FALSE, m=20)
```

```
## 파이썬
fit = mice.MICE(model_formula='bkg_amt~age+open+extra+neuro+gender+state',
                model_class=sm.OLS, data=MI_data_df)
MI_summ = fit.fit(n_imputations=20).summary()
```

6.5 정리하기

결측 데이터는 행동 데이터 분석에서 어떤 문제를 나타낼 수도 있지만 값을 대체하여 처리할 수도 있습니다. 최소한 R 또는 파이썬에서 mice 패키지를 기본 매개변수와 함께 사용하면 결측값이 있는 모든 행을 삭제하는 것보다 분석 성능을 높일 수 있습니다. 또한 루빈의 분류를 기반으로 결측을 적절하게 진단하고 사용 가능한 모든 정보를 활용하면 일반적으로 더 나은 결과를 얻을 수 있습니다. 의사결정 규칙을 요약하면 [그림 6-26]과 [표 6-5]와 같습니다. [그림 6-26]은 결측 데이터를 진단하는 의사결정트리를 나타내고 [표 6-5]는 결측 유형과 사용 가능한 정보를 기반으로 최적의 MI 매개변수를 보여줍니다.

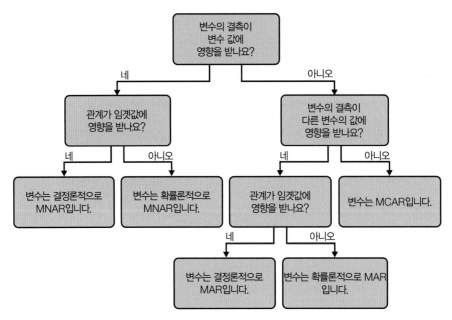

그림 6-26 결측 데이터를 진단하는 의사결정트리

표 6-5 결측 유형 및 사용 가능한 정보를 기반으로 달라지는 MI 매개변수

결측 유형	정보가 없는 경우	변수의 분포가 정규분포인 경우	변수의 분포가 결정론적 분포인 경우
MCAR	PMM	norm.nob	
MAR	PMM	norm.nob	norm.nob + 보조 변수
MNAR	PMM + 보조 변수	norm.nob + 보조 변수	norm.nob + 보조 변수

## CHAPTER 7

부트스트랩을 활용한 불확실성 측정

이제 여러분은 이상적인 데이터를 사용하면 행동 데이터에서 강건한 결론을 도출하고 비즈니스/환경 변화가 인간의 행동에 미치는 인과적 효과를 측정할 수 있습니다. 하지만 데이터가 이상적이지 않다면 어떻게 해야 할까요? 학술 연구에서는 결론이 나지 않는 데이터를 만나면 언제든 귀무가설로 돌아가 결론을 내리길 거부할 수 있습니다. 그러나 응용 연구에서는 귀무가설이 없으며 대안을 반드시 선택해야 합니다.

표본의 크기가 작거나 변수의 형태가 이상하고 고급 분석 도구(예를 들어 책의 뒷부분에서 살펴볼 계층적 모델링)가 필요한 상황은 모두 불안정한 결론이 날 수 있습니다. 확실히 선형 회귀 알고리즘은 가장 극단적인 경우를 제외한 모든 경우에 계수를 구합니다. 하지만 그것이 믿을만한 결과일까요? 상사에게 이 결과를 믿고 수백만 달러를 투자하라고 자신 있게 조언할 수 있을까요?

이 장에서는 매우 강력하고 널리 쓰이는 시뮬레이션 도구인 부트스트랩bootstrap을 소개합니다. 부트스트랩을 사용하면 데이터가 아무리 작거나 이상하더라도 강건한 결론을 도출할 수 있습니다. 부트스트랩은 난수를 기반으로 서로 조금씩 다른 버전의 데이터를 생성하고 분석하는 방식으로 작동합니다. 부트스트랩의 가장 큰 장점은 적용했을 때 잘못될 일은 절대 없다는 점입니다. 전통적인 통계 방법을 사용하기 가장 좋은 시나리오(예를 들어 크기가 크고 잘 구성된 데이터셋에서 기본 선형 회귀 분석을 수행하는 것)에서는 부트스트랩이 더 느리고 정확도도 조금 떨어질 수 있지만 납득할만한 범위 안에서 결론을 내립니다. 그러나 이러한 최상의 시나리오를 제외한 모든 경우에서 부트스트랩은 전통적인 통계 방법을 쉽게 능가합니다.[1] 따라서 이 책의 나머지 부분에서는 부트스트랩을 활용할 것입니다. 특히 4부에서 실험을 설계하고 분석하는 동안 전통적인 통계 방법보다 더 직관적인 p-값의 시뮬레이션 등가물을 구축하기 위해 부트스트랩을 사용합니다.

첫 번째 절에서는 탐색적/기술 데이터 분석에 초점을 맞추고 부트스트랩이 해당 단계에서 이미 사용될 수 있음을 확인합니다. 두 번째 절에서는 회귀 분석에서 부트스트랩을 사용합니다. 그런 다음 관점을 넓혀서 부트스트랩을 사용하는 시점과 부트스트랩을 쉽게 사용할 수 있는 도구에 무엇이 있는지 논의하겠습니다.

7.1 부트스트랩의 개요

이 장의 궁극적인 목표는 회귀에 부트스트랩을 사용하는 것입니다. 하지만 회귀보다 간단한 기술 통계 예제로 데이터셋의 평균을 얻는 것부터 시작해보겠습니다.

7.1.1 패키지

이 장에서는 머리말에서 언급한 공통 패키지 외에 다음의 패키지[2]를 사용합니다.

```
## 파이썬
import statsmodels.api as sm # QQ 플롯용
import statsmodels.stats.outliers_influence as st_inf # 쿡의 거리용
```

---

1   정규성을 당연하게 가정했을 때 발생하는 문제점이 궁금하다면 랜드 R. 윌콕스(Rand R. Wilcox)의 『Fundamentals of Modern Statistical Methods: Substantially Improving Power and Accuracy』(Springer, 2010)를 읽어보세요.

2   옮긴이_ 패키지가 설치되지 않은 경우에는 패키지를 먼저 설치하세요.

7.1.2 비즈니스 문제: 이상치가 있는 작은 데이터

C마트의 경영진은 제빵사가 고객이 주문한 케이크를 준비하는 데 걸리는 시간을 파악하여 가격을 조정하고자 합니다. 이를 위해 경영진이 C마트의 산업 엔지니어에게 시간을 연구해달라고 요청했다고 가정합시다. 시간 연구(일명 시간 동작 연구)는 관련 작업의 지속 시간을 측정하기 위해 생산 과정을 직접 관찰하는 것을 의미합니다. 모든 상황을 다 관찰하려면 시간이 많이 필요하기 때문에 산업 엔지니어는 C마트의 비즈니스를 어느 정도 대표하는 서로 다른 지점 10개를 선택했습니다. 각 지점에서 산업 엔지니어는 한 명의 제빵사가 하나의 케이크를 준비하는 과정을 관찰했습니다. 또한 각 제빵사의 작업 경력을 월 단위로 측정하여 기록했습니다.

산업 엔지니어는 총 10개의 관측값을 확보했지만 이 데이터의 표본 크기는 그리 크지 않습니다. 모든 데이터가 명확한 관계에 매우 일관되게 부합하더라도 표본 크기가 이정도로 작다면 부트스트랩을 사용하는 것이 좋습니다. 게다가 산업 엔지니어는 데이터를 탐색하다가 [그림 7-1]에서 볼 수 있듯이 이상치의 존재를 관찰했습니다. 따라서 부트스트랩을 사용하기 매우 적합한 상황입니다.

[그림 7-1]을 보면 왼쪽 위 모서리에 극단적인 점이 하나 있는데 이 점은 하루종일 복잡한 케이크를 준비하는 신입 제빵사의 작업을 나타냅니다. 산업 엔지니어가 연구 데이터를 어떻게 보고해야 할까요? 준비 시간이 가장 긴 관측값을 이상치로 취급하고 '관측값을 버리고 없었던 일처럼' 여기고 싶다는 유혹을 느낄 수 있습니다. 하지만 그 관측값은 확실히 특이하긴 하지만 그 자체가 이상치인 것은 아닙니다. 측정 오류는 없으며 이러한 상황은 아마 가끔 발생할 것입니다. 그렇다면 전체 평균 지속시간(56분)을 보고하면 어떨까요? 평균은 데이터의 변동성과 불확실성을 전달하지 않기 때문에 이것도 오해의 소지가 있습니다. 이럴 때는 보통 평균 주위의 신뢰 구간을 사용합니다. 회귀로 정규분포의 95% 신뢰 구간을 계산해봅시다. 사실 평균을 계산하는 훨씬 간단한 방법이 있습니다. 회귀를 사용하는 것이 조금 과하지만 이 장의 뒷부분에서 소개할 내용의 미리보기로 이해해주세요.

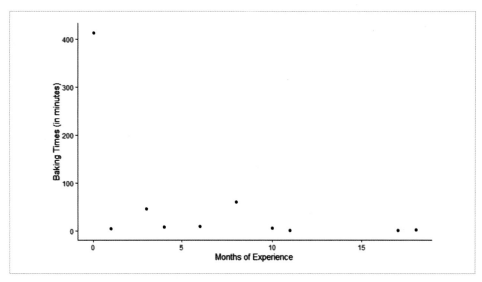

그림 7-1 관찰 기간과 제빵사의 케이크 준비 시간

먼저 times~1, 즉 절편만 사용하여 회귀 분석을 실행합니다. 그런 다음 절편 계수에 대한 결과 추정치를 추출합니다. 여기서 절편 계수는 종속변수의 평균과 같습니다. 또한 해당 계수에 대한 표준오차를 추출합니다. 정규분포 95% 신뢰 구간의 하한은 '평균 − 1. 96 * 표준오차', 상한은 '평균 + 1.96 * 표준오차'와 같습니다.

```R
## R (출력 결과는 생략)
lin_mod_summ <- summary(lm(times~1, data=dat))
est <- lin_mod_summ$coefficients[1,1]
se <- lin_mod_summ$coefficients[1,2]
LL <- est-1.96*se
UL <- est+1.96*se
```

```python
## 파이썬
lin_mod = ols("times~1", data=data_df).fit()
est = lin_mod.params['Intercept']
se = lin_mod.bse['Intercept']
LL = est-1.96*se #하한
UL = est+1.96*se #상한
print("LL = ", LL)
print("UL = ",UL)
```

```
LL = -23.040199740431333
UL = 134.64019974043134
```

주어진 예제에서 95%의 신뢰 구간은 [−23; 135]입니다. 지속 시간이 음수일 수 없기 때문에 이 신뢰 구간은 의미가 없습니다. 전통적인 신뢰 구간에서는 변수가 평균 주위의 정규분포를 따른다고 가정하지만 주어진 예제에서는 변수가 평균 주위의 정규분포를 따르지 않기 때문에 이러한 문제가 발생합니다. 여기서 부트스트랩을 사용하면 문제를 해결할 수 있습니다.

7.1.3 표본 평균에 대한 부트스트랩 신뢰 구간

부트스트랩을 사용하면 사용 가능한 데이터를 최대한 활용하고 표본 크기나 데이터 형태 문제와 상관없이 합리적인 결론을 도출할 수 있습니다. 사용 가능한 데이터를 기반으로 여러 개의 가상 데이터셋을 생성하기 때문입니다. 이러한 데이터셋을 서로 비교하면 잡음을 제거하고 이상치 값의 중요성을 더욱 정확하게 나타낼 수 있습니다. 또한 잡음 때문에 발생하는 불확실성을 일부 제거하기 때문에 보다 엄격한 신뢰 구간을 구할 수 있습니다.

이것은 단순하게 더 좁은 범위를 선택(예를 들어 95%의 신뢰 구간 대신 80%의 신뢰 구간 선택)하는 것과 다릅니다. 부트스트랩에서 생성한 데이터셋이 사용 가능한 데이터가 주어진 실제 확률 분포를 반영하기 때문입니다. 시간은 음수가 될 수 없으므로 음수 지속 시간을 갖는 데이터셋을 생성하지 않습니다. 하지만 원본 데이터에 매우 긴 지속시간이 있기 때문에 긴 지속 시간을 갖는 데이터셋을 생성할 수 있습니다. 따라서 부트스트랩을 사용하여 생성된 신뢰 구간은 음의 범위는 배제할 가능성이 높지만 양의 범위를 줄이지는 못할 수도 있습니다.

부트스트랩 신뢰 구간을 구축하는 과정은 간단합니다.

> **1** 관찰한 표본에서 복원 추출하여 동일한 크기의 새로운 표본을 생성합니다.
> **2** 생성된 각 표본에 대해 관심 있는 통계를 계산합니다. 주어진 예제에서는 평균을 계산합니다.
> **3** 2단계에서 얻은 값의 백분위수를 확인하여 신뢰 구간을 구축합니다.

복원 추출은 값을 추출했는지 여부와 관계없이 매번 추출할 확률이 동일하다는 것을 의미합니다.

예를 들어 (A, B, C)에서 복원 추출한다면 (B, C, C), (A, C, B) 또는 (B, B, B)를 생성할 가능성이 동일합니다. 세 위치 각각에 대해 세 가지 값을 뽑을 가능성이 있기 때문에 3 x 3 x 3 = 27개의 가능한 표본이 존재합니다. 만약 비복원 추출을 적용하여 한 번 추출한 값은 추출할 수 없다면 (A, C, B) 또는 (B, A, C)와 같은 원본 표본의 순열을 생성할 수 있습니다. 단순히 값을 이리저리 섞는 것과 같으며 평균(또는 다른 관심 통계량)이 정확히 동일하게 유지되기 때문에 의미가 없습니다.

R과 파이썬에서 복원 추출을 매우 간단하게 구현할 수 있습니다.

```
## R
boot_dat <- slice_sample(dat, n=nrow(dat), replace = TRUE)
```

```
## 파이썬
boot_df = data_df.sample(len(data_df), replace = True)
```

> ### 부트스트랩과 통계의 의미
>
> 복원 추출로 표본을 생성하는 이유는 무엇일까요? 부트스트랩에서 무슨 일이 일어나고 있는지 정말로 이해하려면 한 걸음 물러서서 통계학의 특징을 기억할 필요가 있습니다. 완전하게 조사할 수 없는 집단이 있다고 가정하겠습니다. 그리고 제한된 표본을 바탕으로 이 집단에 대한 추론을 시도하려고 합니다. 이를 위해 통계적 가정이나 부트스트랩을 사용하여 '상상의' 모집단을 만듭니다. 통계적 가정을 사용하여 '이 표본이 정규분포를 가진 모집단에서 추출되었다고 상상' 한 다음 이를 바탕으로 추론을 수행합니다. 부트스트랩을 사용하여 '모집단이 표본과 정확히 같은 확률 분포를 갖고 있다고 상상'하거나 '표본이 해당 표본의 많은(또는 무한한) 복사본으로 구성된 집단에서 추출되었다고 상상'합니다. 해당 표본에서 복원 추출로 표본을 생성하는 것은 해당 가상 모집단에서 비복원 추출을 하는 것과 같습니다. 통계학 용어를 빌리자면 '부트스트랩 표본은 표본에 대한 것이고 표본은 모집단에 대한 것'입니다.

관찰된 표본에서만 추출하여 새로운 표본을 생성하는 것은 관찰된 표본 외의 데이터에 대한 분포 가정을 피한다는 장점이 있습니다. 예제를 살펴볼까요? B = 2,000(앞으로 부트스트랩의 표본 개수는 B, 표본의 크기는 N으로 나타내겠습니다)의 부트스트랩 표본을 생성하고 각각의 평균을 계산하겠습니다. 코드는 다음과 같습니다. 주요 단계를 표시하는 번호는 R과 파이썬에서 동일하게 사용했습니다.

```r
## R
mean_lst <- list()   ❶
N <- nrow(dat)
B <- 2000
for(i in 1:B){   ❷
  boot_dat <- slice_sample(dat, n=N, replace = TRUE)
  M <- mean(boot_dat$times)
  mean_lst[[i]] <- M
}
mean_summ <- tibble(means = unlist(mean_lst)) ❸
```

```python
## 파이썬
mean_lst = []   ❶
B = 2000
N = len(data_df)
for i in range(B):   ❷
    boot_df = data_df.sample(N, replace = True)
    M = np.mean(boot_df.times)
    mean_lst.append(M)
```

❶, ❶ 먼저 결과를 담을 빈 리스트를 생성하고 B와 N을 초기화합니다.

❷, ❷ for 문을 사용해서 부트스트랩 표본을 생성합니다. 원본 데이터에서 복원 추출하고 평균을 계산한 다음 결과 리스트에 추가하는 과정을 반복합니다.

❸ R에서 ggplot2로 결과를 시각화할 수 있도록 리스트를 tibble로 변환합니다.

[그림 7-2]는 평균의 분포를 보여줍니다.

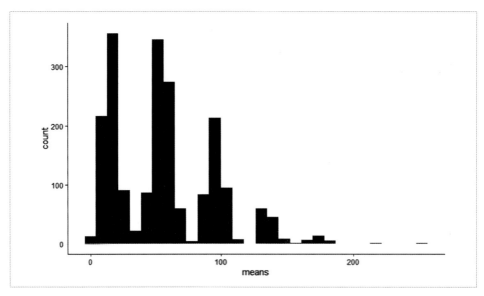

그림 7-2 평균의 분포

[그림 7-2]에서 볼 수 있듯이 히스토그램은 매우 불규칙합니다. 원본 데이터셋의 평균에 가까운 곳에 큰 피크가 있고 특정 패턴을 보이며 작은 피크가 뒤따릅니다. 이상치가 얼마나 극단적인지 고려했을 때 7개의 각 피크는 부트스트랩 표본의 반복 횟수(0에서 6까지)에 해당합니다. 즉, 평균이 첫 번째(맨 왼쪽) 피크에 있는 표본에는 이상치가 나타나지 않고 평균이 두 번째 피크에 있는 표본에는 정확히 한 번 나타나는 식입니다. 부트스트랩 표본의 수를 늘렸다고 해도 히스토그램의 불규칙성이 사라지지 않습니다(즉, 피크 사이의 밸리valley가 채워지지 않습니다). 히스토그램의 불규칙성은 무작위 표본 추출의 한계를 나타내는 것이 아니라 데이터 자체의 거칠기를 반영하기 때문입니다. 데이터 값의 범위가 너무 극단적이어서 이상치를 제외했을 때 가장 높은 평균은 이상치를 포함했을 때 가장 낮은 평균만큼 충분히 높지 않습니다. 이상치의 값이 절반으로 줄어들어 나머지 모집단에 더 가까워진다면 이상치 개수에 따른 피크의 가장자리가 서로 겹치기 때문에 히스토그램이 상당히 매끄럽게 변합니다.

여전히 부트스트랩의 표본 개수는 중요합니다. 표본 개수가 많을수록 가능성이 매우 희박한 표본을 더 많이 볼 수 있으므로 극단적인 값을 살펴볼 수 있습니다. 주어진 예제에서 이상치를 10번 추출한 경우 표본 평균의 최댓값은 413이 됩니다. 이 확률은 0.1^{10}(10분의 1의 10제곱)이며 이는 100억개의 표본 당 한 번 발생한다는 의미입니다. 2,000개에 불과한 표본으로는 200

여개의 값을 거의 보지 못합니다. 그러나 표본의 전체 평균 또는 중앙값은 무시할 수 있는 표본 추출 변동과 유사하게 유지됩니다.

다음은 표본 개수에 대한 몇 가지 일반적인 지침입니다.

- 중앙 추정치(예를 들어 회귀 계수, 신뢰 구간의 경계 또는 한계와 반대로 신뢰 구간의 중심에서 대략적으로 구하기 때문에 '중앙'이라고 함)를 얻기 위해 100~200개의 표본이 필요합니다.
- 90% 신뢰 구간 경계를 얻기 위해 1,000 ~ 2,000개의 표본이 필요합니다.
- 99% 신뢰 구간 경계를 얻기 위해 5,000개의 표본이 필요합니다.

일반적으로 작은 값으로 시작하고 숫자를 늘려가면서 분석을 시도하는 것이 좋습니다. 예를 들어 원하는 숫자를 얻을 때까지 데이터를 여러 번 분석하는 것(예를 들어 p-해킹$^{p-hacking}$ 또는 p-값 해킹)과는 근본적으로 다르며 그림을 볼 때 화면의 해상도를 변경하는 것에 가깝습니다. 데이터의 크기와 컴퓨터의 계산 능력에 따라 시간이 더 걸리고 덜 걸리는 차이만 있을 뿐 분석에 좋지 않은 영향을 주지 않습니다.

현재 데이터를 고려했을 때 히스토그램을 매끄럽게 만드는 유일한 방법은 표본의 개수를 늘리는 것입니다. 그러나 부트스트랩 표본의 크기가 아니라 현실 세계의 원본 표본 크기를 늘려야 합니다. 부트스트랩 표본의 크기를 늘릴 수 없는 이유는 무엇일까요? 예를 들어 10개의 실제 값 표본에서 100개 값으로 새로운 표본을 만들 수는 없을까요? 부트스트랩을 사용하는 목표는 새 표본을 만드는 것이 아니라 원본 표본이 모집단을 반영한다고 가정할 때 평균 추정치가 얼마나 떨어져 있는지를 결정하는 것이기 때문에 부트스트랩 표본의 크기는 늘릴 수 없습니다. 평균 추정치를 비교하려면 원본 표본의 모든 정보를 사용하되 그 이상 또는 이하의 정보를 사용해서는 안 됩니다. 원본 표본이 10개인데 더 많은 개수의 표본을 생성하는 것은 실제보다 더 많은 정보를 가지고 있는 '척'하는 것입니다.

이제 산업 엔지니어는 부트스트랩을 사용하여 케이크를 준비하는 시간의 신뢰 구간 경계를 결정할 준비가 되었습니다. 이러한 경계는 이전 평균의 경험적 분포로부터 결정됩니다. 즉, 통계적 분포(예를 들어 정규분포)를 적합시키는 대신 단순히 가장 작은 값에서 가장 큰 값 순서로 나열한 다음 2.5% 분위수와 97.5% 분위수를 조사하여 양측 95% 신뢰 구간을 찾을 수 있습니다. 2,000개의 표본에서 2.5% 분위수는 50번째로 작은 평균과 같고(2,000 * 0.025 = 50이므로) 97.5% 분위수는 1950번째로 작은, 또는 50번째로 큰 평균과 같습니다(양쪽 꼬리가 같은 개수의 값을 가지기 때문입니다). 다행히도 이것을 손으로 계산할 필요는 없습니다.

```
## R (출력 결과는 생략)
LL_b <- as.numeric(quantile(mean_summ$means, c(0.025)))
UL_b <- as.numeric(quantile(mean_summ$means, c(0.975)))
```

```
## 파이썬
LL_b = np.quantile(mean_lst, 0.025)
UL_b = np.quantile(mean_lst, 0.975)
print("LL_b = ", LL_b)
print("UL_b = ",UL_b)
```

```
LL_b = 7.4975000000000005
UL_b = 140.80249999999998
```

부트스트랩 95% 신뢰 구간은 [7.50; 140.80](일부 표본 추출 차이로 오차 발생 가능)입니다. 이 신뢰 구간이 훨씬 더 현실적이죠? [그림 7-3]은 [그림 7-2]와 동일한 히스토그램을 보여주지만 평균의 평균, 정규분포 신뢰 구간 경계 및 부트스트랩 신뢰 구간 경계를 추가한 그림입니다.

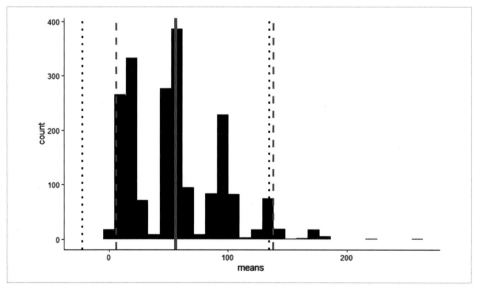

그림 7-3 평균(굵은 선), 정규분포 95% 신뢰 구간 경계(점선)와 부트스트랩 신뢰 구간 경계(파선)가 있는 2,000개 표본의 평균 분포

부트스트랩 하한이 0 이상일뿐만 아니라 부트스트랩 상한이 정규 상한보다 약간 높아 오른쪽으로 분포가 치우쳐져 있음을 나타내며 이것은 분포의 비대칭을 더 잘 반영합니다.

7.1.4 애드혹 통계에 대한 부트스트랩 신뢰 구간

부트스트랩을 사용하면 전통적인 통계 접근법이 통하지 않는 상황에서 합리적인 신뢰 구간을 구축할 수 있습니다. 신뢰 구간을 구할 방법이 없는 상황에서도 부트스트랩을 사용하면 신뢰 구간을 구축할 수 있습니다. 예를 들어 C마트의 경영진이 '3시간 안에 케이크를 받지 못하면 50% 할인'이라는 시간 제한 캠페인을 열고 싶다고 가정하겠습니다. 경영진은 캠페인을 열기 전에 현재 케이크를 구울 때 3시간 이상 걸리는 빈도를 확인하고자 합니다. 이 문제에서 추정치는 표본 백분율입니다. 관찰된 10건 중 1건, 또는 10%와 같은 값을 도출해야 합니다. 그러나 구해야 하는 추정치에 상당한 불확실성이 존재합니다. 10개의 관측값의 10%는 100개 또는 1,000개의 관측치의 10%보다 훨씬 더 불확실합니다.

그렇다면 이 10% 값을 기반으로 신뢰 구간을 구축하려면 어떻게 해야 할까요? 물론 부트스트랩을 사용하면 됩니다. 신뢰 구간을 구하는 과정은 이전 예제와 동일합니다. 단, 여기서는 생성된 각 표본의 평균을 구하는 대신 180분 이상의 값을 갖는 표본의 값 백분율을 측정합니다.

```
## R
promise_lst <- list()
N <- nrow(dat)
B <- 2000
for(i in 1:B){
  boot_dat <- slice_sample(dat, n=N, replace = TRUE)
  above180 <- sum(boot_dat$times >= 180)/nrow(boot_dat)
  promise_lst[[i]] <- above180
}
promise_summ <- tibble(above180 = unlist(promise_lst))
LL_b <- as.numeric(quantile(promise_summ$above180, c(0.025)))
UL_b <- as.numeric(quantile(promise_summ$above180, c(0.975)))
```

```
## 파이썬
promise_lst = []
B = 2000
```

```
N = len(data_df)
for i in range(B):
    boot_df = data_df.sample(N, replace = True)
    above180 =  len(boot_df[boot_df.times >= 180]) / N
    promise_lst.append(above180)
LL_b = np.quantile(promise_lst, 0.025)
UL_b = np.quantile(promise_lst, 0.975)
```

결과 히스토그램은 [그림 7-4]와 같습니다. 데이터가 10개밖에 없기 때문에 막대 사이에 '빈 공간'이 있습니다. 따라서 백분율이 10%의 배수가 됩니다. 데이터가 더 많은 경우에는 다릅니다. 일반적으로 백분율은 표본 크기가 N인 1/N의 배수입니다. 예를 들어 20개인 경우 백분율은 5%의 배수입니다.

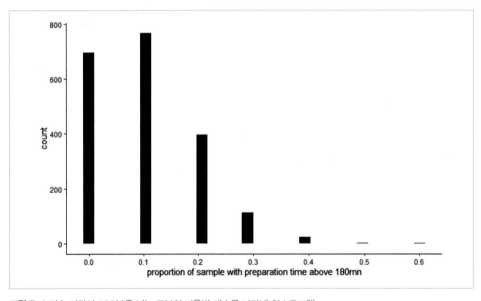

그림 7-4 지속 시간이 180분을 넘는 표본의 비율별 개수를 나타낸 히스토그램

2,000개의 생성된 표본 중 약 700개의 표본에서 준비 시간이 180분 이상인 경우는 없었습니다. 180분이 넘는 경우가 1개인 표본은 750개 정도이며 나머지도 같은 방법으로 해석할 수 있습니다. 주어진 예제의 95% 신뢰 구간은 [0; 0.3]입니다. 50번째로 작은 값은 0이고 50번째로 높은 값은 0.3입니다.

다시 말해 데이터 양이 적긴 하지만 케이크의 30% 이상이 준비하는 데 3시간 이상 소요될 가능성은 매우 낮습니다(불가능하진 않지만). 신뢰 구간이 상당히 크긴 하지만 10개의 관측값과 이상치가 있는 것에 비해 결과가 준수합니다.

> **NOTE** 이 방법을 사용하는 것이 어렵다면 10개의 관측값에서 1개가 성공하는 이항 분포에 대한 신뢰 구간을 계산하여 이전 문제를 재구성할 수 있습니다. 이 경우 신뢰 구간을 계산할 때 R과 파이썬에서 근사 방법을 사용할 수 있습니다. 근사 방법은 부트스트랩 신뢰 구간보다 더 보수적인(즉, 더 광범위한) 경향이 있지만 지나친 정도는 아닙니다.

산업 엔지니어는 부트스트랩을 사용하여 데이터로 수행하려는 분석을 명확하게 할 수 있습니다. 제한된 데이터를 사용해도 다양한 질문에 상당한 양의 확실성(그리고 그에 따라 허용 가능한 불확실성)으로 답변할 수 있습니다.

7.2 회귀 분석을 위한 부트스트랩

평균에 대한 신뢰 구간을 구축하는 것도 유용하지만 이 책의 목표는 회귀이므로 부트스트랩을 회귀에서 어떻게 사용할 수 있는지 살펴보겠습니다. C마트의 산업 엔지니어는 케이크 준비 데이터를 사용하여 베이킹 시간에 대한 경력의 영향을 확인하려고 합니다. 인과관계 다이어그램은 [그림 7-5]와 같이 매우 간단합니다.

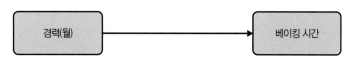

그림 7-5 관심 관계에 대한 인과관계 다이어그램

인과관계 다이어그램이 교란요인을 포함하지 않기 때문에 데이터에 회귀를 적용하는 것은 간단합니다. 이때 결과 계수는 중요하지 않습니다.

```
## 파이썬 (출력 결과는 생략)
print(ols("times~experience", data=data_df).fit().summary())
```

```
## R
mod <- lm(times~experience, data=dat)
mod_summ <- summary(mod)
mod_summ
```

```
...
Coefficients:
            Estimate Std. Error t value Pr(>|t|)
(Intercept)  132.389     61.750   2.144   0.0644 .
experience    -9.819      6.302  -1.558   0.1578
...
```

추정 계수는 −9.8이며 이것은 경력이 늘어날수록 9.8분의 준비 시간이 단축될 것으로 예상됨을 의미합니다. 그러나 회귀 표준 오차를 기반으로 하는 전통적인 신뢰 구간은 [−22.2; 2.5]입니다. 전통적인 관점에서 보면 신뢰 구간에 0이 포함되기 때문에 몇 개월의 경력이 베이킹 시간에 긍정적, 부정적 또는 0의 시간을 미칠 수 있으므로 실질적으로 결론을 내릴 수 없습니다. 부트스트랩은 어떨까요? 분석 과정은 이전과 완전히 동일합니다. 원본 표본에서 여러 번 복원 추출하여 10개의 데이터셋을 생성한 다음 회귀 계수를 저장합니다. 이전 예제에서는 B = 2000을 사용했지만 이번에는 B = 4000을 사용하여 히스토그램을 [그림 7−6]과 같이 더 매끄럽게 만들겠습니다.

```
## R (출력 결과는 생략)
reg_fun <- function(dat, B){
  N <- nrow(dat)
  reg_lst <- list()
  for(i in 1:B){
    boot_dat <- slice_sample(dat, n=N, replace = TRUE)
    summ <- summary(lm(times~experience, data=boot_dat))
    coeff <- summ$coefficients['experience','Estimate']
    reg_lst[[i]] <- coeff
  }
  reg_summ <- tibble(coeff = unlist(reg_lst))
  return(reg_summ)
}
reg_summ <- reg_fun(dat, B=4000)
```

```
## 파이썬 (출력 결과는 생략)
reg_lst = []
B = 4000
N = len(data_df)
for i in range(B):
    boot_df = data_df.sample(N, replace = True)
    lin_mod = ols("times~experience", data=boot_df).fit()
    coeff = lin_mod.params['experience']
    reg_lst.append(coeff)
LL_b = np.quantile(reg_lst, 0.025)
UL_b = np.quantile(reg_lst, 0.975)
```

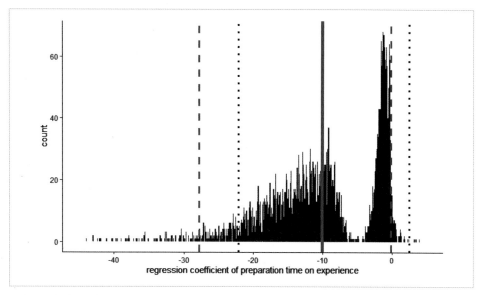

그림 7-6 평균(굵은 선), 부트스트랩 신뢰 구간 경계(굵은 파선)와 정규분포 신뢰 구간 경계(가는 점선)가 있는 경력에 대한 케이크 준비 시간의 회귀 계수 분포(B = 4000 부트스트랩 표본)

부트스트랩 신뢰 구간은 [−28; −0.2]입니다. [그림 7-6]에서 볼 수 있듯이 평균의 왼쪽에 긴 꼬리가 있는 비대칭 분포로 대칭 정규분포와 비교했을 때 한 쪽으로 치우쳐져 있습니다. 분포의 불규칙한 모양은 두 가지 경쟁 가설의 존재를 나타냅니다.

- 0에 가까운 높고 좁은 피크는 이상치를 포함하지 않는 표본으로 구성되어 있으므로 이상치가 반복적으로 발생하지 않는 한 이상한 우연이라는 결론을 내릴 수 있습니다. 이 값은 이상치를 제거할 경우 얻을 수 있는 신뢰 구간입니다.
- 왼쪽의 넓고 평평한 분포는 이상치를 한 번 이상 포함하는 표본으로 구성됩니다. 이것은 이상치가 데이터를 실제로 대표하고 크기가 작은 표본보다 실제 빈도가 더 높을 수 있다는 가설을 반영합니다.

이것을 데이터 기반 시나리오 분석이라고 생각할 수 있습니다. 이 패턴이 존재하지 않았다면 어땠을까요? 또는 이상치가 결과를 좌우했다면? 부트스트랩은 이상치를 제거하거나 이상치가 결과를 편향시키게 두지 않고 모든 가능성을 한번에 고려할 수 있습니다.

신뢰 구간 구축 외에도 부트스트랩을 사용하여 p-값과 동등한 값을 결정할 수 있습니다. 이 절의 시작 부분에 있는 회귀 분석의 출력을 보면 p-값 열(즉, 레이블이 Pr(>|t|)인 열)에 경력(experience)이 0.16으로 표시됩니다. 계수의 p-값이 0.05보다 작거나 너 엄격한 경우에는 0.1보다 작은 경우 계수가 통계적으로 유의합니다. 즉, 0과는 통계적으로 유의하게 다릅니다. 수학적으로 말하면 p-값은 (1 - p-값)의 신뢰 구간이 경계값으로 0을 갖는 것입니다. 정규 회귀 분석의 경우 0은 84% 신뢰 구간의 상한입니다. 84%는 95% 또는 99%보다 작기 때문에 경력에 대한 계수는 통계적으로 유의하지 않습니다. 부트스트랩에서도 정확히 같은 논리를 적용할 수 있습니다. 계수가 0 이상인 부트스트랩 표본의 분수를 계산하고 양측 검정이기 때문에 2를 곱하면 됩니다.[3]

```
## 파이썬 (출력 결과는 생략)
pval = 2 * sum(1 for x in reg_lst if x > 0) / B
```

```
## R
reg_summ %>% summarise(pval = 2 * sum(coeff > 0)/n())
```

```
# A tibble:1 × 1
     pval
   <dbl>
1  0.04
```

----

[3] 90% 신뢰 구간의 경우 (1 - 0.9) / 2 = 0.05이기 때문에 양쪽에 5%의 값이 남게 됩니다. 반대로 신뢰 구간의 한 쪽에 5%의 값이 있는 경우 (1 - 2 * 0.05) = 0.9이므로 90%의 신뢰 구간을 만족합니다.

예제 코드의 결과를 보면 통계적 가정에 근거한 전통적인 p-값 0.16과 달리 경험적 부트스트랩의 p-값[4]은 약 0.04입니다. 통계적 p-값에 익숙한 사람이라면 부트스트랩 p-값을 대신 사용하는 것이 유용할 수 있습니다. 비즈니스 관점에서 회귀 계수가 null과 음수 사이에 있다고 확신할 수 있습니다. 또한 다른 임곗값(예를 들어 임곗값으로 0 대신 −1을 사용하는 경우)이나 [−1; +1]과 같이 원하는 구간에 대해 p-값과 동등한 값을 쉽게 계산할 수 있습니다.

7.3 부트스트랩을 사용하는 경우

이제 여러분은 크기가 작고 이상한 형태를 갖는 데이터셋을 다룰 때 부트스트랩이 어떤 장점이 있는지 아마 확실히 공감할 것이라고 생각합니다. 그러나 크기가 크거나 균일한 형태의 데이터셋은 어떨까요? 항상 부트스트랩을 사용해야 할까요? 결론부터 말하면 항상 부트스트랩을 사용해도 나쁘지 않지만 비현실적이거나 과할 수 있습니다. 4부에서 살펴보겠지만 실험 데이터의 경우 부트스트랩을 다양하게 활용합니다. 이 장에서 초점을 맞추고 있는 관찰 데이터 분석의 경우에는 상황이 조금 더 복잡합니다. [그림 7-7]은 부트스트랩의 사용 여부를 결정할 때 사용할 수 있는 의사결정트리를 나타냅니다. 내용이 많아 보일 수 있지만 크게 세 영역으로 나눌 수 있습니다.

- 중앙 추정치(예를 들어 회귀 계수)만 필요하고 전통적인 추정치에 대한 충분 조건이 충족되는 경우 부트스트랩을 사용할 수 있습니다.
- 신뢰 구간을 원하고 전통적인 신뢰 구간의 충분 조건이 충족되는 경우 부트스트랩을 사용할 수 있습니다.
- 다른 경우나 의심스러운 경우 부트스트랩 신뢰 구간을 사용합니다.

이제 영역을 하나씩 살펴보겠습니다.

---

4 완전히 정확하게 말하자면 부트스트랩의 p-값은 부트스트랩의 달성 유의 수준(achieved significance level, ASL)이라고 부르는 것이 좋습니다.

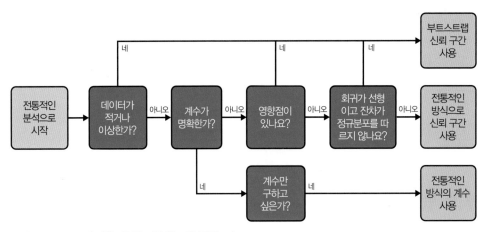

그림 7-7 부트스트랩 사용 여부를 결정하는 의사결정트리

7.3.1 전통적인 중앙 추정치에 대한 충분 조건

가장 먼저 부트스트랩이 전통적인 방법(부트스트랩을 몰랐다면 사용했을 방법)으로 얻은 것과 가까운 중앙 추정치central estimate나 계수를 산출한다는 점을 명심해야 합니다. 따라서 전통적인 추정치를 바로 구할 수 있을 때 부트스트랩을 사용하는 것은 무의미합니다.

그러나 데이터가 적거나(일반적으로 100개 미만의 행) 이상한 경우(예를 들어 여러 개의 피크가 있거나 비대칭인 경우)에는 중앙 추정치가 잘못될 수 있습니다. 이러한 경우 [그림 7-6]에서와 같이 부트스트랩을 사용하여 신뢰 구간을 계산해야 하며 그 결과를 히스토그램으로 표시하는 것이 가장 이상적입니다.

마찬가지로 계수가 경계 또는 임계점에 가까워서 명확하지 않은 경우 신뢰 구간을 사용해야 하며 중앙 추정치로는 충분하지 않습니다.

상사나 비즈니스 파트너가 신뢰 구간을 요구했다면 최대한 깔끔하고 명확한 신뢰 구간을 구하고 싶을 수 있습니다. 이러한 경우에도 부트스트랩을 고려할 수 있습니다.

7.3.2 전통적인 신뢰 구간에 대한 충분 조건

신뢰 구간을 구하고 싶지만 부트스트랩 신뢰 구간이 필요할 정도로 데이터가 적거나 이상하지 않은 경우라면 전통적인 신뢰 구간이 신뢰할 수 있고 목적에 충분한지를 고민해야 합니다. 이러한 상황에는 두 가지 테스트를 해볼 수 있습니다.

- 영향점 유무를 확인합니다.
- (회귀가 선형인 경우) 회귀 잔차의 정규성을 확인합니다.

데이터에 영향점$^{influential\ point}$이 없고 잔차에 문제가 없는 경우에만 전통적인 신뢰 구간을 사용할 수 있습니다.

영향점은 삭제했을 때 회귀가 크게 변하는 데이터를 의미하며 이것을 정확하게 측정할 수 있는 통계로 쿡의 거리$^{Cook's\ distance}$가 있습니다. 여기서는 쿡의 거리가 1 이상인 경우 데이터가 영향력이 있는 것으로 간주한다는 점만 이해해도 충분합니다. R과 파이썬에서는 회귀 모델과 관련하여 쿡의 거리를 계산하는 과정을 한 줄의 코드로 구현할 수 있습니다.

```
## 파이썬 (출력 결과는 생략)
CD = st_inf.OLSInfluence(lin_mod).summary_frame()['cooks_d']
CD[CD > 1]
```

```
## R
> CD <- cooks.distance(mod)
> CD[CD > 1]
      10
1.45656
```

> **NOTE** 정의에 따르면 영향점은 다른 점과 동일한 패턴을 따르지 않습니다. 그래야 삭제했을 때 회귀 결과가 크게 변하기 때문입니다. 즉, 영향점은 항상 이상치이지만 이상치가 항상 영향점은 아닙니다. 이상치는 다른 점이 모여있는 영역에서 멀리 떨어져 있지만 이상치를 제외하고 계산한 회귀선에 가까우며 쿡의 거리가 작습니다. 케이크 굽는 예제에서는 이상치가 영향점입니다.

데이터에 영향점이 있다면 표본 분포 가정이 충족되지 않으며 이때는 부트스트랩을 사용하는 것이 더 현명합니다.

데이터에 영향점이 없다면 선형 회귀에서 수행해야 하는 두 번째 테스트가 있습니다. 회귀 잔차가 정규분포에 가까운지 확인해야 합니다. 잔차가 정규분포를 따르지 않으면 베르누이 분포Bernoulli distribution를 따르기 때문에 로지스틱 회귀에 적용할 수 없습니다. 이 테스트는 '비정규가 비정규인 이유는 무엇인가?'와 '크다는 것은 얼마나 큰 것을 말하는가?'라는 두 가지 질문에 대한 답을 구합니다. 큰 데이터는 정규성에서 약간의 편차를 무시하기 때문에 100개의 데이터에서 문제가 되는 비정규성의 정도는 10만개에서는 괜찮을 수 있습니다.

회귀 잔차를 구하고 정규성을 시각화하겠습니다. R에서는 resid() 함수를 선형 회귀 모델에 적용하여 산차를 구힐 수 있습니다.

```R
## R
res_dat <- tibble(res = resid(mod))
p1 <- ggplot(res_dat, aes(res)) + geom_density() + xlab("regression residuals")
p2 <- ggplot(res_dat, aes(sample=res)) + geom_qq() + geom_qq_line() +
  coord_flip()
ggarrange(p1, p2, ncol=2, nrow=1)
```

파이썬의 구문도 간단합니다. 먼저 모델에서 잔차를 가져온 다음 Seaborn 패키지로 밀도 플롯을 그리고 statsmodels 패키지로 QQ 플롯을 그립니다.

```python
## 파이썬
res_df = lin_mod.resid
sns.kdeplot(res_df)
fig = sm.qqplot(res_df, line='s')
plt.show()
```

[그림 7-8]은 R에서 생성한 밀도 플롯과 QQ 플롯을 나타냅니다.

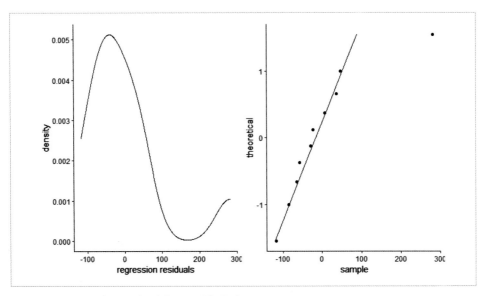

그림 7-8 회귀 잔차의 밀도 플롯(왼쪽)과 QQ 플롯(오른쪽)

먼저 [그림 7-8]에서 왼쪽의 밀도 플롯을 살펴보겠습니다. 정규분포 밀도의 경우 0을 중심으로 하는 하나의 피크가 있고 완만하게 감소하는 대칭(왼쪽과 오른쪽) 꼬리가 있는 곡선이 있습니다. 하지만 주어진 예제에서는 잔차가 큰 이상치가 있기 때문에 밀도 플롯이 정규분포의 형태를 보이지 않습니다. 따라서 잔차가 정규분포를 따르지 않는다는 결론을 내립니다.

오른쪽 플롯은 geom_qq() 또는 qqplot()으로 그린 QQ 플롯(QQ는 분위수–분위수Quantile–Quantile)이며 x축에는 잔차 값을 y축에는 이론적인 정규분포를 나타냅니다. 정규분포 밀도에서는 모든 점이 선에 있거나 선과 매우 가깝게 배치될 것이라고 예상할 수 있지만 주어진 예제에서는 이상치가 있기 때문에 선에서 먼 점이 있습니다.

선형 회귀의 잔차가 정규분포를 따르지 않을 때 부트스트랩을 사용하면 전통적인 접근법보다 나은 신뢰 구간과 p–값을 결과로 도출할 수 있습니다.

요약하면 부트스트랩 신뢰 구간을 구축하는 것은 결코 잘못된 것이 아니며 언제든 부트스트랩을 사용해도 좋습니다. 그러나 중앙 추정치만 필요하고 이를 안전하게 신뢰할 수 있거나 전통적인 신뢰 구간을 안전하게 신뢰할 수 있다면 부트스트랩을 사용하는 것은 조금 과할 수 있습니다. 마지막으로 사용할 부트스트랩 표본 개수를 결정하는 방법을 조금 더 자세하게 살펴보겠습니다.

7.3.3 부트스트랩 표본 개수 결정

부트스트랩을 사용하기로 결정했다면 시뮬레이션에 사용할 표본 개수를 결정해야 합니다. 부트스트랩의 '창시자'인 브래들리 에프론[Bradley Efron]에 따르면 추정치의 변동성을 포괄적으로 이해하기 위해서는 B = 25 ~ 200이 적절합니다. 이렇게 B를 설정하면 주요 추정치에 대해 상당히 강건한 결과를 도출할 수 있습니다. 이것을 75% 신뢰 구간으로 볼 수 있습니다. 이 값만으로 투자를 결정하긴 어렵겠지만 적어도 단순한 평균보다는 많은 정보를 얻을 수 있을 것입니다.

반면에 임곗값(일반적으로 0)이 있는지 여부는 불확실성이 있기 때문에 정확한 p-값 또는 95% 신뢰 구간을 구하고 싶다고 가정하겠습니다. 그러려면 훨씬 더 큰 B가 필요합니다. 일반적으로 부트스트랩 분포에서 2.5%의 가장 작은 값 또는 2.5%의 가장 큰 값을 보고 있기 때문입니다. B = 200인 경우 양측 95% 신뢰 구간의 하한은 200 * 2.5% 또는 다섯 번째로 작은 값과 같으며 마찬가지로 상한은 다섯 번째로 큰 값과 같습니다. 5는 꽤 작은 숫자입니다. 숫자가 너무 작으면 분석이 어려워지고 예상보다 크거나 작은 5개의 숫자를 얻고 신뢰 구간 경계를 버릴 지도 모릅니다. 이전 절의 부트스트랩 회귀를 그대로 사용하여 200개의 표본만 가지고 결과를 시각화하겠습니다. [그림 7-9]를 보면 분포의 모양은 [그림 7-5]와 전반적으로 비슷하지만 신뢰 구간의 상한이 **0보다 크다**는 차이점이 있습니다.

따라서 경계가 0과 관련된 위치에 따라 비즈니스 의사결정을 내려야 하는 경우 B를 증가시켜서 정확하게 추정해야 합니다. 이런 상황에서는 일반적으로 1,000개 또는 2,000개의 표본을 생성합니다. B = 2000에서 2.5% 분위수는 50번째로 작은 값과 같기 때문에 확률이 훨씬 더 유리합니다. 또한 이 장에서 사용한 것과 같이 매우 작은 데이터셋에서는 4,000개의 표본을 시뮬레이션하는 데 몇 초밖에 걸리지 않기 때문에 이렇게 큰 B를 사용해도 괜찮습니다.

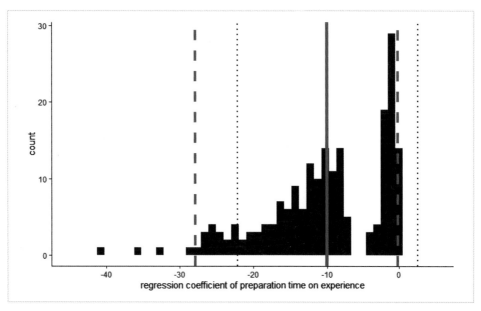

그림 7-9 평균(굵은 선), 부트스트랩 신뢰 구간 경계(굵은 파선)와 정규분포 신뢰 구간 경계(가는 점선)가 있는 경력에 대한 케이크 준비 시간의 회귀 계수 분포(B = 200 부트스트랩 표본)

관찰 데이터에서 부트스트랩을 사용해야 하는 경우를 떠올리면서 테스트 조건과 표본 개수를 종합하겠습니다.

- 주요 추정치를 구할 때 항상 전통적인 회귀 모델에서 시작하세요.

- 데이터에 100개 미만의 점이 있는 경우 항상 25에서 200 사이의 B 부트스트랩을 사용하여 해당 추정치 주변의 불확실성을 파악하세요.

- N 〉 100인 경우 쿡의 거리로 영향점인지 확인하고 잔차의 밀도 플롯과 QQ 플롯을 사용해서 비정규성을 확인하세요.

- N과 상관없이 정확한 신뢰 구간이 필요하거나 유의 수준(즉, p-값)을 달성한 경우 B를 1,000에서 2,000 사이의 값으로 설정하여 부트스트랩 시뮬레이션을 다시 수행합니다.

- 작거나 중간 크기의 B로 데이터에서 부트스트랩 시뮬레이션을 실행하는 데 걸리는 시간과 해당 히스토그램 또는 신뢰 구간이 어떻게 보이는지 파악하고 나면 B를 자유롭게 조정해도 좋습니다. 밤새 B = 10000으로 시뮬레이션을 돌려서 멋지게 구성된 그래프와 정확한 신뢰 구간 경계를 얻을 수 있을 것입니다.

7.4 R과 파이썬에서 부트스트랩 최적화

부트스트랩 알고리즘을 '수동'으로 적용하는 방법을 살펴보면서 부트스트랩이 어떤 일을 하는지 이해했습니다. 이제 더 적은 줄의 코드로 부트스트랩을 수행하고 더 빠르게 실행하는 패키지를 알아보겠습니다. 이 패키지를 사용하면 수동으로 코딩하기에는 어려운 향상된 버전의 부트스트랩을 사용할 수 있습니다.

7.4.1 R: boot 패키지

boot 패키지와 boot() 함수는 부트스트랩 분석을 위한 만능열쇠입니다. 패키지 사용법은 상당히 단순하지만 부트스트랩 표본을 생성하는 방법은 직관적이지 않기 때문에 먼저 해당 기능을 자세히 살펴보는 것이 좋습니다.

회귀 분석을 위한 부트스트랩을 소개했던 절을 보면 관심 회귀 분석을 실행하기 전에 slice_sample() 함수로 부트스트랩 표본을 생성했습니다.

```
## R
(...)
for(i in 1:B){
  boot_dat <- slice_sample(dat, n=N, replace = TRUE)
  summ <- summary(lm(times~experience, data=boot_dat))
(...)
```

인덱스 목록을 가지고 복원 추출한 다음 해당 목록을 기준으로 데이터의 부분 집합을 지정해서 부트스트랩 표본을 생성하는 방법도 있습니다.

```
## R
> I <- c(1:10)
> I
```

```
[1]  1  2  3  4  5  6  7  8  9 10
```

```
> J <- sample(I, 10, replace = TRUE)
> J
```

```
[1] 6 8 5 4 9 8 9 5 9 2
```

```
> boot_dat <- dat[J,]
```

이 방법은 boot() 함수에서 사용하는 방법입니다. 원본 데이터와 인덱스 리스트 J를 인수로 사용하고 관심 변수(여기서는 경력에 대한 회귀 추정치)를 반환하는 함수를 만들어야 합니다. boot() 함수가 루프의 각 반복에서 해당 리스트를 생성하기 때문에 여러분은 함수 내에서 데이터를 하위 집합으로 나누기만 하면 됩니다.

```
## R
boot_fun <- function(dat, J){
  boot_dat <- dat[J,]
  summ <- summary(lm(times~experience, data=boot_dat))
  coeff <- summ$coefficients['experience','Estimate']
  return(coeff)
}
```

함수를 만든 다음에는 statistic 인수로 해당 함수를 전달하고 data에 원본 데이터를, R에 생성할 부트스트랩 표본의 개수를 전달합니다. boot() 함수는 객체를 반환하고 boot.ci() 함수로 이 객체를 전달하여 신뢰 구간을 구합니다.

```
## R
> boot.out <- boot(data = dat, statistic =boot_fun, R = 2000)
> boot.ci(boot.out, conf = 0.95, type = c('norm', 'perc', 'bca'))
```

```
BOOTSTRAP CONFIDENCE INTERVAL CALCULATIONS
Based on 2000 bootstrap replicates
```

```
CALL :
boot.ci(boot.out = boot.out, conf = 0.95, type = c("norm", "perc",
    "bca"))

Intervals :
Level     Normal          Percentile       BCa
95%   (-25.422,   6.278 )   (-27.927,  -0.117 )   (-36.003,  -0.352 )
Calculations and Intervals on Original Scale
```

boot.ci() 함수는 매개변수 유형에 따라 다양한 신뢰 구간을 반환할 수 있습니다. 'norm'은 정규분포를 기반으로 하는 전통적인 신뢰 구간입니다. 'prec'는 앞에서 수동으로 계산했던 백분위수 또는 분위수 부트스트랩입니다. 'bca'는 편향 보정 및 가속 백분위수 부트스트랩(BC_a)입니다. BC_a 부트스트랩은 통계 속성을 일부 활용하여 백분위수 부트스트랩을 조정합니다. 부트스트랩 시뮬레이션을 사용할 때 BC_a 부트스트랩을 추천하는 경우가 많습니다. 그러나 계산 측면에서 상당히 까다로울 수 있으므로 백분위수 부트스트랩을 먼저 사용하는 것이 좋습니다. 백분위수 부트스트랩을 사용한 코드가 잘 작동한다면 BC_a 부트스트랩으로 전환해보세요.

주어진 예제의 경우 정규 및 백분위수 신뢰 구간은 예상대로 직접 계산한 것과 매우 가깝습니다. BC_a 신뢰 구간은 왼쪽으로 옮겨지면서 계수가 음수일 가능성이 높다는 기존 결론을 뒷받침합니다.

이제 boot 패키지를 어떻게 사용하는지 간단한 개요를 살펴보았으므로 코드 예제를 살펴보겠습니다. 재사용 가능하도록 함수로 만들어보겠습니다.

```
## R
boot_CI_fun <- function(dat, metric_fun){
  # 부트스트랩 표본 수 설정
  B <- 100

  boot_metric_fun <- function(dat, J){
    boot_dat <- dat[J,]
    return(metric_fun(boot_dat))
  }
  boot.out <- boot(data=dat, statistic=boot_metric_fun, R=B)
  confint <- boot.ci(boot.out, conf = 0.90, type = c('perc'))
  CI <- confint$percent[c(4,5)]
```

```
    return(CI)
}
```

boot_CI_fun() 함수는 데이터셋과 메트릭 함수를 인수로 취하고 100개의 부트스트랩 표본과 백분위수 접근 방식을 기반으로 주어진 데이터셋에서 주어진 메트릭 함수에 대한 90% 신뢰 구간을 반환합니다.

고성능 부트스트랩

boot 패키지를 사용하면 일반적으로 코드 속도가 2 ~ 5배 빨라질 수 있지만 그것만으로는 충분하지 않을 때가 있습니다. 계산 성능을 더 높여야 하는 경우 Rfast 패키지를 사용하세요. Rfast 패키지는 회귀의 구현 뼈대를 제공하여 성능을 대폭 향상할 수 있도록 합니다. 예를 들어 기존 코드보다 20배에서 50배까지 빨라지기도 합니다.

7.4.2 파이썬 최적화

파이썬은 분석가에게 R과 매우 다른 장단점을 제공합니다. 한편으로는 통계 패키지가 더 적고 부트스트랩 알고리즘을 쉽게 구현할 수 있는 R의 boot 패키지 같은 패키지는 없습니다. 반면에 성능면에서 초보자에게 더 관대합니다. 특히 부트스트랩에서 이러한 장점이 빛을 발하는 데 초보자가 많이 사용하는 for 루프의 경우 상대적으로 비용이 적게 들기 때문입니다. 따라서 파이썬 사용자라면 단순한 구현에서 시작하더라도 많은 경험을 쌓아갈 수 있을 것입니다.

그래도 파이썬에서도 부트스트랩을 구현할 때 계산 성능을 향상시켜야 한다면 '넘파이'만으로 구현하세요.

```
## 파이썬
data_ar = data_df.to_numpy()    ❶
rng = np.random.default_rng()    ❷

np_lst = []
for i in range(B):
```

```
# 배열에서 관련 열 추출
boot_ar = rng.choice(data_ar, size=N, replace=True)  ❸
X = boot_ar[:,1]  ❹
X = np.c_[X, np.ones(N)]
Y = boot_ar[:,0]  ❺

### LSTQ 구현
np_lst.append(np.linalg.lstsq(X, Y, rcond=-1)[0][0])  ❻
```

❶ 원본 판다스 데이터프레임을 넘파이 배열로 변환합니다.

❷ 루프 외부에서 넘파이 난수 생성기를 한 번만 초기화합니다.

❸ 넘파이 난수 생성기를 사용하여 부트스트랩 데이터셋을 생성합니다. 넘파이의 난수 생성기는 데이터프레임에 대해 판다스의 .sample() 메서드를 수행하는 것보다 훨씬 더 빠릅니다.

❹ 배열에서 예측 변수 열을 추출하고 다음 줄에서 절편에 대한 상수 열을 수동으로 추가합니다. 이전 예제에서는 statsmodel이 내부적으로 이 과정을 처리했습니다.

❺ 배열에서 종속변수에 대한 열을 추출합니다.

❻ 오른쪽에서 왼쪽으로 함수 호출을 읽습니다. np.linalg.lstsq() 함수를 사용하여 선형 회귀 모델을 예측 변수와 종속변수 데이터에 적합시킵니다. rcond=-1 매개변수는 중요하지 않은 경고를 제거합니다. 결과로 원하는 값은 이 특정 모델의 [0][0] 셀에 있습니다. np.linalg.lstsq(X, Y, rcond=-1)을 한 번 실행하고 출력을 검토하면 필요한 특정 셀을 찾을 수 있습니다. 마지막으로 결과 리스트에 값을 추가합니다.

완전히 넘파이로만 구현하면 더 큰 데이터셋의 경우 성능을 50배 이상 향상시킬 수 있습니다. 그러나 기존 코드도 작은 데이터셋에서 충분히 잘 작동했으며 가독성이 높고 오류 발생률이 낮았습니다. 게다가 선형 또는 로지스틱 회귀를 넘어서면 원하는 알고리즘을 넘파이로 구현한 코드를 인터넷에서 검색해야 합니다. 하지만 파이썬에서 부트스트랩 코드의 성능을 어떻게 개선할 수 있는지 방법을 살펴보았으니 필요할 때는 넘파이로 코드를 구현해보세요.

7.5 정리하기

행동 데이터 분석은 적거나 이상한 데이터를 처리해야 하는 경우가 종종 있습니다. 다행히도 컴퓨터 시뮬레이션과 부트스트랩이 개발되면서 그러한 상황에 대처할 수 있는 훌륭한 도구를 얻게 되었습니다. 부트스트랩 신뢰 구간을 사용하면 데이터 분포를 가정하고 잘못된 통계 추정치를 계산하는 실수를 하지 않고 추정치의 불확실성을 올바르게 평가할 수 있습니다. 관찰 데이터의 경우 데이터가 영향점 또는 비정규성의 특징을 보일 때 부트스트랩이 유용합니다. 하지만 그렇지 않은 경우에는 부트스트랩이 오히려 과할 때가 많습니다. 반면에 실험 데이터의 경우 의사결정을 내릴 때 p-값에 크게 의존하기 때문에 부트스트랩을 다방면으로 활용하는 것이 좋습니다. 이와 관련된 내용은 4부에서 자세히 살펴보겠습니다.

PART 04

실험 설계와 분석

비즈니스에서 행동 과학자와 인과 데이터 과학자의 역할은 실험을 수행하는 것입니다. 실험 집단 시이에 무작위로 대상을 할당하면 잠재적인 교란변수를 식별하지 않아도 무효화할 수 있습니다. A/B 테스트만 다루는 책이 있을 정도로 A/B 테스트는 하나의 큰 주제이지만, 이 책에서는 A/B 테스트를 만드는 몇 가지 특징만 살펴봅니다. 첫째, 인과-행동 프레임워크 안에서 실험을 재구성하면 실험을 더 효과적으로 만들 수 있습니다. 또한 관찰 데이터 분석과 실험 데이터 분석을 따로 이해하기 보다는 하나의 스펙트럼으로 보고 한층 더 깊게 이해할 수 있습니다. 둘째, 통계 검정 대신 실험을 더 단순하고 강력하게 만들어줄 선형 및 로지스틱 회귀를 살펴봅니다. 마지막으로 실험에 대한 전통적인 접근 방식은 p-값을 기반으로 테스트한 개입 연구의 구현 여부를 결정하므로 최상의 비즈니스 결정으로 이어지지 않습니다. 따라서 부트스트랩과 신뢰 구간을 활용할 것입니다.

▶▶▶ 8장

회귀와 부트스트랩을 사용할 때 '간단한' A/B 테스트가 어떻게 이루어지는지 소개합니다. 즉, 각 고객에 대해 일종의 가상 동전을 던지고 앞면이 나오면 A 버전, 뒷면이 나오면 B 버전을 표시합니다. 웹사이트의 A/B 테스트에서 자주 활용하는 방법입니다.

▶▶▶ 9장

실험 대상을 미리 알고 있다면 블록을 통해 균형 잡힌 실험 집단을 만들 수 있습니다.

▶▶▶ 10장

원하는 대상으로부터 무작위로 집단을 만들 수 없는 경우도 있습니다. 예를 들어 변경 사항이 고객에게 미치는 영향에 관심이 있지만 콜센터 직원 중에서 실험 대상을 무작위로 추출해야 할 수도 있습니다. 이러한 경우 군집 무작위 배정과 계층적 모델링이 필요합니다.

PART 04

실험 설계와 분석

## CHAPTER 8

실험 설계의 기초

아주 간단한 실험으로 시작합니다. 성공한 온라인 상점을 따라 에어씨앤씨의 경영진은 예약률을 높이기 위해 '원클릭 예약 버튼'을 만들기로 결정합니다. 실험을 위해 고객을 실험 집단에 한 명씩 할당하겠습니다. 이렇게 실험 집단을 구성하는 것은 가장 간단한 유형의 실험이며 단 몇 분 만에 이와 같은 A/B 테스트를 만들고 실행할 수 있는 인터페이스를 제공하는 회사가 많습니다.

이 장에서 진행할 실험은 기술적인 제약 사항을 고민하지 않아도 될만큼 간단합니다. 다음과 같은 순서로 실험을 진행하겠습니다.

1 실험을 계획합니다.

인과–행동적인 관점에서 실험을 계획하면 실험의 성공에 대한 기준을 명확하게 정의하고 테스트하는 대상이 무엇인지 그리고 그 대상이 목표 지표에 어떤 영향을 미칠 것으로 예상하는지를 이해할 수 있습니다.

2 이 장에서 사용할 데이터와 패키지를 검토합니다.

그런 다음 무작위 배정을 수행하고 실험에 사용할 표본의 크기를 결정하는 방법을 살펴보겠습니다.

3 실험 결과를 분석합니다.

이 실험은 매우 간단하기 때문에 빠르게 결과를 분석할 수 있습니다.

8.1 실험 계획: 변화 이론

계획은 실험을 설계할 때 중요한 단계입니다. 실험은 다양한 이유로 실패할 수 있으며 대부분의 경우 실패의 이유를 제어할 수 없습니다. 그러나 실험을 잘못 계획해서 실험이 실패하는 경우에는 계획을 수정하면 됩니다. 실제로 실험의 계획에 문제가 있어서 실험이 실패하는 경우가 빈번합니다. 실험을 업으로 하는 사람이라면 알겠지만 실험 대상을 정확하게 이해하지 못하면 기술적으로 흠잡을 데가 없는 실험이어도 완전히 무의미해질 수 있습니다.

비즈니스에 대한 이해와 지식이 없는 상태라면 어떤 방법을 써도 의미 있는 실험을 수행할 수 없습니다. 하지만 비즈니스에 대해 충분히 이해하고 있다면 이 장에서 소개하는 내용을 바탕으로 실험 설계의 기초를 탄탄하게 다질 수 있을 것입니다. 이 장에서는 **변화 이론**theory of change(ToC)이라고 부르는 비영리 및 정부에서 사용하는 계획의 개념을 차용합니다. 한 문장으로 설명하자면 ToC는 행동에 변화를 주어서 현재 수행 중인 작업을 궁극적인 비즈니스 목표와 목표 지표에 연결하는 것입니다.

> [개입]을 구현하면 [행동 논리]를 통해 [목표 지표]를 기반으로 측정한 [사업 목표]를 달성할 수 있습니다.

앞으로 네 가지 구성 요소를 차례로 설명하기 앞서, 이 장의 최종 학습 목표를 미리 이해할 수 있도록 최종 변화 이론을 설명하면 다음과 같습니다.

> [원클릭 예약 버튼]을 구현하면 [예약 과정에 걸리는 시간 단축]을 통해 [예약 확률]을 기반으로 측정한 [더 높은 수익]을 달성할 수 있습니다.

이것을 인과관계 다이어그램으로 표현하면 [그림 8–1]과 같습니다.

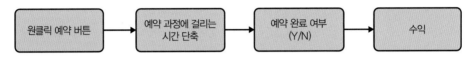

그림 8-1 실험에 대한 변화 이론

먼저 비즈니스 목표와 목표 지표를 검토하고 개입을 살펴본 다음에 마지막으로 행동 논리를 정의하겠습니다.

8.1.1 비즈니스 목표와 목표 지표

개입보다 비즈니스 목표와 목표 지표를 먼저 정의한다는 사실에 놀랄 수도 있습니다. 하지만 무엇을 테스트해야 하는지 아는 것이 최우선입니다. 무엇을 달성하려고 하는지를 명확하게 인지하지 못한 상태에서 실험을 진행하면 실험에 실패하기 마련입니다.

비즈니스 목표

실험 계획의 첫 번째 단계는 실험의 비즈니스 목표를 결정하는 것입니다. 기업들은 대개 이익을 늘리려고 하지만 단순히 '더 높은 수익'을 목표로 삼는 것은 큰 도움이 되지 않습니다. 대신 한 단계 더 깊게 들어가서 수익, 비용, 고객 유지 등과 같은 구체적이고 명확한 변수를 사용해야 합니다. 이러한 단계가 사소해 보일 수 있지만 실제로 실험의 목표를 논의하다보면 사람들마다 생각하는 바가 다를 수 있습니다. 예를 들어 누군가는 비용 절감을, 누군가는 수익을 늘리는 것을 목표로 삼고 싶을 수 있습니다. 주어진 예제에서 원클릭 버튼 실험의 비즈니스 목표는 더 높은 수익입니다.

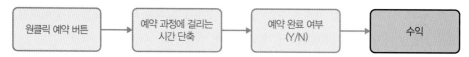

그림 8-2 비즈니스 목표는 수익

목표 지표

두 번째 단계는 실험을 끝낸 뒤에 실험의 성공 여부를 측정하는 방법, 즉 목표 지표의 측정 기준을 결정하는 것입니다. 주어진 예제에는 두 가지 선택지가 있습니다. 추가 수익이나 비용 절감과 같이 가능한 수익에 가까운 지표를 사용하거나 다른 요소에 의한 잡음을 줄이기 위해 가능한 한 개입에 가까운 지표를 선택할 수 있습니다.

보통 지표를 선택할 때는 궁극적으로 관심이 있는 변수의 기본 요인인 '선행 지표'를 사용합니다. 예를 들어 궁극적으로 고객 생애 가치lifetime value (LTV, 고객이 기업에 지출하는 총 금액)에 관심이 있을 때 3개월간의 예약 금액을 지표로 사용할 수 있습니다. 또는 고객의 서비스 사용량 또는 사용 총량을 특정하기 위해 접속 횟수를 주요 지표로 사용할 수도 있습니다. 선행 지표를 사용하면 장기적인 비즈니스 지표를 사용한 경우보다 훨씬 더 빨리 결과를 보고하면서 동시에 비즈니스 목표와 지표를 명확하게 연결할 수 있습니다.

그러나 목표 지표가 재무 지표가 아닌 운영 지표라면 문제가 발생할 수 있습니다. 원클릭 예약 버튼이 여행을 예약하는 데 걸리는 시간은 단축했지만 예약률이 높아지지 않는다면 이것을 성공이라고 볼 수 있을까요? 예약 경험에 대한 만족도와 순수 고객 추천 점수net promoter score (NPS)는 어떤가요? 이러한 수치를 직접적인 수익 금액으로 변환할 수는 없지만 수치가 높아지면 비즈니스에 긍정적인 영향을 준다고 가정하는 것도 무리는 아닙니다. 때로는 실험 대상으로 운영 지표를 선택하고 이러한 지표가 결국 회사의 수익에 도움이 될 것이라고 가정하는 등 조금 가벼운 실험을 진행하기도 합니다. 아마 이 책을 다 읽고 나면 이러한 실험도 더 잘할 수 있을 것입니다. 뒤에서 살펴보겠지만 관찰 연구 또는 전용 실험을 통해 단기적인 운영 지표와 장기적인 비즈니스 결과 사이의 인과관계를 검증하고 측정할 수 있습니다.

지표의 함정

다시 한번 말하자면 실험의 목표는 좋은 비즈니스 결정을 내리는 것입니다. 수익에만 매달리면 비즈니스를 개선할 수 있는 많은 가능성을 놓칠 수 있습니다. 수익을 고려하면서도 추적 가능하고 측정 가능한 목표 지표를 선정해야 합니다. 이때 피해야 하는 몇 가지 잠재적인 함정이 있습니다.

첫 번째는 신뢰성 있게 측정할 수 없는 것을 고르는 것입니다. '원클릭 버튼을 사용하면 예약을 더 쉽게 할 수 있습니다'라는 문장은 어떤 의미인가요? 어떻게 측정할 수 있을까요? 제품 관리자나 제품 소유주에게 시스템이 개선이 되었는지 물어보는 것은 측정이라고 할 수 없습니다. '고객들은 웹사이트를 탐색하기 더 쉽다고 평가합니다. 방문을 종료할 때 두 가지 질문에 대해 설문조사를 진행하여 이를 측정할 수 있습니다'라고 한다면 지표가 불완전해도 측정은 가능합니다. 따라서 비즈니스 목표와 목표 지표를 별도로 표현하는 것이 합리적입니다. 첫 번째 문장은 측정은 불가능하지만 지표의 진정한 의도를 표현하는 반면 두 번째 문장은 측정하려는 대상을 명확하게 보여줍니다. 이렇게 하면 오해를 방지하고 지표를 헷갈리지 않을 수 있습니다.

두 번째 함정은 '예약률, 예약 금액, 고객 만족도 또는 순수 고객 추천 점수가 높아지면 성공입니다'와 같이 지표를 이것저것 길게 나열하거나 심지어 실험 결과를 보고 나서 성공에 대한 지표를 결정하는 것입니다. 예를 들어 원래는 실험이 고객 경험을 증가시킬 것이라고 생각했지만 결과를 살펴보니 고객 경험은 변함이 없고 평균 웹사이트 이용 시간이 개선되어 이것을 지표로 정하는 것입니다. 이러한 접근법은 거짓 양성을 증가시킬 위험[1]이 있습니다. 그러나 여러 개의 지표를 명확하게 정의하고 결과를 분석할 때 각 지표의 존재와 영향을 충분히 고려한다면 최대 2~3개의 목표 지표를 선정해도 괜찮습니다. 자세한 내용은 뒤에서 설명하겠습니다. 어떤 사람들은 종합 평가 기준^{overall evaluation criterion}(OEC)이라고 부르는 여러 지표를 고려한 복합 지표(예를 들어 가중 평균)를 사용하는 것을 선호하지만 필자는 개인적으로 복합 지표가 도움이 되기보다는 결과를 모호하게 만드는 경우가 더 많다고 생각합니다. 변화 이론과 다양한 지표가 서로 어떻게 관련이 있는지 명확하게 이해하는 것이 중요하다고 생각합니다. 예를 들어 '원클릭 예약 버튼이 예약률과 고객 경험, 또는 고객 경험을 통한 예약률이 향상될 것으로 예상하나요?'와

---

1 이러한 이유로 많은 의약품 임상시험과 사회과학 실험이 사전 정의되고 있습니다. 심장과 관련된 약물을 테스트한 다음 실험군의 환자의 머리숱이 많아진 것을 보고 해당 약물이 탈모에 효과적이라고 말할 수는 없습니다. 새로운 가설 효과를 테스트하려면 사전 정의된 다음 실험을 진행해야 합니다.

같은 질문에 답할 수 있어야 합니다.

결론적으로 원클릭 예약 버튼 실험의 경우 직접적으로 예약 수익을 목표 지표로 사용할 수도 있지만 버튼의 개입으로 예약당 평균 금액이 변한다고 기대하기 어렵기 때문에 고객이 예약을 완료할 확률을 사용하는 것이 더 합리적입니다.

그림 8-3 목표 지표로 예약 완료 확률 추가

8.1.2 개입

비즈니스 목표와 목표 지표를 정하면 이제 개입intervention을 정의할 수 있습니다. 주어진 예제에서 '원클릭 예약 버튼' 개입은 회사의 경영진이 제안한 것이지만([그림 8-4]) UX 또는 행동 연구에서 제안한 방법일 수도 있습니다. 기업의 프로세스, 제품 및 서비스의 문제와 개선 가능한 점을 알아내는 것은 비즈니스 연구원의 주요 업무 중 하나이지만 이 책의 범위를 벗어나므로 여기서는 개입이 정해진 방법은 논하지 않겠습니다.

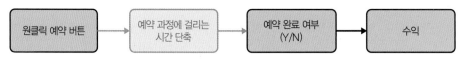

그림 8-4 개입으로 원클릭 예약 버튼 추가

'원클릭 예약 버튼'보다 더 간단한 개입 방법이 있을까요? 이미 많은 온라인 소매업체의 웹사이트에서 이렇게 구매 과정을 단축하는 버튼을 제공하고 있으며 직접 경험해본 사람이 많을 것입니다. 개입 방법이 굉장히 단순해 보이지만 이것을 비즈니스에서 실제로 구현하려면 다음과 같이 여러 가지 고민이 필요합니다.

- 예약 과정의 어느 시점에서 버튼을 사용할 수 있나요?
- 버튼이 어디에 있나요?

- 버튼은 어떻게 생겼나요? 페이지에 있는 다른 버튼과 같은 색상인가요, 아니면 밝고 쨍한 색상으로 눈에 띄나요?

- 버튼에 뭐라고 쓰여 있나요?

- 원클릭으로 예약할 수 있도록 하려면 고객의 어떤 정보가 필요하고 그 정보를 어떻게 얻을 수 있나요?

- 고객이 버튼을 클릭하면 어떻게 되나요? 어떤 페이지로 이동하고 어떤 조치를 취해야 하나요?

- 기타

예를 들어 자연과 여행을 상징하는 의미로 웹사이트의 테마 색상이 파스텔 느낌의 초록색과 파랑색이며 새로 추가하려는 버튼은 반짝이는 빨간색이라고 가정하겠습니다. 그 버튼으로 예약하는 사람이 많아졌다면 그것은 원클릭 예약이라는 제도가 매력적이기 때문일 수도 있지만 고객이 기존에 존재하던 일반직인 예약 버튼을 찾지 못해서 당장 눈에 띄는 빨간 버튼을 눌렀기 때문일 수도 있습니다. 그럴 경우 예약이 증가하는 원인은 '원클릭 예약 버튼'이 아니라 '더 눈에 띄는 예약 버튼'이지만 원클릭 예약 버튼이 눈에 띄는 버튼이기 때문에 두 원인을 구분할 수 없습니다. 개입을 구현하는 많은 방법이 있다면 다양한 방법을 테스트해야 합니다. 즉, 한 가지 방법만 테스트할 수는 없습니다.

여기서 알 수 있듯이 A/B 테스트는 강력하지만 범위가 좁은 도구입니다. 특정 실험이 의미하는 바를 과하게 해석하지 않도록 주의해야 합니다. 비즈니스 파트너는 종종 광범위하고 명확한 답을 원하고 세부 사항을 길게 나열하는 것을 좋아하지 않습니다. 따라서 실험을 보고할 때 일반적인 아이디어가 아닌 특정 구현 방법을 테스트하고 있다고 말하는 것이 더 좋습니다. 예를 들어 '이 실험은 이런 저런 조건에서 원클릭 버튼의 영향을 테스트할 것입니다. 단, 그 결과가 모든 예약 버튼에 적용된다고 생각해서는 안 됩니다'라고 말하는 것이 좋습니다.

가능한 최소한의 개입을 테스트하는 것이 좋습니다. 주어진 예제의 경우 원클릭 버튼이라는 큰 전제를 바꾸기보다는 예약 버튼의 색상이나 위치를 먼저 변경하는 것이 좋습니다. 아마 여러 변경 사항을 한번에 적용하는 '옴니버스' 테스트를 원하는 비즈니스 파트너라면 이러한 결정에 반발할 수도 있습니다. 만약 옴니버스 테스트를 반드시 수행해야 하는 상황이라면 변경 사항이 미치는 영향을 측정하기보다는 변경 사항 중 어떤 것도 경험에 영향을 주지 않는다는 점을 확인하는 것이 좋습니다. 그리고 여러 변경 사항을 한번에 적용하기보다는 실험에서 동일한 개념의 서로 다른 구현을 테스트하는 것이 더 좋습니다. 조금씩 다른 4개의 원클릭 버튼 실험이 동일한 영향을 미치는 경우 원클릭 예약이 전반적으로 예약률 증가에 좋은 영향을 준다고 자신 있게 결론을 내릴 수 있습니다. 반면에 여러 실험이 서로 다른 영향을 미치는 경우 아이디어를 구현하는 방법이 매우 중요하며 실험에 대한 결론을 매우 신중하게 내려야 합니다. 즉, 효과를 보이는 특정 구현 방법을 일반화할 방법에 대해 고민해봐야 합니다.

8.1.3 행동 논리

비즈니스 목표와 목표 지표를 설정하고 개입까지 정의했다면 이제 마지막 단계는 변화 이론의 행동 논리behavioral logic로 목표와 개입을 연결하는 것입니다. 정의한 개입이 목표 지표에 왜 그리고 어떻게 영향을 미치는지 설명할 수 있어야 합니다.

행동 논리도 실험의 성공과 실패를 좌우하는 중요한 요소입니다. 예를 들어 어떤 문제를 발견했을 때 최신 경영 방법이 실제 그 문제에 효과가 있는지 검토하지 않은 상태에서 단지 최근에 나왔고 유행하고 있다는 이유만으로 그 방법을 적용하면 실험이 실패할 수 있습니다. 또는 매력적이고 단순한 사용자 인터페이스user interface(UI)가 고객의 총 구매 금액을 증가시킬 것이라고 막연하게 생각했는데 결과가 다를 수도 있습니다. 실험에 확신을 가지려면 합리적인 행동의 전개를 분명하게 표현할 수 있어야 합니다.[2] 원클릭 예약의 경우 고객이 마음에 드는 여행을 발견했지만 예약 과정이 번거롭기 때문에 예약을 완료하기 전에 포기하는 것이라고 가정할 수 있습니다. 원클릭 예약 버튼은 예약 과정을 단축하고 단순화하여 예약 확률에 영향을 미칩니다. 여기서 변화 이론과 인과관계 다이어그램을 연결할 수 있으며 이 장의 처음에 보았던 인과관계 다이어그램을 [그림 8-5]와 같이 완성할 수 있습니다.

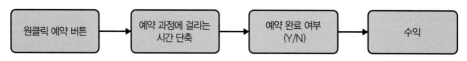

그림 8-5 변화 이론을 나타내는 완전한 인과관계 다이어그램

행동 논리를 명확하게 하는 것은 크게 두 가지 이점이 있습니다. **첫째,** 행동 논리는 그 자체로 실험 가능합니다. 실제로 많은 고객이 예약 과정을 밟기 시작했으나 끝까지 진행하지 않고 중간에 그만두나요? 그렇다면 가정한 논리는 행동 데이터 관점에서 의미가 있습니다. 그러나 예

---

2 행동을 방해하는 요소와 동기부여의 요소를 이해하고 강력한 행동 논리를 구축하는 방법이 궁금하다면 스티븐 웬델(Stephen Wendel)
의 『마음을 움직이는 디자인 원리』(위키북스, 2018)을 읽어보세요.

를 들어 대부분의 고객이 예약 시도도 하지 않고 접속을 종료한다면(예를 들어 고객이 원하는 항목을 찾지 못하거나 선택의 폭이 너무 넓어서 당황한 경우) 앞에서 가정한 논리는 무의미합니다. 즉, 에어씨앤씨가 원클릭 예약을 제공해도 예약 고객의 수가 늘어날 가능성은 낮을 것입니다.

무엇으로 논리를 확인하거나 반박할 수 있을까요? 데이터가 참 또는 거짓이라면 어떻게 이 데이터를 활용할 수 있을까요? 필요한 데이터가 없는 경우 몇 명의 사람을 고용하여 고객이 경험하는 환경을 테스트하는 등 사전 테스트를 진행하는 것이 좋습니다. 예를 들어 사용자가 생각하는 내용을 말하면서 웹사이트를 사용하도록 요청하고 이것을 관찰할 수 있습니다. 이러한 실험이 여러분의 논리를 완전히 확인하거나 반박하지 못할 수도 있지만 제대로 된 솔루션을 개발하는 비용의 몇 분의 1 수준으로 어느 정도 논리를 확인할 수 있습니다. 알버트 아인슈타인은 '문제를 풀 시간이 한 시간이 주어진다면 나는 문제에 대해 생각하는 데 55분을 쓰고 나머지 5분 동안 문제를 푸는 방법을 생각할 것이다'라는 말을 남겼습니다. 즉, 논리를 충분히 이해하는 것이 가장 중요합니다.

둘째, 일반적으로 잠재적인 이점을 제공한다는 것입니다. 당면한 문제가 해결됐을 때 가장 좋은 시나리오의 결과 수치는 얼마일까요? 예약 과정에서 중단한 모든 고객이 원클릭으로 예약을 완료한다고 가정하면 예약률이 얼마나 증가할까요? 이것이 실험의 관점에서 볼 때 가장 좋은 시나리오입니다. 예약 과정에서 중단한 모든 고객이 원클릭으로 예약을 완료한다는 것은 문제가 완전히 해결된다는 것을 의미하며 현실적으로 가능성이 매우 낮기 때문입니다. 이 시나리오에서 예약률을 높이는 것이 의미가 없다면 원클릭 예약을 구현할 이유가 없으며 테스트할 필요조차 없습니다.

최상의 시나리오가 수익성이 있다는 점을 확인했으면 이제 가장 가능성이 높은 시나리오를 생각할 수 있습니다. 원클릭 예약으로 예약률이 얼마나 향상될 것으로 예상되나요? 물론 너무 당연하게도 많은 주관성과 불확실성이 존재하지만 행동 메커니즘을 명확하게 설명하면 일반적으로 합리적인 추론을 할 수 있습니다. 정말로 75%의 사람들이 예약 과정이 너무 길어서 예약을 중단할까요? 어떤 사람은 예약 절차가 길게 느껴지지 않고 확실한 단계로 명확하게 정보를 확인할 수 있어서 좋다고 생각할 수도 있습니다. 제품 관리자와 UX 연구원이 예약 과정에 시간이 너무 오래 걸려서 중단하는 고객의 비율에 대해 의견이 갈린다면 먼저 두 담당자 사이의 의견을 조율해야 합니다. 서로 알고 있는 것과 모르고 있는 내용이 다른가요? 비즈니스 감각과 예약 절차에 대한 이해가 필요합니다. 대부분의 고객이 예약 절차의 동일한 단계(예를 들어 결제 단계)에서 중단하는 경우 특정 단계에 문제가 있을 수 있습니다. 고객이 모두 동시에 인내심이 갑자기 부족해지는 일은 없을테니까요. 그런 다음 예상되는 이점과 솔루션을 구현하는 비용을 비교합니다. 그래도 솔루션을 구현할 가치가 있나요?

다른 측면으로 이 문제에 접근할 수 있습니다. 먼저 솔루션의 손익분기점, 즉 솔루션을 구현해도 수익을 창출할 수 있는 목표 지표의 수준을 결정한 다음 행동 관점에서 이러한 개선 방법이 현실적인지 여부를 고려합니다. 심리학적인 관점에서 손익분기점보다는 기대되는 결과에서 고민을 시작하는 것이 더 좋습니다. 손익분기점으로 시작한다면 먼저 수익 목표를 정하고 그것을 달성할 수 있다는 근거를 찾으려고 할 가능성이 더 높습니다. 그러나 대부분의 경우 손익분기점을 먼저 계산할 수 있습니다. 사선 비용 편익 분석cost-benefit analysis 중에 계산된 경우가 많기 때문입니다. 회사나 비즈니스 파트너도 손익분기점을 먼저 계산하고 예상 결과는 고려하지 않을 수 있습니다. 하지만 너무 걱정하지 마세요. 예상 결과를 사용하든 최상의 결과를 사용하든 상관없이 실험에 대한 최소 검출 가능 효과minimum detectable effect(MDE), 즉 의미 있는 효과 기준을 결정하기 위해 모두 필요한 정보입니다.

행동 논리는 제안된 솔루션과 목표 지표를 연결할 수 있어야 합니다. 예를 들어 '이것이 고객 경험을 개선할 것입니다'라고 모호하게 말해서는 안 됩니다. 실제로 고객의 경험을 개선했는지를 알 수 있나요? 논리가 확실한 경우에는 최소한 일부 효과를 관찰할 수 있는 인과관계 다이어그램으로 논리를 표현할 수 있어야 합니다.

논리를 명확하게 설명하려면 비즈니스 지표를 작은 구성 요소 단위로 세분화하는 것이 좋습니다. 예를 들어 매출(또는 매출 변동의 대부분)은 고객 수, 구매 확률/빈도, 구매 수량 및 지불 가격으로 나눌 수 있습니다. 영향을 받을 가능성이 있는 구성 요소가 있다면 비즈니스 사례를 더 잘 설명할 수 있습니다. 만약 비즈니스 파트너가 고객 수가 감소하는 것을 우려하고 있고 제안한 개입으로는 구매 수량만 증가시킬 수 있는 경우에도 어느 정도 원하는 바를 이뤄냈다고 분명히 말할 수 있어야 합니다. 또한 이 방법을 사용하면 실험에서 잡음을 줄일 수 있습니다. 제안된 개입이 구매 수량만 증가시킬 가능성이 가장 높은 경우에는 해당 지표에 초점을 맞추고 지불된 가격의 무작위적인 변동은 무시할 수 있습니다.

8.2 데이터와 패키지

이 장의 깃허브 폴더에는 두 가지 데이터셋이 있습니다. [표 8-1]은 각 데이터셋에 포함된 변수를 표시하는 표입니다. [표 8-1]에서 체크 기호(✓)는 파일에 변수가 있다는 의미이고 엑스기호(X)는 파일에 변수가 없다는 의미입니다.

표 8-1 데이터의 변수

변수명	변수 설명	chap8-historical_data.csv	chap8-experimental_data.csv
Gender	성별, 범주형 변수	✓	✓
Period	월 인덱스, 1–32는 과거 데이터, 33은 실험 데이터	✓	✓
Seasonality	연간 계절성, 0과 1 사이	✓	✓
Month	월, 1–12	✓	✓
Booked	이진형 변수(0/1), 목표변수	✓	✓
Oneclick	이진형 변수(0/1), 실험처치	X	✓

이 장에서는 머리말에서 언급한 공통 패키지 외에 다음의 패키지[3]를 사용합니다.

```R
## R
library(pwr) # 전통적인 검정력 분석용
```

```
## 파이썬
import statsmodels.stats.proportion as ssprop  # 효과 크기 표준화용
import statsmodels.stats.power as ssp  # 전통적인 검정력 분석용
```

----

3   옮긴이_패키지가 설치되지 않은 경우에는 패키지를 먼저 설치하세요.

8.3 무작위 배정과 표본 크기/검정력

실험의 변화 이론을 구축하고 검증했다면 다음은 무작위 배정을 수행하는 방법과 필요한 표본 크기를 결정할 단계입니다.

필자의 경험에 따르면 특정 환경에서 실험을 처음 진행할 때 이 단계가 매우 중요합니다. 과거 데이터를 깊게 검토하면 실험을 재구성할 수 있는 놀라운 통찰력을 얻을 수 있습니다. 또한 데이터의 잡음과 예상되는 영향의 크기(실험에 대해 좁은 범위를 올바르게 정의했다면 크기가 작음)에 따라 필요한 표본의 크기를 결정할 수 있습니다. 예상되는 영향의 크기를 잘못 판단한 경우 필요한 표본의 크기가 얼마나 큰지 확인하고 충격을 받을 수도 있습니다. 한 번은 필요한 표본의 크기가 지나치게 크게 나와서 이정도 크기면 거의 1년 동안 실험을 해야 한다는 말을 들었던 경험이 있습니다.

8.3.1 무작위 배정

무작위 배정random assignment 이론은 굉장히 간단합니다. 고객이 관련 페이지에 도달할 때마다 특정 확률로 페이지의 현재 버전(실험 용어로 대조군control group)을 보여주고 나머지 확률로 원클릭 예약 버튼이 있는 버전(실험군treatment group, 실험처치treatment 적용)을 표시합니다.

가장 단순하게 확률을 나누자면 목표 표본 크기에 도달할 때까지 50%-50%로 할당할 수 있지만 트랜잭션 양이 매우 많은 경우 다른 확률로 분할할 수 있습니다. 예를 들어 하루에 1억 번의 방문 횟수가 있는 웹사이트를 관리하고 있으며 필요한 표본 크기가 2백만이라고 가정하겠습니다. 50%-50%만 사용하면 실험을 약 30분 안에 완료할 수 있습니다. 하지만 여러분의 실험처치에 어떤 문제가 생긴다면(예를 들어 극단적으로 어떤 버그가 웹사이트를 손상시킨다면) 여러분이 모르는 사이에 문제를 겪은 100만 명의 고객을 표본에 포함할 수도 있습니다. 또한 30분 동안 수집한 고객은 해당 서비스의 전체 고객층을 대표하지 않을 수도 있습니다. 예를 들어 중국은 대부분의 사람이 잠을 자는 시간대이며 미국은 대부분의 사람이 활동하는 시간대여서 수집한 고객이 모두 미국인인 경우가 있을 수 있습니다. 대조군이 100만 명 이상일 경우에는 신경 쓰지 않아도 되지만 문제가 되는 상황이라면 일주일 또는 한 달과 같이 좀 더 대표적인 기간 동안 수집하면 실험군이 원하는 고객 방문 건을 수집할 수 있을 것입니다. 하루에 1억 번의 방문 횟수가 있는 웹사이트의 경우 각각 $99.86\% - 0.14\%(1 / (7 * 100) = 0.14\%)$와

99.97% − 0.03%(1 / (30 ∗ 100) = 0.03%)으로 분할할 수 있습니다. 문제를 단순화하기 위해서 이 절에서는 50%–50% 분할을 사용하겠습니다.

코드 구현

무작위 배정 기능을 제공하는 소프트웨어를 사용하지 않더라도 R과 파이썬으로 무작위 배정을 구현할 수 있습니다.

1 신규 고객이 해당 페이지에 도달할 때마다 0에서 1 사이의 난수를 생성합니다.

2 생성된 난수를 기준으로 고객을 집단에 할당합니다. K가 원하는 집단의 개수(대조군 포함)라고 할 때 1/K 미만의 난수가 나온 고객은 첫 번째 집단에 할당되고 1/K에서 2/K 사이의 난수가 나온 고객은 두 번째 집단에 할당하는 방식으로 고객을 집단에 할당합니다.

여기서 K는 2이며 다음과 같이 매우 간단한 공식으로 구현할 수 있습니다.

```
## R
> K <- 2
> assgnt = runif(1,0,1)
> group = ifelse(assgnt <= 1/K, "control", "treatment")
```

```
## 파이썬
K = 2
assgnt = np.random.uniform(0,1,1)
group = "control" if assgnt <= 1/K else "treatment"
```

무작위 배정의 함정

매우 간단하게 구현할 수 있지만 초보 실험자가 놓치기 쉬운 함정이 두 가지 있습니다. 바로 할당의 시점과 수준입니다.

무작위 배정의 시점

첫 번째는 무작위 배정 과정에서 적절한 시점을 결정하는 것입니다. 고객이 웹사이트의 첫 페이지에 접근할 때마다 대조군 또는 실험군에 고객을 할당한다고 가정하겠습니다. 이렇게 할당한 고객은 대부분 예약 단계에 도달하지 못하기 때문에 예약 인터페이스를 볼 수 없습니다. 따라서 표본의 일부에 대해서만 실험을 수행할 수 있기 때문에 실험의 효과가 크게 감소합니다.

어떤 고객이 실험에 참여해야 하고 언제 실험 집단에 할당되어야 하는지 결정하려면 실험이 성공할 때 실험처치가 어떻게 구현될 것인지를 곰곰이 생각해야 합니다. 실험처치가 비즈니스에 구현되었다면 해당 처치를 볼 수 있는 사람이 실험 집단에 포함되어야 하며 그렇지 못한 사람은 실험군에 포함되면 안 됩니다. 예를 들어 예약하기 전에 웹사이트를 떠난 고객은 원클릭 예약 버튼을 볼 수 없지만 예약 페이지에 대한 향후 프로모션이나 변경 사항을 예약 버튼 위에 항상 띄운다면 비예약 고객은 실험군에서 제외하더라도 프로모션을 본 고객은 실험군에 포함해야 합니다.

무작위 배정의 수준

두 번째 어려운 점은 무작위 배정이 '올바른' 행동 수준에서 발생하는지 확인하는 것입니다. 이것이 무엇을 의미하는지 예를 들어 설명하겠습니다. 고객이 에어씨앤씨 웹사이트에서 예약을 시작했지만 어떤 이유(연결이 끊겼거나 저녁을 먹으러 갔을 수도 있겠죠)로 웹사이트를 벗어났다가 다시 재방문한다고 가정하겠습니다. 이 고객에게는 동일한 예약 페이지를 보여주어야 할까요? 아니면 첫 번째 방문에서 원클릭 예약 버튼이 있는 페이지를 보여주었더라도 두 번째로 방문할 때도 해당 페이지를 보여주어야 하는 걸까요?

여기서 문제는 잠재적으로 의미가 있을 수 있는 여러 수준이 있다는 것입니다. 방문 횟수와 관계없이 한 번의 웹사이트 방문이나 예약 수준에서 또는 고객의 계정 수준(같은 가구의 여러 구성원이 동일한 계정을 사용하는 경우 동일한 계정이어도 이용하는 사람이 다를 수 있음)에서 대조군과 실험군을 할당할 수 있습니다. 안타깝게도 여기에는 정해진 방법이 없습니다. 올바른 접근 법은 여러분이 도출하고자 하는 결론과 구현이 어떤 모습일지 생각하여 상황에 맞게 결정해야 합니다.

많은 경우에 사람과 가장 가까운 수준에서 할당하는 것이 타당합니다. 예를 들어 넷플릭스의 경우처럼 한 가구에서 여러 사람이 같은 계정을 사용해 사람을 계정과 구별할 수 없는 경우에는 고객의 계정을, 각 구성원이 하위 계정을 가지고 있는 경우에는 개별 고객을 수준으로 선택합니다. 사람은 보통 자신의 경험을 기억하기 때문에 같은 사람을 대상으로 인터페이스를 계속 변경하면 혼란을 야기할 수 있습니다. 따라서 에어씨앤씨의 고객은 무작위 배정을 진행하는 기간 동안 방문이나 예약 횟수에 상관없이 전체 실험 기간 동안 원클릭 버튼을 보거나 보지 않도록 설정하는 것이 좋습니다. 이러한 제약은 누군가가 웹사이트에서 예약을 시작할 때 확률을 기반으로 집단을 할당할 수 없게 합니다. 과거에 해당 고객이 집단에 할당된 적이 있었는지, 만약 할당된 적이 있다면 어떤 집단에 할당되었는지를 추적할 필요가 있습니다. 웹사이트 실험의 경우 쿠키(사용자가 모두 쿠키를 허용한다고 가정했을 때)를 사용하여 이력을 추적할 수 있습니다.

> **NOTE** 무작위 배정의 수준은 표본의 크기를 계산하는 수준과 동일해야 합니다. 고객 수준에서 집단을 할당하고 고객이 한 달에 평균 3번 방문하는 경우 방문 횟수 수준에서 집단을 할당할 때보다 3배 더 긴 실험이 필요합니다. 그러나 무작위 배정에 대해 선택한 수준이 표본의 크기를 결정해야 합니다. 그 반대가 되어서는 안됩니다.

어떤 수준을 선택하든 할당 이력을 추적해야 나중에 비즈니스 결과에 연결할 수 있습니다. 따라서 모든 할당 이력을 기록하고 데이터베이스의 고객 ID에 연결하여 시간이 지남에 따라 고객에게 일관된 환경을 제공할 수 있는 중앙 집중식 시스템을 사용하는 것이 최고의 방법입니다.

좀 더 넓게 보면 이 두 가지 함정은 비즈니스 실험의 구현이 거의 항상 복잡한 기술적인 문제라는 것을 나타냅니다. 다양한 업체가 웹사이트 실험의 복잡성을 숨기는 플러그 앤 플레이plug-and-play 솔루션을 제공합니다. 업체에게 의존하든 내부 기술자에게 의존하든 원하는 실험을 수행할 수 있도록 무작위 배정을 수행하는 방식을 이해해야 합니다.

시스템이 올바르게 작동하는지 확인하는 좋은 방법으로 A/A 테스트가 있습니다. A/A 테스트는 무작위 배정을 하지만 두 집단이 같은 버전의 페이지를 보도록 하는 테스트입니다. 이렇게 하면 두 집단에 실제로 동일한 수의 사용자가 있고 두 사용자가 유의한 차이가 없는지 확인할 수 있습니다.

8.3.2 표본 크기와 검정력 분석

무엇을 어떻게 테스트할지 정했다면 이제 표본의 크기를 결정해야 합니다. 원클릭 실험과 같은 경우에는 직접 표본의 크기를 설정할 수 있습니다. 예를 들어 주어진 예제에서는 실험을 수행할 기간과 표본의 크기를 직접 결정했습니다. 그러나 표본 크기 자체 또는 최대 크기가 정해져 있는 경우도 있습니다. 전체 고객 또는 직원 전체를 대상으로 테스트를 실험하기 위해 인구를 늘릴 수 없는 것처럼요.

처한 상황과 상관없이 통계적 중요성과 같은 다른 실험 변수를 함께 고려하여 표본의 크기를 결정해야 합니다. 실험 결과를 사용하여 올바른 결론을 내리기 위해서는 이러한 변수가 서로 어떻게 연관되어 있는지 이해하는 것이 매우 중요합니다. 하지만 이것은 매우 복잡하고 미묘한 통계 개념으로 비즈니스 의사결정과 연결하여 생각하기 어렵습니다.

이어지는 절에서 통계 개념과 관습을 비즈니스 결정에 도입하는 방법을 상세히 설명합니다. 그런 다음 전통적인 관습에 대해 필자가 가진 의구심을 공유하고 전통적인 프레임워크를 유지하면서 이를 조정하는 방법을 소개합니다. 그리고 마지막으로 조금씩 인기를 얻고 있는 컴퓨터 시뮬레이션의 사용 방법을 다룹니다. 개인적으로 이 방법이 전통적인 방법보다 더 강력하다고 생각합니다.

수학을 몰라도 이해할 수 있는 통계 이론의 기초

'원클릭 예약' 버튼과 같은 실험을 진행할 때 궁극적인 목표는 올바른 결정을 내리는 것입니다. 버튼을 만들어야 할까요, 말아야 할까요? 안타깝게도 실험을 진행해도 일부 정보만 얻을 수 있어서 올바른 결정을 내릴 수 있을지 100% 확신할 수 없습니다. 물론 몇 년에 걸쳐서 실험을 계속한다면 아마 틀릴 확률은 100만분의 1까지 떨어질 수도 있지만 그래도 0%가 되진 않을 것입니다. 게다가 일반적으로 한 가지 실험에 몇 년을 바치기는 아깝죠! 따라서 실험의 표본 크기와 결론에 대한 확실성 사이는 서로 상충하며 균형이 필요합니다.

특정 결정이 옳았는지 여부는 사실 이후에 알 수 없기 때문에 실험 전에 좋은 표본 크기와 결정 규칙을 선택합니다. 여기서 '좋다'는 것은 무슨 뜻일까요? 가능한 가장 좋은 표본 크기와 규칙은 시간이 지남에 따라 예상 이익을 극대화하는 것을 의미합니다. 좋은 표본 크기와 결정 규칙을 찾아내는 방법은 이 책의 범위를 벗어납니다.[4] 대신 여기서는 다음과 같은 기준을 사용하겠습니다.

- 원클릭 버튼이 예약률을 높인다고 가정할 때 버튼을 올바르게 구현할 확률은 얼마일까요? 이 확률을 '참 양성' 확률이라고 합니다. 반대로 양의 효과가 있는데 없다고 잘못된 결론을 내리면 '거짓 음성'이라고 합니다.

---

4   베이지안 방법(Bayesian method)을 사용해야 합니다. 자세한 내용이 궁금하다면 앨런 B. 다우니(Allen Downey)의 『파이썬을 활용한 베이지안 통계』(한빛미디어, 2022)를 읽어보세요.

- 원클릭 버튼이 예약률에 뚜렷한 영향을 미치지 않는다고 가정하면(또는 심지어 부정적인 영향을 미친다면) 버튼을 잘못 구현했을 확률은 얼마일까요? 이 확률은 '거짓 양성' 확률이라고 합니다. 반대로 실제로 효과가 없고 결론도 효과가 없다고 올바르게 내린다면 그것은 '참 음성'이라고 합니다.

이렇게 다양한 구성을 요약하면 [표 8-2]와 같습니다.

표 8-2 상황에 따른 결과

		원클릭 예약 버튼을 구현했는가?	
		O	X
원클릭 예약 버튼이 예약률을 높이는가?	O	참 양성	거짓 음성
	X	거짓 양성	참 음성

[표 8-2]만 보면 참 양성$^{true\ positive}$과 참 음성$^{true\ negative}$의 비율을 최대한 높이고 거짓 양성$^{false\ positive}$과 거짓 음성$^{false\ negative}$의 비율을 최대한 낮추면 된다고 단순하게 생각할 수 있습니다. 그러나 [표 8-2]가 단순해 보여도 실제로는 무한히 많은 상황을 포괄합니다. 예를 들어 버튼이 예약률을 증가시킨다고 할 때 증가율은 1%나 2%가 될 수 있습니다. 반대로 버튼을 추가해도 예약률이 오르지 않는다고 할 때는 효과가 아예 없거나 예약률을 1%, 2%씩 떨어뜨린다는 의미일 수 있습니다. 전체 참 양성의 비율과 참 음성의 비율을 계산하려면 이러한 모든 효과의 크기를 고려해야 하는데 그것은 너무 복잡합니다. 대신 2개의 임곗값을 사용할 수 있습니다.

첫 번째 임곗값은 모든 항목에 정확히 0의 영향을 미치는 것으로 '날카로운 귀무가설$^{sharp\ null}$ ^{hypothesis}'이라고도 합니다. 무딘 귀무가설$^{nonsharp\ null\ hypothesis}$은 항목에 걸쳐 **평균** 효과가 0입니다. 이 값에 대한 거짓 양성 비율을 실험의 통계적 유의성이라고 합니다. 음의 영향은 귀무 효과보다 잡기가 더 쉬우므로 음의 값에 대한 거짓 양성의 비율은 적어도 통계적 유의성^{statistical} ^{significance}만큼 크고 음의 효과가 클수록 거짓 양성의 비율이 더 높습니다. 학술 연구에서 가장 일반적인 관례는 통계적 유의성을 5%로 설정하는 것이지만 입자 물리학과 같은 특정 분야에서는 0.00005%까지 낮아질 수도 있습니다.

두 번째 임곗값은 측정하고자 하는 양의 효과로 설정합니다. 예를 들어 예약률이 1% 증가할 것이라고 '합리적으로 확신'할 수 있도록 표본의 크기를 선택하고 싶다면 그보다 더 작은 효과는 무시해도 괜찮습니다. 이 값을 '대립 가설$^{alternative\ hypothesis}$'이라고도 하며 이 값에 대한 참 양성의 비율을 실험의 통계적 검정력$^{statistical\ power}$이라고 합니다. 큰 효과는 더 쉽게 포착할 수 있기 때문에 큰 값에 대한 참 양성의 비율은 적어도 통계적 검정력만큼 크고 양의 효과가 클수록 참 양성의 비율이 더 높습니다. '합리적으로 확실'하다는 것은 전통적으로 80%를 말합니다. 이것은 실험이 '80%의 검정력을 갖는다'는 것을 의미하지 않으며 그 문구 자체는 실제로 무의미합니다. 실험은 또한 더 큰 효과 크기에 대해 90%의 검정력을 가지고 더 작은 효과 크기에 대해 70%의 검정력을 가지고 있을 수 있습니다.

전통적인 관례에 따라 [표 8-2]를 수정하면 다음과 같습니다.

표 8-3 전통적인 접근법에 사용되는 임곗값

	원클릭 예약 버튼을 구현했는가?	
	O	X
원클릭 예약 버튼이 예약률을 1% 이상 증가시킵니다.	〉80% (효과 크기가 클수록 큽니다)	〈20% (효과 크기가 클수록 작습니다)
원클릭 예약 버튼이 예약률을 정확히 1% 증가시킵니다.	80% (통계적 검정력)	20% (1 − 통계적 검정력)
원클릭 예약 버튼이 예약률을 1% 미만 증가시킵니다.	〈80% (효과 크기가 클수록 큽니다)	〉20% (효과 크기가 클수록 작습니다)
원클릭 예약 버튼이 예약률에 아무런 영향을 미치지 않습니다.	5% (통계적 유의성)	95% (1 − 통계적 유의성)
원클릭 예약 버튼이 예약률을 낮춥니다.	〈5% (음의 효과 크기가 클수록 작습니다)	〉95% (음의 효과 크기가 클수록 큽니다)

필자는 단순히 관습이라는 이유로 임의의 숫자를 사용하는 것을 별로 좋아하지 않습니다. 여러분은 '80%의 검정력' 규칙을 여러분의 필요에 따라 자유롭게 조정해도 좋습니다. 임곗값 효과 크기에 대해 80%의 검정력을 사용하면 개입의 효과 크기가 정확히 동일한 경우 평균적으로 잘못된 음성 결과로 인해 개입을 구현하지 못할 확률이 20%가 됩니다. 테스트하기 어려울정도로 크고 비용이 많이 드는 개입에 적용하기에는 80%라는 수치가 너무 낮다고 생각합니다. 개인적으로는 90%의 검정력을 목표로 하는 것이 좋다고 생각합니다. 원하는 검정력이 클수록 표본의 크기가 커져야 합니다. 하지만 반대로 표본의 크기가 커질수록 실험에 필요한 시간이 길어지기 때문에 잘 조율해야 합니다. 원클릭 버튼의 가치를 완전히 확신하기까지 반년이 걸린다면 그 사이에 경쟁사는 웹페이지를 두 번이나 개편하고 시장 점유율을 높일 수 있습니다.

테스트 속도는 검정력을 분석하고 표본의 크기를 결정할 때 중요한 요소입니다. 하지만 개인적인 경험으로 볼 때 현실 세계에서 테스트 속도를 무시하는 경우가 종종 있습니다. 기업에서 1년에 실행할 수 있는 실험은 몇 개인가요? 많은 기업에서 이 숫자는 분석가 또는 비즈니스 파트너의 시간, 기업의 계획 주기, 예산 제한 등에 의해 영향을 받지만 고객의 수에는 영향을 받지 않습니다. 예를 들어 여러분이 현실적으로 1년에 한 번의 개입만 계획하고 테스트하고 실행할 수 있다면 3개월짜리 실험을 하고 남은 기간 동안 아무것도 안 하는 것보다 1년을 꽉 채우는 긴 실험을 하는 것이 더 의미 있을 것입니다. 또는 일주일에 하나씩 실험을 할 수 있고 3개월이라는 기간이 주어졌다면 다소 평범한 소규모 실험 12가지를 진행하는 것보다 여러 번의 실험 결과를 비교했을 때 의미가 있는 실험을 12번 진행하는 것이 더 좋을 수도 있습니다. 이러한 계산을 따져보고 테스트 속도를 기준으로 실험 기간이 적절한지 판단하여 조정해야 합니다.

통계적 유의성과 관련하여 기존의 접근법은 95%의 통계적 유의성 임곗값으로 대조군과 실험군이 비대칭하도록 설정합니다. 실험군이 구현되기 위해 통과해야 하는 기준은 기본직으로 구현된 대조군보다 훨씬 높습니다. 새로운 마케팅 이메일 캠페인을 기획하고 있고 두 가지 선택지가 있을 때 테스트를 진행한다고 가정하겠습니다. 어느 한 쪽에만 높은 기준을 적용하는 것은 다소 불공평해 보입니다. 반면에 몇 년 동안 실행되고 수백 번의 테스트를 거친 캠페인이 있다면 현재 버전이 매우 우수하다는 의미일 것입니다. 그런데 5%의 확률로 새로운 캠페인을 적용해야 한다면 기존의 캠페인의 우수성을 포기하는 확률 치고는 너무 높아 보일 수 있습니다. 이러한 경우에는 95%가 아닌 99%의 임곗값을 사용하는 것이 더 바람직해 보입니다. 필자는 이러한 이유로 전통적인 임곗값을 모든 실험에 그대로 적용하는 것이 좋지 않다고 생각합니다. 거짓 양성과 거짓 음성의 각 비용을 반영할 수 있는 기회를 놓치는 것이나 다름없습니다. 원클릭 버튼의 경우 구현의 비용이 적고 이전 상태로 되돌리기 쉬우므로 통계적 유의성의 임곗값을 90% 정도로 설정하겠습니다.

통계적 관점에서 요약하면 실험은 다음과 같은 네 가지 값으로 요약할 수 있습니다.

- 통계적 유의성(보통 그리스 문자 베타(β)로 표시)
- 대립 가설에 대해 선택한 효과 크기(최소 검출 가능 효과)
- 통계적 검정력(보통 $1 - \alpha$로 표시, α는 선택한 대체 효과 크기에 대한 거짓 음성의 비율)
- 실험의 표본 크기(보통 N으로 표시)

이 네 가지 변수를 B.E.A.N.(베타, 효과 크기, 알파, 표본 크기 N)이라고 하며 실험을 위해

이 변수를 결정하는 것을 '검정력 분석'[5]이라고 합니다. 원클릭 버튼 실험의 경우 처음 세 가지 변수를 결정했으므로 이제 표본 크기만 결정하면 됩니다. 다음으로 전통적인 통계 공식을 사용하는 방법과 컴퓨터 시뮬레이션을 사용하는 방법을 살펴보겠습니다.

전통적인 검정력 분석

통계학자들이 특정 통계 검정에 필요한 표본 크기를 결정하는 공식을 개발했습니다. 공식을 기반으로 검정 대신 회귀 분석을 사용할 것입니다. 이렇게 공식을 사용하는 이유는 무엇일까요? 필자 경험에 따르면 공식을 활용한 기법은 '실제로' 필요한 표본 크기와 같은 크기의 값을 계산합니다. 표본 크기가 100이어야 하는지 100,000이어야 하는지 모르는 경우 시뮬레이션을 하기 위한 합리적인 조기 값을 빠르고 쉽게 얻을 수 있습니다. 주어진 예제에서는 시뮬레이션이 끝날 때 거의 동일한 표본 크기를 얻을 수 있습니다.

비율 검정proportion test은 표준 검정이며 표본 크기를 계산하는 공식은 R과 파이썬에서 쉽게 구현할 수 있습니다. 먼저 R의 공식을 살펴보겠습니다.

과거 데이터에서 평균 예약률이 18.25%인 경우 효과 크기를 1%로 설정하면 실험군의 기대 예약률은 19.25%으로 해석됩니다. 모수의 표준 값(통계적 유의성 = 0.05, 검정력 = 0.8)을 사용할 때 R의 공식은 다음과 같습니다.

```
## R
> effect_size <- ES.h(0.1925,0.1825)
> pwr.2p.test(h = effect_size, n = NULL, sig.level = 0.05, power = 0.8,
              alternative = "greater")
```

```
     Difference of proportion power calculation for binomial distribution (arcsine
transformation)

              h = 0.02562255
              n = 18834.47
      sig.level = 0.05
          power = 0.8
    alternative = greater
```

----

5 크리스토퍼 L. 에이버슨(Christopher L. Aberson)의 『Applied Power Analysis for the Behavioral Sciences』(Routledge , 2019)

```
NOTE: same sample sizes
```

pwr 패키지에서 제공하는 검정력 분석을 위한 모든 함수의 구문은 효과 크기에 대한 표기법을 제외하고 동일합니다. 효과 크기에 대한 표기법은 공식마다 다릅니다.

- h는 기준 확률을 통해 관찰할 수 있는 확률의 증가에 기초한 효과 크기입니다.
- n은 각 집단의 표본 크기입니다.
- sig.level은 통계적 유의성입니다.
- power는 통계적 검정력이며 1 − α와 같습니다.

공식을 입력할 때는 이 변수 중 3개에 대한 값을 입력하고 나머지 1개를 NULL로 설정해야 합니다. 이전 코드에서는 공식으로 표본 크기를 계산하는 것이 목표이기 때문에 n = NULL로 설정합니다.

두 비율에 대한 검정의 경우 통계 목적의 효과 크기는 기준 비율에 따라 달라집니다. 10% 또는 90%의 기준선에서 5% 증가하는 것이 50%의 기준선에서 5% 증가하는 것보다 '중요'합니다. 다행히도 pwr 패키지는 ES.h() 함수를 제공하며 이 함수는 예상 확률과 기준 확률을 공식에 적합한 효과 크기로 변환합니다.

공식의 끝에 있는 매개변수 alternative도 주의 깊게 살펴보세요. alternative는 단측 검정^one-sided test(greater 또는 less)이나 양측 검정^two-sided test(two.sided)으로 설정할 수 있으며 원하는 검정 방법을 선택하는 매개변수입니다. 실험처치가 예약률을 증가시키는 경우를 제외하고 실험군이 대조군과 비교했을 때 같은 예약률을 가지고 있는지 또는 더 낮은 예약률을 가지고 있는지는 관심이 없습니다. 따라서 어느 쪽도 구현하지 않습니다. 이것은 단측 검정을 수행해야 함을 의미하기 때문에 alternative = 'greater'로 설정해야 합니다.

파이썬에서는 statsmodels.stats.proportion 패키지의 ratio_effectsize() 함수를 사용하여 R과 유사하게 구현할 수 있습니다.

```
## 파이썬
effect_size = ssprop.proportion_effectsize(0.194, 0.184)
ssp.tt_ind_solve_power(effect_size = effect_size,
                        alpha = 0.05,
```

```
        nobs1 = None,
        alternative = 'larger',
        power=0.8)
```

18950.818821558503

R과 파이썬 결과에 작은 차이가 있지만 공식이 반환한 표본 크기는 집단당 18,800개라고 말
할 수 있으며 집단이 2개이기 때문에 총 37,600개입니다. 이는 4개월도 채 안 되는 시간에 필
요한 표본 크기를 달성할 수 있다는 것을 의미합니다. 간단하죠? 0.1의 통계적 유의성과 0.9의
검정력을 사용하면 표본 크기는 집단당 조금 더 큰 20,000개로 계산됩니다.

앞에서 살펴본 의사결정 모델의 관점에서 통계적 유의성 0.1과 검정력 0.9에 대한 총 표본 크
기가 40,000개인 것은 무엇을 의미하나요? 다음을 상상해보세요.

- 표본 크기가 40,000개인 경우 굉장히 많은 실험을 실행해야 합니다.
- 각 실험의 결정 규칙은 비율 검정의 통계량에서 p-값이 0.1보다 작은 경우 원클릭 버튼을 구현합니다.
- 모든 실험에서 실제 효과 크기는 1%입니다.

그런 다음 유의한 양성 결과를 확인하고 이러한 실험의 90%(즉, 0.9)에서 원클릭 버튼을 구현
합니다. 나머지 10%에서는 원클릭 버튼을 구현하지 않는 잘못된 결정을 내립니다.

회귀에도 이와 같은 공식이 몇 가지 있지만 가장 단순한 경우에 해당합니다. 하지만 이런 단순
한 경우에도 회귀를 사용하기에는 유용함보다 복잡함이 더 크다고 생각합니다.

그럼에도 불구하고 시뮬레이션 접근법을 이해하는 차원에서 의사결정 모델에서 회귀를 사용했
을 때 전통적인 통계 접근법과 어떻게 다른지 검토하겠습니다. 일부 샘플 데이터로 로지스틱
회귀 분석을 실행해보겠습니다.

```
## R
exp_null_data <- hist_data %>%
  slice_sample(n=20000) %>%
  mutate(oneclick = ifelse(runif(20000)>0.5,1,0)) %>%
  mutate(oneclick = factor(oneclick, levels=c(0,1)))
summary(glm(booked ~ oneclick + age + gender,
            data = exp_null_data, family = binomial(link = "logit")))
```

```
## 파이썬
exp_null_data_df = hist_data_df.copy().sample(2000)
exp_null_data_df['oneclick'] = np.where(np.random.uniform(0,1,2000)>0.5, 1, 0)
mod = smf.logit('booked ~ oneclick + age + gender', data = exp_null_data_df)
mod.fit(disp=0).summary()
```

```
...
                    coef     std err      z       P>|z|     [0.025    0.975]
Intercept         9.5764     0.621     15.412     0.000      8.359    10.794
gender[T.male]    0.1589     0.136      1.167     0.243     -0.108     0.426
oneclick          0.0496     0.136      0.365     0.715     -0.217     0.316
age              -0.3017     0.017    -17.434     0.000     -0.336    -0.268
...
```

기존의 의사결정 규칙은 해당 계수(여기서는 약 0.0475)의 p-값이 0.1보다 작으면 원클릭 버튼의 영향이 유의하다고 간주하고 이것을 구현하는 것입니다. 그러나 p-값이 약 0.28이므로 효과가 크지 않다고 간주하고 버튼을 구현하지 않기로 결정합니다. 실제 수치는 시뮬레이션에 따라 무작위로 변경된다는 점을 참고하세요.

이 접근법을 기반으로 분석의 표본 크기를 결정하면 실제 효과가 1%인 많은 수의 실험이 있을 때 실험의 90%에서 회귀 계수에 대한 p-값이 0.1 미만이 되도록 표본 크기를 결정해야 합니다. 그러나 7장에서 설명했듯이 이것은 데이터가 정규분포를 따른다는 통계적 가정을 암시합니다. 따라서 부트스트랩 시뮬레이션을 사용하겠습니다.

> NOTE 비율 검정에서 표본 크기 공식을 사용하면 빠르고 간편하게 표본 크기를 구할 수 있습니다. 공식으로 구한 표본 크기는 실제로 필요한 최종 표본 크기와 같은 크기여야 하기 때문입니다. 비율 검정에서 필요한 총 표본 크기가 40,000개라는 것은 다른 예측 변수의 예측력이 비정상적으로 높은 경우가 아니라면 필요한 표본 크기가 1,000 또는 100,000이 아니라 10,000에 가깝다는 것을 의미합니다. 즉, 표본 크기는 5자리 숫자가 됩니다. 여기서는 잠정적인 표본 크기를 20,000개로 가정하고 시뮬레이션을 수행합니다. 그리고 이 값이 얼마나 효과적인지에 따라 숫자를 늘리거나 줄일 것입니다.

통계를 몰라도 수행할 수 있는 검정력 분석: 부트스트랩 시뮬레이션

기존의 통계 분석은 제한된 데이터를 가지고 직접 공들여서 계산할 때 완벽하게 의미가 있습니다. 하지만 이제 기존의 통계 분석은 노력에 비해 유용성이 부족하다고 생각합니다. 부트스트랩 시뮬레이션은 응용 데이터 분석의 요구 사항과 현실을 더 잘 반영하는 대안을 제공합니다. 비즈니스 파트너는 실험이 무의미한 것보다 잘못될 가능성(예를 들어 실제로는 대조군이 실험군보다 10% 더 좋은데 실험군이 대조군보다 1% 더 좋다고 말하는 등)을 더 우려합니다.

시뮬레이션과 통계 이론

부트스트랩 시뮬레이션을 사용할 때 결정 규칙은 p-값을 기준으로 삼지 않습니다. 대신 관심 계수에 대한 부트스트랩 신뢰 구간이 특정 임곗값(일반적으로 0) 이상인 경우에 실험처치를 구현합니다. 통계 검정력 분석의 가정이 검증되면 부트스트랩 시뮬레이션은 매우 유사하고 직관적으로 연결된 결과를 산출합니다.

- 개입이 효과가 없다는 날카로운 귀무가설을 바탕으로 시뮬레이션의 90%에서 90%의 신뢰 구간이 0을 포함하며 시뮬레이션의 80%에서 80%의 신뢰 구간이 0을 포함할 것으로 예상합니다. 신뢰 구간의 적용 범위라고 하는 이 속성은 신뢰 구간을 정의하는 데 사용하는 백분율이 통계적 유의성과 동일하다는 것을 의미합니다. 즉, 90%의 신뢰 구간은 양쪽 방향에서 약 5%의 거짓 양성 확률을 갖습니다. 5%의 경우에서 완전히 음성인 신뢰 구간을 관찰하고 5%의 경우에서 완전히 양성인 신뢰 구간을 관찰합니다.

- 대안 가설, 즉 목표 효과 크기가 주어지면 참 양성을 산출하는 시뮬레이션의 백분율로 검정력을 정의할 수 있습니다. 예를 들어 원클릭 버튼의 효과를 1%로 설정하여 많은 양의 실험을 시뮬레이션하고 부트스트랩 신뢰 구간의 75%가 완전히 양성임을 관찰하면 검정력이 75%가 됩니다.

> **NOTE** 다음 장에서 살펴보겠지만 전통적인 통계 검정력 분석의 가정이 검증되지 않으면 부트스트랩 신뢰 구간의 적용 범위가 달라질 수 있습니다. 즉, 90%의 신뢰 구간은 90% 이상 또는 이하의 확률로 0을 포함할 수 있습니다. 이 효과적인 적용 범위는 원하는 유의 수준으로 설정해야 하는 거짓 양성의 실제 위험을 나타냅니다. 자세한 내용은 9장에서 살펴보겠습니다.

시뮬레이션은 데이터가 이상하거나 비즈니스 의사결정이 복잡하더라도 모든 실험에 필요한 표본 크기를 결정하는 매우 다재다능하면서도 투명한 방법을 제공합니다. 실제로 실험을 진행하기 전에 데이터를 분석하고 코드를 작성하는 방법을 명시함으로써 추가적인 온전성 검사^{sanity}

^{check}와 조정의 기회를 제공한다는 점에서 이러한 장점이 성립됩니다. 하지만 반대로 단점도 있습니다. 기성 공식을 사용하는 대신 코딩을 더 많이 해야 합니다. 필자는 코드를 직관적인 함수 단위로 나누어 코드의 복잡성을 최대한 줄이고자 노력할 것입니다.

분석 코드 작성

먼저 로지스틱 회귀에서 *OneClick*에 대한 계수(관심 지표)를 출력하는 함수를 생성합니다.

```r
## R
# 지표 함수
log_reg_fun <- function(dat){
  # 로지스틱 회귀 분석 실행
  log_mod_exp <- glm(booked ~ oneclick + age + gender,
                     data = dat, family = binomial(link = "logit"))
  summ <- summary(log_mod_exp)
  metric <- summ$coefficients['oneclick1', 'Estimate']
  return(metric)
}
```

```python
## 파이썬
def log_reg_fun(dat_df):
    model = smf.logit('booked ~ oneclick + age + gender', data = dat_df)
    res = model.fit(disp=0)
    coeff = res.params['oneclick']
    return coeff
```

이 코드는 이전에 진행한 분석을 함수화한 것입니다. 이 함수를 샘플 데이터셋에 적용하면 동일한 계수인 약 0.0475가 반환됩니다.

그런 다음 7장의 함수를 재사용하여 이 지표에 대한 부트스트랩 신뢰 구간을 계산합니다.

```r
## R
boot_CI_fun <- function(dat, metric_fun){
  # 부트스트랩 표본 개수 설정
  B <- 100

  boot_metric_fun <- function(dat, J){
    boot_dat <- dat[J,]
```

```
      return(metric_fun(boot_dat))
    }
    boot.out <- boot(data=dat, statistic=boot_metric_fun, R=B)
    confint <- boot.ci(boot.out, conf = 0.90, type = c('perc'))
    CI <- confint$percent[c(4,5)]
    return(CI)
  }
```

```
## 파이썬
def boot_CI_fun(dat_df, metric_fun, B = 100, conf_level = 0.9):
    # 표본 개수 설정
    N = len(dat_df)
    conf_level = conf_levcl
    coeffs = []

    for i in range(B):
        sim_data_df = dat_df.sample(n=N, replace = True)
        coeff = metric_fun(sim_data_df)
        coeffs.append(coeff)

    coeffs.sort()
    start_idx = round(B * (1 - conf_level) / 2)
    end_idx = - round(B * (1 - conf_level) / 2)
    confint = [coeffs[start_idx], coeffs[end_idx]]
    return(confint)
```

마찬가지로 90%의 부트스트랩 신뢰 구간이 완전히 양성인 경우(즉, 0을 포함하지 않음)에만 버튼을 구현할 것이라는 결정 규칙을 적용합니다.

```
## R
decision_fun <- function(dat){
  boot_CI_fun(dat, metric_fun)
  decision <- ifelse(boot_CI[1]>0,1,0)
  return(decision)
}
```

```
## 파이썬
def decision_fun(dat_df, metric_fun, B = 100, conf_level = 0.9):
    boot_CI = boot_CI_fun(dat_df, metric_fun, B = B, conf_level = conf_level)
```

```
        decision = 1 if boot_CI[0] > 0  else 0
        return decision
```

이것은 p-값이 임곗값 0.10 미만인 경우에만 버튼을 구현하는 결정 규칙과 같습니다. 이 함수를 샘플 데이터셋에 적용하면 0이 반환되는 것을 확인할 수 있습니다.

주어진 효과 크기와 주어진 표본 크기에 대한 실험의 검정력은 동일하게 정의됩니다. 즉, 검정력은 버튼을 구현하는 많은 수의 실험에 대한 백분율입니다. 이제 많은 수의 실험을 시뮬레이션하겠습니다.

검정력 시뮬레이션

이제 하나의 시뮬레이션을 실행하는 함수를 작성합니다. 코드는 다음과 같습니다. 주요 단계를 표시하는 번호는 R과 파이썬에서 동일하게 사용했습니다.

```
## R
single_sim_fun <- function(dat, metric_fun, Nexp, eff_size, B = 100,
                           conf.level = 0.9){

  # 예측한 예약 확률 추가 ❶
  hist_mod <- glm(booked ~ age + gender + period,
                  family = binomial(link = "logit"), data = dat)
  sim_data <- dat %>%
    mutate(pred_prob_bkg = hist_mod$fitted.values) %>%
    # 원하는 표본 크기로 필터링 ❷
    slice_sample(n = Nexp) %>%
    # 실험 집단을 무작위로 할당 ❸
    mutate(oneclick = ifelse(runif(Nexp,0,1) <= 1/2, 0, 1)) %>%
    mutate(oneclick = factor(oneclick, levels=c(0,1))) %>%
    # 실험군에 효과를 추가 ❹
    mutate(pred_prob_bkg = ifelse(oneclick == 1,
                                  pred_prob_bkg + eff_size,
                                  pred_prob_bkg)) %>%
    mutate(booked = ifelse(pred_prob_bkg >= runif(Nexp,0,1),1, 0))

  # 결론을 계산(기대하는 값은 1) ❺
  decision <- decision_fun(sim_data, metric_fun, B = B,
                           conf.level = conf.level)
  return(decision)
}
```

```
## 파이썬
def single_sim_fun(Nexp, dat_df = hist_data_df, metric_fun = log_reg_fun,
                   eff_size, B = 100, conf_level = 0.9):

    # 예측한 예약 확률 추가 ❶
    hist_model = smf.logit('booked ~ age + gender + period', data = dat_df)
    res = hist_model.fit(disp=0)
    sim_data_df = dat_df.copy()
    sim_data_df['pred_prob_bkg'] = res.predict()
    # 원하는 표본 크기로 필터링 ❷
    sim_data_df = sim_data_df.sample(Nexp)
    # 실험 집단을 무작위로 할당 ❸
    sim_data_df['oneclick'] = np.where(np.random.uniform(size=Nexp) <= 0.5, 0, 1)
    # 실험군에 효과를 추가 ❹
    sim_data_df['pred_prob_bkg'] = np.where(sim_data_df.oneclick == 1,
                                            sim_data_df.pred_prob_bkg + eff_size,
                                            sim_data_df.pred_prob_bkg)
    sim_data_df['booked'] = np.where(sim_data_df.pred_prob_bkg >= \
                                     np.random.uniform(size=Nexp), 1, 0)

    # 결론을 계산(기대하는 값은 1) ❺
    decision = decision_fun(sim_data_df, metric_fun = metric_fun, B = B,
                            conf_level = conf_level)

    return decision
```

❶. ❶ 데이터에 예측한 예약 확률을 추가합니다.

❷. ❷ 원하는 표본 크기까지 필터링합니다.

❸. ❸ 실험 집단을 할당합니다.

❹. ❹ 실험군에 효과를 추가합니다.

❺. ❺ 결론을 계산하는 함수를 적용하고 결과를 반환합니다.

이제 특정 효과와 표본 크기에 대한 검정력 함수를 작성할 수 있습니다. 이 함수는 반복적으로 실험 데이터셋을 생성한 다음 의사결정 함수를 적용합니다. 이 함수는 버튼을 구현할 때 사용할 부분을 반환합니다.

```
## R
power_sim_fun <- function(dat, metric_fun, Nexp, eff_size, Nsim,
                          B = 100, conf.level = 0.9){
```

```
  power_list <- vector(mode = "list", length = Nsim)
  for(i in 1:Nsim){
    power_list[[i]] <- single_sim_fun(dat, metric_fun, Nexp, eff_size,
                                      B = B, conf.level = conf.level)
  }
  power <- mean(unlist(power_list))
  return(power)
}
```

```
## 파이썬
def power_sim_fun(dat_df, metric_fun, Nexp, eff_size, Nsim, B = 100,
                  conf_level = 0.9):
    power_lst = []
    for i in range(Nsim):
        print("starting simulation number", i, "\n")
        power_lst.append(single_sim_fun(Nexp = Nexp, dat_df = dat_df,
                                        metric_fun = metric_fun,
                                        eff_size = eff_size, B = B,
                                        conf_level = conf_level))
    power = np.mean(power_lst)
    return(power)
```

시뮬레이션해야 하는 데이터셋은 몇 개일까요? 20부터 시작하는 것이 좋습니다. 잡음이 많은 추정치를 산출하긴 하지만 0 또는 1의 검정력을 얻으면 표본 크기를 조정해야 한다는 것을 알 수 있습니다.

```
## 파이썬 (출력 결과는 생략)
power_sim_fun(dat_df=hist_data_df, metric_fun = log_reg_fun, Nexp = int(4e4),
              eff_size=0.01, Nsim=20)
```

```
## R
> set.seed
> power_sim_fun(dat=hist_data, effect_size=0.01, Nexp = 4e4, Nsim=20)
```

```
[1] 0.9
```

첫 번째 추정치는 90%의 검정력입니다. 앞서 말한 것처럼 전통적인 공식을 사용하면 시뮬레이션을 시작할 수 있는 합리적인 수치를 확보할 수 있습니다. 그런 다음 100개의 시뮬레이션을 각각 30,000행과 50,000행으로 검정력 시뮬레이션 함수를 실행하고 마지막으로 200개의 시뮬레이션을 각각 35,000행과 45,000행으로 실행합니다. 기본적으로 표본 크기의 구간이 점점 더 좁아지므로 시뮬레이션의 수를 늘리면 정확도를 향상시킬 수 있습니다. [그림 8-6]은 이를 연속적으로 반복한 결과를 보여줍니다.

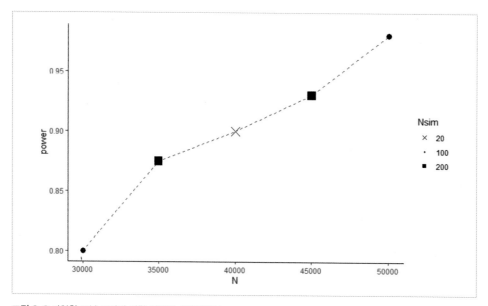

그림 8-6 다양한 표본 크기에 대한 검정력 시뮬레이션

앞에서 언급한 것처럼 약 40,000에서 0.9의 검정력이 나타납니다. 좀 더 정확하게 분석해야 한다면 시뮬레이션을 계속 실행할 수도 있지만(예를 들어 표본 크기 38,000? 41,000?) 이 예제에서는 이 정도면 충분합니다.

표본 크기를 결정했으니 마지막으로 해당 표본 크기에서 몇 가지 효과 크기에 대한 검정력 곡선을 그려보겠습니다. 이를 통해 실제 효과 크기가 양수라고 가정할 때 양성 결과를 얻을 가능성이 얼마나 되는지 직관적으로 이해할 수 있습니다. 또한 실험의 효과가 하나의 효과 크기에 대해서만 정의되는 것이 아니라는 점을 비즈니스 파트너에게 더 잘 전달할 수 있습니다. [그림 8-7]은 실험의 검정력이 효과를 0.5%에서 2%로 증가시키는 과정을 보여줍니다.

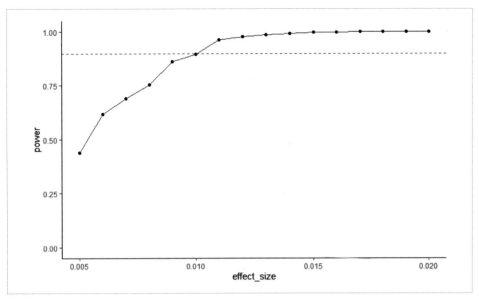

그림 8-7 N = 40,000에서 다양한 효과 크기에 대한 검정력 시뮬레이션, 효과 크기당 시뮬레이션 개수 200, 점선의 검정력 = 0.9

효과 크기당 시뮬레이션 수가 200개일 때 곡선이 매끄럽지 않은 것을 보면 검정력의 추정값이 여전히 완벽하지는 않지만 그래도 상당히 정확합니다. 즉, 2%의 효과 크기에 대해 검정력이 1이라는 것은 문자 그대로 효과 크기에 대해 100%의 검정력이 있다는 것을 의미하는 것은 아니지만 100%에 매우 가깝다는 것을 의미합니다.

> **NOTE** 다시 한번 강조하지만 변수가 상당히 매끄럽고 정규분포를 따르는 경우 부트스트랩 신뢰 구간의 시뮬레이션된 통계적 유의성은 정규 신뢰 구간에 매우 가까워야 합니다. 이상한 데이터(다중 피크, 두꺼운 꼬리 등)의 경우 이 가정이 깨질 수 있으며 시뮬레이션한 통계적 유의성이 크게 어긋나지 않았는지 확인해야 합니다.

원한다면 효과 크기가 0인 시뮬레이션을 실행할 수도 있습니다. 이를 통해 분석의 경험적 통계 유의성을 확인할 수 있습니다. 90%의 부트스트랩 신뢰 구간을 사용하고 있기 때문에 이러한 시뮬레이션 중 약 5%는 원클릭 버튼을 (잘못) 구현하기로 결정해야 합니다. 관찰한 내용에 의하면 그렇습니다.

8.4 실험 결과 분석과 해석

실험을 실행하고 관련된 데이터를 수집했다면 이제 분석할 시간입니다. 김징력을 추성하기 위해 실행한 모든 시뮬레이션 분석이 끝나면 최종 분석 자체는 굉장히 쉬워집니다. 로지스틱 회귀 분석을 실행하고 90%의 부트스트랩 신뢰 구간을 결정합니다. 무작위 배정을 적용했기 때문에 원클릭 버튼에 대한 계수는 교란되지 않았습니다. 따라서 교란 요소를 제어할 필요가 없습니다. 그러나 예약 확률의 요인이 되는 다른 변수를 추가하면 잡음을 줄이고 추정의 정확도를 크게 향상시킬 수 있습니다.

```
## 파이썬 (출력 결과는 생략)
import statsmodels.formula.api as smf
model = smf.logit('booked ~ age + gender + oneclick', data = exp_data_df)
res = model.fit()
res.summary()
```

```
## R
> log_mod_exp <- glm(booked ~ oneclick + age + gender,
                     data = exp_data, family = binomial(link = "logit"))
> summary(log_mod_exp)
```

```
...
Coefficients:
            Estimate Std. Error z value   Pr(>|z|)
(Intercept) 11.94701    0.22601  52.861   < 2e-16 ***
```

---

6 https://oreil.ly/BehavioralDataAnalysis

```
oneclick1       0.15784    0.04702   3.357    0.000789 ***
age            -0.39406    0.00643 -61.282     < 2e-16 ***
genderfemale   -0.25420    0.04905  -5.182 0.000000219 ***
...
```

원클릭 버튼에 대한 계수는 0.15784이고 90%의 부트스트랩 신뢰 구간은 대략 [0.073; 0.250]입니다. 결정 규칙에 따라 원클릭 버튼을 구현합니다.

로지스틱 회귀의 계수는 직접 해석할 수 없으며 오즈비[odds ratio]를 사용하는 권장 솔루션은 약간의 도움(특히 조절효과가 있는 경우)만 가능합니다. 필자가 선호하는 방법은 실험 데이터의 복사본을 2개 생성하는 것입니다. 하나는 원클릭 버튼에 대한 변수가 모든 사람에 대해 1로 설정되고 다른 하나는 0으로 설정됩니다. 이 두 데이터셋에 로지스틱 모델을 적용하여 모델이 예측한 예약 확률을 비교하면 모두에 대한 실험처리를 구현했을 때 관찰할 수 있는 효과와 매우 가까운 '평균' 효과를 계산할 수 있습니다. 조금은 비과학적인 방법이지만 매우 유용합니다.

```
## R
diff_prob_fun <- function(dat, reg_model = log_mod_exp){
  no_button <- dat %>%        ❶
    mutate(oneclick = 0) %>%
    mutate(oneclick = factor(oneclick, levels=c(0, 1))) %>%
    select(age, gender, oneclick)
  button <- dat %>%        ❷
    mutate(oneclick = 1) %>%
    mutate(oneclick = factor(oneclick, levels=c(0, 1))) %>%
    select(age, gender, oneclick)
  # 모델의 예측 결과 추가
  no_button <- no_button %>%        ❸
    mutate(pred_mod = predict(object=reg_model, newdata = no_button,
                              type="response"))
  button <- button %>%
    mutate(pred_mod = predict(object=reg_model, newdata = button,
                              type="response"))
  # 확률의 평균 차이 계산
  diff <- button$pred_mod - no_button$pred_mod        ❹
  return(mean(diff))
}
diff_prob_fun(exp_data, reg_model = log_mod_exp)
```

```
## 파이썬
def diff_prob_fun(dat_df, reg_model = log_mod_exp):

    # 데이터 사본 생성
    no_button_df = dat_df.loc[:, 'age':'gender']     ❶
    no_button_df.loc[:, 'oneclick'] = 0
    button_df = dat_df.loc[:,'age':'gender']     ❷
    button_df.loc[:, 'oneclick'] = 1

    # 모델의 예측 결과 추가
    no_button_df.loc[:, 'pred_bkg_rate'] = res.predict(no_button_df)     ❸
    button_df.loc[:, 'pred_bkg_rate'] = res.predict(button_df)

    diff = button_df.loc[:,'pred_bkg_rate'] \     ❹
    - no_button_df.loc[:,'pred_bkg_rate']
    return diff.mean()

diff_prob_fun(exp_data_df, reg_model = log_mod_exp)
```

```
0.007129714313551981
```

❶, ❶ 모든 행에 대해 onclick 변수를 0으로 설정하는 no_button이라는 데이터셋을 생성합니다. 그리고 나중에 예측 함수에 적용할 수 있도록 factor로 변환합니다.

❷, ❷ 모든 행에 대해 onclick 변수를 1로 설정하는 button이라는 데이터셋을 생성합니다.

❸, ❸ log_mod_exp 모델로 predict() 함수를 사용하여 각 경우의 예측 예약 확률을 계산합니다.

❹, ❹ 예측 확률 사이의 차이를 계산합니다.

실험 모집단 전체의 평균 효과가 약 0.7122로 양수이지만 목표한 1보다 낮음을 알 수 있습니다. 지금까지 그래왔듯이 90%의 부트스트랩 신뢰 구간을 구하면 [0.705; 0.721]입니다. 이 간격은 매우 좁고 0이 아닙니다. 따라서 경험을 바탕으로 5%의 수준에서 결과가 통계적으로 유의하다고 취급할 수 있습니다. 이 경우 더 확실한 결론을 내릴 수도 있습니다. 99.8%의 신뢰 구간은 약 [0.697; 0.728]로 여전히 0과 거리가 멀기 때문에 (1 − 0.998) / 2 = 0.1%의 수준에서 결과가 유의하다고 말할 수 있습니다.

모든 사례를 아우를 수 있도록 의사결정 규칙을 요약하면 [표 8-4]와 같습니다. 이렇게 하면 관찰한 추정 효과가 통계적으로 유의한지 여부와 경제적으로 유의한지 여부(여기서는 1%의 증가를 의미함)에 따라 수행할 작업을 확인할 수 있습니다. 현재의 경우 버튼은 완전하게 양의 효과가 있고 구현 비용이 저렴하다는 점을 고려하여 구현하기로 결정할 수 있습니다.

표 8-4 원클릭 예약 버튼에 대한 결정 규칙

		관찰한 추정 효과		
		추정 효과 <= 0	0 < 추정 효과 < 1	1 <= 추정 효과
관찰한 결과의 경험적 통계 유의성	높음 (90% 이상의 부트스트랩 신뢰 구간은 0을 넘지 않습니다)	버튼을 구현하지 않습니다.	추정한 효과 크기, 비용, 위험 선호도에 따라 버튼의 구현 여부를 결정합니다.	버튼을 구현합니다.
	낮음 (90%의 부트스트랩 신뢰 구간이 0입니다)	버튼을 구현하지 않습니다.	버튼을 구현하지 않습니다.	신뢰 구간과 위험 선호도에 따라 버튼을 구현하거나 새로운 테스트를 실행합니다.

마지막으로 주목할 점은 실험 집단 전체의 평균 효과인 0.712는 대조군과 실험군 사이의 직접적인 차이인 0.337과는 상당히 거리가 멀다는 것입니다. 이것은 두 실험 집단 사이의 무작위성 차이 때문입니다. 대조군의 평균 연령은 40.63세이지만 실험군의 평균 연령은 40.78세입니다. 또한 실험군에서 남성의 비율이 조금 더 높습니다. 효과 크기가 매우 작기 때문에 이러한 미세한 차이도 두 집단의 직접적인 비교를 혼란스럽게 만들 수 있습니다. 표본 크기는 두 집단이 약 0.3% 안에서 동일할 정도로 충분히 큽니다. 절대적인 측면으로 보면 꽤 가깝지만 이 수치는 실험 효과의 약 절반입니다.

안타깝지만 이 실험에서는 고객이 오면 두 집단에 무작위로 할당하는 것 말고는 더 할 수 있는 일이 없습니다. 그러나 실험을 시작할 때 전체 실험 표본을 이해한다면 (다음 장에서 살펴볼) 층화 무작위 배정을 통해 대조군과 실험군이 가능한 한 동일하도록 설정하여 보다 확실한 결론을 내릴 수 있습니다.

8.5 정리하기

이 장에서는 간단한 무작위 배정을 사용한 온라인 A/B 테스트로 가장 간단한 형태의 실험을 설계하는 방법을 살펴보았습니다. 단순히 고객에게 무작위로 다른 버전의 웹사이트를 보여주거나 이메일을 보내는 것 이상의 의미가 있어야 잘 설계된 실험이라고 할 수 있습니다. 비즈니스 목표와 목표 지표를 결정한 다음 행동 논리로 개입이 목표와 어떻게 연결되어 있는지 명확하게 설명할 수 있어야 합니다. 비즈니스 목표, 목표 지표, 개입과 행동 논리를 모두 합치면 실험의 변화 이론이 됩니다.

그런 다음 실험 설계의 양적인 측면을 살펴보았습니다. 처음에는 매우 간단한 무작위 배정으로 실험을 설계했고 검정력 분석과 표본 크기를 계산하는 방법을 집중적으로 살펴보았습니다. 사용 가능한 통계 공식이 있지만 필자는 통계 검정보다는 회귀를 분석 도구로 채택하는 것을 선호합니다. 또한 추정된 계수에 대한 불확실성의 척도로 p-값이 아닌 부트스트랩의 신뢰 구간을 사용하여 공식 대신 검정력 시뮬레이션을 사용하는 것을 추천합니다. 이처럼 간단한 실험에서는 통계 검정과 회귀 분석 결과가 거의 동일하지만 다음 두 장에서는 공식이 없는 더 복잡한 설계 방법을 알아보겠습니다.

## CHAPTER 9

층화 무작위 배정

8장에서 가장 간단한 형태의 무작위 할당 방법을 살펴봤습니다. 고객이 사이트에 접속하면 마치 동전 던지기나 주사위 던지기와 같이 무작위로 고객을 할당했습니다. 예를 들어 동전 던지기라면 앞면은 A 버전, 뒷면은 B 버전의 웹페이지를 고객에게 보여주었습니다. 확률이 정확히 50/50은 아닐 수 있지만 어느 정도 일정하며 고객의 특성과는 무관합니다. '대조군이 실험군보다 평균 나이가 많으니 다음으로 나타나는 밀레니얼 세대는 대조군에 넣습니다'와 같이 고객의 특성을 반영하는 것과 다릅니다. 결과적으로 대조군과 실험군은 '확률적으로 동일'합니다. 즉, 실험을 계속 하다보면 두 집단의 비율이 일반 모집단과 정확하게 같아집니다. 그러나 실제로는 실험 집단이 서로 상당히 다를 수 있습니다. 최종 분석에 설명 변수를 추가하면 이러한 불균형을 어느 정도 보완할 수 있지만 누가 실험에 참여하는지 미리 안다면 보다 나은 무작위 배정을 수행할 수 있습니다.

이 장에서는 실험 집단을 최대한 유사하게 만드는 층화 무작위 배정stratified randomization을 소개합니다. 층화 무작위 배정을 사용하면 실험의 설명력이 크게 향상되어 표본 크기가 작을 때 굉장히 유용합니다.

층화 무작위 배정은 미리 정의된 고객/직원 등의 목록이 있는 모든 상황에 적용할 수 있으며 미리 정의된 목록으로부터 실험 집단을 구축합니다. A/B 테스트는 이메일이나 웹사이트의 사소한 변경 사항을 다룰 때 자주 언급됩니다. 이 책에서는 이메일 캠페인을 예로 들었죠. 하지만 '전략적 감각strategic sense'을 바탕으로 회사의 임원이 추진하는 대규모 비즈니스 과제도 테스트하고 검증할 수 있습니다.

에어씨앤씨는 두 예약 사이에 최소 24시간 동안 숙소를 청소할 수 있는 시간을 보장합니다. 인기가 매우 많은 숙소의 경우 예약 수요가 많기 때문에 이러한 청소 시간은 사업을 제한하는 요인이 됩니다. 숙소의 소유주는 청소 시간을 줄이고 숙소의 월별 수익을 늘리기를 원합니다. 2개의 부서에서 수익을 늘릴 방법을 제안합니다.

- 재무 부서는 소유주에게 최소 2박 이상부터 예약이 가능하도록 설정하자고 제안합니다.
- 고객 경험 부서는 최소 예약 기간을 제한하면 고객 만족도가 낮아질 것이라고 생각합니다. 대신 청소 시간을 24시간에서 8시간으로 줄이고 전문 청소 회사의 서비스를 무료로 제공할 것을 제안합니다.

이러한 상황은 비즈니스에서 흔합니다. 양쪽 모두 문제의 다양한 측면을 바라보고 서로 다른 지표를 상소하거나(주어진 예제에서는 예약 수익과 고객 경험) 자신의 입장에 유리한 사례를 근거로 제시하면서('다른 회사가 X를 하기 때문에 우리 회사도 그렇게 해야 합니다') 다소 설득력 있는 주장을 하고 있습니다. 일반적으로 소유주의 마음을 더 사로잡은 사람이 '승리'하고 승리한 솔루션이 구현됩니다. 이것을 조직정치 규칙organizational politics rule이라고도 합니다.

이 시점에서 여러분은 아마도 이 책에서 '실험이 있다면 여러분은 모든 조직정치 규칙을 뛰어넘어 아무런 마찰 없이 최선의 해결책을 도출할 수 있습니다'와 같은 말을 하기를 기대할지도 모릅니다. 그렇게 쉽다면 얼마나 좋을까요! 실험은 이러한 상황에서 엄청난 도움이 될 수 있지만 두 가지 이유로 만능열쇠는 아닙니다.

첫 번째 이유는 어떤 솔루션이 모든 면에서 다른 솔루션보다 우월하다는 확신이 없다면 각 솔루션의 목표 사이에서 장단점을 따져야 하기 때문입니다. 예를 들어 이익의 증대를 위해 어느 정도의 고객 만족도가 떨어지는 것을 회사가 기꺼이 감수할 수 있나요? 이 질문은 다분히 정치적입니다. 왜냐하면 회사의 이해관계자들마다 이 문제에 대한 생각이 다르기 때문입니다. 실험이 성공하기를 원한다면 이러한 장단점을 최대한 명확하게 경영진에게 제시하고 최대한 빨리 해결해야 합니다.

두 번째 이유는 실험은 결국 양립하는 의견이 있을 때 한쪽만 웃을 수 있게 하기 때문입니다. 심지어 대조군이 가장 좋은 결과를 보인다면 양쪽 다 웃을 수 없을지도 모릅니다. 원하는 결과를 얻지 못한 소유주는 '샌프란시스코 베이 지역은 수요가 많은 다른 시장과 다르다', '설문조사로 측정한 고객 만족도는 떨어졌지만 순수 고객 추천 점수는 상승했으며 이 점수가 '진정한' 고객 만족도를 측정하는 척도다'와 같이 합리화할 수도 있습니다.

이러한 두 가지 이유로 실험은 설계 관점뿐만 아니라 비즈니스 관점에서도 적절하게 계획하고 실행하는 것이 매우 중요합니다.

9.1 실험 계획

8장에서 살펴본 바와 같이 실험을 성공적으로 계획하려면 실험의 변화 이론을 명확하게 설명해야 합니다.

- 비즈니스 목표와 목표 지표는 무엇입니까?
- 개입의 정의는 무엇인가요?
- 목표와 개입은 행동 논리로 어떻게 연결할 수 있나요?

지금쯤이면 여러분은 이 과정이 익숙할 것입니다. 따라서 변화 이론을 수립하는 과정은 자세히 설명하지 않겠습니다. 실험을 더 깊게 이해할 수 있도록 단계를 빠르게 진행하겠습니다. 특히 여기서는 행동 관점에서 실험의 몇 가지 특이점을 설명하겠습니다.

9.1.1 비즈니스 목표와 목표 지표

이 실험의 비즈니스 목표, 즉 해결하려는 비즈니스 문제는 수요가 많은 시장에서 다운타임downtime을 줄여서 수익을 높이는 것입니다. 무료 청소 서비스를 제공하려면 상당한 비용(재무 부서에서는 하루에 10달러가 들 것으로 추정)이 들기 때문에 청소 서비스의 비용을 분석에 추가해야 합니다.

목표 지표를 비즈니스 목표에 따라 수정합니다. 기본 지표는 하루 평균 예약 수익입니다. 하지만 청소 서비스 비용을 고려해야 하기 때문에 해당 비용을 제외한 하루 평균 예약 수익을 지표로 사용하겠습니다. 간단히 말해서 무료 청소 서비스를 제공하는 실험군에 대해서는 기본 지표에서 10달러를 빼야 합니다.

그러나 최소 예약 기간이 고객 만족도에 부정적인 영향을 미칠 것이라는 우려도 있었죠. 이것은 어떻게 고려할 수 있을까요?

많은 책에서 이러한 경우 가중 평균 지표(또는 종합 평가 기준(OEC))를 사용할 것을 추천합니다. 주어진 예제에서 가중 평균 지표는 두 변수에 각각 50%의 가중치를 할당한 다음 그것을 새로운 지표로 사용하여 적용할 수 있습니다. 만약 여러분이나 비즈니스 파트너가 가중 평균 지표를 사용하길 원한다면 이 방식을 따라도 좋습니다. 하지만 필자는 가중 평균 지표 대신 고유한 목표 지표를 선택하고 필요하다면 '가드레일 지표^{guardrail metric}'를 두는 것이 선호합니다. 이러한 접근 방식을 추천하는 이유가 몇 가지 있습니다.

첫 번째는 비즈니스 목표 사이의 장단점이 궁극적으로는 전략적이고 정치적인 결정이라는 것입니다. 이익 증가와 고객 만족도를 어느 정도로 교환할 수 있는지에 대한 객관적인 최선의 답은 없습니다. 그것은 조직, 상황과 현재의 우선순위에 따라 다릅니다. 특정 시점에 결정된 가중 평균을 사용하면 마치 기술적 객관성을 가진다고 보여질 수 있지만 실제로는 주관적입니다.

두 번째는 OEC가 상충하는 목표 지표의 관계를 선형으로 만든다는 점입니다. 만약 OEC에서 고객 만족도 1점이 1천만 달러 이익에 대응한다면 고객 만족도 5점은 5천만 달러에 대응합니다. 하지만 고객 만족도가 1점 감소한다는 것은 만족하는 고객의 수가 약간 줄어든다는 것을 의미할 수 있고 5점이 감소한다면 소셜 미디어에서 난리가 났다는 것을 의미할 수 있습니다. 1달러는 항상 1달러의 가치가 있지만 돈을 제외한 대부분의 경우에는 하나의 큰 변화보다 일련의 작은 변화를 선호합니다. OEC에 맹목적으로 의존하면 좋은 결론을 내리기 어려울 수 있습니다. OEC 접근법을 추천하는 사람도 맹목적으로 의존하라는 의미는 아니라고 할 수도 있습니다. 하지만 개인적으로는 OEC가 주는 장점을 공감하기 어렵습니다.

게다가 OEC는 비즈니스 개입을 고정된 것으로 받아들입니다. 고객 만족도 '1점 = 1천만 달러'라는 공식을 고수한다면 다음 두 경우는 모두 0점입니다.

1 첫 번째 개입은 수익을 100만 달러 늘리고 고객 만족도를 0.1점 낮춥니다.
2 두 번째 개입은 수익을 5천만 달러 증가시키고 고객 만족도를 5점 낮춥니다.

그러나 행동적 관점에서 보면 큰 차이가 있습니다. 첫 번째 경우는 기본적으로 들이는 수고 대비 이익과 만족도의 차이가 크게 나지 않아서 헛수고처럼 보입니다. 반면에 두 번째 경우는 어디로 튈지 모르는 천방지축에 가깝습니다. 특정 고객층을 대상으로 용어를 변경하거나 제시 방식을 변경하여 비용 없이 최소한의 이점을 얻을 수 있는 방법도 있습니다. 그런 의미에서 큰 이득과 많은 손해를 모두 가지는 개입은 OEC가 제안하는 양자택일법을 적용하기보다는 탐색과 설계를 반복하면서 검토하는 것이 좋습니다.

마지막으로 어떤 경우에는 OEC가 지름길이 되기도 합니다. 개입이 단기적인 이익을 증가시키면서 동시에 고객의 이탈 가능성도 증가시킨다고 가정합시다. 이것은 진정한 전략적 절충이 아닙니다. 평생 가치에 대한 이탈 가능성의 영향을 측정한 다음 수익성에 대한 순수 효과를 결정해야 합니다. OEC가 90%의 단기 이익과 10%의 이탈율 효과가 있다고 말하는 것은 실제 교환율을 측정하지 않고 추측하는 것입니다. 이 책에서 소개하는 인과−행동 프레임워크를 사용하면 이렇게 추측하는 것보다 더 명확한 결과를 얻을 수 있습니다.

따라서 이 장에서는 일일 평균 예약 수익을 단일 목표 지표로 사용하고 고객 만족도가 우려할 만큼의 변화를 일으키는지 백그라운드에서 모니터링되고 있다고 가정합니다.

> **NOTE** 고객 만족도의 대상이 되는 고객은 누구일까요? 만약 고객이 어떤 여행지에 있는 숙소를 예약하고 싶은데 해당 숙소의 최소 예약 기간이 2박으로 설정되어 있다면 고객은 다른 숙소(대조군에 있거나 무료 청소 서비스를 제공하는 실험군)를 예약하거나 에어씨앤씨에서 예약하지 않고 다른 서비스로 호텔을 예약할 것입니다. 따라서 명확하게 정의된 고객 집단에 대해 고객 경험을 단순하게 측정할 수는 없습니다.
>
> 이러한 문제는 흔히 발생합니다. 무작위 배정을 위한 실험 단위가 고객이 아닌 실험을 실행할 때마다 고객 측면에서 이 문제를 어떻게 해결할 것인지 고민해야 합니다. 주어진 예제에서는 최소 예약 기간이 1박만 예약하고 싶은 고객에게만 영향을 미친다는 사실을 활용할 수 있습니다. 또한 고객이 이용 가능한 숙박 시설을 볼 때 원하는 숙박 기간을 미리 설정한다는 사실을 알고 있다고 가정하겠습니다. 그러면 실험에서 예약 기간으로 1박을 설정한 모든 고객을 추적하여 해당 고객이 같은 숙소에서 며칠을 예약하는지, 다른 숙소에서 하루를 예약하는지 아니면 아예 예약을 하지 않는지 확인할 수 있습니다. 또는 고객이 예약을 할 때마다 해당 숙소를 어떻게 평가했는지 추적할 수도 있습니다. 고객의 하위 집단별로 서로 다른 지표를 추적할 수 있어서 지표가 완벽하게 계산되지 않을 수도 있지만 조건에 따라 지표의 의미가 달라지는 경우에 사용할 수 있는 최선의 방법입니다. 필자는 이러한 이유로 OEC에서 지표를 집계하는 것보다 가드레일 변수를 모니터링하는 것이 훨씬 더 좋다고 생각합니다.

9.1.2 개입의 정의

성공의 기준을 결정한 다음에 테스트하는 대상을 명확하게 해야 합니다. 특히 조직의 이해관계가 높은 문제라면 대상을 명확하게 하는 것이 더 중요합니다. 주어진 예제에서 중요한 점은 최소 예약 기간을 의무화하지 않고 예약 기간을 설정하는 것을 단지 제안한다는 점입니다. 마찬가지로 각 소유주는 무료 청소 서비스도 제공하거나 하지 않기로 결정할 수 있습니다. 또한 실험처치 자체도 해석의 여지가 있습니다. 무료 청소 서비스는 비용이 얼마나 많이 드나요? 고객에게 적용되는 최소 예약 기간은 몇 박인가요?

두 개입이 모두 복잡하고 소유주가 제안의 내용을 이해하고 선택하는지 안 하는지에 따라 적용 여부가 결정되기 때문에 몇 가지 다른 방법으로 설계해야 하며 UX 연구를 기반으로 정성적으로 테스트하는 것이 좋습니다. 또한 실험을 실행한 후에 구현할 실험처치가 정해진다면 해당 실험처치를 조금씩 변형하면서 구현의 방향을 결정하는 것이 좋습니다.

궁극적으로 모든 이해관계자가 실험의 설계에 만족하고 실험을 승인할 의도가 있는지 확인해야 합니다. 결과가 나올 때 테스트의 내용이 제안한 솔루션을 적절하게 나타내지 못했다는 의견이 나올 확률을 줄일 수 있습니다. 모두를 완전히 만족시키긴 어렵겠지만요!

9.1.3 행동 논리

두 가지 실험처치의 행동 논리는 서로 다릅니다. 최소 예약 기간 접근법은 예약당 기간과 금액을 증가시키지만 전체 예약 수를 감소시킬 수 있습니다. 반면에 무료 청소 접근법은 예약 수는 증가시키지만 회사가 지출해야 하는 비용이 추가되기 때문에 예약당 수익은 감소시킵니다. 또한 실험의 실험처치/개입은 소유주가 받아들이지 않을 수도 있는 **제안**이라는 점을 고려해야 합니다. 실험을 인과관계 다이어그램으로 나타내면 [그림 9-1]과 같습니다.

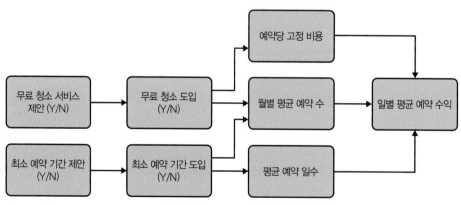

그림 9-1 검토 중인 두 실험처치의 인과관계 다이어그램

9.2 데이터와 패키지

이 장의 깃허브 폴더에는 두 가지 데이터셋이 있습니다. [표 9-1]은 각 데이터셋에 포함된 변수를 표시하는 표입니다. [표 9-1]에서 체크 기호(✓)는 파일에 변수가 있다는 의미이고 엑스 기호(X)는 파일에 변수가 없다는 의미입니다.

표 9-1 데이터의 변수

변수명	변수 설명	chap9-historical_data.csv	chap9-experimental_data.csv
ID	숙소/소유주 ID, 1–5000	✓	✓
sq_ft	숙소의 평방 피트, 460–1120	✓	✓
tier	숙소의 등급, 범주형 변수, 1–3 (숫자가 클수록 높은 등급)	✓	✓
avg_review	숙소의 평점, 0–10	✓	✓
BPday	일일 예약 수익, 목표변수, 0–126	✓	✓
Period	월 인덱스, 1–35는 과거 데이터, 36은 실험 데이터	✓	✓
Month	월, 1–12	✓	✓
group	실험 집단('ctrl', 'treat1(무료 청소 서비스)', 'treat2(최소 예약 기간)')	X	✓
compliant	소유주가 할당된 집단에 따라 처리되었는지 여부를 나타내는 이진형 변수	X	✓

이 장에서는 머리말에서 언급한 공통 패키지 외에 다음의 패키지[1]를 사용합니다.

```R
## R
library(blockTools) # 함수 block() 사용
library(caret) # 원핫 인코딩 함수 dummyVars() 사용
library(scales) # 함수 rescale() 사용
```

---

1 옮긴이_install.packages()로 설치되지 않는 경우 해당 패키지를 찾아 수동으로 설치해야 합니다. CRAN 아카이브(https://cran.r-project.org/src/contrib/Archive/{패키지명})를 참조하세요. 윈도우 환경에서 패키지 수동 설치 시 오류가 발생하는 경우 Rtools(https://cran.r-project.org/bin/windows/Rtools/rtools42/rtools.html)를 참조하세요.

```
## 파이썬
import random # sample(), shuffle() 함수 사용
# 숫자형 변수 재조정
from sklearn.preprocessing import MinMaxScaler
# 범주형 변수 원핫 인코딩
from sklearn.preprocessing import OneHotEncoder
```

9.3 무작위 배정과 표본 크기/검정력 결정

이 실험에서는 어떤 한 시점의 소유주 목록을 기준으로 실험 집단을 한번에 할당합니다. 이렇게 하면 층화stratification(또는 블록)라는 방법으로 처음부터 두 집단이 균형을 잘 이루도록 보장하여 순수한 무작위 배정보다 훨씬 더 균형 잡힌 집단을 구성할 수 있습니다. 또한 주어진 표본 크기와 상관없이 더 강력한 통계적 검정력을 얻을 수 있습니다.

먼저 검정력 분석을 위한 시뮬레이션에 사용할 수 있도록 무작위 배정 방법을 설명하고 마지막으로 시뮬레이션의 결과를 전통적인 통계 검정력 분석과 비교하겠습니다.

9.3.1 무작위 배정

층화를 진행하기 전에 표준 무작위 배정을 사용하면 어떻게 될지 살펴보겠습니다.

무작위 배정의 수준

무작위 배정에서 고려해야 하는 첫 번째 사항은 무작위 배정을 구현하고 실험 결과를 측정하는 수준입니다. 8장에서는 무작위 배정이 고객 수준에서 이루어져야 하는지 예약 수준에서 이루어져야 하는지 논의했습니다. 이번 장의 예제에서는 실험의 처치, 특히 무료 청소 서비스는 숙소 단위로 적용되어야 하기 때문에 예약 수준에서 구현할 수 없습니다. 따라서 에어씨앤씨 데이터 5,000개를 가지고 숙소 소유주의 수준에서 무작위 배정을 수행하겠습니다.

표준 무작위 배정

배정 방법은 이전 실험에서 사용한 방법과 비슷하지만 실시간이 아닌 오프라인에서 수행할 수 있기 때문에 더 간단합니다. 먼저 실험 모집단의 각 개체에 0과 1 사이의 임의의 숫자를 할당합니다. 그런 다음 그 임의의 숫자를 기준으로 집단을 할당합니다. 원하는 집단의 수를 K(대조군 포함)라고 하면 임의의 숫자가 1/K 미만인 모든 개체가 첫 번째 집단에 속하고 임의의 숫자가 1/K와 2/K 사이인 모든 개체는 두 번째 집단에 속합니다. 다음 코드는 3개의 집단과 5,000개의 표본 크기로 무작위 배정을 수행하는 코드입니다.

```r
## R
no_strat_assgnt_fun <- function(dat, Nexp){
  K <- 3
  dat <- dat %>%
    distinct(ID) %>%
    slice_sample(n=Nexp) %>%
    mutate(assgnt = runif(Nexp,0,1)) %>%
    mutate(group = case_when(
      assgnt <= 1/K ~ "ctrl",
      assgnt > 1/K & assgnt <= 2/K ~ "treat1",
      assgnt > 2/K ~ "treat2")) %>%
    mutate(group = as.factor(group)) %>%
    select(-assgnt)
  return(dat)
}
no_strat_assgnt <- no_strat_assgnt_fun(hist_data, Nexp = 5000)
```

```python
## 파이썬
def no_strat_assgnt_fun(dat_df, Nexp, K):
    dat_df = pd.DataFrame({'ID': dat_df.ID.unique()})
    dat_df = dat_df.sample(Nexp)
    dat_df['assgnt'] = np.random.uniform(0,1,Nexp)
    dat_df['group'] = 'ctrl'
    dat_df.loc[dat_df['assgnt'].between(0, 1/K, inclusive=True),
               'group'] = 'treat1'
    dat_df.loc[dat_df['assgnt'].between(1/K, 2/K, inclusive=False),
               'group'] = 'treat2'
    del(dat_df['assgnt'])
    return dat_df
no_strat_assgnt = no_strat_assgnt_fun(hist_data_df, Nexp = 5000, K = 3)
```

이 접근법의 한 가지 좋은 점은 간단한 루프를 사용하여 집단 개수가 큰 경우에도 적용할 수 있다는 것입니다. 이전 예제 코드에서는 집단을 문자열로 구분했지만 집단의 개수가 커지는 경우 대조군에 0, 첫 번째 실험군에 1을 붙이는 등 숫자를 이용하면 더 편리하게 집단을 구분할 수 있습니다.

```
## R
no_strat_assgnt_fun <- function(dat, Nexp, K){
  dat <- dat %>%
    distinct(ID) %>%
    slice_sample(n=Nexp) %>%
    mutate(assgnt = runif(Nexp,0,1)) %>%
    mutate(group = -1) # 'group' 변수 초기화
  for(i in seq(1,K)){
    dat$group = ifelse(dat$assgnt >= (i-1)/K & dat$assgnt < i/K,i-1,dat$group)}
  dat <- dat %>%
    mutate(group = as.factor(group)) %>%
    select(-assgnt)
  return(dat)
}
no_strat_assgnt <- no_strat_assgnt_fun(hist_data, Nexp = 5000, K = 4)
```

```
## 파이썬
def no_strat_assgnt_K_fun(dat_df, Nexp, K):
    dat_df = pd.DataFrame({'ID': dat_df.ID.unique()})
    dat_df = dat_df.sample(Nexp)
    dat_df['assgnt'] = np.random.uniform(0,1,Nexp)
    dat_df['group'] = -1 # 'group' 변수 초기화
    for i in range(K):
        dat_df.loc[dat_df['assgnt'].between(i/K, (i+1)/K, inclusive=True),
                'group'] = i
    del(dat_df['assgnt'])
    return dat_df
no_strat_assgnt = no_strat_assgnt_K_fun(hist_data_df, Nexp = 5000, K = 4)
```

그러나 이러한 접근법의 문제는 실험 집단이 고객의 특성에 따라 완벽하게 균형을 이룰 가능성이 낮다는 것입니다. 균형 잡힌 실험 집단을 만들고 싶다면 층화라는 기술을 사용해야 합니다.

층화 무작위 배정

왜 순수하게 무작위로 배정하는 것이 최선의 선택이 아닐까요? 20명의 고객을 대상으로 실험한다고 가정하겠습니다. 그중 10명은 남성이고 10명은 여성입니다. 50% 확률로 대조군과 실험군에 고객을 무작위로 배정하면 평균적으로 두 집단에 각각 남성 5명과 여성 5명이 배정될 것으로 예상할 수 있습니다. 여기서 '평균적으로'라는 것은 이 과정을 여러 번 반복할 경우 전체 시도에서 대조군의 평균 남성 수가 5명이 된다는 것을 의미합니다. 그러나 주어진 실험에서 각 집단에 정확히 남성 5명과 여성 5명이 있을 확률은 34.4%에 불과하며 초기하 분포hypergeometric distribution[2]에 따르면 한 집단에 7명 이상의 남성이 있을 확률은 8.9%입니다. 물론 표본 크기가 클수록 이 문제는 완화됩니다.

100명의 남성과 100명의 여성이 있다면 한 집단에 70명 이상의 남성이 있을 확률은 무시할 수 있을 정도로 표본이 크다고 말할 수 있습니다. 하지만 성별만 균형을 맞추고 싶은 것은 아닐 것입니다. 이상적으로는 나이, 거주하는 주, 사용 패턴 등의 균형을 모두 잘 유지하고 싶을 것입니다. 이렇게 하면 분석 결과가 특정 하위 집단뿐만 아니라 전체 고객 기반과 관련이 높다고 말할 수 있습니다.

만약 모든 개체를 실험 집단에 한번에 배정할 수 있다면 무작위로 배정하고 균형이 잡혀있길 바라지 않아도 훨씬 쉽게 균형 잡힌 집단을 구성할 수 있습니다. 데이터를 블록하면 이것이 가능합니다. 스트라타strata라고 불리는 '계층'으로 유사한 고객을 묶고 각 계층을 실험 집단으로 나눕니다. 10명의 남성 고객과 10명의 여성 고객이 있다면 남성 고객 계층을 생성하고 해당 계층에서 5명은 대조군으로, 5명은 실험군으로 배정하며 여성 고객도 마찬가지로 배정할 수 있습니다. 이렇게 하면 각 개체는 각 실험 집단으로 배정될 확률이 여전히 50%이지만 대조군과 실험군은 이제 성별에 대해 완벽하게 균형을 이룰 수 있습니다.

층화는 변수의 개수와 상관없이 적용할 수 있습니다. 성별과 거주하는 주를 기반으로 캔자스 출신의 모든 여성들로 구성된 계층을 만들고 해당 계층을 대조군과 실험군에 균등하게 배정할 수 있습니다. 변수의 개수가 많거나 연속형 변수를 사용하면 정확히 일치하는 계층을 만들 수 없습니다. 예를 들어 캔자스 주에는 정확히 같은 나이에 같은 평방 피트를 가진 여성이 없을 수도 있습니다. 이것을 해결하려면 900평방 피트의 숙소를 소유한 58세 여성과 930평방 피트의 숙소를 소유한 56세 여성과 같이 '가능한 한 유사한' 개체의 쌍을 만든 다음 그중 하나를

---

2   이항 분포가 아닌 초기하 분포라고 알려준 안드레아스 칼텐브루너(Andreas Kaltenbrunner)에게 감사를 표합니다.

대조군에 배정하고 다른 하나를 실험군에 배정합니다. 이렇게 하면 각 개체는 대조군과 실험군에 배정될 확률이 동일합니다. 한 계층에 사람이 2개의 개체만 있다면 이것은 '매칭^{matching}'이라고 합니다. 이는 짝을 이루는 고객의 쌍으로 계층을 생성했기 때문입니다.

큰 개념은 이해하기 쉽지만 세부 구현 방법은 조금 까다롭습니다. 구현 방법에는 두 단계가 있습니다.

1 '최대한 비슷하게'라는 문구에 수학적 의미를 부여하세요.
2 데이터를 검토하여 효율적으로 각 고객을 쌍으로 할당하세요.

'최대한 비슷하게'를 표현할 수 있는 수학적 개념은 '거리'입니다. 거리는 단일 숫자형 변수에 쉽게 적용할 수 있습니다. 예를 들어 56세인 소유주와 58세인 소유수가 있을 때 두 소유주 사이의 거리는 58 - 56 = 2년입니다. 마찬가지로 900평방 피트의 숙소와 930평방 피트의 숙소 사이의 차이(거리)는 30평방 피트입니다. 하지만 거리를 적용할 때 고민이 필요한 경우도 있습니다.

첫 번째는 여러 숫자형 변수를 집계하는 경우입니다. 단순히 두 숫자를 더하고(또는 평균을 구하고) 두 소유주가 2(년) + 30(평방 피트) = 32 거리 단위로 '멀리' 있다고 말할 수 있습니다. 하지만 예제에서 볼 수 있듯이 문제는 평방 피트의 거리가 나이 거리보다 훨씬 크다는 것입니다. 두 소유주 사이에 30년의 나이 차이가 있다면 숙소가 30평방 비트 차이나는 것보다 행동학 관점에서는 훨씬 더 중요합니다. 이 문제는 최솟값이 0이고 최댓값이 1이 되도록 모든 숫자형 변수의 크기를 조정하여 해결할 수 있습니다. 이렇게 하면 가장 어린 소유주와 가장 나이가 많은 소유주 사이의 '거리'가 1이 되고 가장 작은 숙소와 가장 큰 숙소 사이의 거리도 1이 됩니다. 이상치가 있는 경우 완벽한 해결책은 아니지만 대부분의 목적에 충분히 적합하고 빠르게 적용 가능합니다.

두 번째는 범주형 변수입니다. 타운하우스와 아파트 사이의 '거리'는 얼마일까요? 또는 수영장이 있고 없고의 차이는 얼마일까요? 일반적인 해결책은 두 숙소가 같은 범주에 있으면 거리가 0이고 그렇지 않으면 1이라고 말하는 것입니다. 예를 들어 타운하우스와 주택 사이의 거리는 숙소 유형 변수에 대해 1의 차이가 있습니다. 수학적으로 이것은 범주형 변수를 원핫 인코딩하여 계산할 수 있습니다. 예를 들어 속성 유형('house(집)', 'townhouse(타운하우스)', 'apartment(아파트)')을 *type.house*, *type.townhouse*, *type.apartment*라는 세 가지 변수로 변환합니다. 유형이 아파트인 숙소는 *type.apartment* 변수가 1이고 나머지 두 변수가 0입니다.

원핫 인코딩 방식은 숫자형 거리와 비교할 수 있는 범주형 '거리'를 만들 수 있다는 장점도 있습니다. 하지만 이렇게 계산하면 타운하우스와 아파트의 차이가 가장 크기가 작은 숙소와 가장 큰 숙소 사이의 차이만큼 중요하다고 보는 것과 같습니다. 이것은 행동적인 관점에서 논란의 여지가 있지만, 범주형 변수의 거리를 계산하기 편리한 방법이며 많은 경우에 활용할 수 있는 방법입니다.

숫자형 변수와 범주형 변수의 크기를 조정하여 데이터를 처리하는 R과 파이썬 함수를 살펴보겠습니다. 이것은 보일러플레이트 코드boilerplate code이므로 구현의 세부 사항에 관심이 없다면 다음 코드를 건너뛰어도 좋습니다.

```python
## 파이썬 (출력 결과는 생략)
def strat_prep_fun(dat_df):
    # 숙소 수준의 변수 추출
    dat_df = dat_df.groupby(['ID']).agg(
        tier = ('tier', 'mean'),
        avg_review = ('avg_review', 'mean'),
        sq_ft = ('sq_ft', 'mean'),
        BPday = ('BPday', 'mean')).reset_index()
    dat_df['tier'] = pd.Categorical(dat_df.tier, categories=[3,2,1],
                                    ordered = True)
    dat_df['ID'] = dat_df.ID.astype(str)
    num_df = dat_df.copy().loc[:,dat_df.dtypes=='float64'] # 숫자형 변수
    cat_df = dat_df.copy().loc[:,dat_df.dtypes=='category'] # 범주형 변수

    # 모든 숫자형 변수를 [0, 1]로 정규화
    scaler = MinMaxScaler()
    scaler.fit(num_df)
    num_np = scaler.transform(num_df)

    # 모든 범주형 변수를 원핫 인코딩
    enc = OneHotEncoder(handle_unknown='ignore')
    enc.fit(cat_df)
    cat_np = enc.transform(cat_df).toarray()

    # 배열 바인딩
    data_np = np.concatenate((num_np, cat_np), axis=1)
    del num_df, num_np, cat_df, cat_np, enc, scaler
    return data_np
prepped_data_np = strat_prep_fun(hist_data_df)
```

```R
## R
> strat_prep_fun <- function(dat){
      # 숙소 수준의 변수 추출
      dat <- dat %>%
        group_by(ID, tier) %>%
        summarise(sq_ft = mean(sq_ft),
                    avg_review = mean(avg_review),
                    BPday = mean(BPday)) %>%
        ungroup()

      # 데이터의 다양한 구성 요소 분리
      ID <- dat$ID  # 소유주 식별자
      dat <- dat %>% select(-ID)
      cat_vars <- dat %>%
        # 범주형 변수 선택
        select_if(is.factor)
      num_vars <- dat %>%
        # 숫자형 변수 선택
        select_if(function(x) is.numeric(x)|is.integer(x))

      # 범주형 변수 원핫 인코딩
      cat_vars_out <- data.frame(predict(dummyVars(" ~.", data=cat_vars),
                                          newdata = cat_vars))

      # 숫자형 변수 정규화
      num_vars_out <- num_vars %>%
        mutate_all(rescale)

      # 변수 병합
      dat_out <- cbind(ID, num_vars_out, cat_vars_out)  %>%
        mutate(ID = as.character(ID)) %>%
        mutate_if(is.numeric, function(x) round(x, 4)) # 가독성을 높이기 위한 반올림

      return(dat_out)
   }
> prepped_data <- strat_prep_fun(hist_data)
```

'summarise()' has grouped output by 'ID'. You can override using the '.groups'
argument.

```
> head(prepped_data,5)
```

```
     ID  sq_ft avg_review  BPday tier.3 tier.2 tier.1
1     1 0.5236     0.9270 0.7043      0      1      0
2    10 0.7564     1.0000 0.7357      0      1      0
3   100 0.4498     0.4047 0.4184      0      0      1
4  1000 0.6342     0.8789 0.5686      1      0      0
5  1001 0.5176     0.7763 0.6724      0      0      1
```

데이터가 준비됐다면 두 번째 단계는 쌍을 만드는 것입니다. 이 단계는 계산이 굉장히 많이 필요하기 때문에 큰 데이터의 경우 빠르게 처리하기 어렵습니다. 그러나 다행히 이것을 처리하는 알고리즘이 이미 만들어져 있습니다. R에서는 blockTools 패키지의 block() 함수를 사용할 수 있습니다.

```
## R
block_stratified_data <- block(prepped_data, id.vars = c("ID"), n.tr = 3,
                               algorithm = "naiveGreedy", distance = "euclidean")
```

함수의 매개변수의 의미는 다음과 같습니다.

id.vars

데이터에서 특정 데이터 개체를 식별할 때 사용하는 변수입니다.

n.tr

대조군을 포함한 실험 집단의 개수입니다.

algorithm

사용할 알고리즘의 이름을 나타냅니다. 'optimal'은 전체적으로 최상의 쌍을 찾아 생성하지만 대용량의 데이터를 적용한다면 컴퓨팅 자원의 한계로 빠르게 실행되지 않을 수도 있습니다. 'naiveGreedy'는 요구하는 계산량이 가장 낮기 때문에 가볍게 사용할 수 있습니다. 'optGreedy'는 일반적으로 최종 배정을 수행할 준비가 되었을 때 사용하기 좋습니다.

distance

개체 사이의 거리를 계산하는 방법을 나타냅니다. 'euclidean'은 아마 여러분에게 익숙할 유클리드 거리를 나타냅니다. 주어진 예제에 활용하기 적합한 방법입니다.

block() 함수는 층화 배정을 다루기 어려운 형식으로 반환하기 때문에 필자는 이를 사용 가능한 형식으로 변환하는 편리한 래퍼를 만들었습니다. 깃허브에서 해당 코드를 확인할 수 있습니다. 여기서는 출력 결과만 살펴보겠습니다.

```
## R
> stratified_data <- block_wrapper_fun(hist_data)
```

```
'summarise()' has grouped output by 'ID'. You can override using the '.groups'
argument.
```

```
> head(stratified_data,3)
```

ID	period	month	sq_ft	tier	avg_review	BPday	group
1	1	2	821.6755	2	9.393427	31.38899	treat2
2	1	2	745.7507	3	7.392167	47.83222	treat2
3	1	2	889.1145	3	5.623003	51.07510	treat1

두 가지 유형의 무작위 배정을 비교하면 층화 무작위 배당으로 얻은 실험 집단이 표준 무작위 배당으로 얻은 집단보다 훨씬 더 서로 유사하다는 것을 알 수 있습니다.

층화 무작위 배당은 실험에서 잡음을 줄이는 데 도움이 될 뿐만 아니라 부분군subgroup이나 조절 분석moderation analysis을 할 때도 유용합니다. 자세한 내용은 나중에 설명하겠습니다. '할 수 있는 한 [층화 무작위 배당]을 사용하고 층화 무작위 배당을 사용할 수 없는 경우에 무작위 배당을 하라'는 말[3]이 있듯이 층화 무작위 배당을 사용하는 것이 좋습니다.

....

3   알란 S. 거버(Alan S. Gerber)와 도널드 그린(Donald P. Green)의 『Field Experiments: Design, Analysis, and Interpretation』 (W. W. Norton & Company, 2012)

파이썬 사용자라면?

파이썬 사용자라면 안타깝게도 block() 함수와 같은 기능을 제공하는 함수는 없습니다. 대신 필자는 stratified_assgnt_fun()이라는 함수를 작성했습니다. 간단한 실험에서 사용할 수 있습니다. 함수의 내용이 궁금하다면 깃허브를 참조하세요. 피실험자의 정보가 담긴 데이터프레임과 실험 집단의 개수(대조군 포함, 표준 A/B 테스트의 경우 2)를 인수로 받습니다.

```
## 파이썬
# 무작위로 월별 기간을 샘플링합니다.
per = random.sample(range(35), 1)[0] + 1
sample_df = hist_data_df.loc[hist_data_df.period == per].sample(5000)
stratified_data_df = stratified_assgnt_fun(sample_df, K=3)
```

이 함수는 필자의 노트북에서 5,000명의 피실험자를 대상으로 실행하는 데 약 30초가 걸립니다. 이 함수 말고도 층화 무작위 배정의 결과를 순수한 무작위 배정(assgnt_comparison_fun())과 비교하는 간단한 함수를 만들었습니다. 비교 함수는 무작위 배정으로 생성된 데이터프레임과 비교에 사용할 숫자형 변수의 이름을 인수 받아 표준편차(s.d.)를 반환합니다.

```
## 파이썬
>> assgnt_comparison_fun(stratified_data_df, 'sq_ft')
```

```
the s.d. between groups for sq_ft is 0.4024  for stratified assignment
the s.d. between groups for sq_ft is 3.1232 for non-stratified assignment
```

```
>> assgnt_comparison_fun(stratified_data_df, 'BPday')
```

```
the s.d. between groups for BPday is 0.0658  for stratified assignment
the s.d. between groups for BPday is 0.3351 for non-stratified assignment
```

결과를 보면 알 수 있듯이 몇 시간만에 작성한 아주 간단한 함수만으로도 층화 무작위 배정으로 생성한 실험 집단은 순수한 무작위 배정보다 훨씬 집단 사이의 차이가 작습니다.

층화 무작위 배정은 실험 집단을 할당하는 효과적이고 강력한 방법입니다. 이러한 견고함은 언제든 쉽게 확인할 수 있습니다. 실험 집단이 숫자형 변수의 평균과 범주형 변수의 범주 비율을 보면 균형이 잘 잡혀있는지 확인할 수 있습니다.

또한 한 쌍으로 묶인 각 개체가 모든 실험 집단에 배정될 확률은 동일하기 때문에 거리 함수를 잘못 정의하더라도 순수한 무작위 배정보다 낫습니다. 하지만 주의해야 할 점이 있다면 관련이 없는 변수를 너무 많이 포함하여 관련 변수를 놓칠 수 있다는 점입니다. 그러나 이 문제는 인과관계 다이어그램의 일부 변수만 포함하거나 주요 인구통계 변수를 포함하면 쉽게 해결할 수 있습니다. 변수를 여러 개 추가해도 괜찮다고 해서 아무거나 추가하면 안 됩니다.

범주의 개수가 많은 범주형 변수도 층화 무작위 배정에서는 잡음을 일으킬 수 있습니다. 예를 들어 고용 시장의 경우를 생각해봅시다. 데이터 과학자는 통계학자와 다르지만 두 직무의 차이는 소방관과의 차이보다 적습니다. 만약 범주가 지나치게 세분화되어 있다면 어느 정도의 차이는 무시하고 더 넓은 수준의 범주로 대체하는 것이 더 좋습니다.

층화 무작위 배정을 적용하기 까다로운 경우가 있긴 하지만 그래도 걱정하지 마세요! 층화 무작위 배정은 효과적이고 견고하기 때문에 적극적으로 활용하는 것을 추천합니다. 몇 가지 주요 인구통계 변수만 사용하여 층화 무작위 배정을 하더라도 실험 집단 사이의 균형을 상당히 개선하기 때문에 기본적으로 층화 무작위 배정을 사용하는 것이 좋습니다.

이제 무작위 할당을 수행할 방법을 결정했으므로 검정력을 분석하여 표본 크기를 결정하겠습니다.

9.3.2 부트스트랩으로 검정력 분석

비즈니스 파트너가 관심을 가질 수 있는 최소한의 관측 가능한 효과가 일일 순 예약 이익[net booking profit](BP) 2달러이기 때문에 이 증가율에 대해 90%의 검정력을 갖추고 싶다고 가정하겠습니다. 이때 무료 청소 서비스 개입(첫 번째 실험군)의 경우 일일 '총' BP(청소 비용 제외 전)가 12달러 증가하고 최소 예약 기간 개입(두 번째 실험군)의 경우 2달러 증가합니다. 일일 BP를 이렇게 설정해도 분석에 큰 영향은 없습니다. 왜냐하면 무료 청소 서비스를 제공하는 집단에 대한 일일 BP에서 10달러의 비용을 제외하고 결과 변수를 바꿀 수 있기 때문입니다. 여러분은 반드시 비용을 제외해야 한다는 사실을 명심하고 기억해야 합니다. 문제를 단순하게 만들기 위해 검정력 분석에서는 최소 예약 기간 개입만 다루겠습니다.

시뮬레이션 방법은 검정력 또는 표본 크기를 계산할 수 있는 공식이 없거나 공식이 있어도 끔찍할 정도로 복잡한 상황에서 빛을 발합니다. 만약 시뮬레이션 방법이 없다면 현재 상황의 세부 사항(여기서는 실험 데이터의 층화)을 반영하지 못하는 표준 공식을 사용하고 그저 운좋게 결과가 잘 나오기를 바라는 수밖에 없습니다. 하지만 머피의 법칙이라는 말이 있죠. 일이 항상 원하는 방향으로 가는 것은 아닙니다.

분석 과정은 8장과 동일합니다.

1 지표 함수와 결정 함수를 정의합니다.

2 주어진 표본 크기와 효과 크기에 대해 하나의 실험을 시뮬레이션하는 함수를 만듭니다.

3 많은 수의 실험을 시뮬레이션하는 함수를 만들고 그중 얼마나 많은 실험이 참 양성(즉, 결정 함수가 효과를 적절하게 포착하는지)인지 구합니다. 참 양성의 비율은 해당 표본 크기에 대한 검정력입니다.

단일 시뮬레이션

최소 예약 기간 개입에 대한 지표 함수는 다음과 같습니다.

```
## R
treat2_metric_fun <- function(dat){
  lin_model <- lm(BPday~sq_ft+tier+avg_review+group, data = dat)
  summ <- summary(lin_model)
  coeff <- summ$coefficients['grouptreat2', 'Estimate']
  return(coeff)}
```

```
## 파이썬
def treat2_metric_fun(dat_df):
    model = ols("BPday~sq_ft+tier+avg_review+group", data=dat_df)
    res = model.fit(disp=0)
    coeff = res.params['group[T.treat2]']
    return coeff
```

첫 번째 실험군에 대한 지표 함수도 유사하게 정의됩니다.

8장에서 사용했던 boot_CI_fun()과 decision_fun() 함수를 그대로 사용합니다. 의사결정 규칙은 90%의 신뢰 구간이 0을 넘는 경우 실험처치를 구현하는 것입니다. 이해를 돕기 위해 8장에서 살펴봤던 코드를 다시 첨부하겠습니다.

```R
## R
boot_CI_fun <- function(dat, metric_fun, B = 100, conf.level = 0.9){
  # 부트스트랩 표본 개수 설정
  boot_metric_fun <- function(dat, J){
    boot_dat <- dat[J,]
    return(metric_fun(boot_dat))
  }
  boot.out <- boot(data=dat, statistic=boot_metric_fun, R=B)
  confint <- boot.ci(bool.out, conf = conf.level, type = c('perc'))
  CI <- confint$percent[c(4,5)]
  return(CI)
}

decision_fun <- function(dat, metric_fun){
  boot_CI <- boot_CI_fun(dat, metric_fun)
  decision <- ifelse(boot_CI[1]>0,1,0)
  return(decision)
}
```

```python
## 파이썬
def boot_CI_fun(dat_df, metric_fun, B = 100, conf_level = 0.9):
    # 표본 크기 설정
    N = len(dat_df)
    coeffs = []

    for i in range(B):
        sim_data_df = dat_df.sample(n=N, replace = True)
        coeff = metric_fun(sim_data_df)
        coeffs.append(coeff)

    coeffs.sort()
    start_idx = round(B * (1 - conf_level) / 2)
    end_idx = - round(B * (1 - conf_level) / 2)
    confint = [coeffs[start_idx], coeffs[end_idx]]

    return(confint)
```

```python
def decision_fun(dat_df, metric_fun, B = 100, conf_level = 0.9):
    boot_CI = boot_CI_fun(dat_df, metric_fun, B = B, conf_level = conf_level)
    decision = 1 if boot_CI[0] > 0  else 0
    return decision
```

두 함수를 사용하여 단일 시뮬레이션을 실행하는 함수를 작성할 수 있습니다. 지금까지 살펴본 논리를 바탕으로 함수를 작성하겠습니다.

```r
## R
single_sim_fun <- function(dat, metric_fun, Nexp, eff_size, B = 100, conf.level = 0.9)
{
  # 데이터를 랜덤 월 인덱스로 필터링 ❶
  per <- sample(1:35, size=1)
  dat <- dat %>%
    filter(period == per)

  # 원하는 크기의 무작위 표본에 대해 층화 배정 준비 ❷
  stratified_assgnt <- dat %>%
    slice_sample(n=Nexp) %>%
    # 층화 배정
    block_wrapper_fun() %>%
    # 배정된 ID 및 집단 추출
    select(ID, group)

  sim_data <- dat %>%
    # 전체 데이터에 배정 적용 ❸
    inner_join(stratified_assgnt) %>%
    # 목표 효과 크기 추가
    mutate(BPday = ifelse(group == 'treat2', BPday + eff_size, BPday))

  # 결론을 계산(기대하는 값은 1) ❹
  decision <- decision_fun(sim_data, metric_fun, B = B, conf.level = conf.level)
  return(decision)
}
```

```python
## 파이썬
def single_sim_fun(dat_df, metric_fun, Nexp, eff_size, B = 100,
                   conf_level = 0.9):
```

```
# 데이터를 랜덤 월 인덱스로 필터링 ❶
per = random.sample(range(35), 1)[0] + 1
dat_df = dat_df.loc[dat_df.period == per]
dat_df = dat_df.sample(n=Nexp)

# 원하는 크기의 무작위 표본에 대해 층화 배정 ❷
sample_df = dat_df.sample(Nexp)
sim_data_df = stratified_assgnt_fun(sample_df, K = 3)

# 목표 효과 크기 추가 ❸
sim_data_df.BPday = np.where(sim_data_df.group == 'treat2',
                      sim_data_df.BPday + eff_size, sim_data_df.BPday)

# 결론을 계산(기대하는 값은 1) ❹
decision - decision_fun(sim_data_df, metric_fun, B = B,
                      conf_level = conf_level)
return decision
```

❶, ❶ 실제 실험을 실행하는 방법 그대로 시뮬레이션하고 싶다면 무작위로 월을 선택합니다. 검정력 분석에서 10년이 넘은 데이터는 사용하지 않습니다.

❷, ❷ 원하는 표본 크기에 대해 층화 무작위 배정을 실행합니다.

❸, ❸ 데이터를 배정하고 두 번째 실험군에 목표 효과 크기를 적용합니다.

❹, ❹ 결정 함수를 적용하고 출력을 반환합니다.

대규모 시뮬레이션

8장과 동일한 함수를 사용하여 검정력 시뮬레이션을 수행합니다. 이해를 돕기 위해 8장에서 살펴봤던 코드를 다시 첨부하겠습니다.

```
## R
power_sim_fun <- function(dat, metric_fun, Nexp, eff_size, Nsim){
  power_list <- vector(mode = "list", length = Nsim)
  for(i in 1:Nsim){
    power_list[[i]] <- single_sim_fun(dat, metric_fun, Nexp, eff_size)
  }
  power <- mean(unlist(power_list))
  return(power)
}
```

```
## 파이썬
def power_sim_fun(dat_df, metric_fun, Nexp, eff_size, Nsim, B = 100,
                 conf_level = 0.9):
    power_lst = []
    for i in range(Nsim):
        power_lst.append(single_sim_fun(dat_df, metric_fun = metric_fun,
                                        Nexp = Nexp, eff_size = eff_size,
                                        B = B, conf_level = conf_level))
    power = np.mean(power_lst)
    return(power)
```

에어씨앤씨가 보유한 총 소유주의 수는 5,000개이므로 최대 표본 크기는 5,000입니다. 시뮬레이션을 수행하기에 충분한 개수이므로 표본 크기 5,000으로 100회의 시뮬레이션을 실행하겠습니다. 만약 전체 모집단을 대상으로 실험을 진행해야 하는 것으로 밝혀진다면 시뮬레이션을 돌릴 이유는 없습니다. 검정력은 1로 계산되며 이것은 필요한 표본 크기가 전체 모집단보다 작다는 것을 의미하기 때문에 안심하고 시뮬레이션을 돌릴 수 있습니다. 이제 다양한 표본 크기를 테스트하면서 검정력 0.90을 만족하는 표본 크기를 찾습니다.

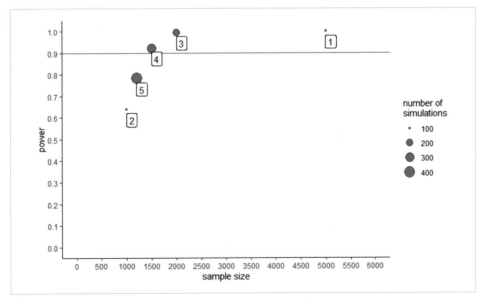

그림 9-2 검정력 시뮬레이션의 횟수에 따른 실험(네모 안의 숫자는 실행 순서)

표본 크기는 1,500이 적당해보입니다. 8장에서와 같이 이제 해당 표본 크기에서 몇 가지 효과 크기에 대한 검정력 곡선을 그려보겠습니다.

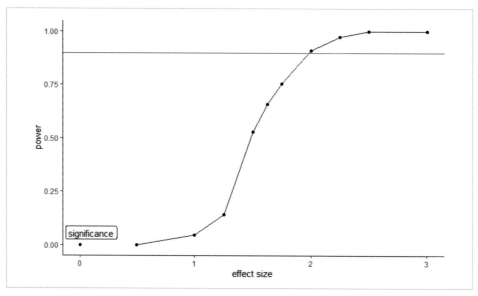

그림 9-3 다양한 효과 크기와 유의성을 탐지하는 검정력(표본 크기 = 1,500)

[그림 9-3]에서 볼 수 있듯이 효과 크기가 2달러에서 1달러로 갈 때 매우 가파르게 감소하며 효과 크기가 1 미만인 경우에는 검정력이 거의 0이 됩니다. 즉, 실험처치가 일일 BP($BPday$)를 1달러만큼 증가시킨다고 가정하면 신뢰 구간에 0이 포함되며 효과가 없다는 결론을 내릴 가능성이 매우 높습니다. 곡선의 왼쪽 끝에서 시뮬레이션된 유의성은 기대했던 5%가 아닌 0입니다. 원인이 무엇이고 이러한 내용을 우려해야 하는 것인지 살펴보겠습니다.

검정력/유의성 상충관계

8장에서 언급했듯이 데이터가 '잘 구성되어'(정규분포를 따르며 순수한 무작위 배정으로 실험 집단에 할당되는 등) 있고 효과가 없다면 90%의 신뢰 구간이 시뮬레이션의 90%에서 0을 포함하고 5%에서는 0이 넘으며 나머지 5%에서는 0보다 낮을 것으로 예상합니다. 이때 층화 무작위 배정으로 인해 거짓 양성률은 5%보다 낮게 나타납니다. 500회짜리 시뮬레이션에서는 한 번도 관찰하지 못했습니다. 층화 무작위 배정은 데이터의 잡음을 줄여주기 때문에 거짓 양성의 가능성도 줄입니다.

이것은 좋은 점이지만 오히려 [그림 9-3]에서 볼 수 있듯이 작은 양의 효과에 대한 검정력 곡선을 최대 1까지 끌어내리는 결과로 이어지기도 합니다. 다른 방식으로 표현해보겠습니다. 만약 효과가 없을 때 효과가 있다고 주장할 확률이 5%라면 작은 효과가 있을 때 효과가 있다고 가정할 확률은 적어도 5%일 것입니다. 그런 의미에서 유의성은 낮은 효과에 대한 '공짜' 검정력을 제공합니다.

[그림 9-3]과 신뢰 수준이 낮은 검정력 곡선([그림 9-4])을 비교해보겠습니다. 신뢰 수준이 낮다는 것은 정의에 따르면 신뢰 구간이 좁다는 것이고 특히 작은 효과 크기에 대해 유의성이 높고 검정력이 높다는 것을 의미합니다.

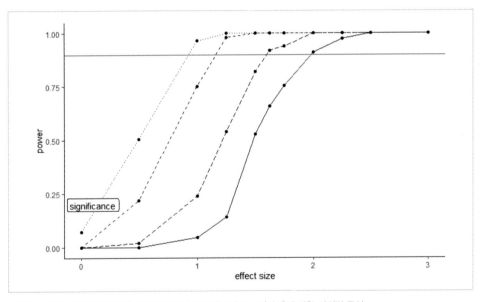

그림 9-4 신뢰 수준 0.90(실선), 0.80(긴 파선), 0.60(파선), 0.40(점선)에 대한 검정력 곡선

보다시피 40%의 신뢰 구간의 경우 유의성은 약간 증가하지만 검정력은 크게 증가하며 검정력은 약 50%로 0.5의 효과 크기를 감지합니다.

그럼 90%의 신뢰 구간 대신 40%의 신뢰 구간을 사용해야 할까요? 이는 상황에 따라 다릅니다. 다시 비즈니스 문제로 돌아가보죠. 비즈니스 파트너는 효과 크기 2에 대해 90%의 검정력을 요구했습니다. 수익이 2보다 낮을 경우 두 가지 실험군을 구축하고 개입을 구현하는 번거로움을 감수할 필요가 없다고 생각하기 때문입니다. 따라서 0을 포함하지 않는 신뢰 구간으로 0.5의 실제 효과 크기를 감지하거나 0을 포함하는 신뢰 구간을 갖는 것은 비즈니스 관점에서 볼 때 근본적으로 동일합니다. 어느 쪽이든 개입은 구현하지 않습니다. 따라서 90%의 신뢰 구간에 대한 검정력 곡선이 40%에 대한 검정력 곡선보다 비즈니스 목표를 더 잘 반영합니다.

반면에 8장의 '원클릭 예약 버튼'과 같은 실험에서는 구현 비용과 개입 구현의 위험이 제한됩니다. 90%의 검정력 임곗값은 기준선에 불과하며 사실상 모든 양의 효과가 구현을 보장합니다. 이러한 경우 작은 효과 크기에 대해 검정력을 높이는 것이 유의성을 조금 더 높일 수 있기 때문에 더 가치가 있을 수 있습니다.

데이터나 실험 설계가 표준 프레임워크에서 벗어나면 단순하게 수치를 공식에 연결하여 검정력 분석을 해서는 안 됩니다. 무슨 일이 일어나고 있는지 이해하고 올바른 결정에 대한 판단을 내려야 합니다. 다행히도 검정력 곡선은 다른 시나리오와 다른 의사결정 규칙으로 구성된 실험의 여러 결과를 시각화할 수 있는 훌륭한 도구입니다.

9.4 실험 결과 분석과 해석

일단 실험을 실행하면 그 실험의 결과를 분석할 수 있습니다. 주어진 예제의 목표 지표인 하루 평균 예약 수익은 연속적이며 이진형이 아닙니다. 따라서 결과를 분석할 때는 평균에 대한 t-검정과 선형 회귀가 적절합니다. t-검정이 무엇인지 궁금하다면 알란 S. 거버^{Alan S. Gerber}와 도널드 그린^{Donald P. Green}의 『Field Experiments: Design, Analysis, and Interpretation』(W. W. Norton & Company, 2012)을 참조하세요. 여기서는 선형 회귀 분석을 다루겠습니다.

정량적인 분석을 시작하기 전에 유의해야 할 점이 있습니다. 소유주에게 최소 예약 기간을 2박으로 설정하거나 무료 청소 서비스를 제공하는 대신 숙소 예약 건 사이의 중간 청소 시간을 줄일 것을 제안했죠? 소유주에게 제안한 내용을 반드시 받아들이도록 강요할 수는 없습니다. 그저 소유주에게 선택권을 주는 것입니다. 일부는 이 제안을 받아들이고 일부는 받아들이지 않습니다. 기술적인 용어로 이러한 접근법을 '장려 설계^{encouragement design}'라고 부릅니다. 피험자에게 제안을 받아들이도록 장려하기 때문입니다.

장려 설계는 매우 일반적이지만 여기서는 실험군에 두 가지 범주의 사람(제안을 받아들인 사람과 그렇지 않은 사람)이 있기 때문에 몇 가지 추가로 고려해야 할 사항이 있습니다. 다음과 같은 질문에 대한 답을 고민해야 합니다.

- 전체 소유주에게 실험처치를 선택할 수 있는 선택권을 제공한다면 어떻게 될까요?
- 전체 소유주 모집단에 선택권을 주지 않고 반드시 특정 실험처치를 적용하게 하면 어떻게 될까요?

첫 번째 질문에 대한 답을 처치 의향intention-to-treat(ITT) 추정치라고 합니다. 피실험자가 실험처치를 적용하기를 바라지만 강요하지 않기 때문입니다. 두 번째 질문은 더 복잡하며 완전히 장려 설계를 기반으로 답할 수는 없지만 순응 평균 인과 효과complier average causal effect(CACE) 추정치를 사용하여 ITT 추정치보다 더 가까운 근사치를 얻을 수 있습니다.

이 두 추정치를 차례로 계산하겠습니다.

9.4.1 장려 개입에 대한 ITT 추정치

먼저 ITT 추정치를 계산하겠습니다. ITT 추정치를 계산하는 방법은 매우 간단합니다. 8장에서 계산한 것처럼 단순히 실험 배정의 효과에 대한 계수입니다. 실험군의 대다수 소유주가 실험처치를 수락하지 않았다는 사실을 고려해야 할까요? 아니오. 실험처치가 배제된 사람들 때문에 ITT 계수가 희석된다는 사실은 버그가 아니라 기능입니다. 더 큰 규모의 실험에서도 이러한 희석 현상은 발생할 수 있습니다.

무료 청소 실험군에서 무료 청소 서비스를 제공하기로 선택한 소유주의 경우 추가 비용으로 10달러를 수익($BPday$)에서 뺀 다음 선형 회귀 분석을 실행합니다. 지표 함수를 별도로 적용할 수도 있지만 다른 계수도 확인할 수 있도록 전체 회귀 분석을 한번에 실행하는 것이 좋습니다.

```
## 파이썬 (출력 결과는 생략)
exp_data_reg_df = exp_data_df.copy()
exp_data_reg_df.BPday = np.where((exp_data_reg_df.compliant == 1) & \
                                 (exp_data_reg_df.group == 'treat2'),
                                 exp_data_reg_df.BPday -10,
                                 exp_data_reg_df.BPday)
print(ols("BPday~sq_ft+tier+avg_review+group",
          data=exp_data_reg_df).fit(disp=0).summary())
```

```
## R
> exp_data_reg <- exp_data %>%
    mutate(BPday = BPday - ifelse(group=="treat2" & compliant, 10,0))
> lin_model <- lm(BPday~sq_ft+tier+avg_review+group, data = exp_data_reg)
> summary(lin_model)
```

```
...
Coefficients:
            Estimate Std. Error t value     Pr(>|t|)
(Intercept) 19.232831   3.573522   5.382 0.0000000854103 ***
sq_ft        0.006846   0.003726   1.838        0.0663 .
tier2        1.059599   0.840598   1.261        0.2077
tier1        5.170473   1.036066   4.990 0.0000006728868 ***
avg_review   1.692557   0.253566   6.675 0.0000000000347 ***
grouptreat1  0.966938   0.888683   1.088        0.2767
grouptreat2 -0.172594   0.888391  -0.194        0.8460
...
```

관심 변수, 하루 예약 수익, 숙소의 평방 피트, 도시 등급, 고객의 평점과 실험 집단에 대해 회귀 분석을 수행합니다. *Grouptreat1*(첫 번째 실험군, grouptreat1)의 계수는 최소 예약 기간 실험처치를 의미하는 반면 *Grouptreat2*(두 번째 실험군, grouptreat2)의 계수는 무료 청소 서비스 실험처치를 의미합니다.

첫 번째 실험처치는 *BPday*를 평균적으로 약 0.97달러 증가시키지만 p-값은 약 0.27로 적당히 높습니다. 이것은 계수가 0과 크게 다르지 않을 수 있음을 의미하며 실제로 해당하는 90%의 부트스트랩 신뢰 구간은 약 [0.002; 2.66]입니다.

> **NOTE** 첫 번째 실험군과 대조군을 비교하는 t-검정을 수행하면 검정 통계량의 절댓값은 0.96으로 이전 코드에서 실행한 회귀 분석의 계수와 비슷합니다. 마찬가지로 대조군과 첫 번째 실험군 사이의 평균 *BPday* 차이는 약 0.85입니다. 층화 무작위 배정을 사용한 덕분에 실험 집단이 균형을 매우 잘 이루고 있기 때문에 다른 독립 변수는 여러 집단에 걸쳐 동일한 평균 효과를 가집니다. 즉, 공변량을 고려하지 않는 지표조차 편향되지 않습니다. 그러나 p-값의 경우 층화를 고려하지 않기 때문에 맞지 않습니다.

두 번째 실험처치는 *BPday*를 약 0.17달러 감소시킵니다. 이 값은 그리 좋은 가치 제안^{value}_{proposition}은 아닙니다. 해당 신뢰 구간은 [-2.23; 1.61]입니다.

앞에서 비즈니스 파트너는 개입의 비용을 제외한 일일 BP가 2달러인 경우에만 개입을 구현할 것이라고 했었죠? 결과를 보면 통계적 유의성이 경계선에 있고 특히 경제적 유의성이 부족하기 때문에 최소 예약 기간 개입은 구현되지 않을 것입니다. 신뢰 구간의 하한값이 0보다 훨씬 높더라도 비즈니스 파트너의 결정은 바뀌지 않습니다.

이렇게 이야기가 끝난다면 비즈니스 파트너는 어떤 장려 개입도 시행하지 않을 것입니다. 하지만 소유주에게 실험처치의 선택권을 주지 않고 전반적으로 최소 예약 기간 실험처치를 적용한다면 어떤 일이 발생할지에 대해 고려해볼 가치가 있습니다.

9.4.2 필수 개입에 대한 CACE 추정치

장려 설계가 있을 때 실험처치를 의무화하는 효과를 추정할 수 있을까요? 실험 처리를 선택한 범주(일명 '실험처치한' 항목)에 대한 비즈니스 지표 값을 선택하지 않은 범주 및 대조군의 지표 값(두 가지를 묶어서 '실험처치하지 않은' 항목으로 정의)과 비교하는 방법이 있습니다. 하지만 이 방법은 매력적이지만 잘못된 방법입니다. 비교 결과가 전체적으로 실험처치를 시행하는 예상 결과를 반영한다고 생각할 수도 있습니다. 즉, 소유주의 의견과 상관 없이 인기가 많은 숙소의 최소 예약 기간을 2박으로 설정해버리거나 무료 청소 서비스를 제공하면서 일방적으로 중간 청소 시간을 단축하는 등 실험처치를 강행한 경우 결과를 확인할 수 있다고 생각하는 것입니다. 하지만 실험처치를 무작위로 적용하지 않고 교란될 가능성이 높기 때문에 그렇지 않습니다. 실험군 안에서 실험처치를 선택한 소유주는 선택하지 않은 소유주와 서로 다른 측면이 있을 수 있습니다. 예를 들어 재정 관리에 대한 관심과 같이 숙소에 더 관심을 기울이고 노력을 들이는 개인 특성이 있을 수 있습니다. 이것을 인과관계 다이어그램으로 나타내면 [그림 9-5]와 같습니다.

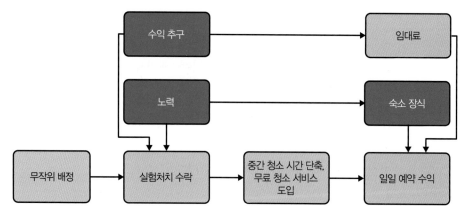

그림 9-5 실험 배정은 무작위인 반면에 무료 청소 서비스 실험처치를 적용하는 것은 무작위가 아님

[그림 9-5]의 인과관계 다이어그램이 맞다면 무료 청소 서비스 실험처치를 수락하는 것은 일일 예약 수익을 증가시키고 계수를 상향 조정하는 행동과 관련이 있습니다. 다시 말해 실험처치를 수락하는 사람과 수락하지 않은 사람을 비교할 때 이러한 행동 효과의 일부를 실험처치에 잘못 포함할 수 있습니다. 무작위 배정은 실험 집단 사이를 비교했을 때 편향되지 않도록 보장하지만 부분군에 대해서는 아무것도 보장하지 않습니다.

> **NOTE** 이메일 A/B 테스트의 경우 무작위 배정의 효과에 대한 이러한 제한은 비율(예를 들어 열람률open rate, 클릭률click-through rate 등)이 모두 이전 단계의 사람 수가 아니라 실험 집단의 사람 수를 분자로 가져야 한다는 것을 의미합니다. 50%의 사용자가 이메일을 열고 본문에 있는 링크를 클릭했다면 클릭률은 50%가 아닌 25%로 표현해야 합니다.

장려 설계에서는 실험군에 있는 사람이 실험처치를 선택하고 시행하기를 바라지만 대조군에 있는 사람은 실험처치를 시행하지 않기를 바랍니다. 그러나 어떤 상황에서는 대조군의 피실험자가 실험처치에 접근하는 것을 막을 수 없습니다. 주어진 예제에서 무료 청소 서비스 실험처치는 완전히 통제 가능합니다. 숙박업소의 소유주는 전문 청소 서비스를 사용할 수 있지만 비용을 지불해야 하며 예약과 예약 사이의 중간 청소 시간은 소프트웨어에서 설정 가능합니다. 따라서 실험군 외부에 있는 사람은 이렇게 정밀한 실험처치에 접근할 수 없습니다. 그러나 최소 예약 기간을 2박으로 설정하는 경우는 다릅니다. 실험군 외의 숙박업소 소유자라도 1박만 예약한 건을 거부하면 비공식적으로 최소 2박 이상 예약하도록 상황을 만들 수 있습니다.

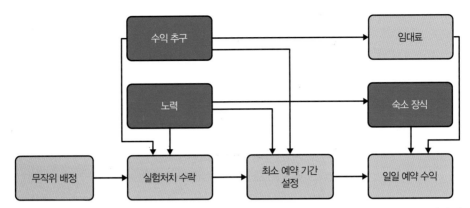

그림 9-6 실험 배정은 무작위인 반면에 최소 예약 기간 실험처치를 적용하는 것은 아니며 실험군 외부에서도 발생 가능

최소 예약 기간 실험처치로 다음과 같은 네 가지 사례를 확인할 수 있습니다.

A. 대조군에 속하고 최소 2박 예약 조건을 적용하지 않습니다.

B. 대조군에 속하지만 최소 2박 예약 조건을 적용합니다.

C. 실험군에 속하며 최소 2박 예약 조건을 적용합니다.

D. 실험군에 속하지만 최소 2박 예약 조건을 적용하지 않습니다.

이러한 분류는 최소 2박 예약 조건을 적용할 때 실험처치 자체의 효과와 관찰되지 않은 요인의 효과를 구별할 수 있는 몇 가지 중요한 구성 요소를 나타냅니다. 이러한 요소를 관찰하고 모든 소유주에 대해 요소의 순서에 따라 순위를 매길 수 있다고 상상해봅시다. 무작위 배정을 사용했기 때문에 대조군와 치료군에서 관찰되지 않은 요인의 분포가 거의 동일하다고 가정할 수 있습니다(그림 9-7).

관찰되지 않은 요인에 대한 값이 충분히 높은 대조군의 모든 소유주는 최소 2박 예약 조건을 적용하고(B집단) 대조군의 나머지 소유주는 모두 최소 2박 예약 조건을 적용하지 않습니다(A집단). 실험군의 경우 관찰되지 않은 요인에 대한 값이 높은 소유주는 최소 2박 예약 조건을 적용하며 요인에 대한 값이 낮아 조건을 적용하지 않을 일부 소유주(두 소유주 집단을 합쳐 C집단 구성)에 대해서는 장려 개입이 임곗값을 낮춘다고 합리적으로 가정할 수 있습니다. 마지막으로 값이 너무 낮은 소유주는 최선의 노력에도 불구하고 최소 예약 조건을 적용하지 않습니다(D집단).

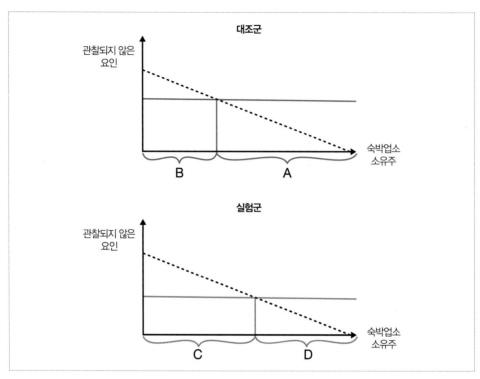

그림 9-7 두 집단에서 관찰되지 않은 요인과 관찰된 행동의 분포

계량경제학 용어로 말하자면 실험 배정(대조군의 B집단과 그와 관련된 실험군의 C집단의 일부)에 관계없이 항상 실험처치를 적용하는 피실험자를 **항시 참여자**always-taker라고 합니다. 실험 배정(실험군의 D집단과 그와 관련된 대조군의 A집단의 일부)과 상관없이 절대 실험처치를 적용하지 않는 피실험자를 **항시 불참자**never-taker라고 합니다. 실험군에 속한 경우에만 실험처치를 적용하는 피실험자(A집단과 C집단의 교집합)를 **순응자**complier라고 합니다.

이론적으로 네 번째 범주, 즉 대조군에 속한 경우에만 실험처치를 적용하는 피실험자는 **비순응자**defier라고 합니다. 원하는 방향과 정반대로 행동하기 때문입니다. 심리학에서는 이를 반발reactance(또는 리액턴스)이라고 부르기도 합니다. 실생활에서도 이렇게 청개구리처럼 행동하는 경우가 있죠. 비즈니스 환경에서는 이런 문제가 자주 발생하지는 않습니다. 물론 하기 싫은 일을 강요한다면 누구라도 반발할 것입니다.

정의 그대로 관찰되지 않은 요인은 실험에서 관찰할 수 없습니다. 즉, 대조군에 배정된 항시 참여자(B)와 실험군에 배정된 항시 불참자(D)의 두 집단만 확실히 식별할 수 있습니다. 최소 2

박 예약 조건을 시행하는 실험군의 소유주(C)가 항시 참여자인지 순응자인지는 알 수 없으며 조건을 시행하지 않는 대조군의 소유주(A)가 순응자인지 항시 불참자인지 알 수 없습니다. 여기서 작은 요령을 하나 알려드리자면 실험 집단에 걸쳐서 항시 참여자와 항시 불참자를 구하여 순응자에 대한 실험처치의 효과를 계산할 수 있습니다. 이것을 순응 평균 인과 효과^{complier average causal effect}(CACE)라고 합니다. CACE의 공식[4]은 매우 간단합니다.

$$CACE = \frac{ITT}{P(treated|TG) - P(treated|CG)}$$

순응자에 대한 실험처치의 효과를 구하려면 실험에서 순응하지 않는 정도를 기준으로 이전에 구했던 ITT 추정치에 가중치를 매기면 됩니다. 즉, 두 집단 모두가 완전히 순응하는 상태라면 대조군에서 아무도 실험처치에 접근할 수 없고($P(treated|CG)=0$) 실험군에 있는 모든 사람은 실험처치를 적용($P(treated|TG)=1$)한다는 의미이며 결과적으로 ITT 추정치로 단순화할 수 있습니다. 장려 설계를 사용하면 대조군의 사람이 실험처치에 접근하는 것을 막을 수 있지만 실험군에 있는 사람 중 극히 일부만 실험처치를 적용할 수 있습니다. 이러한 경우 CACE는 ITT의 배수입니다. 실험군의 10%만 실험처치를 적용하면 효과가 매우 희석되고 CACE는 ITT의 10배가 됩니다.

CACE는 두 가지 측면에서 매우 유용합니다. 첫째, CACE는 선택의 가능성 없이 전체적으로 실험처치를 시행하는 효과에 대한 추정치를 제공합니다. 둘째, ITT와 CACE의 관계를 살펴보면 다음의 두 가지 상황을 구별할 수 있습니다.

- ITT가 낮지만 $P(treated|TG) - P(treated|CG)$가 높은 경우
  개입이 순응자에게 미치는 영향은 작지만 순응 수준은 높다는 것을 의미합니다.
- 반대로, ITT는 높지만 $P(treated|TG) - P(treated|CG)$가 낮은 경우
  개입이 순응자에게 미치는 영향은 크지만 순응 수준은 낮다는 것을 의미합니다.

첫 번째 경우는 개입의 효과를 높이는 것에 집중해야 하고, 두 번째 경우는 개입을 의무화하여 수용률을 높이는 것에 집중해야 합니다. 이러한 통찰력은 대안을 설계하는 데에도 도움이 될 수 있습니다. 예를 들어 예약과 예약 사이의 청소 시간을 8시간으로 줄이는 것이 너무 짧다면 12시간은 어떨까요? 무료 청소 서비스를 적용하는 것을 제안하기보다는 소유주들에게 평판이

---

4 공식의 증명 과정이 궁금하다면 이 책의 깃허브 저장소를 참조하세요.

좋은 서비스 업체를 소개하면 어떨까요?

주어진 예제의 실험의 결과는 평균 약 20%로 실험군에서 순응률이 상당히 낮습니다.

```r
## R (출력 결과는 생략)
exp_data_reg %>%
  group_by(group) %>%
  summarise(compliance_rate = mean(compliant))
```

```python
## 파이썬
exp_data_reg_df.groupby('group').agg(compliance_rate = ('compliant', 'mean'))
```

	compliance_rate
group	
ctrl	1.000
treat1	0.238
treat2	0.166

이것은 최소 예약 기간 실험처치의 효과에 대한 CACE 추정치가 ITT 추정치보다 상당히 높다는 것을 의미합니다.

$$CACE_1 = \frac{ITT_1}{ComplianceRate_1} = \frac{0.97}{0.24} \approx 4.06$$

CACE 추정치가 훨씬 더 흥미롭습니다. 낮은 순응률과 높은 CACE는 실험의 개입이 근본적으로 타당하고 구현했을 때 가치를 창출한다는 것을 나타냅니다. 설계를 변경하여 순응률을 높이거나 개입을 의무화해볼 수도 있습니다.

CACE는 매우 깔끔하지만 해석의 여지가 많지 않습니다. 대조군과 실험군 전체에서 암묵적으로 동일한 사람(순응자)을 비교하고 있기 때문에 실험처치의 효과에 대한 추정치는 편향되지 않습니다. 다른 요소의 영향력을 실수로 반영하지 않습니다.

그러나 모집단의 좁은 부분에 대해서만 측정하고 있기 때문에 일반화할 수 있는지는 아직 모릅니다. 순응자가 실험처치와 상호작용하는 특성을 가질 수도 있습니다. 즉, 실험처치를 적용했는지 여부가 아니라 실험처치에 얼마나 영향을 받을지에 영향을 미치는 특성이 있을 수 있습니다. 이제 인과관계의 관점에서 행동 관점으로 넘어가야 할 시점입니다. 실험처치를 적용하기만 하면 좋은 영향을 받는 걸까요? 아니면 관련된 사람들이 어떤 사람인지가 중요할까요? 순응한다는 것은 단순하게 실험처치를 적용하는 것을 의미하지 않습니다. 단지 행동을 취하는 것이 아니라 실험처치가 의미 있는 영향을 줄 수 있도록 노력해야 한다는 것을 의미합니다. 다음 장에서 살펴볼 콜센터의 대화 경로 예제에서 이러한 점을 확인할 수 있습니다.

주어진 예제에서 실험의 개입은 에어씨앤씨의 웹사이트를 통해 구현할 수 있습니다. 최소 2박 예약 조건은 예약을 하는 대상과 상관없이 적용됩니다. 즉, 이 실험처치를 전체적으로 도입할 경우 실험처치가 생각한대로 시행될 것이라고 확신할 수 있으며 비즈니스 파트너에게 적용할 가치가 있음을 당당하게 주장할 수 있습니다.

9.5 정리하기

8장에서는 웹사이트에 접속한 고객을 대상으로 실험 집단을 '실시간으로' 배정해야 했습니다. 이 장에서는 무작위 배정을 한번에 수행할 수 있었기 때문에 유사한 피실험자 쌍을 만들어 표본을 층화stratify(블록block)할 수 있었습니다. 피실험자 쌍의 한 명은 대조군에 배정하고 한 명은 실험군에 할당합니다. 이것은 실험을 더 복잡하게 만들지만 실험의 효과(통계적 용어로는 검정력)를 상당히 증가시킵니다. 층화에 익숙해지면 작은 표본에서도 통찰력을 이끌어낼 수 있는다는 점이 얼마나 좋은지 알게 될 것입니다.

이 장에서는 또한 두 가지 문제점을 제시했습니다. 첫째, 실험의 개입은 장려 실험처리입니다. 소유주에게 개입의 가능성을 제안했지만 개입을 적용하도록 강요할 수 없으며 순응 여부는 무작위로 정해지지 않았습니다. 이러한 상황에서 장려 개입 자체의 효과는 쉽게 측정할 수 있지만 제안을 받아들이는 효과(즉, 실험처치를 적용하는 것)를 측정하는 것은 어렵습니다. 다행히 CACE를 사용하면 실험 모집단의 순응자에 대한 효과의 편향 없는 추정치를 구할 수 있습니다. 개인 특성과 실험처치 사이에 상호작용이 없다고 가정한다면 CACE를 전체 실험 모집단으로 일반화할 수 있습니다. 전체 모집단으로 일반화할 수 없는 경우에도 CACE를 사용하면 단순히 대조군과 실험군을 비교하는 것보다는 덜 편향된 추정치를 구할 수 있습니다.

마지막으로 여러 개의 실험처치를 설계했습니다. 이것은 근본적으로 실험 설계를 바꾸지 않지만 실험을 조금 더 복잡하게 만듭니다. 따라서 실험을 처음 설계한다면 딱 하나의 실험처치로 시작하는 것이 좋습니다. 그러나 나중에는 실험을 실행하는 조직의 '고정 비용'을 적극적으로 활용하게 될 것입니다. 모든 이해관계자(비즈니스 파트너, 법무 부서 등)로부터 승인받고 기술과 데이터 파이프라인을 구축하는 과정은 실험처치가 1개일 때와 2개일 때 걸리는 시간이 거의 차이 나지 않기 때문입니다. 따라서 한번에 여러 개의 실험처치로 실험을 실행하면 1년에 테스트하는 실험처치의 개수를 늘릴 수 있습니다.

## CHAPTER 10

군집 무작위 배정과 계층적 모델링

9장의 실험은 개념적으로는 간단하지만 비즈니스에서 실험을 실행하는 논리적이고 통계적인 어려움을 설명했습니다. 에어씨앤씨는 전국에 걸쳐 10개의 고객 콜센터를 보유하고 있으며 예약 과정에서 발생할 수 있는 모든 문제(예를 들어 결제에 문제가 있거나 숙소가 사진과 다르게 생긴 경우 등)를 처리합니다. 하버드 비즈니스 리뷰^{Harvard Business Review}(HBR)에서 고객 서비스에 대한 기사[1]를 읽은 담당 부사장이 표준운영절차^{standard operating procedure}(SOP)를 변경하기로 결정했습니다. 문제가 발생했을 때 반복적으로 사과하는 대신 콜센터 상담사가 대화를 시작할 때 사과한 후 '문제 해결'을 돕고 마지막으로 고객에게 여러 가지 선택지를 제시합니다.

이 실험에는 여러 가지 과제가 있습니다. 첫째, 설계의 제약에 따라 상담사가 아닌 콜센터 수준에서만 실험처치를 무작위화할 수 있습니다. 둘째, 규정을 따르도록 만들고 시행 정도를 측정하기 어렵습니다. 하지만 실험을 할 수 없거나 포기해야 한다는 의미는 아닙니다!

무작위 배정은 표준 선형 알고리즘을 적용하기 어렵게 만들기 때문에 계층적 선형 모델링^{hierarchical linear modeling}(HLM)을 사용해야 한다는 점도 실험을 진행하면서 살펴보겠습니다.

이전에 진행했던 다른 실험과 마찬가지로 다음 순서로 실험을 진행합니다.

- 실험 계획
- 무작위 배정과 표본 크기/검정력 결정
- 실험 분석

---

1 "'Sorry' Is Not Enough," Harvard Business Review, 1–2월. 2018.

10.1 실험 계획

이 절에서는 필요한 상황과 행동의 근거를 이해할 수 있도록 실험의 변화 이론을 간단하게 설명하겠습니다.

> 1 비즈니스 목표와 목표 지표
>
> 2 개입의 정의
>
> 3 목표와 개입을 연결하는 행동 논리

10.1.1 비즈니스 목표와 목표 지표

HBR의 기사에 따르면 성공 또는 목표 지표의 기준은 간단합니다. 상담 전화를 마친 고객에게 설문조사 이메일을 보내 측정한 고객 만족도를 기준으로 삼을 수 있습니다. 기준이 명확해 보이지만 사실 이 지표에는 복잡한 문제가 숨어있습니다. 이 문제는 나중에 다시 이야기하도록 하고 우선 테스트하는 대상부터 정의해보겠습니다.

10.1.2 개입의 정의

테스트하는 실험처치는 상담사가 새로 도입한 SOP 교육을 받았고 이것을 시행하도록 지시받았는지 여부입니다.

여기서 첫 번째 어려운 점은 실험처치를 시행하는 것입니다. 지금까지 공부한 내용을 바탕으로 이 문제를 보면 아마 여러분은 서로 다른 고객에게 서로 다른 SOP를 적용하도록 상담사에게 요구하는 것이 매우 어렵다는 것을 눈치챘을 것입니다. 상담 전화를 할 때마다 상담사에게 SOP를 임의로 전환하도록 요청하면 요청에 미처 머리가 지끈거린 상담사는 요청한 규정을 준수하지 않을 가능성이 높습니다. 따라서 일부 상담사를 새로 도입한 SOP로 교육하고 나머지 상담사는 이전의 SOP를 그대로 유지하도록 하면서 한 명의 상담사는 본인이 담당한 모든 상담 전화에 교육받은 SOP를 적용하도록 지시해야 합니다.

이렇게 시행 방법을 수정해도 규정을 준수할지는 여전히 미지수입니다. 실험군의 상담사는 새로운 SOP를 일관성 없이 시행하거나 전혀 시행하지 않을 수 있으며 대조군의 상담사도 이전 SOP를 일관성 없이 적용할 수 있습니다. 이렇게 되면 분석에 혼란이 생기고 실험군보다 대조군이 별 차이가 없는 것처럼 보일 것입니다. 이 문제를 완화하는 한 가지 방법은 먼저 상담 내용을 들어보면서 현재 SOP 준수 상태를 관찰한 다음 몇 명의 상담사를 선택해서 교육하고 새로운 SOP의 준수 상태를 관찰하는 파일럿 스터디를 실행하는 것입니다. 파일럿 스터디를 진행한 후에 실험을 진행하면 규정 준수에 대한 오해와 방해 요소를 파악하고 해결할 수 있습니다. 하지만 사람이 실험에서 실험처치를 100% 준수하는 것은 일반적으로 불가능합니다. 우리가 할 수 있는 최선의 방법은 현재의 준수 상태를 측정하고 결론을 도출할 때 초기 준수 상태를 고려하는 것입니다.

마지막으로 대조군과 실험군 사이에 '누출'의 위험이 있습니다. 상담사는 사람이기 때문에 같은 콜센터에서 근무하는 다른 상담사들과 상호작용하며 대화합니다. 또한 상담사가 진행한 상담에 대해 월평균 고객 만족도(CSAT)에 따라 성과급을 받습니다. 실험군의 상담사가 실험 기간 동안 좋은 결과를 보인다면 아마 같은 콜센터에서 근무하는 대조군의 상담사는 실험군에 따라 고객 대응법을 변경할 수도 있습니다. 대조군의 일부 고객에게 실험처치를 적용하게 되면 두 집단을 비교할 때 혼란을 겪게 되고 실제보다 차이가 작아 보일 수 있습니다. 따라서 콜센터 수준에서 실험처치를 적용해야 합니다. 지정된 콜센터의 모든 상담사는 실험군에 속하거나 대조군에 속합니다.

상담 전화 수준이 아닌 콜센터 수준에서 실험처치를 적용하는 것은 성공 기준에 영향을 미칩니다. 무작위 배정의 단위가 콜센터라면 콜센터 수준에서 CSAT를 측정해야 할까요? 이것은 논리적으로 보이지만 각 상담사나 각 상담 전화에 대한 정보를 사용할 수 없다는 것을 의미합니다. 반면에 평균 CSAT를 상담사 수준에서 측정하거나 상담 전화 수준에서 측정하면 더 많은 정보를 얻을 수 있지만 두 가지 이유로 문제가 있습니다.

- 첫째, 상담 전화 수준에서 무작위 배정이 이루어지지 않았다는 사실을 무시하고 표준 검정력 분석을 사용하면 결과가 편향될 것입니다. 무작위 배정은 필연적으로 콜센터 변수와 상관관계가 있기 때문입니다. 표본에 10개의 콜센터가 있다면 표본에 상담 전화 건을 더 추가한다고 해서 콜센터의 개수가 변하는 것은 아니기 때문에 무작위 배정의 단위는 10으로 유지됩니다.
- 둘째, 데이터 분석에서 중첩된 데이터 때문에 문제가 발생할 수 있습니다. 각 상담사가 하나의 콜센터에 속해있다고 가정하면 콜센터 변수와 상담사 변수 사이에 다중공선성이 존재합니다. 예를 들어 첫 번째 콜센터에 대한 계수에 1을 더하고 해당 콜센터에서 일하는 모든 상담사의 계수에서 1을 빼도 회귀의 결과는 변하지 않습니다. 따라서 회귀의 계수 값은 정확하게 결정되지 않습니다.

다행히도 이 문제를 해결할 수 있는 간단한 방법이 있습니다. 계층적 모델hierarchical model을 사용하면 데이터의 중첩 구조를 파악하고 적절하게 처리하는 동시에 상담 전화 수준으로 설명 변수를 사용할 수 있습니다.[2] 이 책에서는 통계적인 세부 사항은 다루지 않고 관련된 코드를 실행하고 결과를 해석하는 방법만 살펴보겠습니다. 계층 모형은 선형 및 로지스틱 회귀 분석에 적용할 수 있는 일반적인 프레임워크이므로 회귀 분석에 적용하는 방법을 위주로 살펴보겠습니다.

10.1.3 행동 논리

마지막으로 행동 논리입니다. 이 실험의 성공 논리는 간단합니다. 새로운 SOP는 상담사와 대화하는 동안 불만이 있는 고객의 기분을 풀어주기 때문에 CSAT가 더 높게 나와야 합니다.

그림 10-1 실험의 인과 논리

10.2 데이터와 패키지

이 장의 깃허브 폴더에는 두 가지 데이터셋이 있습니다. [표 10-1]은 각 데이터셋에 포함된 변수를 표시하는 표입니다. [표 10-1]에서 체크 기호(✓)는 파일에 변수가 있다는 의미이고 엑스 기호(✗)는 파일에 변수가 없다는 의미입니다.

---

2 이러한 유형의 모델을 자세히 알고싶다면 앤드류 겔먼(Andrew Gelman)과 제니퍼 힐(Jennifer Hill)의 『Data Analysis Using Regression and Multilevel Hierarchical Model』(Cambridge University Press, 2006)을 읽어보세요. 이 주제에 대한 고전적인 참고자료입니다.

표 10-1 데이터의 변수

변수명	변수 설명	chap10-historical_data.csv	chap10-experimental_data.csv
Center_ID	10개 콜센터에 대한 범주형 변수	✓	✓
Rep_ID	193개 콜센터에 대한 범주형 변수	✓	✓
Age	상담하는 고객의 나이, 20~60	✓	✓
Reason	상담 이유, 'payment(결제)'/property(숙소)'	✓	✓
Call_CSAT	고객 만족도, 0~10	✓	✓
Group	실험 배정, 'ctrl(대조군)'/'treat(실험군)'	×	✓

두 데이터셋에는 *M6Spend*라는 변수도 포함되어 있습니다. 이 변수는 주어진 예약 긴 이후 6개월 동안 소비한 금액을 나타내는 변수로 12장에서만 사용됩니다.

이 장에서는 서문에서 언급한 공통 패키지 외에 다음의 패키지[3]를 사용합니다.

```R
## R
library(blockTools) # 함수 block() 사용
library(caret) # 원핫 인코딩 함수 dummyVars() 사용
library(scales) # 함수 rescale() 사용
library(lme4) # 계층적 모델링링
library(lmerTest) # 계층적 모델링에 대한 추가 진단용
library(nbpMatching) # 층화 무작위 배정에 '최적의' 알고리즘 적용
library(binaryLogic) # 함수 as.binary() 사용
```

```python
## 파이썬
# 숫자형 변수 재조정
from sklearn.preprocessing import MinMaxScaler
# 범주형 변수 원핫 인코딩
from sklearn.preprocessing import OneHotEncoder
```

---

3 옮긴이_install.packages()로 설치되지 않는 경우 해당 패키지를 찾아 수동으로 설치해야 합니다. CRAN 아카이브(https://cran.r-project.org/src/contrib/Archive/{패키지명})를 참조하세요. 윈도우 환경에서 패키지 수동 설치 시 오류가 발생하는 경우 Rtools(https://cran.r-project.org/bin/windows/Rtools/rtools42/rtools.html)를 참조하세요.

10.3 계층적 모델링의 개요

데이터에 범주형 변수가 있는 경우 계층적 모델hierarchical model(HM)을 사용할 수 있습니다.

- 여러 스토어에 걸쳐 고객 트랜잭션을 수행합니다.
- 여러 주에 걸쳐 숙소를 임대합니다.
- 기타

어떤 상황에서는 기존의 범주형 변수를 사용할 수 없기 때문에 HM이 필요합니다. 가장 흔한 상황은 다른 범주형 변수에 종속된 범주형 변수가 있는 것입니다. 예를 들어 *Vegetarian*(채식주의자) = {'*yes*(네)', '*no*(아니오)'}와 *Flavor*(음식 취향) = {'*ham*(햄)', '*turkey*(칠면조)', '*tofu*(두부)', '*cheese*(치즈)'}가 있을 때 *Flavor*는 *Vegetarian*에 종속되며 이러한 범주형 변수를 '중첩된' 범주형 변수라고 합니다. 이러한 경우 다중공선성 문제가 발생하며 이때 HM을 활용할 수 있습니다. 이것이 중첩되지 않은 범주형 변수에도 적용할 수 있지만 이 모델을 '계층적' 모델이라고 부르는 이유입니다.

그 외에도 HM은 주어진 예제에서 콜센터 상담사 ID와 같이 범주의 개수가 많은 범주형 변수가 있는 경우, 특히 일부 범주의 데이터 행 개수가 매우 적은 경우에 굉장히 견고합니다. HM의 계수가 다른 행의 일부 정보를 포함하여 전체 평균에 더 가깝게 만들기 때문입니다. 더 깊게 다루면 이 책의 범위를 벗어나므로 자세한 내용은 생략하겠습니다. 어떤 콜센터 상담사가 단 한 번의 상담 전화만 담당했는데 예외적으로 CSAT이 굉장히 낮았다고 가정해봅시다. 데이터에는 단 한 번의 기록만 남아있기 때문에 상담사가 이상치인지 아니면 해당 상담 전화 건이 이상치인지 알 수 없습니다. 범주형 변수는 '이상치 정도'의 100%를 상담사에게 할당하는 반면 HM은 상담사와 상담 전화 사이에 이상치의 정도를 분배합니다. 즉, 상담사가 다른 상담 전화에서도 평균보다 낮은 CSAT를 가질 것으로 예상할 수 있지만 관찰한 상담 전화만큼 극단적이지는 않을 수 있습니다.

마지막으로 범주형 변수와 HM이 모두 적용될 수 있는 상황(기본적으로 중첩되지 않은 범주가 몇 개 있는 범주형 변수가 있는 상황!)에서는 둘 중 하나를 선택할 수 있는 미묘한 기준이 있습니다. 개념적으로 범주형 변수는 우리가 이해하고자 하는 본질적인 차이를 기준으로 데이터의 집단을 나누는 것입니다. 반면에 HM은 잠재적으로 무한한 집단 분포에서 무작위로 집단을 나눕니다. 에어씨앤씨는 30개의 콜센터가 있지만 콜센터는 10개나 50개가 될 수도 있습니다. 이

때 실험에서는 3번 콜센터와 28번 콜센터 사이의 차이에는 관심이 없습니다. 대신 결제를 이유로 진행한 상담이 숙소 문제로 진행한 상담보다 평균 CSAT가 높은지 낮은지에 관심을 가질 수 있습니다. 집단 사이의 표준편차가 0.3이라는 사실만으로는 부족합니다. 선택의 기준은 해석하기 나름이기 때문에 너무 깊게 생각할 필요는 없습니다.

10.3.1 R 코드

과거 데이터에서 상담의 CSAT를 결정하는 요인을 보면서 간단한 상황을 가정하고 계층적 모델링이 동작하는 방식을 살펴보겠습니다. 상담사 ID(Rep_ID) 변수는 잠시 제쳐두겠습니다. R 코드로 계층적 모델링을 구현하면 다음과 같습니다.

```R
## R
> hlm_mod <- lmer(data=hist_data, call_CSAT ~ reason + age + (1|center_ID))
> summary(hlm_mod)
```

```
Linear mixed model fit by REML. t-tests use Satterthwaite's method [lmerModLmerTest]
Formula: call_CSAT ~ reason + age + (1 | center_ID)
   Data: hist_data

REML criterion at convergence: 2052855

Scaled residuals:
    Min      1Q  Median      3Q     Max
-4.3238 -0.6627 -0.0272  0.6351  4.3114

Random effects:
 Groups     Name        Variance Std.Dev.
 center_ID (Intercept) 1.406    1.186
 Residual              1.122    1.059
Number of obs: 695205, groups:  center_ID, 10

Fixed effects:
                  Estimate    Std. Error          df t value Pr(>|t|)
(Intercept)      3.8990856     0.3749857   9.0938796   10.40 0.00000238 ***
reasonproperty   0.1994487     0.0026669 695193.0006121   74.79 < 2e-16 ***
age              0.0200043     0.0001132 695193.0008797  176.75 < 2e-16 ***
---
```

```
Signif. codes:  0 '***' 0.001 '**' 0.01 '*' 0.05 '.' 0.1 ' ' 1

Correlation of Fixed Effects:
            (Intr) rsnprp
reasnprprty 0.000
age         -0.011 -0.236
```

lmer() 함수는 기존의 lm() 함수와 구문이 유사하며 군집화 변수clustering variable를 입력해야 한다는 한 가지 차이점이 있습니다. 여기서 군집화 변수는 center_ID(콜센터 ID)이며 (1|center_ID)로 표현합니다. 이것은 회귀 분석의 절편이 콜센터마다 달라질 수 있게 합니다. 따라서 각 콜센터에 대해 하나의 계수가 존재합니다. 이러한 계수는 각 콜센터에 더미를 사용하여 표준 선형 회귀를 수행했을 때 얻는 계수와 유사하다고 생각할 수 있습니다.[4]

출력 결과의 'Random effects' 부분은 군집화 변수를 나타냅니다. 각 콜센터 ID의 계수는 summary()의 결과에는 표시되지 않습니다(coef(hlm_mod)를 사용하면 각 콜센터 ID의 계수를 확인할 수 있습니다). 대신 분산과 표준편차의 형태로 한 콜센터 안에서 그리고 콜센터 사이의 데이터 산포도variability를 확인할 수 있습니다. 주어진 예제에서 콜센터 사이의 데이터 표준편차는 1.185입니다. 각 콜센터에 대한 평균 CSAT를 계산한 다음 평균의 표준편차를 계산하면 다음과 같이 직접 확인할 수 있는 값과 같은 값을 얻을 수 있습니다.

```
## R
> hist_data %>%
      group_by(center_ID)%>%
      summarize(call_CSAT = mean(call_CSAT)) %>%
      summarize(sd = sd(call_CSAT))
```

```
# A tibble: 1 x 1
      sd
   <dbl>
1  1.18
```

잔차의 표준편차(여기서는 1.059)는 콜센터의 효과를 고려한 후에 데이터에 남아있는 산포도를 나타냅니다. 두 표준편차를 비교하면 콜센터의 효과가 데이터 산포도의 절반 이상을 차지한

---

4   자세히 알고 싶다면 이러한 계수는 콜센터의 평균 CSAT와 전체 데이터의 평균 CSAT의 가중 평균으로 계산합니다.

다는 것을 알 수 있습니다.

출력 결과에서 'Fixed effects' 부분은 아마 익숙할 것입니다. 이 부분은 상담 전화 수준 변수의 계수를 나타냅니다. 여기서 'property(숙소)' 문제를 상담하는 고객은 'payment(결제)' 문제를 상담하는 고객보다 평균 0.199의 CSAT가 높고 고객의 나이가 1세 많아지면 CSAT가 평균 0.020 올라갑니다.

이제 center_ID(콜센터 ID) 변수 아래 중첩된 rep_ID(상담사 ID) 변수를 군집화 변수에 포함하겠습니다.

```
## R
> hlm_mod2 <- lmer(data=hist_data,
                   call_CSAT ~ reason + age + (1|center_ID/rep_ID),
                   control = lmerControl(optimizer ="Nelder_Mead"))
> summary(hlm_mod2)
```

```
Linear mixed model fit by REML. t-tests use Satterthwaite's method [lmerModLmerTest]
Formula: call_CSAT ~ reason + age + (1 | center_ID/rep_ID)
   Data: hist_data
Control: lmerControl(optimizer = "Nelder_Mead")

REML criterion at convergence: 1320850

Scaled residuals:
    Min      1Q  Median      3Q     Max
-5.0373 -0.6712 -0.0003  0.6708  4.6878

Random effects:
 Groups            Name        Variance Std.Dev.
 rep_ID:center_ID (Intercept) 0.7696   0.8772
 center_ID        (Intercept) 1.3582   1.1654
 Residual                     0.3904   0.6249
Number of obs: 695205, groups:  rep_ID:center_ID, 193; center_ID, 10

Fixed effects:
                 Estimate    Std. Error          df t value  Pr(>|t|)
(Intercept)    3.90099487    0.37397956  8.73974706   10.43 0.00000316
reasonproperty 0.19952547    0.00157368 695010.05594858  126.79   < 2e-16
age            0.01992162    0.00006678 695010.05053116  298.30   < 2e-16
```

```
(Intercept)    ***
reasonproperty ***
age            ***
---
Signif. codes:  0 '***' 0.001 '**' 0.01 '*' 0.05 '.' 0.1 ' ' 1

Correlation of Fixed Effects:
           (Intr) rsnprp
reasnprprty  0.000
age         -0.007 -0.236
```

rep_ID를 군집화 변수로 추가하려면 center_ID와 슬래시(/)로 구분히여 덧붙이면 됩니다.
또한 모델이 수렴하지 못했다는 경고가 표시되어 최적화 알고리즘을 'Nelder_Meed'로 변경했
습니다.[5] 고정 효과에 대한 계수는 약간 다르지만 그렇게 차이가 크진 않습니다.

10.3.2 파이썬 코드

파이썬 코드는 R 코드보다 간결하며 비슷하게 작동합니다. 가장 큰 차이점은 집단이 groups =
hist_data_df['center_ID']로 표시된다는 점입니다.

```
## 파이썬
mixed = smf.mixedlm("call_CSAT ~ reason + age", data = hist_data_df,
                    groups = hist_data_df["center_ID"])
print(mixed.fit().summary())
```

```
           Mixed Linear Model Regression Results
========================================================
Model:             MixedLM Dependent Variable: call_CSAT
No. Observations:  695205  Method:               REML
No. Groups:        10      Scale:                1.1217
Min. group size:   54203   Log-Likelihood:       -1026427.7247
Max. group size:   79250   Converged:            Yes
Mean group size:   69520.5
```

---

5   수치형 시뮬레이션과 마찬가지로 최적화 알고리즘은 자유롭게 수정해도 좋습니다. 예를 들어 lmerControl(optimizer ="bobyqa",
    optCtrl=list(maxfun=2e5))을 사용해도 좋습니다. 좋은 제안을 해준 제시카 자쿠보스키(Jessica Jakubowski)에게 감사를 표합니다.

```
----------------------------------------------------------------
                Coef. Std.Err.      z   P>|z|  [0.025  0.975]
----------------------------------------------------------------
Intercept          3.899   0.335  11.641 0.000   3.243   4.556
reason[T.property] 0.199   0.003  74.786 0.000   0.194   0.205
age                0.020   0.000 176.747 0.000   0.020   0.020
Group Var          1.122   0.407
================================================================
```

고정 효과(절편(Intercept), 상담의 이유(reason)와 고객의 나이(age))에 대한 계수는 R
코드와 동일합니다. 무작위 효과의 분산에 대한 계수는 고정 효과의 맨 아래에 표시됩니다. 결
과를 보면 1.122로 R과 값이 약간 다르지만 관심이 있는 계수에는 영향을 미치지 않습니다.

중첩된 군집화 변수를 사용하는 방법도 파이썬에서 약간 구문이 다릅니다. 하위 수준의 중첩
변수를 별도의 공식('분산 요소 공식 variance components formula', 줄여서 vcf)으로 표현해야 합니다.

```python
## 파이썬
vcf = {"rep_ID": "0+C(rep_ID)"}
mixed2 = smf.mixedlm("call_CSAT ~ reason + age",
                     data = hist_data_df,
                     groups = hist_data_df["center_ID"],
                     re_formula='1',
                     vc_formula=vcf)
print(mixed2.fit().summary())
```

```
          Mixed Linear Model Regression Results
==================================================================
Model:              MixedLM  Dependent Variable:  call_CSAT
No. Observations:   695205   Method:              REML
No. Groups:         10       Scale:               0.3904
Min. group size:    54203    Log-Likelihood:      -660424.9323
Max. group size:    79250    Converged:           Yes
Mean group size:    69520.5
------------------------------------------------------------------
                   Coef. Std.Err.      z   P>|z|  [0.025  0.975]
------------------------------------------------------------------
Intercept          3.901   0.367  10.639 0.000   3.182   4.620
reason[T.property] 0.200   0.002 126.789 0.000   0.196   0.203
age                0.020   0.000 298.302 0.000   0.020   0.020
```

```
 Group Var           1.304    0.976
 rep_ID Var          0.776    0.131
 ==================================================
```

분산 요소 공식의 구문은 다소 난해하지만 개념은 간단합니다. 수식 자체는 중첩된 변수를 키로 사용하는 딕셔너리입니다. 각 키에 연결된 값은 해당 변수에 무작위 절편을 사용할지 무작위 기울기를 사용할지 나타냅니다. 여기서 무작위는 '카테고리별로 달라짐'을 의미합니다. 무작위 절편은 범주형 변수에 해당하는 HM이며 '0+C(var)'로 표현합니다. 여기서 var는 중첩 변수의 이름, 즉 키와 동일합니다. 무작위 기울기는 이 책의 범위를 벗어나지만 예를 들어 상담 만족도와 고객의 나이 사이의 관계가 각 상담사에 대해 서로 다른 기울기를 가지도록 하려면 분산 요소 공식은 vcf = {"rep_ID": "0+C(rep_ID)", "age":"0+age"}이며 두 번째 값에서는 C()를 제외합니다.

10.4 무작위 배정과 표본 크기/검정력 결정

이제 실험의 질적 측면을 계획했으므로 실험에서 사용할 무작위 배당과 표본 크기, 검정력을 결정해야 합니다. 이전의 두 실험(8장과 9장)에서 목표 효과 크기와 통계적 검정력을 구했고 그에 따라 표본 크기를 결정했습니다. 이번 장에서는 비즈니스 파트너가 실험을 한 달만 진행하려고 하며 관심이 있는 최소 감지 가능한 효과는 0.6이라고 가정하겠습니다. 즉, 비즈니스 파트너는 0.6 크기의 효과를 감지할 수 있는 유의한 검정력을 요구하고 그보다 적은 효과 크기는 무시하고 영향을 감수한다고 가정합니다.

이러한 제약 조건 아래에서 고민해야 하는 점은 다음과 같습니다. 해당 표본에서 해당 양의 차이를 감지하려면 얼마만큼의 검정력이 필요한가요? 다시 말해 차이가 실제로 0.6과 동일하다고 가정할 때 결정 규칙이 실험군이 실제로 대조군보다 낮다는 결론을 내릴 확률은 얼마인가요?

앞에서 언급한 것처럼 계층적 회귀를 사용하여 데이터를 분석할 것입니다. 계층적 회귀를 사용하면 검정력 분석이 조금 복잡해질 수 있습니다. 우선 무작위 배정 과정을 간략하게 살펴보겠습니다.

10.4.1 무작위 배정

어떤 고객이 전화를 걸지 미리 알 수는 없지만 콜센터 수준에서 집단을 배정할 것이기 때문에 문제없이 무작위 배정을 할 수 있습니다. 따라서 대조군과 실험군을 한번에 미리 할당할 수 있습니다. 이와 같은 군집 실험에서는 무작위 배정할 실제 단위가 거의 없기 때문에 층화가 특히 유용합니다. 여기에서는 콜센터 수준에서 무작위 배정을 하기 때문에 상담사의 수와 상담 전화 지표의 평균값과 같은 센터의 특성을 기반으로 블록하려고 합니다. 코드는 9장에서 소개한 간단한 버전으로 사용하겠습니다. 데이터 전처리 함수와 block() 함수에 대한 래퍼를 분리하여 코드를 작성합니다. 다음은 콜센터의 층화 무작위 배정을 보여주는 예제 코드입니다.

```r
## R
# 데이터 전처리 함수
strat_prep_fun <- function(dat){
  # 콜센터 수준의 변수 추출
  dat <- dat %>%
    group_by(center_ID) %>%       ❶
    summarise(nreps = n_distinct(rep_ID),
              avg_call_CSAT = mean(call_CSAT),
              avg_age = mean(age),
              pct_reason_pmt = sum(reason == 'payment')/n()) %>%
    ungroup()

  # 데이터의 다양한 구성 요소 분리
  center_ID <- dat$center_ID  # 콜센터 식별자
  dat <- dat %>% select(-center_ID)
  num_vars <- dat %>%
    # 숫자형 변수 선택
    select_if(function(x) is.numeric(x)|is.integer(x))

  # 숫자형 변수 정규화 ❷
  num_vars_out <- num_vars %>%
    mutate_all(rescale)

  # 변수 병합
  dat_out <- cbind(center_ID, num_vars_out)  %>%
    mutate(center_ID = as.character(center_ID)) %>%
    mutate_if(is.numeric, function(x) round(x, 4)) # 가독성을 높이기 위해 반올림
  return(dat_out)
}

block_wrapper_fun <- function(dat){
```

```
prepped_data <- strat_prep_fun(dat)

# 층화 배정
assgt <- prepped_data %>%     ❸
  block(id.vars = c("center_ID"), n.tr = 2,
        algorithm = "optimal", distance = "euclidean") %>%
  assignment()
assgt <- assgt$assg$'1'
assgt <- assgt %>%
  select(-'Distance')

assgt <- as.matrix(assgt) %>% apply(2, function(x) as.integer(x))
return(assgt)     ❹
}
```

❶ center_ID로 데이터를 그룹화하고 군집화 변수를 요약합니다. 센터의 상담사 수를 받아서 고객의 나이와 상담의 평균 CSAT를 계산하고 상담의 이유가 'payment'인 상담 비율을 구합니다.

❷ 모든 군집화 변수를 0과 1 사이로 재조정합니다.

❸ nbpMatching 패키지의 '최적' 알고리즘을 사용하여 blockTools의 block() 함수를 사용합니다. 콜센터가 굉장히 적기 때문에 추가 계산을 수행할 수 있습니다.

❹ block()의 출력 결과로부터 쌍을 추출합니다.

바로 앞에 나온 R 코드의 결과 쌍은 다음과 같습니다.

```
     Treatment 1 Treatment 2
[1,]           2           3
[2,]           8           9
[3,]           7           6
[4,]           1           5
[5,]          10           4
```

9장에서 언급했듯이 파이썬에는 block 패키지와 같은 패키지가 없습니다. 따라서 9장에서 설명한 두 함수를 약간 수정하여 사용하겠습니다. 예를 들어 콜센터 수준의 변수에는 범주형 변수가 없어서 원핫 인코딩을 할 필요가 없으므로 관련된 기능을 수정합니다.

```
## 파이썬
def strat_prep_fun(dat_df):
    ...
```

```
def stratified_assgnt_fun(dat_df, K = 2):
    ...

stratified_assgnt_df = stratified_assgnt_fun(hist_data_df, K=2)
```

10.4.2 검정력 분석

검정력 분석을 위해 표준 통계 공식(이 경우 t−테스트 공식)을 사용하면 데이터에 존재하는
상관관계를 고려하지 않기 때문에 결과가 잘못 계산될 가능성이 높습니다. 『Data Analysis
Using Regression and Multilevel Hierarchical Model』(Cambridge University Press,
2006)은 계층적 모델에 대한 몇 가지 특정 통계 공식을 제안하지만 너무 깊게 다루지 않겠습
니다. 여기서는 지금까지 그랬듯이 검정력 분석을 수행하는 최적의 방법으로 시뮬레이션을 실
행합니다. 먼저 지표 함수를 정의해봅니다.

```
## R
hlm_metric_fun <- function(dat){
  # 계층적 회귀로 실험군의 계수 추정
  metric = tryCatch(
    expr = {hlm_mod <- lmer(data=dat,
                call_CSAT ~ reason + age + group + (1|center_ID/rep_ID)
                ,control = lmerControl(optimizer ="Nelder_Mead"))
      fixef(hlm_mod)["grouptreat"]},
    error = function(e){
      print('there was an error', '\n')
      NA})
  return(metric)
}
```

```
## 파이썬
def hlm_metric_fun(dat_df):
    vcf = {"rep_ID": "0+C(rep_ID)"}
    h_mod = smf.mixedlm("call_CSAT ~ reason + age + group",
                    data = dat_df,
                    groups = dat_df["center_ID"],
                    re_formula='1',
```

```
                    vc_formula=vcf)
    coeff = h_mod.fit().fe_params.values[2]
    return coeff
```

이 함수는 계층적 모델에서 실험군의 계수를 반환합니다. 이전 장에서 설명한 것처럼 이제 검정력 분석을 위한 시뮬레이션을 실행하겠습니다. 지금쯤이면 아마 여러분은 이 과정에 익숙해졌을 것입니다. 여기서 유일하게 추가로 고려해야 하는 사항은 데이터가 군집화되어 있다는 사실입니다. 이것은 두 가지 의미를 갖습니다.

첫째, 과거 데이터에서 무작위로 상담 건을 가져올 수 없습니다. 실험에서는 상담사가 각각 거의 정확히 동일한 개수의 상담 건을 가질 것으로 예상합니다. 만약 무작위로 상담 건을 선정한다면 상담수별 상담 건이 크게 달라질 것입니다. 상담사가 한 달에 약 1,200건의 상담 전화를 처리할 것으로 예상합니다. 만약 무작위로 상담 건을 선정한다면 어떤 상담사는 1,000건의 상담 전화를 처리하고 다른 어떤 상담사는 1,400건의 상담 전화를 처리할 수 있습니다. 다행히 프로그래밍 관점에서 무작위 선정을 하기 전에 콜센터와 상담사 수준에서 과거 데이터를 그룹화하면 이 문제를 쉽게 해결할 수 있습니다.

```
## R
sample_data <- filter(dat, month==m) %>% dplyr::group_by(rep_ID) %>%
    slice_sample(n = Nexp) %>% dplyr::ungroup()
```

```
## 파이썬
sample_data_df = sample_data_df.groupby('rep_ID').sample(n=Ncalls_rep)\
    .reset_index(drop = True)
```

무작위성이 '제한된' 경우 순열 사용

두 번째 의미는 통계적 수준에 있으며 더 심오합니다. 층화 무작위 배정을 사용하여 유사한 콜센터의 쌍을 구성하고 각 쌍에서 하나는 대조군으로 다른 하나는 실험군으로 배정합니다. 일부 콜센터의 특성이 분석을 편향시킬 위험을 줄이기 때문에 이렇게 하는 것이 좋습니다. 하지만 동시에 이것은 우리의 시뮬레이션에 고정된 효과를 가져옵니다. 예를 들어 1번 콜센터와 5번 콜센터가 매우 비슷해서 쌍을 이뤘다고 가정하겠습니다. 그러면 시뮬레이션을 아무리 많이 돌려도 그중 하나는 대조군에 배정되고 다른 하나는 실험군에 배정될 것입니다. 즉, 실험 가능한 조합의 총 개수를 줄인 것과 같습니다. 완전히 자유로운 무작위 할당을 사용하면 10개의 콜센터를 같은 크기의 실험 집단으로 배정하는 $10!/(5! * 5!) \approx 252$개의 서로 다른 경우의 수가 나올 수 있습니다. 하지만 층화를 사용하면 5개 쌍 각각에 대해 (대조군, 실험군) 또는 (실험군, 대조군)의 두 가지 배정만 가능하기 때문에 $2^5 \approx 32$개의 서로 다른 배정의 경우의 수가 있습니다. 즉, 32,000개의 시뮬레이션을 수행하더라도 콜센터 수준에서 32개의 서로 다른 무작위 배정만 확인할 수 있습니다. 게다가 과거 데이터가 3개월치만 있다면 총 $32 * 3 = 96$개의 서로 다른 시뮬레이션에 대해 완전히 다른(즉, 상호 배타적인) 표본을 3개만 생성할 수 있습니다.

이것은 층화 무작위 배정을 사용하지 말아야 한다는 의미가 아닙니다. 반대로 층화 무작위 배정은 실험의 모집단이 작을수록 훨씬 더 중요한 역할을 합니다. 그러나 이것은 완전히 다른 배정을 사용하는 것에 비해 많은 수의 시뮬레이션을 수행하는 것이 의미가 없고 잠재적으로 실험 결과가 어긋날 가능성이 있다는 것을 의미합니다.

그 이유를 쉽게 이해할 수 있도록 비유를 통해 설명하겠습니다. 어떤 학생이 수능을 앞두고 어휘 공부양을 늘리기로 결정했다고 가정하겠습니다. 이 학생은 사전을 구입하고 사전에서 무작위 단어의 정의를 하루에 열 번씩 읽기로 계획합니다. 천 개의 단어를 공부하기 위해 천 번을 읽을 때까지 반복합니다. 그러나 여기에는 함정이 있습니다. 사전에는 96개의 단어만 들어 있습니다. 학생이 임의의 단어를 아무리 많이 선정하더라도 어휘를 96개 넘게 외울 방법은 없습니다. 단어의 정의를 한 번 이상 읽는 것은 분명히 가치가 있습니다. 단어의 정의를 이해하고 암기해야 하기 때문입니다. 하지만 그것은 더 많은 단어의 정의를 읽는 것과는 다릅니다. 또한 이 예제는 무작위로 단어의 정의를 보는 것이 매우 비효율적인 방법이라는 것도 나타냅니다. 96개의 단어를 그냥 순서대로 외우는 것이 훨씬 더 낫습니다.

이 논리는 시뮬레이션에도 동일한 방식으로 적용됩니다. 일반적으로 시뮬레이션된 데이터셋을 구축하기 위해 과거 데이터에서 무작위로 데이터를 추출하고 여러 시뮬레이션이 완전히 동일할 확률을 무시할 수 있는 수준이라고 가정합니다. 주어진 예제의 경우 100개의 콜센터가 있고 각 콜센터에는 1,000명의 상담사에 대한 10년치 데이터가 있다면 수백 개 또는 수천 개의 실험은 걱정없이 자신 있게 시뮬레이션할 수 있습니다. 하지만 콜센터와 상담사의 수가 제한되어 있기 때문에 제한된 수의 가능성을 체계적으로 검토하는 것이 좋습니다.

코드로 어떻게 구현하는지 살펴볼까요? 콜센터 쌍을 구했다면 이제 32가지의 가능한 순열을 살펴봐야 합니다. 예를 들어 R에서 구했던 쌍을 다시 보자면 다음과 같습니다.

```
    Treatment 1 Treatment 2
[1,]            2            3
[2,]            8            9
[3,]            7            6
[4,]            1            5
[5,]           10            4
```

첫 번째 쌍은 2번과 3번 콜센터로 구성되어 있으므로 시뮬레이션의 절반은 대조군에 2번, 실험군에 3번이 있고 나머지 절반은 대조군에 3빈, 실험군에 2번이 있습니다. 따라서 첫 번째 시뮬레이션은 콜센터(2, 8, 7, 1, 10)를 대조군으로, 두 번째 시뮬레이션은 콜센터(3, 8, 7, 1, 10)를 대조군으로 가질 수 있습니다.

순열을 쉽게 구하는 요령을 알려드리겠습니다. 절대로 복잡하지는 않지만 그렇다고 직관적이지도 않은 이진수의 특성을 활용하는 방법입니다. 놀라지 말고 잘 들어주세요. 임의의 정수는 이진법으로 일련의 0과 1로 나타낼 수 있습니다. 0은 0, 1은 1, 2는 10, 3은 11과 같은 식입니다. 자릿수가 일정하도록 0으로 왼쪽 자릿수를 모두 채울 수 있습니다. 자릿수가 쌍의 개수와 동일하게 설정합니다. 여기서는 쌍의 개수가 5이므로 자릿수도 5개입니다. 즉, 0은 00000, 1은 00001, 2는 00010, 3은 00011입니다. 5자리로 표현할 수 있는 가장 큰 정수는 11111로 31입니다. 0을 00000으로 포함하면 다섯자리 이진수로 표현할 수 있는 숫자는 총 32개이며 이것이 곧 구현하려는 순열의 개수입니다. 이것은 우연이 아닙니다. 따라서 대조군(2, 8, 7, 1, 10)을 갖는 첫 번째 시뮬레이션을 '시뮬레이션 00000'이라고 부를 수 있습니다. 여기서 시뮬레이션 번호의 이진수 형식에서 각 쌍에 해당하는 자릿수가 1일 때마다 대조군과 실험군 사이에 쌍을 교환합니다. 예를 들어 시뮬레이션 10000의 경우 콜센터 2번과 3번을 교환하여 대조군(3, 8, 7, 1, 10)을 얻을 수 있습니다. 놀랄 준비하세요. 00000에서 11111까지 교환하다보면 5쌍의 가능한 모든 순열을 볼 수 있습니다!

순열 코드

파이썬과 R 사이의 색인 차이 때문에(파이썬은 0에서 시작하고 R은 1에서 시작) 코드는 파이썬에서 구현할 때 조금 더 간단합니다. 따라서 파이썬 코드부터 살펴보겠습니다.

```
## 파이썬
for perm in range(Nperm):
    bin_str = f'{perm:0{Npairs}b}'        ❶
    idx = np.array([[i for i in range(Npairs)],    ❷
                    [int(d) for d in bin_str]]).T
    treat = [stratified_pairs[tuple(idx[i])] for i in range(Npairs)]    ❸

    sim_data_df = sample_data_df.copy()
    sim_data_df['group'] = 'ctrl'        ❹
    sim_data_df.loc[(sim_data_df.center_ID.isin(treat)),'group']\
        = 'treat'
```

❶ 순열 카운터 perm을 이진 문자열로 변환합니다. 파이썬에서는 여러 가지 방법으로 이것을 구현할
수 있습니다. 여기서는 f-문자열을 사용했습니다. 이 구문은 f'{exp}'와 같으며 여기서 exp는 문
자열로 변환하기 전에 평가됩니다. 코드에서 f-문자열 안에 있는 Npairs는 중괄호 사이에 있으므
로 식으로 전달되기 전에 먼저 평가됩니다. 첫 번째 평가 후 exp는 perm:05b가 됩니다. 콜론(:)
왼쪽에 있는 첫 번째 용어는 형식을 지정할 숫자를 나타냅니다. 콜론 뒤의 문자는 사용할 형식을
나타냅니다. 여기서 b는 이진수를 의미합니다. 이 문자의 왼쪽에 있는 숫자는 사용할 총 자릿수(여
기서는 5), 마지막으로 해당 숫자의 왼쪽에 있는 모든 문자는 빈 자릿수를 채울 때 사용됩니다. 여
기서는 0으로 빈자리를 채웁니다.

❷ 이진 문자열의 자릿수를 idx 행렬 안에서 쌍에 대한 카운터와 연결합니다. 즉, '00000'은 변환 후

파이썬에서 $\begin{pmatrix} 0 & 0 \\ 1 & 0 \\ 2 & 0 \\ 3 & 0 \\ 4 & 0 \end{pmatrix}$가 됩니다.

❸ 각 쌍의 어떤 요소가 실험군으로 가는지 나타내기 위해 idx의 행을 인덱스로 전달합니다. 즉, 첫
번째 쌍의 첫 번째 요소가 대조군으로 간다는 점을 나타내기 위해 [0, 0]을 넘깁니다. 00000에
서는 항상 각 쌍의 첫 번째 요소를 대조군에 넣습니다. 마지막 순열인 11111에서는 00000과
동일한 원리로 각 쌍의 두 번째 요소를 대조군에 넣습니다. 더 복잡한 예를 들자면 이진 형식이
00111인 순열 번호 7의 경우 처음 두 쌍에서는 첫 번째 요소를, 마지막 세 쌍에서는 두 번째 요
소를 대조군에 넣습니다.

❹ 마지막으로 시뮬레이션된 실험 데이터셋을 업데이트하여 콜센터 ID를 기반으로 각 행을 대조군
또는 실험군에 배정합니다.

R에서도 동일한 과정을 거치며 몇 가지 구문 차이가 있습니다.

```
## R
permutation_gen_fun <- function(i, stratified_pairs){
  Npairs <- nrow(stratified_pairs)
  bin_str <- as.binary(i, n=Npairs)     ❶
  idx <- matrix(c(1:Npairs, bin_str), nrow = Npairs)
  idx[,2] <- idx[,2] + 1     ❷
  treat <- stratified_pairs[idx]     ❸
  return(treat)
}
```

❶ R에서는 as.binary() 함수를 사용하여 perm을 이진 형식으로 변환할 수 있습니다. 이 함수는 첫 번째 인수로 변환할 숫자를 받고 두 번째 인수로 원하는 총 자릿수(즉, 쌍의수, 여기서는 5)를 받습니다.

❷ R에서는 인덱싱이 0이 아닌 1로 시작하기 때문에 idx 행렬의 두 번째 열의 모든 요소에 1을 더해야 합니다. 따라서 각 쌍의 첫 번째 요소가 대조군으로 들어가는 첫 번째 순열 00000의 경우 idx 행렬은 $\begin{pmatrix} 1 & 1 \\ 2 & 1 \\ 3 & 1 \\ 4 & 1 \\ 5 & 1 \end{pmatrix}$ 입니다. 순열 11111의 경우 두 번째 열은 모두 2가 되고 00111의 경우 11222가 됩니다.

❸ 각 쌍의 어떤 요소가 대조군으로 들어가는지 나타내기 위해 idx의 행을 인덱스로 전달합니다.

permutation_gen_fun() 함수는 실험군에 대한 콜센터 ID 목록을 반환합니다. 이 목록은 무작위 배정 함수에서 사용할 수 있습니다.

검정력 곡선

이제 제한된 개수의 표본이 있을 때 해결하는 방법을 살펴봤으므로 다시 검정력 분석으로 돌아가겠습니다. 비즈니스 파트너는 실험을 한 달 내로 진행하려고 합니다. 즉, 약 230,000건의 상담 전화를 표본 크기로 설정합니다. CSAT 임곗값 0.6점과 원하는 검정력에 대해 필요한 표본 크기를 계산하는 대신에 주어진 표본 크기를 가지고 임곗값에서 검정력이 얼마인지 계산해야 합니다.

먼저 통계적 유의성을 살펴보겠습니다. 이전 장에서 추정치는 '과소평가'되었습니다. 90%의 신뢰 구간은 90% 이상의 시뮬레이션에서 0을 포함했고 40%의 신뢰 구간을 사용해도 아주 적은 수의 거짓 양성만 발생했습니다. 여기서는 그 반대의 문제가 있습니다. 90%의 신뢰 구간이 90%보다 훨씬 적은 비율의 시뮬레이션에서 0을 포함한다고 추정하였으나 추정치는 '과대평가'

되었으며 실제로는 0을 포함하지 않습니다. [그림 10-2]는 가장 낮은 신뢰 구간부터 가장 높은 신뢰 구간까지 96개의 신뢰 구간을 보여줍니다.

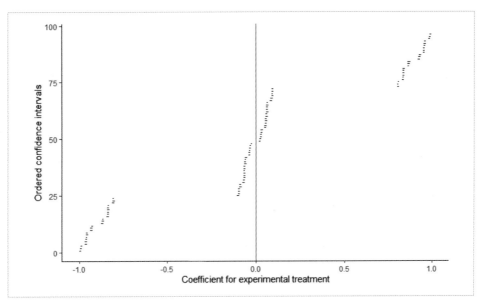

그림 10-2 효과가 없는 90%의 신뢰 구간

[그림 10-3]에서 볼 수 있는 상황은 7장에서 본 상황과 매우 유사합니다. 매우 제한적인 데이터로 인해 그래프가 끊겨있습니다. 여기서 무작위 에러는 0을 포함한 신뢰 구간을 도출하는 방식으로 나타나지 않습니다. 대신 신뢰 구간의 분포가 0을 중심으로 대칭(추정치가 치우치지 않음)이고 절반은 서로 매우 가깝더라도 4개의 긴밀한 신뢰 구간 군집이 생깁니다. 실질적인 관점에서 보면 실험을 실행할 경우 신뢰 구간에 실제 값이 포함될 것으로 기대해서는 안 된다는 것을 의미합니다.

이것은 우리의 실험이 실패했다는 것을 의미하는 것이 아니라 신뢰 구간의 경계를 신뢰하면 안되고 의사결정 규칙을 따라야 한다는 것을 의미합니다. 양의 신뢰 구간을 받아들이는 기본 의사결정 규칙을 사용할 때 유의성은 50%입니다. 신뢰 구간의 절반이 0보다 낮고 절반이 높기 때문에 절반의 경우에 음의 계수를 볼 수 있고 실험군이 대조군보다 나을 것이 없다고 결론을 내릴 것입니다. [그림 10-3]은 다양한 효과 크기에 대한 이 의사결정 규칙을 사용하여 검정력 곡선을 보여줍니다.

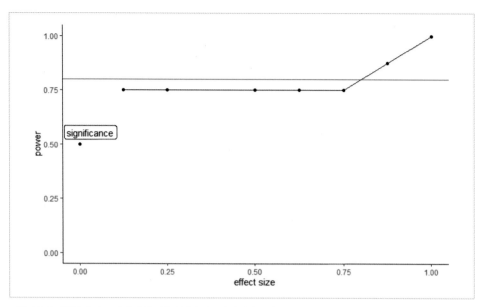

그림 10-3 다양한 효과 크기에 대해 결정 임곗값이 0인 검정력 곡선

보다시피 기본적으로 0 미만이었던 신뢰 구간의 군집이 0 이상이 되자마자 검정력은 75%까지 매우 빠르게 도달합니다. 그 후 검정력은 강한 음의 신뢰 구간에 있는 군집이 0 이상이 될 때까지 효과 크기의 임곗값 0.6을 포함한 범위에 걸쳐 일정하게 유지됩니다. 효과 크기가 1 이상일 경우 검정력은 100%에 가깝습니다. 즉, 실제 효과가 1 이상이면 신뢰 구간이 음일 가능성이 매우 낮습니다.

비즈니스 파트너에게 가서 신뢰 구간을 신뢰할 수 없으므로 거짓 양성에 대한 위험이 크지만 거짓 음성에 대한 위험은 매우 낮다고 말할 수 있습니다. 주어진 예제의 경우 0.25 이상의 효과 크기를 관찰하는 경우에만 엄격한 의사결정 규칙을 설정하고 개입을 구현하면 보다 나은 결과를 얻을 수 있습니다. [그림 10-4]는 해당 의사결정 규칙의 검정력 곡선을 나타냅니다.

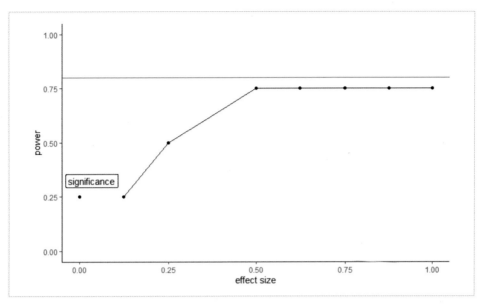

그림 10-4 의사결정 임곗값이 0.25인 다양한 효과 크기에 대한 검정력 곡선

[그림 10-4]에서 볼 수 있듯이 의사결정 임곗값을 높이면 검정력 곡선의 왼쪽이 낮아집니다. 이것은 작은 효과 크기에 대한 낮은 검정력(즉, 거짓 음성의 위험이 높음)의 비용으로 낮은 유의성(거짓 양성의 위험이 낮음)을 도출할 수 있다는 점을 나타냅니다. 그러나 검정력 곡선의 오른쪽은 대부분 값이 변하지 않고 유지됩니다. 이것은 0.6의 효과를 탐지할 수 있는 검정력은 75%에 머무른다는 것을 의미합니다.

검정력 분석 결과를 요약하겠습니다. 제한된 개수의 효과적인 실험 단위(콜센터)에 대해 층화 무작위 배정을 사용하면 그 실험은 가능한 결과를 제한하는 엄격한 구조를 가지게 됩니다. 이것은 신뢰 구간을 그 자체로는 신뢰할 수 없게 만듭니다. 그러나 의사결정 규칙을 더 높은 임곗값으로 조정할 수 있습니다. 예를 들어 주어진 예제에서는 0.25 이상의 효과가 관찰되는 경우에만 개입을 구현합니다. 이렇게 하면 효과 크기가 0일 때 거짓 양성의 위험을 줄이면서 목표 효과 크기에 대한 검정력을 충분히 높게 유지할 수 있습니다. 이 실험은 아직 미흡한 수준이지만 피실험자로 수행할 수 있는 최선의 방법이며 비즈니스 파트너는 이러한 가능성에 대해 어떤 생각이 있는지 고민하고 결정해야 합니다.

10.5 실험 결과 분석과 해석

실험을 실행하면 데이터를 수집하고 분석할 수 있습니다. 이전에 지표 함수를 정의했으므로 실험 데이터에 해당 함수를 적용하여 분석을 간단하게 수행할 수 있습니다. 그런 다음 실험 데이터의 지표 값에 대한 90%의 부트스트랩 신뢰 구간을 얻습니다.

```
## R (출력 결과는 생략)
> coeff <- hlm_metric_fun(exp_data)
> print(coeff)
> hlm_CI <- boot_CI_fun(exp_data, hlm_metric_fun)
> print(hlm_CI)
```

```
## 파이썬
coeff = hlm_metric_fun(exp_data_df)
print(coeff)
hlm_CI = boot_CI_fun(exp_data_df, hlm_metric_fun)
print(hlm_CI)
```

```
0.477903237163797
[0.474576645081924, 0.4811216820547782]
```

신뢰 구간은 매우 좁고 정확하게 0.25 이상입니다. 검정력 분석에 따르면 실제 효과 크기는 해당 신뢰 구간 안에 있을 가능성이 낮지만 상한과 하한일 가능성이 거의 같기 때문에 예상 효과 크기는 0.48과 같습니다. 이 값은 의사결정 임곗값보다 높기 때문에 목표 효과 크기보다 작더라도 개입을 구현할 것입니다. 흥미롭게도 이 신뢰 구간은 부분적으로 층화 무작위 배정 때문에 정규 근사치(계수 +/− 1.96 * 계수 표준 오차)를 기반으로 얻은 값보다 훨씬 작습니다.

10.6 정리하기

이것으로 실험 설계의 여정을 마치겠습니다. 이 책의 마지막 부에서는 실험 데이터 분석을 더 깊이 있게 할 수 있는 고급 도구를 살펴볼 것입니다. 이 장에서 살펴본 콜센터 실험도 실제 실험만큼이나 복잡합니다. 가장 낮은 수준에서 무작위 배정을 할 수 없고 실험을 실행하는 기간이 미리 정해진 것은 불편하지만 자주 발생하는 상황은 아닙니다. 일반적으로 고객이나 직원 대신 사무실이나 상점 수준에서 무작위 배정을 합니다. 보통 실험 진행상의 복잡성과 실험 집단 사이의 '누출'을 방지하기 위해서 조금 큰 단위로 무작위 배정을 진행합니다. 실험에서 유용한 결과를 얻고 싶다면 검정력 분석을 위한 시뮬레이션과 무작위 배정을 위한 층화를 활용해야 합니다. 여기까지 왔다면 여러분은 이제 충분히 그 두 가지를 잘 다룰 준비가 되었을 것입니다.

개인적으로 실험을 설계하고 실행하는 것이 행동 과학에서 가장 재미있는 부분이라고 생각합니다. 일이 순조롭게 잘 풀린다면 여러분은 비즈니스 계획 또는 행동 과학 측면에서 개입의 영향을 명확하게 측정할 수 있을 것입니다. 하지만 순조롭게 분석을 진행하는 것 자체가 결코 쉬운 일이 아닙니다. 유명한 미디어와 비즈니스 업체들은 종종 '분석을 적용하고 5%의 유의성을 확인하면 끝입니다!'와 같이 분석이 간단한 일이라는 생각을 하게 만들지만 이것은 오해의 소지가 있습니다. 필자는 이러한 인상 때문에 발생하는 몇 가지 오해를 해결하려고 노력해왔습니다.

첫째, 통계적 유의성과 검정력을 오해하는 경우가 많습니다. 이 두 개념을 오해하면 실험이 낭비되고 최적화되지 않은 결론을 내릴 수 있습니다. 개인적으로 부트스트랩 신뢰 구간을 사용하여 분석에서 p-값을 배제하면 결과와 해석이 더 정확하고 적용한 설정과 더 높은 관련이 있는 결론을 얻을 수 있다고 생각합니다.

둘째, 실험을 순수한 기술과 데이터 분석 문제로 처리하는 것이 인과-행동 접근법을 사용하는 것보다 쉽지만 성과는 조금 아쉬울 수 있습니다. 인과관계 다이어그램을 사용하면 무엇이 성공하고 무엇이 실험처치를 성공하게 만드는지를 보다 명확하게 설명할 수 있습니다.

비즈니스 현장에서 실험을 구현하는 것은 매우 어려운 일입니다. 또한 모든 실험은 다 다르기 때문에 각 실험에 특화된 구체적인 조언을 줄 수는 없지만 몇 가지 일반적인 조언은 드릴 수 있습니다.

조언 1

비즈니스 현장에서 실험을 실행하는 것은 예술이자 과학이며 어떤 것도 특정한 상황에 있는 경험을 대체 할 수 없습니다. 처음에는 작고 간단한 실험부터 시작하세요.

조언 2

먼저 소규모 파일럿 그룹에서 실험처치를 시행한 후 잠시 관찰하고 대규모로 적용하세요. 이렇게 하면 사람들이 실험처치를 이해하고 어느 정도 정확하고 일관성 있게 적용할 수 있습니다.

조언 3

일이 잘못될 수 있는 모든 경우의 수를 상상하고 그러한 일이 일어나는 것을 최대한 막으려고 노력하세요.

조언 4

큰 노력에도 불구하고 일이 잘못된 경우 그 상황을 있는 그대로 받아들이고 실험에 대한 유연성을 기르세요. 예를 들어 생각보다 일을 진행할 때 시간이 오래 걸릴 수 있으므로 '여분'의 시간을 미리 확보하여 계획하세요. 실험처치를 올바르게 구현하는 데 일주일이 걸릴 수도 있고 데이터가 늦게 수집될 수도 있습니다.

PART 05

행동 데이터 분석을
위한 고급 도구

이제 책의 마지막 부분에 도달했습니다. 지금까지 배웠던 모든 것을 종합하고 행동 데이터 분석의 세 가지 강력한 도구를 살펴봅니다. 11장에서는 조절효과를 살펴보고 12장에서는 매개효과와 매개효과에서 파생된 도구 변수를 살펴봅니다.

조절효과는 상호작용 효과를 이해하고 효과적이고 투명하게 고객층을 세분화할 수 있는 다목적 수학 도구입니다. 매개효과는 인과관계의 블랙박스를 들여다보고 변수가 다른 변수에 어떤 영향을 미치는지 이해할 수 있습니다. 마지막으로 도구 변수를 사용하여 고객 만족도가 추후 고객 행동에 미치는 영향을 측정합니다.

조절효과, 매개효과와 도구 변수는 방법론에 대해 열띤 토론을 버리거나 책 한 권을 쓸 수 있을 정도로 모두 중요한 주제입니다. 하지만 책의 앞부분에서 소개한 몇 가지 도구를 사용하면 세 도구를 쉽게 이해할 수 있습니다. 첫 번째로 인과관계 다이어그램을 사용하면 세 도구를 모두 직관적으로 이해할 수 있습니다. 두 번째로 부트스트랩을 사용하여 p-값과 관련된 복잡한 이론을 생략하고 신뢰 구간을 바로 구할 수 있습니다. 결과적으로 한 줄짜리 코드로 깊이 있고 실행 가능한 행동 관점의 결론을 얻을 수 있습니다.

## CHAPTER 11

조절효과

인과적 관점과 행동적 관점을 결합했을 때 가장 만족스러운 점은 여러 변수가 있을 때 어떤 변수를 기준으로 보면 서로 전혀 관련이 없는 관계가 다른 어떤 변수를 기준으로 보면 완전히 동일하게 보일 수 있다는 점입니다. 이러한 점을 잘 활용한다면 굉장히 많은 일을 할 수 있습니다.

지금까지 평균적으로 무엇이 행동을 야기하는지 이해하기 위해 인과관계 다이어그램을 사용했습니다. 예를 들어 온도가 1도 올라갈 때 온도와 관련된 다른 모든 변수가 일정하게 유지된다면 C마트의 가판대 아이스크림 판매량은 얼마나 증가하는지 알아볼 수 있습니다. 하지만 전체 평균에 관심은 없고 다음과 같은 내용이 궁금할 수도 있습니다.

- 해당 수치가 텍사스와 위스콘신Wisconsin의 가판대에도 똑같이 적용되나요? 만약 그렇지 않다면 데이터를 **세분화**segmentation할 수 있습니다.
- 해당 수치가 초콜릿과 바닐라맛에 똑같이 적용되나요? 만약 그렇지 않다면 이것은 온도와 아이스크림 맛 사이에 **상호작용**interaction이 있다는 것을 의미합니다.
- 해당 수치가 온도가 낮을 때와 높을 때 똑같이 적용되나요? 만약 그렇지 않다면 온도가 판매에 미치는 영향에 **비선형성**nonlinearity이 있습니다.

이 장에서 살펴볼 도구는 사회과학자들이 '조절효과 분석'이라고 부르며 이 도구를 사용하면 앞에서 살펴본 세 가지 유형의 질문을 정확히 같은 방식으로 도출할 수 있습니다.

이 장에서 사용할 데이터와 패키지를 먼저 살펴보고 11.1절에서 조절효과가 무엇인지 알아보겠습니다. 그런 다음 다양한 행동과 상황에 조절효과를 어떻게 적용할 수 있는지 소개합니다. 일반적으로 조절효과를 적용하는 일종의 공식이 있기 때문에 마지막 절에서는 이러한 실용적이고 기술적인 고려 사항을 함께 살펴보겠습니다.

11.1 데이터와 패키지

이 장의 깃허브 폴더에는 CSV 파일 chap11-historical_data.csv가 있습니다. [표 11-1]은 데이터셋에 포함된 변수를 표시하는 표입니다.

표 11-1 데이터의 변수

변수명	변수 설명
Day	일 인덱스, 1–20
Store	매장 인덱스, 1–50
Children	이진형 변수(0/1), 고객이 어린이를 동반하는지 여부
Age	고객 나이, 20–80
VisitDuration	매장에 머무른 시간(분), 3–103
PlayArea	이진형 변수(0/1), 매장 수준의 변수, 매장에 놀이 공간의 유무
GroceriesPurchases	매장을 방문하는 동안 식료품을 구매한 금액(달러), 0–324

이 장에서는 서문에서 언급한 공통 패키지만 사용합니다.

11.2 조절효과의 행동적 다양성

조절효과moderation의 정의는 매우 간단합니다. 두 예측 변수 사이의 곱셈 회귀 분석을 의미합니다. 예를 들어 앞에서 텍사스와 위스콘신에서 아이스크림의 판매량에 대해 질문했죠? 두 주($State$)에서 아이스크림 판매량($IceCreamSales$)은 온도($Temperature$)가 증가함에 따라 증가한다면 이것은 수학적으로 다음과 같이 표현할 수 있습니다.

$$IceCreamSales = \beta_t.Temperature + \beta_s.State + \beta_{ts}.(Temperature * State)$$

조절효과를 통해 다음과 같은 행동학적 현상을 이해할 수 있습니다. 각 현상을 차례대로 살펴보겠습니다.

- 세분화segmentation
- 상호작용interaction
- 비선형성nonlinearity (자기조절self-moderation)

11.2.1 세분화

고객 세그먼트를 구축하는 것은 마케팅 분석, 더 넓게는 비즈니스 분석의 핵심 작업입니다. 먼저 관찰된 데이터로 고객 세그먼트를 구축하는 방법을 살펴본 다음 실험 데이터에 적용하겠습니다.

관찰 데이터 세분화

C마트 예제를 살펴보겠습니다. 이 기업은 최근 일부 매장에 놀이 공간을 만들었습니다. 고객이 매장에 머무르는 시간에 놀이 공간이 어떤 영향을 미쳤는지 알아봅시다. 데이터의 모든 고객 방문 건에 대해 매장 내 놀이 공간의 유무가 고객이 매장에 머무르는 시간에 어떤 영향을 주나요? 인과관계 다이어그램을 기반으로 회귀 분석을 수행하면 평균 인과 효과를 알 수 있습니다. 하지만 평균은 오해의 소지가 있으며 모집단의 세그먼트 사이에 존재하는 차이를 파악하지 못하게 합니다. 예를 들어 놀이 공간의 존재가 어린이를 동반하지 않은 고객보다 동반한 고객의 매장 이용 시간에 더 많은 영향을 미친다고 가정하는 것이 타당합니다. 그렇다면 회귀에서는 이것을 어떻게 설명해야 할까요? [그림 11-1]에서와 같이 단순히 어린이 동반 여부(*Children*)를 놀이 공간의 유무(*PlayArea*)와 같이 매장에 머무른 시간(*VisitDuration*)의 예측 변수로 포함하면 된다고 생각할 수도 있습니다.

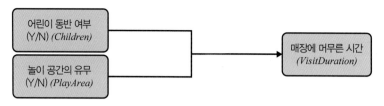

그림 11-1 VisitDuration의 예측 변수로 Children 포함

이렇게 접근하면 매장의 *PlayArea*와 상관없이 *Children*이 *VisitDuration*에 영향을 미친다고 해석할 수 있습니다. 또한 반대로 *Children*과 상관없이 *PlayArea*가 *VisitDuration*에 영향을 미친다고 해석할 수 있다는 문제가 있습니다. 회귀 분석을 수행할 때 각 변수를 독립적으로 검사합니다. 각 계수는 잔차 거리가 최소화되도록 설정되지만 각 변수의 계수는 다른 변수의 값과 상관없이 동일해야 합니다. 즉, *VisitDuration*에 대한 *PlayArea*의 계수와 그에 따라 측정된 효과는 수학적으로 어린이를 동반한 고객과 동반하지 않은 고객에 대한 효과의 가중 평균이 될 수밖에 없습니다. 마찬가지로 어린이 동반에 대한 효과는 놀이 공간이 있을 때와 없을 때의 효과의 가중 평균으로 측정할 수 있습니다. 방정식으로 이러한 점을 확인해봅시다. [그림 11-1]에 나타낸 인과관계 다이어그램에 대한 방정식은 [수식 11-1]과 같으며 방정식은 문제를 단순화하기 위해 보통 생략하는 상수 계수 β_0도 포함합니다.

수식 11-1

$$VisitDuration = \beta_0 + \beta_p \cdot PlayArea + \beta_c \cdot Children$$

*PlayArea*와 *Children*은 둘 다 이진형 변수이기 때문에 값이 0인지 1인지에 따라 다음과 같은 네 가지 경우로 나눌 수 있습니다.

1 β_0은 놀이 공간이 없는 매장에 어린이를 동반하지 않은 고객의 평균 매장 이용 시간입니다. 즉, *Children*을 C, *PlayArea*를 P라고 할 때 C와 P는 모두 0입니다.

2 $\beta_0 + \beta_c$는 놀이 공간이 없는 매장에 어린이를 동반한 고객의 평균 매장 이용 시간입니다. 즉, C = 1, P = 0입니다.

3 $\beta_0 + \beta_p$는 놀이 공간이 있는 매장에 어린이를 동반하지 않은 고객의 평균 매장 이용 시간입니다. 즉, C = 0, P = 1입니다.

4 $\beta_0 + \beta_p + \beta_c$는 놀이 공간이 있는 매장에 어린이를 동반한 고객의 평균 매장 이용 시간입니다. 즉, C = 1, P = 1입니다.

이것은 고객이 어린이를 동반했는지 여부가 놀이 공간의 유무의 영향에 영향을 미치지 않는다는 것을 의미합니다. 이에 대해 간단하게 확인해봅시다.

C = 0이면 놀이 공간의 유무의 영향은 다음과 같습니다.

$$VisitDuration(C = 0, P = 1) - VisitDuration(C = 0, P = 0) = (\beta_0 + \beta_p) - (\beta_0) = \beta_p$$

C = 1이면 놀이 공간의 유무의 영향은 다음과 같습니다.

$$VisitDuration(C = 1, P = 1) - VisitDuration(C = 1, P = 0) = (\beta_0 + \beta_c + \beta_p) - (\beta_0 + \beta_c) = \beta_p$$

두 방정식의 차이, 즉 놀이 공간을 만들었을 때 어린이를 동반하지 않은 고객에 비해 어린이를 동반한 고객의 매장 이용 시간이 얼마나 증가하는지는 정의에 따라 다음과 같습니다.

$$[(\beta_0 + \beta_c + \beta_p) - (\beta_0)] - [(\beta_0 + \beta_p) - (\beta_0)] = \beta_p - \beta_p = 0$$

4개의 방정식이 있고 4개의 대응하는 평균이 있지만 계수는 3개밖에 없다면 이렇게 두 변수가 서로 영향을 미치지 못한다는 점을 바로 눈치챌 수 있습니다. 처음 세 방정식을 기반으로 β_0, β_c, β_p를 설정한 다음(C = 1, P = 1)에 대해 평균 매장 이용 시간이 $\beta_0 + \beta_p + \beta_c$와 같지 않다면 방정식을 풀 수 없습니다. 알고리즘은 회귀 분석에서 오차를 최소화하는 값을 찾기 위해 최선을 다하겠지만 추정치는 편향될 것입니다. 안타깝게도 지금 상황처럼 말이에요! 따라서 회귀 분석에서 단순히 *Childern*을 변수로 추가하는 것만으로는 *Children*과 *PlayArea* 사이의 상호작용을 설명할 수 없습니다. 이러한 방정식으로는 놀이 공간의 유무가 어린이를 동반한 고객의 매장 이용 시간에 더 많은 영향을 미치는지 여부를 판단할 수 없습니다.

바로 이럴 때 조절효과가 필요합니다. *PlayArea*와 *Children*의 상호작용을 나타내는 네 번째 계수를 추가하여 문제를 해결할 수 있습니다. 다음의 방정식을 확인해보세요.

수식 11-2

$$VisitDuration = \beta_0 + \beta_p \cdot PlayArea + \beta_c \cdot Children + \beta_i \cdot (PlayArea * Children)$$

(C = 1, P = 1)에 대한 방정식은 $VisitDuration = \beta_0 + \beta_p + \beta_c + \beta_i$ 가 되고 β_i를 조절하여 상호작용 효과를 설명할 수 있습니다. 이제 다음과 같이 설명할 수 있습니다.

- C = 0이면 놀이 공간을 만드는 영향은 $(\beta_0 + \beta_p) - (\beta_0) = \beta_p$입니다.
- C = 1이면 놀이 공간을 만드는 영향은 $(\beta_0 + \beta_c + \beta_p + \beta_i) - (\beta_0 + \beta_c) = (\beta_p + \beta_i)$입니다.

이 두 방정식의 차이는 다음과 같습니다.

$$[(\beta_0 + \beta_c + \beta_p + \beta_i) - (\beta_0)] - [(\beta_0 + \beta_p + \beta_i) - (\beta_0)] = \beta_p + \beta_i - \beta_p = \beta_i$$

놀이 공간을 추가하면 어린이를 동반하지 않은 고객보다 어린이를 동반한 고객이 매장에 머무른 시간이 β_i분 더 길어집니다.

[수식 11-2]의 곱셈 항은 전통적으로 인과관계 다이어그램에서 [그림 11-2]와 같이 기존 화살표의 가운데를 가리키는 화살표로 표시됩니다. 여기서 *Children* 변수를 조절변수moderator라고 하며 *PlayArea*와 *VisitDuration* 사이의 관계는 조절되었다고 합니다.

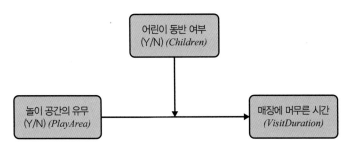

그림 11-2 VisitDuration에 대한 PlayArea의 영향은 어린이를 동반한 고객에 의해 조절됩니다.

회귀 분석 소프트웨어에 조절변수를 매우 간단한 방법으로 적용할 수 있습니다. 두 변수의 곱만 포함하기만 하면 소프트웨어는 개별 변수에 대한 계수도 계산해야 한다는 사실을 이해합니다.

```
## 파이썬 (출력 결과는 생략)
ols("duration~play_area * children", data=hist_data_df).fit().summary()
```

```
## R
> summary(lm(duration~play_area * children, data=hist_data))
```

```
...
Coefficients:
                    Estimate Std. Error t value Pr(>|t|)
(Intercept)         19.98760    0.01245  1605.5   <2e-16 ***
play_area1           3.95907    0.02097   188.8   <2e-16 ***
children1           10.01527    0.02017   496.6   <2e-16 ***
play_area1:children1 20.98663   0.03343   627.8   <2e-16 ***
...
```

> **NOTE** 앞에서 설명한 조절변수 적용 방법을 사용하면 소프트웨어는 *PlayArea*와 *Children*을 *VisitDuration*의 예측 변수로 추가하고 [수식 11–2]로 결과를 추정합니다. *Children*이 없는 방정식을 다음과 같이 별도의 수식으로 작성하고 추정하면 안 될까요?
>
> $$VisitDuration = \beta_0 + \beta_p \cdot PlayArea + \beta_i \cdot (PlayArea * Children)$$
>
> 안 됩니다. 자세한 내용이 궁금하다면 앤드루 F. 헤이스[Andrew F. Hayes]의 『매개분석 조절분석 및 조절된 매개분석』(신영사, 2015)를 읽어보세요. 기본적으로 계수가 의도한 의미를 나타내도록 하려면 조절변수와 조절된 변수를 개별 변수로 회귀 분석에 포함해야 합니다. 변수의 상관관계가 경제적 또는 통계적으로 유의하지 않더라도 회귀에 포함하는 것이 좋습니다. 소프트웨어가 해당 변수를 제거하지 않도록 주의하세요. 이것은 버그가 아니라 의도한 기능입니다.

이 회귀 분석의 계수는 다음과 같은 네 가지 경우의 평균과 같습니다.

- 놀이 공간이 없는 매장에 어린이를 동반하지 않은 고객의 평균 매장 이용 시간은 절편에 대한 계수인 β_0입니다. 즉, 앞선 R의 실행 결과에 따르면 20분입니다.
- 놀이 공간이 있는 매장에 어린이를 동반하지 않은 고객의 평균 매장 이용 시간은 $\beta_0 + \beta_p$로 절편의과 *PlayArea*의 계수를 더한 값과 같습니다. 앞선 R의 실행 결과에 따르면 약 20 + 4 = 24분입니다.
- 놀이 공간이 없는 매장에 어린이를 동반한 고객의 평균 매장 이용 시간은 $\beta_0 + \beta_c$로 절편과 *Children*의 계수를 더한 값과 같습니다. 앞선 R의 실행 결과에 따르면 약 20 + 10 = 30분입니다.
- 놀이 공간이 있는 매장에 어린이를 동반한 고객의 평균 매장 이용 시간은 $\beta_0 + \beta_c + \beta_p + \beta_i$로 절편, *PlayArea*, *Children*과 상호작용의 계수를 합한 값과 같습니다. 앞선 R의 실행 결과에 따르면 약 20 + 4 + 10 + 21 = 55분입니다.

즉, 놀이 공간의 유무는 어린이를 동반한 고객의 평균 매장 이용 시간에 큰 영향을 미치며 어린이를 동반하지 않은 고객의 평균 매장 이용 시간에는 훨씬 적긴 하지만 무시할 수 없는 영향을 미칩니다. 아마도 놀이 공간을 보면서 쇼핑의 스트레스를 조금 해소하는 것이 아닌가 싶네요.

이것을 그래프로 표현하면 [그림 11-3]과 같습니다. *Children* 변수의 값을 x축에, *VisitDuration*의 값을 y축에 나타내고 *PlayArea*의 각 값에 대해 선을 그리면 [그림 11-3]과 같이 2개의 선을 그릴 수 있습니다. 두 선의 끝에 있는 4개의 점은 앞에서 살펴본 네 가지 경우를 나타내며 각 값은 계수와 일치합니다.

두 변수 사이에 상호작용 효과가 없다면 놀이 공간의 유무는 같은 증가율을 보이기 때문에 두 선은 평행해야 합니다. 두 선이 평행하지 않다는 것은 *PlayArea*가 어린이를 동반한 고객에 더 큰 영향을 준다는 사실을 나타냅니다.

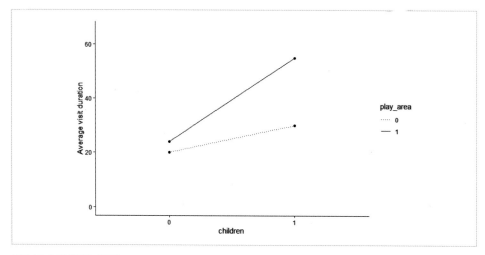

그림 11-3 조절효과 시각화

이것을 다시 수식으로 설명하면 왼쪽의 두 점 사이의 거리(C = 0인 경우)는 β_p이고 오른쪽의 두 점 사이의 거리(C = 1인 경우)는 $\beta_p + \beta_i$입니다.

조절효과 분석의 결과를 바탕으로 행동의 목표를 명확하게 할 수 있습니다. 주어진 예제에서는 C마트가 조절효과 분석을 통해 다음으로 놀이 공간을 구축할 매장을 결정할 수 있습니다. 개별 계수 β_p는 일반적으로 놀이 공간 자체의 가치를 결정할 뿐 매장의 우선순위와는 전혀 상관이 없습니다. 놀이 공간을 구축할 매장을 선택하려면 *PlayArea* 변수와 가장 강한 상호작용을 하는 매장과 고객의 특성을 결정한 다음 어떤 매장이 놀이 공간을 설치했을 때 가장 높은 '효과'를 보일지 찾아야 합니다.

또는 이미 놀이 공간이 있는 매장이라면 조절효과 분석을 통해 어떤 잠재 고객을 대상으로 놀이 공간의 존재를 홍보물을 보내야 할지 결정할 수 있습니다.

실험 데이터 세분화

실험 데이터를 세분화하는 과정은 관찰 데이터에 적용한 과정과 거의 동일합니다. 따라서 정량적 분석은 생략하고 몇 가지 차이점만 설명하겠습니다.

실험을 수행할 때는 표본에서 실험처치의 평균 효과를 측정하는 것 말고도 효과가 특히 강하거나 약한 집단을 결정해야 하는 경우가 많습니다. 홍보물을 보내거나 직원을 교육하는 것은 비용이 많이 듭니다. 홍보물의 경우 이메일과 같이 전송 비용 자체가 저렴한 방법을 사용할 수 있지만 원치 않는 홍보물을 받았을 때 고객이 느끼는 불쾌함은 사업 관점에서 보면 매우 큰 손해입니다. 따라서 홍보가 효과를 보이는 대상에게만 홍보해야 합니다.

비용 문제가 아니더라도 고객 기반의 특정 세그먼트에 특정 메시지 또는 실험처치를 적용하려면 개인화가 아주 중요합니다. 목표 세그먼트가 아닌 사람에게는 효과가 없거나 심지어 부정적인 효과가 나타나는 경우에 개인화를 적용해야 합니다. 만약 여러분이 모든 사람에게 매력적인 메시지를 준비한다면 정말 대단한 일을 해낸 것이겠지만 그것은 개인화가 아닙니다. 예를 들어 프로를 위한 스케이팅 날 쿠폰을 홍보한다면 대부분의 사람이 관심이 없을 수 있습니다. 야외 활동을 대상으로 하는 광고는 독서와 같은 실내 활동을 즐겨하는 사람에게는 불필요할 수 있으며 그 반대의 경우도 마찬가지입니다. 개인화는 특정 부분군에 대한 영향력을 높이고 다른 부분군에 대한 영향력을 낮추는 것을 의미합니다.

마케팅 분석에서는 이러한 접근 방식을 '업리프트uplift' 분석이라고 합니다. **고객의 초기 성향과 관계없이** 특정 캠페인 또는 실험처치를 통해 가장 많이 행동을 취하는(예를 들어 구매를 하거나 투표를 하는 등) 고객 집단을 식별하는 것이 목표입니다. 마지막 특징에 오해의 소지가 있어서 조금 더 자세히 설명하자면 높은 성향을 가진 고객을 식별하는 것이 유용할 수 있습니다. 하지만 그런 성향을 가진 고객만 대상으로 지정하면 결과가 편향될 수 있기 때문에 주의해야 합니다.

젊은 고객(30세 미만)과 나이 든 고객(60세 이상)을 비교한다고 가정하겠습니다.

- 첫 번째 집단은 이메일을 보내지 않은 경우 20%, 이메일을 보낸 경우 40%의 확률로 목표 행동을 취합니다.

- 두 번째 집단은 이메일을 보내지 않은 경우 80%, 이메일을 보낸 경우 90%의 확률로 목표 행동을 취합니다.

첫 번째 집단인 젊은 고객에게 이메일을 보내는 것이 두 번째 집단인 나이가 많은 고객에게 이메일을 보내는 것보다 평균적으로 훨씬 더 효과적일 것입니다. 행동을 취하는 총 고객 수가 더 많아질 것이기 때문입니다.

하지만 그러한 사실은 적절한 대조군이 부족하기 때문에 현실 세계에서는 모호해질 수 있습니다. 만약 여러분이 두 번째 집단에만 이메일을 보내고 그 집단의 행동을 모집단의 나머지 사람들과 비교한다면 이메일 캠페인의 효과를 완전히 부풀릴 가능성이 있습니다.

수학적으로 실험처치 효과가 높은 그룹을 식별한다는 것은 관심이 있는 효과에 대한 실험 변수의 효과를 조절하는 인구통계 변수를 찾는 것을 의미합니다. 그런 의미에서 조절효과 분석은 업리프트 분석, 개인화와 더 일반적인 목표 선정을 가능하게 하는 강력하고 통합된 개념적 프레임워크를 제공한다고 말할 수 있습니다.

11.2.2 상호작용

세분화를 나타낸 인과관계 다이어그램 [그림 11-2]는 비대칭입니다. 변수 *PlayArea*에는 *VisitDuration*으로 바로 가는 화살표가 있고 *Children*에는 첫 번째 화살표로 가는 화살표가 있습니다. 그러나 회귀 방정식은 완벽하게 대칭입니다. 두 변수 중 어느 것이 조절변수고 어느 것이 조절된 변수인지 나타내지 않습니다. 엄밀히 말하면 [수식 11-2]가 *Children*이 요인이고 *PlayArea*가 조절변수라는 것을 의미한다고 해석할 수도 있습니다.

이러한 표현 중 어느 하나가 다른 표현보다 더 '옳다'고 말할 수 있나요? 조절효과와 관련된 개인의 특성과 비즈니스 또는 행동 변수가 있을 때 일반적으로 개인의 특성(예를 들어 자녀의 유무)을 조절변수로 보고 그것을 기준으로 데이터를 세분화합니다. 즉, 놀이 공간의 효과는 자녀가 있는(어린이를 동반한) 고객의 세그먼트와 자녀가 없는(어린이를 동반하지 않는) 고객의 세그먼트에서 서로 다릅니다.

반면에 2개의 개인 특성이나 2개의 비즈니스 개입과 같이 동일한 유형의 두 변수 사이에 조절효과가 있다면 두 변수 사이에 비대칭성을 도입하는 것은 말이 되지 않습니다. 예를 들어 놀이 공간과 휴게 공간의 여부가 모두 고객의 매장 이용 시간을 독립적으로 증가시킨다(어린이를 동반한 고객을 위한 놀이 공간과 어린이를 동반하지 않은 고객을 위한 휴게 공간)고 가정할 수 있지만 두 가지가 모두 있는 경우는 각 개별 효과를 합한 것보다 더 큰 효과가 있습니다. 왜냐하면 어린이를 동반한 고객도 휴게 공간을 이용할 수 있기 때문입니다.

이것을 인과관계 다이어그램으로 나타내면 [그림 11-4]와 같습니다. 화살표를 결합하여 조절효과를 나타낼 수 있으며 이것을 상호작용이라고 합니다.

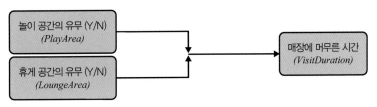

그림 11-4 대칭 상호작용

이 인과관계 다이어그램의 방정식은 다음과 같습니다.

$$VisitDuration = \beta_0 + \beta_p \cdot PlayArea + \beta_l \cdot LoungeArea + \beta_{pl} \cdot (PlayArea * LoungeArea)$$

보다시피 방정식은 세분화할 때 도출했던 방정식과 완전히 동일합니다. 또한 원한다면 *LoungeArea*를 *VisitDuration*에 대한 *PlayArea*의 효과의 조절변수로 사용할 수 있으며 그 반대로도 사용할 수 있습니다. 개념적으로 상호작용은 보완적인 행동과 같이 '전체는 부분의 합보다 큰' 상황을 나타냅니다.

> **NOTE** 여담으로 랜덤 포레스트^{random forest}, XGBoost 또는 신경망과 같은 더 새롭고 복잡한 머신러닝 방법의 힘은 이러한 상호작용을 포착하는 능력에서 나온다고 생각합니다. 회귀에 상호작용을 포함하면 회귀와 관련된 인과관계의 해석 가능성을 유지하면서 성능 차이를 줄일 수 있습니다.

11.2.3 비선형성

원인과 결과 사이의 관계가 선형적이지 않은 경우가 많습니다. '수확 체감^{diminishing returns}'이라는 경제학 용어와 같이 투자한 것에 비해 점점 더 작은 효과를 얻을 수도 있습니다. 예를 들어 만족한 고객은 만족하지 않은 고객보다 구매를 더 많이 할 수 있지만 굉장히 크게 만족하더라도 조금 만족한 고객과 구매량 차이가 생각보다 많지 않을 수도 있습니다. 한 달에 한 번 고객에게 마케팅 이메일을 보내면 구매량이 증가할 수 있습니다. 하지만 [그림 11-5]의 왼쪽 그림과 같이 10개가 아닌 11개의 이메일을 보낸다고 해서 구매량이 그에 비례하게 증가하지는 않을 수도 있습니다.

반대로 인과관계는 스타트업이 선전하는 네트워크 효과와 같이 수익률이 증가할 수 있습니다. 에어씨앤씨가 웹사이트에 더 많은 숙소를 보유할수록 더 많은 고객을 유치할 것입니다. 그러나 고객 기반이 넓어질수록 소유자가 웹사이트에 자신의 숙소를 노출시키는 비용도 함께 올라가기 때문에 에어씨앤씨의 수익 증가율은 [그림 11-5]의 오른쪽 그림과 같이 점점 더 높아집니다.

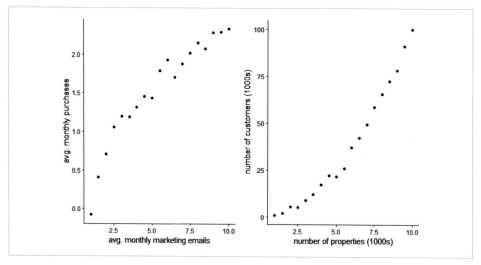

그림 11-5 변수 사이의 비선형 관계: 왼쪽은 수익 증가율이 감소하는 반면에 오른쪽은 수익 증가율 증가

> **NOTE** 수학적으로 왼쪽의 곡선은 오목하고 오른쪽의 곡선은 볼록합니다. 일반적으로 이러한 관계를 선형 회귀로 표현할 수 없다고 생각하는 경우가 많습니다. 실제로 회귀가 '선형'이 되는 중요한 조건은 예측 변수가 다른 변수가 아닌 계수와 선형 관계를 갖는 것입니다. $Y = \beta_1 \cdot e^{X_1} + \beta_2 \cdot e^{X_2}$는 각 계수에 2를 곱하면 Y는 2배가 되므로 이것은 선형 회귀라고 볼 수 있습니다. 반대로 $Y = e^{\beta_1 X_1} + \beta_2 X_2$는 Y가 계수와 선형 관계가 없기 때문에 적절한 선형 회귀가 아닙니다.

제곱(즉, 2차항)에 취해진 설명 변수를 추가하여 변수 사이의 비선형 관계를 해결할 수 있습니다. 예를 들어 방금 살펴본 이메일과 구매 사이의 관계는 다음과 같이 모델링할 수 있습니다.

$$Purchases = \beta_0 + \beta_1 \cdot Emails + \beta_2 \cdot Emails^2$$

2차항을 추가하면 회귀 정확도를 크게 향상시킬 수 있습니다. [그림 11-6]을 보면 2차항이 있는 선형 회귀에 대한 적합선을 나타내는 실선 곡선이 2차항이 없는 표준 회귀를 나타내는 점선보다 데이터 점에 훨씬 더 가깝다는 것을 알 수 있습니다. 월별 이메일 추가에 따른 영향은 감소하고 이것은 회귀에서 음의 계수를 갖는 2차항으로 표현할 수 있습니다.

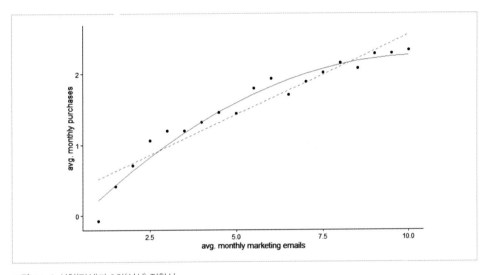

그림 11-6 선형(점선)과 2차(실선) 적합선

그러나 2차항은 변수와 그 자체 사이의 상호작용에 불과합니다. 즉, 두 변수 사이의 비선형적 인과관계는 [그림 11-7]과 같이 자기조절self-moderation으로 재구성할 수 있습니다.

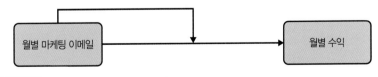

그림 11-7 자기조절

개념적으로 설명하면 월별 이메일을 늘리는 것의 영향은 현재 전송하고 있는 이메일의 수에 따라 달라집니다.

자기조절을 포함한 코드의 구문은 다음과 같습니다.[1]

```
## R
summary(lm(Purchases ~ Emails + I(Emails^2), data=nonlin_data))
```

```
## 파이썬
model = ols("Purchases ~ Emails + I(Emails**2)", data=dat_df)
print(model.fit().summary())
```

R과 파이썬에서 모두 I() 함수를 사용하면 자기조절을 구현할 수 있습니다. 이 함수는 선형 회귀 알고리즘이 제곱항을 해석하지 못하도록 막고 일반 문제 해결기^{general problem solver}에 전달합니다. R에서 제곱항은 캐럿^{caret} $(\char`\^)$[2]으로 표현하며 파이썬에서는 2개의 곱셈 기호(**)로 표현합니다. 자기조절은 전통적인 조절효과와 정확히 같은 방식으로 검증할 수 있습니다. 즉, 부트스트랩 신뢰 구간을 구축하고 0을 포함하는지와 경제적 유의성이 있는지를 결정합니다.

조절효과에서 중요한 개념을 다시 복습하자면 수학적으로 동일하지만 관련된 변수 유형에 따라 서로 다르게 해석할 수 있는 세 가지 개념이 있습니다.

세분화

세분화에서 개인 특성(예를 들어 인구통계 변수)은 실험적 개입과 같은 비즈니스 행동의 영향을 조절합니다. 이것은 업리프트 분석이라고도 알려져 있습니다.

상호작용

상호작용에서는 2개의 인구통계 변수 또는 두 가지 행동 변수와 같이 동일한 성격의 변수 사이에 대한 조절효과를 살펴보았습니다.

---

1 옮긴이_코드는 이 장의 깃허브 폴더에서 'chap11-nonlin_data.csv'를 활용하여 테스트할 수 있습니다.

2 캐럿은 키보드의 숫자 키 6에 있는 기호입니다.

비선형성

비선형성을 통해 변수는 다른 변수에 대한 인과적 영향을 자기조절합니다.

조절효과의 행동적 해석을 명확하게 이해했다면 이제 적용 방법에 대해 상세하게 살펴보겠습니다.

11.3 조절효과 적용 방법

이전 절에서 논의한 것처럼 두 변수의 곱을 회귀에 추가하기만 하면 조절효과를 사용하여 다양한 행동 효과를 감지할 수 있습니다. 이 절에서는 기술적으로 고려해야 하는 사항을 살펴보겠습니다.

- 언제 조절효과를 적용해야 하는가?
- 어떻게 조절효과를 검증해야 하는가?
- 조절된 조절효과
- 조절된 회귀에서 개별 변수에 대한 계수를 해석하는 방법

11.3.1 언제 조절효과를 적용해야 하는가?

조절효과를 적용하는 방법이 너무나 다양하므로 모든 곳에 적용하고 싶을 수 있습니다. 하지만 2차 효과(즉, 효과에 대한 효과)로서 조절효과는 일반적으로 작은 계수를 생성하며 거짓 양성의 위험이 큽니다. 특히 의미 있는 효과를 찾고 싶은 열의가 강한 실험 데이터에서 이러한 위험이 더 큽니다. '물론 이메일 캠페인의 평균 효과는 거의 0이지만 캔자스에 있는 30세 남성의 응답률을 보세요!'와 같이 억지로 의미를 찾으려고 애써서는 안 됩니다.

관찰 데이터 분석 또는 실험 설계를 한다고 가정하겠습니다. 어느 시점에서 조절효과를 고민해야 하며 분석에 어떻게 적용할 수 있을까요? 먼저 실험 설계 단계에서 조절효과를 적용하는 방법을 설명하겠습니다. 데이터 분석 과정의 단계는 관찰 데이터나 실험 데이터에서 모두 동일하기 때문에 데이터를 구분하지 않고 단계를 살펴보겠습니다. 마지막으로 비선형성을 다루겠습니다. 관련 변수가 하나뿐이기 때문에 비선형성을 적용하는 것은 매우 쉽습니다. 잠재적인

위험에 대해 걱정할 필요가 없으며 비선형성을 분석에 자유롭게 포함할 수 있습니다.

실험 설계 단계에서 조절효과 적용

서로 다른 접근 방식이 필요한 두 가지 상황을 살펴보겠습니다.

- 분석의 주요 목적은 조절효과와 관계없이 주된 효과를 파악하는 것이며 조절효과는 분석을 보조하는 목적으로 적용합니다.
- 조절효과가 분석의 주요 목적입니다.

만약 여러분의 실험 목적이 조절효과를 측정하는 것이 아니라면 필자가 추천하는 방법을 권합니다. 변화 이론을 개선하는 목석으로 조절효과의 가능성을 활용하되 표본 크기를 절대 조정하지 마세요. 4부에서 실험을 실행하기 전에 인과관계 다이어그램의 도움을 받아 변화 이론을 명확하게 해야 한다는 것을 살펴보았습니다. 그 경우 초점은 평균 인과 효과, 즉 전반적인 실험처치의 평균 효과에 있었지만 대부분의 경우 조절효과로 그 논리를 다듬을 수 있습니다.

8장에서는 '원클릭 예약 버튼'을 제공하여 에어씨앤씨의 예약률을 높이는 실험을 설계했습니다. 이 효과는 고객의 나이에 따라 조절될 수 있습니다. 인과관계 다이어그램은 [그림 11-8]과 같습니다.

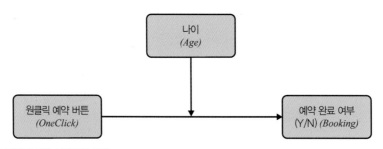

그림 11-8 나이에 따른 실험처치 조절

변화 이론의 행동 논리는 원클릭 예약 버튼이 예약 과정에 걸리는 시간을 단축하고 그 자체가 예약 완료 확률에 영향을 미친다는 것입니다. 이것은 조절효과 측면에서 두 가지 가능성이 있음을 의미합니다. 나이는 예약 과정에 걸리는 시간에 대한 원클릭 버튼의 효과를 조정하거나 예약 완료 확률에 대한 예약 과정에 걸리는 시간의 영향을 조정하거나 아니면 둘 다 조정할 수 있습니다.

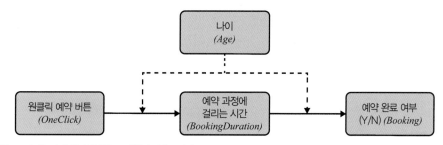

그림 11-9 두 가지 인과관계를 조절할 수 있는 나이

행동 논리와 잠재적인 조절변수를 결합하는 것은 매우 강력합니다. 실험을 시작하기 전에 행동에 미치는 영향을 생각하고 경우에 따라 분석을 수행할 수 있기 때문입니다.

원클릭 예약 버튼과 예약 과정에 걸리는 시간 사이의 인과관계 다이어그램(그림 11-9)에서 왼쪽에 있는 첫 번째 관계부터 살펴보겠습니다. 과거 데이터에는 원클릭 버튼에 대한 데이터가 없기 때문에 조절효과를 직접 측정할 수 없습니다. 그러나 과거 데이터에서 나이와 예약 과정에 걸리는 시간 사이의 (교란되지 않은) 상관관계를 발견한다면 인지 과정이 나이에 영향을 받는다는 것을 암시하기 때문에 행동 논리가 어느 정도 신빙성을 얻습니다. 반면에 나이가 예약 과정에 걸리는 시간과 상관관계가 없다면 조절효과는 버튼 자체에 대한 나이별 반응에 의존합니다. 불가능한 것은 아니지만 가능성이 낮은 '좁은' 행동 경로입니다. 오컴의 면도날^{Occam's Razor}에 따르면 가장 간단한 설명이 일반적으로 올바른 것입니다. 더 큰 문제는 테스트 가능한 행동 경로라는 것입니다. 예를 들어 여러분이 베이비붐 세대의 표본을 UX 연구실에 가져왔는데 베이비붐 세대는 모든 단계를 직접 거치길 원하기 때문에 원클릭 과정을 신뢰하지 않는다는 사실을 알게 된다면 어떨까요? 여러분은 조절효과를 사용할 가능성이 매우 높으며 젊은 고객을 대상으로 실험을 진행하도록 목표를 수정하거나 적어도 표본에 젊은 고객을 과하게 많이 포함하게 될 수도 있습니다.

예약에 걸리는 시간과 예약 완료 사이의 두 번째 관계를 보면 과거 데이터에 필요한 모든 변수가 다 있습니다. 실험을 수행하기 전에 제한된 표본 크기로 수행한 단일 실험의 정확도보다 훨씬 더 높은 정확도로 조절효과를 확인하거나 반증할 수 있습니다. 다시 한번 말하지만 조절효과의 존재를 확인하면 그에 따라 실험 설계를 조절할 수 있습니다. 예를 들어 조절효과의 방향에 따라 젊은 고객이나 나이 든 고객만을 대상으로 실험 설계를 수정할 수 있습니다.

더 광범위하게 조절효과를 적용할 방법도 있습니다. 개입의 행동 논리를 명확하게 하여 인과관계 다이어그램에서 개입과 관심 있는 효과 사이의 사슬을 확장할 수 있습니다. 갖고 있는 데이터를 기반으로 개입과 효과 사이에 있는 하나 또는 여러 조절변수를 식별하면 됩니다. 그런 다음 조절변수와 최종 효과 사이의 관계가 조절되는지를 확인할 수 있습니다. 또한 그 관계가 가지조절인지도 확인할 수 있습니다. 주어진 예제에서는 예약률이 어떤 시점까지는 예약 과정에 걸리는 시간에 영향을 받지 않지만 어느 순간 급격하게 하락할 수 있습니다. 예를 들어 고객은 예약에 30초가 걸리든 45초가 걸리든 신경 쓰지 않지만 2분 이상 걸릴 경우 예약을 마치지 않고 그만둘 수 있습니다. 이것을 인과관계 다이어그램으로 나타내면 [그림 11-10]과 같습니다.

그림 11-10 매개변수와 최종 효과 사이의 관계는 자가조절

> **NOTE** 과거 데이터에서 조절변수를 식별하는 과정에서 [그림 11-11]과 같이 '상관관계는 인과관계가 아니다'라는 점을 명심해야 합니다. 또한 관심 있는 관계가 [그림 11-11]과 같이 교란될 수 있다는 점도 유의해야 합니다.

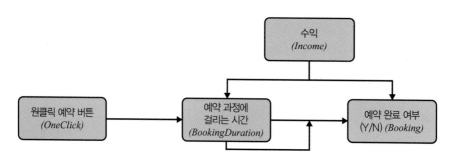

그림 11-11 수익은 예약 과정에 걸리는 시간과 예약률 사이의 관계를 교란하는 요인

> **NOTE** 이러한 상황에서 *Income*의 교란 효과는 *BookingDuration*과 *Booking* 사이의 관계를 실제 인과 효과(원클릭 버튼 실험을 통해 취할 조치)와 비교하여 편향시킬 수 있습니다. 따라서 조절효과를 평가할 때는 교란 효과를 통제해야 합니다.

실험을 배정하기 전에 관찰 가능한 *Age*와 같은 변수의 경우 배정 자체에 직접 활용할 수 있습니다. 예를 들어 전체 고객 기반에서 무작위 표본을 추출하는 대신 가장 큰 효과를 기대하는 특정 나이 미만의 고객으로 실험을 제한할 수 있습니다.

당연히 고객이 예약을 시작하기 전에는 *BookingDuration*을 관찰할 수 없습니다. 즉, 실험 배정 단계에서는 *BookingDuration*을 사용할 수 없습니다. 그러나 대상 변수에 대한 대리 변수를 고려할 수 있습니다. 예를 들어 평일보다 주말에 예약하는 과정에 시간이 더 오래 걸리는 경향이 있다고 합시다. 그러면 이러한 사실을 대리로 사용하여 실험 모집단을 정의하고 주말 고객을 대상으로 실험을 진행할 수 있습니다. 대리 변수와 대상 변수가 밀접하게 관련이 있는 경우 이러한 방법은 잘 작동합니다. 예를 들어 주말에도 시간이 짧게 걸리는 예약 건이 있을 수도 있지만 오래 걸리는 예약의 90%는 주말에 발생할 수 있습니다. 반대로 오래 걸리는 예약의 60%가 주말에 발생하는 경우(두 변수가 느슨하게 관련된 경우) 실험에서 관찰한 결과는 평일에 오래 걸리는 예약에 대해 잘 맞지 않을 수 있습니다.

조절효과가 실험의 주요 목적이 아니라면, 즉 조절되지 않은 효과를 아직 측정하지 않은 경우라면 이 정도면 충분합니다. 조절효과와 상호작용을 감지하는 검정력이 주요 효과를 감지하는 검정력보다 훨씬 낮기 때문입니다. 조절효과를 측정하는 데 필요한 표본 크기가 주요 효과를 측정할 때에 비해 훨씬 더 클 것입니다. 아마 10배에서 20배, 혹은 그 이상이 필요할 수도 있습니다. 아직 확인하지 않은 평균 효과에 대한 조절효과의 가능성을 파악하려면 시간이 굉장히 많이 필요하다는 의미입니다.

따라서 조절되지 않은 평균 효과를 정확하게 측정하는 데 집중하고 첫 번째 실험을 수행한 다음에 결과를 보고 조절효과를 측정하는 것이 좋습니다. 의미 있는 조절효과를 찾는다면 그것은 실험에서 이것을 감지할 수 있는 검정력이 없었기 때문이므로 0을 포함하는 큰 신뢰 구간을 가질 가능성이 높습니다. 그 조절효과가 경제적 관점에서 충분히 중요하다면 그것을 적절하게 측정할 수 있는 두 번째 실험을 수행하세요.

조절되지 않은 효과 크기를 알게 되면 조절효과를 측정하거나 확인하는 실험을 실행할지 말지를 결정할 수 있습니다. 이것은 적절한 표본 크기를 결정하는 과정과 동일합니다. 목표하는 검정력을 설정하고 가설/목표 효과 크기를 설정한 다음 이전의 검정력 분석에서 수행했던 것처럼 다양한 표본 크기에서 반복된 시뮬레이션의 거짓 음성 비율을 확인합니다. 유일한 차이점은 주요 효과의 크기는 이미 알고 있는 상태로 조절효과를 위한 목표 효과 크기만 설정하면 된다는 점입니다.

데이터 분석 단계에서 조절효과 적용

자연적으로 관찰한 데이터이거나 수행한 실험에서 얻은 데이터가 있다고 가정하겠습니다. 거짓 양성에 빠지지 않고 어떻게 조절효과를 파악할 수 있을까요? 낚시 원정^{fishing expedition}을 해야 합니다. 하나의 변수에 조절효과를 가정하고 다른 변수를 포함하는 식으로 시도해야 합니다. 거짓 양성의 위험을 최소화하는 몇 가지 방법을 안내하겠습니다.

먼저 범주형 변수가 숫자형 변수에 미치는 영향을 조절하고 싶다면 거칠지만 강력한 온전성 검사^{sanity check}를 추천합니다. 여기서 숫자형 효과는 로지스틱 회귀가 아닌 선형 회귀를 의미합니다. 범주형 요인의 요구 사항은 매우 제한적으로 보일 수 있지만 모든 실험 배정에 적용됩니다. 즉, 실험 배정은 언제나 이진 또는 범주형 변수를 기반으로 합니다. 또한 요인이 숫자인 경우 사분위수를 취하여 목표에 맞게 요인을 이산화할 수 있습니다.

```
## R
hist_data <- hist_data %>% mutate(age_quart = ntile(age, 4))
```

```
## 파이썬
hist_data_df['age_quart'] = pd.cut(hist_data_df['age'], 4,
                            labels=['q4', 'q3', 'q2', 'q1'],
                            include_lowest=True)
```

온전성 검사는 관심 요인에 의해 정의된 집단 전체에서 관심 효과의 표준편차를 비교하는 것입니다. 표준편차가 실험군에서 유의미한 수준으로 높거나(실험 데이터의 경우) 또는 집단 사이에 표준편차가 서로 다르거나(관찰 데이터의 경우) 조절효과가 있을 수 있다는 합리적인 확신을 갖고 낚시 원정을 진행할 수 있습니다. 표준편차가 집단 사이에 유사하면 조절효과가 없음을 의미합니다. 원한다면 몇 가지 잠재적인 조절변수를 적용할 수 있지만 강력한 이론적 근거를 바탕으로 적용하는 것이 좋습니다.

'유의미한 수준으로 높거나' 또는 '유사한'이라는 것은 무엇을 의미할까요? 엄격한 타당성을 원한다면 등분산검정^{Brown–Forsythe test[3]}과 같이 관찰된 차이가 통계적으로 비정상적인지 확인할 수 있는 통계 검정을 수행하세요. 개인적으로는 관찰된 차이가 전체 집단의 평균의 차이와 관련하

---

3 R에서는 onewaytests 패키지의 bf.test() 함수로, 파이썬에서는 scipy 패키지의 stats.levene() 함수에 매개변수로 center= 'median'을 전달하면 등분산검정을 수행할 수 있습니다.

여 경제적 유의성이 있는지 가볍게 살펴볼 것을 추천합니다.

다시 C마트 매장의 놀이 공간 예제로 돌아가면 코드는 다음과 같습니다.

```R
## R (출력 결과는 생략)
> hist_data %>% group_by(play_area) %>% summarize(mean = mean(duration),
                                                  sd = sd(duration))
```

```python
## 파이썬
hist_data_df.groupby('play_area').agg(M = ('duration', lambda x: x.mean()),
    SD = ('duration', lambda x: x.std()))
```

```
              M              SD
play_area
0        23.803928        6.970786
1        36.360939       17.111469
```

주어진 예제에서 표준편차는 10분의 차이가 납니다. 이것은 집단 전체의 평균 차이가 약 13분이라는 점을 감안했을 때 C마트가 관심을 가질만한 수치입니다.

> **NOTE** 명백한 거짓 양성의 위험은 범주의 수에 따라 증가합니다. 주요 요인이 거주하는 주 또는 직업인 경우 무작위성과 특수한 경우를 제외하고 전반적으로 표준편차가 약간씩 차이 납니다. 따라서 처음부터 꽤 강력한 근거가 있는 경우에만 변수에 대한 조절효과를 살펴보겠습니다.
>
> 거짓 양성의 위험을 완화하고 보다 의미 있게 조정하는 방법은 범주형 변수를 관련된 숫자형 변수의 사분위수로 바꾸는 것입니다. 예를 들어 주의 정치적 성향 또는 평균 소득, 여성의 비율 또는 직업에 대한 평균 교육 수준과 같은 범주형 변수에 이러한 변환을 적용할 수 있습니다. 평균 소득이 가장 낮은 25%의 주가 평균 소득이 가장 높은 25%의 주보다 구매 표준편차가 낮다고 말하는 것은 캘리포니아가 미시시피보다 표준편차가 높다고 말하는 것보다 훨씬 강력하고 명확합니다.

데이터가 첫 번째 온전성 검사를 통과했다면 두 번째 단계는 조절된 효과에 대한 상한을 설정합니다. 여기서 중요한 것은 조절효과가 평균 효과를 '재분배'할 수 있다는 것입니다. 그림을 보면 *Children*이 *PlayArea*가 *VisitDuration*에 미치는 영향의 잠재적인 조절변수라는 것을 직관적으로 이해할 수 있습니다. [그림 11-12]는 데이터 전체에 걸쳐 놀이 공간의 평균 효과

(11.92분)를 보여주며 막대 폭은 모집단에서 어린이를 동반하지 않았거나 어린이를 동반한 고객의 비율을 나타냅니다.

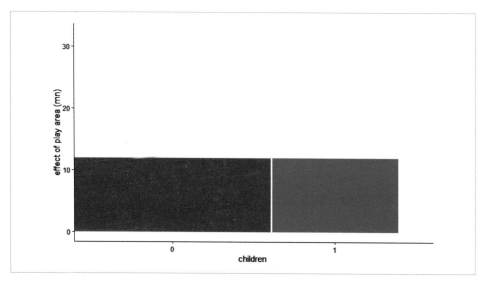

그림 11-12 어린이를 동반하지 않은 고객과 동반한 고객에 대한 놀이 공간의 평균 효과

놀이 공간의 존재가 어린이를 동반하지 않은 고객에게 최악의 경우 무효 효과(부정적인 영향을 미칠 수 없음)를 준다고 가정하겠습니다. 그리고 행동학적 관점에서 놀이 공간이 적절하게 방음되어 있다고 가정하겠습니다. 이것은 [그림 11-13]과 같이 전체 평균 효과가 어린이를 동반한 고객에서 나오며 조절효과는 왼쪽 막대의 전체 영역을 오른쪽 막대로 재분배한다는 점을 의미합니다.

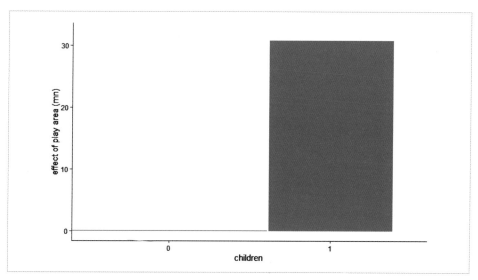

그림 11-13 어린이를 동반한 고객의 평균 효과

[그림 11-13]과 같은 '가장 극단적인 시나리오'에서 어린이를 동반한 고객 집단의 효과 크기를 계산해봅시다. 평균의 정의에 따라 다음과 같은 방정식을 도출할 수 있습니다.

$$Avg.\ effect\ size = (Sum\ of\ individual\ effect\ sizes)\ /\ (Total\ number\ of\ customers)$$

분자에서 어린이를 동반한 고객과 동반하지 않은 고객을 분리합니다.

$$Avg.\ effect\ size = (Sum\ of\ individual\ effect\ sizes\ for\ customers\ without\ children\ +$$
$$sum\ of\ individual\ effect\ sizes\ for\ customer\ with\ children)\ /\ (Total\ number\ of\ customers)$$

어린이를 동반하지 않은 고객에게 아무런 영향이 없다고 가정하면 분자의 첫 번째 항은 0이 됩니다.

$$Avg.\ effect\ size = (Sum\ of\ individual\ effect\ sizes\ for\ customers\ with\ children)\ /$$
$$(Total\ number\ of\ customers)$$

방정식의 양쪽에 고객의 수를 곱합니다.

$$Avg.\ effect\ size * Total\ number\ of\ customers =$$

Sum of individual effect sizes for customers with children

그런 다음 양쪽은 어린이를 동반한 고객의 수로 나눕니다.

$$Avg.\ effect\ size * Total\ number\ of\ customers\ /\ Number\ of\ customers\ with\ children =$$
$$Avg.\ effect\ size\ for\ customers\ with\ children$$

$$Avg.\ effect\ size * 1\ /\ Proportion\ of\ customers\ with\ children =$$
$$Avg.\ effect\ size\ for\ customers\ with\ children$$

가독성을 높이기 위해 왼쪽과 오른쪽을 바꾸고 이전 예제에서 구한 숫자를 대입하면 나음과 같은 결과를 얻을 수 있습니다.

$$Avg.\ effect\ size\ for\ customers\ with\ children = 11.92 * 1\ /\ 0.387 = 30.8$$

다시 말해 전체 평균 크기를 고려할 때 어린이를 동반한 고객의 평균 효과 크기는 *VisitDuration*에 대해 30.8분(추가 시간)보다 클 수 없습니다. 이 수치가 너무 낮아서 경제적 관심을 끌 수 없다면 *PlayArea*와 *Children* 사이의 조절효과를 측정하는 것은 의미가 없습니다. 이렇게 구체적인 예제 말고도 평균 효과/세그먼트에 있는 고객의 비율 공식은 모든 잠재적인 조절변수에게 적용할 수 있습니다. 고객 기반에서 남성과 여성을 동등하게 분할했다면 한 성별은 최대 2배의 평균 효과를 가지고 다른 성별은 효과가 전혀 없습니다. 한 성별이 세 배의 평균 효과를 가지거나 조절효과가 두 성별 모두에서 효과를 증가시키길 바라는 것은 수학적으로 불가능합니다. 평균 이상의 효과 크기를 가진 집단에 초점을 맞추기가 쉽지만 주목해야 하는 집단은 평균 이하의 효과 크기를 갖는 집단입니다.

잠재적인 조절변수를 찾을 때는 강력한 행동 근거가 있거나 과거 분석에서 영향력이 있는 것으로 밝혀졌으며 유의미한 수준으로 충분히 큰 부분군을 생성하는 변수로 시작해야 합니다. 집단 크기에서 일정 수준의 불평등을 넘어서면 조절변수를 찾는 의미가 없습니다. 고객 기반을 90%와 10%로 나누는 변수가 있는 경우 고객 기반의 10%를 나타내는 집단에서 전혀 효과가 나타나지 않더라도 이것은 90%의 집단에서 최대 효과를 11% 증가시켜 1/0.9 = 111%로 증가시킵니다.

더 넓은 관점에서 보면 조절효과는 평범한 평균 효과를 담을 수 없습니다. 여러분의 실험처치에 매력을 조금 더 추가하기 위해 사용되어야 합니다. 예를 들어 손익분기점 또는 목푯값의 90%에 도달하거나 거대한 환경에서 효율성 향상 효과를 얻으려고 할 때 사용하는 것이 좋습니다.

테스트할 각 변수를 처리하는 공통 과정이 있습니다. 먼저 실험처치 변수와 잠재적인 조절변수 사이의 상호작용을 기반으로 회귀 분석을 실행합니다. 그런 다음 상호작용 효과가 충분히 크다고 판단되면 추정된 효과를 중심으로 부트스트랩 신뢰 구간을 구축하여 확인합니다.

이러한 방식으로 많은 수의 가설을 검정할 때 거짓 양성의 위험을 줄이기 위해서 본페로니 교정Bonferroni correction과 같은 몇 가지 규칙을 적용할 수 있습니다. 하지만 필자는 두 가지 이유로 이와 같은 규칙을 추천하지 않습니다.

1 규칙은 일반적으로 정규성을 가정한 귀무가설 통계 검정 프레임워크에 명시적 또는 간접적으로 의존합니다.

2 규칙은 지나치게 보수적이고 받아들일 수 없을 정도로 거짓 음성의 위험을 증가시킵니다.

대신 가능하면 후속 실험을 계획하여 가치 있는 부분군을 검증할 것을 추천합니다. 조절효과가 비즈니스 가치가 있을 정도로 충분히 크다면 추가로 검증을 진행해야 할 만큼 충분히 가치가 커야 합니다. 실험 데이터를 사용하는 경우에는 실험을 반복하기 쉽습니다. 관찰 데이터로 작업하는 경우에는 어떤 실험을 실행해야 하는지 한번에 명확하게 정의하기 어려울 수도 있습니다. 그러나 조절효과가 경제적인 가치를 갖기 위해서는 뭔가 지금과는 다른 실험이 필요하다는 사실을 보여야 합니다. 그렇지 않으면 그 조절효과는 그저 잠깐 지나치는 재미 요소에 불과합니다. 기존 실험과 다른 방식으로 무작위화하고 실험할 수 있을 것입니다.

이 과정의 핵심 성공 요인은 반복해서 수행한 테스트 결과가 이미 입증된 사실이 아니라 잠정적인 가설로 간주되어야 한다는 점을 비즈니스 파트너에게 적절한 말로 전달하는 것입니다. 실험의 결과가 무효로 나왔을 때 비즈니스 파트너가 어차피 승산이 없는 실험이었기 때문에 여러분이 증명을 실패했다고 생각하게 해서는 안 됩니다. 또한 과정의 특성으로 인해 최종 효과의 크기가 첫 번째 실험에서 찾은 것보다 작을 수 있다는 점도 기억하세요.

비선형성

비선형성, 또는 자기조절은 다른 형태의 조절효과랑 비교했을 때 정의에 따라 거짓 양성의 위험을 제한하는 하나의 조절변수가 있는 특별한 경우를 나타냅니다. 또한 사용 가능한 데이터

범위 안에서 추론하는 한 거짓 양성의 결과는 일반적으로 제한됩니다. 예를 들어 연간 소득이 25,000달러와 75,000달러 사이인 고객을 대상으로 구매에 미치는 소득의 영향을 측정한 다음 연간 소득인 250,000달러인 고객에 대해 추론한다면 거짓 양성이 나올 위험이 큽니다. 조절효과를 고려하지 않더라도 멀리 떨어진 것으로 추정할 수 있습니다. 어쨌든 끔찍한 생각입니다.

따라서 데이터에 최소 수백 개의 행이 있다면 관심 요인을 자기조절을 위해 정기적으로 관심 요인을 테스트하는 것이 좋습니다. 범주형 변수의 자기조절은 의미가 없기 때문에 변수는 숫자 형이어야 합니다. 그런 다음 부트스트랩 신뢰 구간을 구축하여 자기조절의 효과를 검증해야 합니다. 자세한 내용은 나중에 살펴보겠습니다.

회귀 적합도를 개선하고 수확 체감과 같은 직관적인 행동 효과를 고려하는 것을 넘어 회귀에서 자기조절을 포함하면 숨겨진 조절변수의 존재를 확인할 수 있습니다.

C마트 예제를 살펴보겠습니다. 매장에 머무르는 시간과 식료품 구매 사이의 관계를 알아볼까요? 매장에 머무르는 시간이 매우 짧은 경우는 특정 상품을 사러 온 고객일 가능성이 높으며 매장에 오래 머무르는 경우에는 특별히 정해둔 품목 없이 다양한 식료품을 구경하고 구매할 고객일 가능성이 높습니다. 이렇게 되면 [그림 11-14]와 같이 방문 이유(*VisitReason*)가 *VisitDuration*과 *GroceriesPurchases* 사이의 관계를 교란하는 요인이 됩니다.

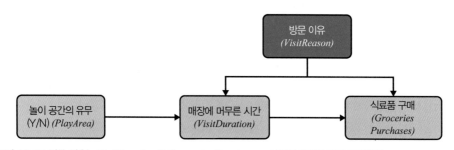

그림 11-14 방문 이유는 VisitDuration과 GroceriesPurchases 사이의 관계에 대한 교란요인

그러나 동시에 *VisitReason*은 *GroceriesPurchases*에 대한 *VisitDuration*의 영향을 조절할 수 있습니다. 생일 선물이나 망치를 사러 가게에 가는 경우에 고객을 매장에 더 오래 머무르게 하는 것(예를 들어 놀이 공간 추가)은 식료품점을 운영하면서 햇볕에 말린 토마토를 사도록 유도하는 것과는 다릅니다.

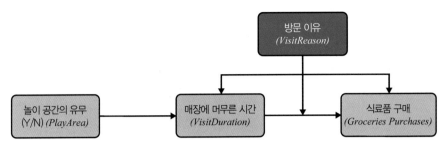

그림 11-15 VisitReason은 GroceriesPurchases에 대한 VisitDuration의 효과를 조절

만약 방문의 이유를 관찰할 수 있다면 방문 이유를 인과관계 다이어그램에 추가할 수 있을 것이고 교란과 조절효과가 혼합된 간단한 문제가 될 것입니다. 방문 이유를 관찰할 수 없다고 가정할 때 다음과 같은 사실은 관찰할 수 있습니다.

- *GroceriesPurchases*는 *VisitDuration*과 양의 상관관계가 있습니다. 두 변수 모두 양의 효과를 받고 방문의 이유가 미치는 교란 효과 때문에 서로 양의 상관관계가 있습니다.
- 매장에 머무르는 시간의 증가는 매장을 이용하는 전체 시간이 짧을 때보다 긴 경우 식료품 구매에 더 큰 영향을 미칩니다.

즉, *VisitDuration*과 *GroceriesPurchases* 사이의 관계는 비선형성을 보입니다. 자기조절 항은 회귀의 정확도를 높일 수 있으므로 포함해야 합니다.

명확한 행동 근거 없이 자기조절을 하는 것처럼 보이는 변수를 발견할 때마다 해당 변수의 요인이면서 동시에 조절변수인 숨겨진 변수가 있는지 검토해야 합니다.

요약하자면 관련된 조절변수를 찾는 것은 행동 분석에서 중요하지만 책에서 소개한 대부분의 도구와 마찬가지로 이것은 과학이 아니라 예술입니다. 즉, 모든 상황에 적용되는 공식이 있다기보다는 상황에 맞게 도구를 유연하게 적용할 수 있는 힘을 길러야 합니다. 실험 설계 단계에서 과거 데이터에서 조절된 조절변수를 찾거나 실험처치의 UX 테스트를 통해 행동 논리를 구체화할 수 있습니다. 데이터 분석 단계에서는 낚시 원정을 통해 잠재적인 조절변수를 발견할 수 있습니다. 부트스트랩 신뢰 구간은 거짓 양성의 위험을 줄이는 데 도움이 되지만 궁극적으로 실험의 성공을 보장하는 최선의 방법은 후속 실험을 설계하고 수행하는 것입니다. 반대로 자기조절은 기회가 될 때마다 검토하고 포함하는 것이 안전합니다.

11.3.2 다중 조절변수

이해를 돕기 위해 지금까지는 한번에 하나의 조절변수만 다루었지만 사실 효과는 여러 개의 조절변수를 가질 수 있습니다. 하나의 조절변수에서 다중 조절변수로 전환하는 방법은 간단합니다. 조절변수가 서로 상호작용하는지 확인하면 됩니다.

병렬 조절변수

C마트 예제로 다시 돌아가서 [그림 11−16]에서와 같이 또 다른 인구통계 변수인 나이(Age)가 $PlayArea$와 $VisitDuration$에 미치는 영향을 각각 조절한다고 생각해봅시다.

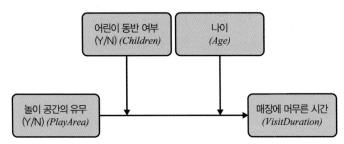

그림 11-16 PlayArea가 VisitDuration에 미치는 영향에 대한 두 가지 조절변수

회귀 방정식을 구하면 [수식 11−3]과 같습니다.

수식 11-3

$$VisitDuration = \beta_0 + \beta_p.PlayArea + \beta_c.Children + \beta_a.Age +$$
$$\beta_{pc}.(PlayArea * Children) + \beta_{pa}.(PlayArea * Age)$$

Age에서 $VisitDuration$으로 가는 화살표가 없어도 방정식에는 Age에 대한 별도의 항이 포함됩니다. 앞에서 설명했듯이 방정식은 모든 개별 항을 반드시 포함해야 하기 때문입니다.

[수식 11−3]은 다음과 같이 해석할 수 있습니다.

- $VisitDuration$에 $PlayArea$가 미치는 영향은 고객이 어린이를 동반했는지에 따라 다릅니다.
- $VisitDuration$에 $PlayArea$가 미치는 영향은 고객의 나이에 따라 다릅니다. 이 두 조절효과는 서로 독립적입니다.

*Age*는 숫자형 변수이므로 유형에 맞춰 해석을 조금 조정해야 합니다. *PlayArea* ∗ *Age*의 계수는 나이가 1년 차이나는 고객 사이의 *VisitDuration*에 대한 *PlayArea*의 효과 차이를 나타냅니다. 주어진 비즈니스 문제에 따라 다음 중 하나를 수행할 수 있습니다.

- 예를 들어 특정 매장에 놀이 공간을 추가하여 증가하는 매출을 결정하기 위해 *VisitDuration*에 대한 정확하고 인과적 근거가 있는 추정치를 얻고 싶다면 *Age*를 숫자형으로 유지하세요.
- 또는 적절한 방법으로 '구간화'하여 범주형으로 변환하세요. 예를 들어 *Age*를 '20세 미만', '20세 이상 40세 미만', '40세 이상'과 같이 구간을 나누면 세분화할 때 해당 계수를 해석하기 쉽습니다.

*Children*과 *Age*를 합치면 2차원의 인구통계 세분화를 생성하여 자녀가 있는 28세 고객과 자녀가 없는 25세 고객의 평균 매장 이용 시간을 비교할 수 있습니다.

두 가지 조절효과는 서로 독립적이기 때문에 [수식 11–3]에 부트스트랩 회귀를 적용하고 각 조절변수의 신뢰 구간을 살펴보면 각 조절변수를 개별적으로 검증할 수 있습니다.

> **NOTE** 이것은 두 조절변수 사이에 순서가 없으며 서로 자리를 바꿔도 된다는 것을 의미합니다. [그림 11–16]을 보면 *Children*이 앞에 있지만 *Age*가 앞에 올 수도 있습니다. 순서는 상관이 없습니다.

다중 조절변수의 논리는 동일한 성질을 갖는 변수 사이의 상호작용에도 유사하게 적용할 수 있습니다. 예를 들어 [그림 11–17]과 같이 *Children*이 *Age*, *Gender*와 상호작용하도록 만들 수 있습니다.

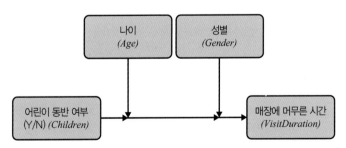

그림 11-17 Age와 Gender는 모두 Children과 상호작용

이것을 회귀 방정식으로 나타내면 다음과 같습니다.

$$VisitDuration = \beta_0 + \beta_c.Children + \beta_a.Age + \beta_g.Gender +$$
$$\beta_{ca}.(Children * Age) + \beta_{cg}.(Children * Gender)$$

마지막으로 회귀 분석에는 자기조절하는 여러 변수를 포함할 수 있습니다. 여기서도 각 조절변수에 대한 분석은 독립적으로 수행됩니다.

전반적으로 보면 여러 개의 독립적인 조절변수를 추가하는 방법은 매우 간단하지만 조절변수가 서로 상호작용하는 경우도 있습니다. 이러한 경우는 어떻게 대처할 수 있는지 알아볼까요?

조절변수와 상호작용

*PlayArea*가 *VisitDuration*에 미치는 영향을 보면 *Children*과 *Age*가 모두 이 영향을 조절한다고 해석해도 문제가 없습니다. 그러나 어린이를 동반한 고객의 경우에는 할머니, 할아버지가 아이를 놀이 공간에 데려다주는 경우보다 부모님이 아이를 데려다주는 경우가 더 많은 것처럼 고객의 나이에 따라 매장 이용 시간의 증가율이 달라질 수도 있습니다. 이러한 경우 *VisitDuration*에 미치는 *PlayArea*의 영향에 대한 *Children*의 조절효과는 그 자체로 *Age*에 의해 조절되며 이것을 사회과학에서는 '조절된 조절효과'라고 합니다. 이것을 그림으로 나타내면 [그림 11-18]과 같습니다.

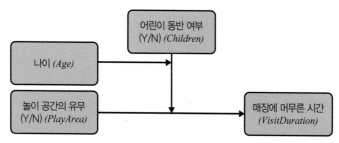

그림 11-18 조절된 조절효과

[그림 11-19]는 조절된 조절효과를 나타낸 그래프로 각 하위 그래프는 고객의 연령대를 상징합니다. C = 1일 때 두 점 사이의 거리가 하위 그래프에서 점점 작아지는 것을 보면 고객의 나이가 많아짐에 따라 *VisitDuration*에 대한 *PlayArea*의 영향에 *Children*이 미치는 영향이 감소한다는 사실을 알 수 있습니다.

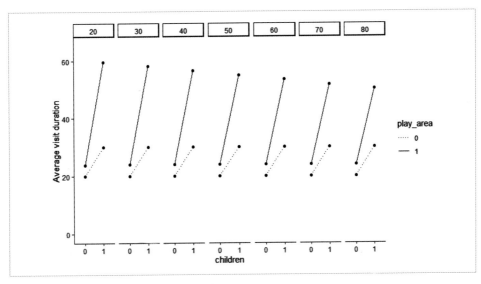

그림 11-19 다양한 연령대에 걸쳐 절제된 조절효과

대응하는 방정식은 다음과 같습니다.

$$VisitDuration = \beta_0 + \beta_p.PlayArea + \beta_c.Children + \beta_a.Age + \beta_{pc}.(PlayArea * Children) +$$
$$\beta_{pa}.(PlayArea * Age) + \beta_{ca}.(Children * Age) + \beta_{pca}.(PlayArea * Children * Age)$$

이 방정식은 [수식 11-3]과 같이 마지막에 3방향 상호작용 항을 추가합니다. 이제 회귀 분석을 돌려볼까요? 회귀에서 3방향 상호작용 항만 입력해도 소프트웨어가 모든 개별 변수와 2방향 상호작용 항을 자동으로 추가한다는 점에 유의하세요.

```
## R (출력 결과는 생략)
summary(lm(duration~play_area * children * age, data=hist_data))
```

```
## 파이썬
ols("duration~play_area * children * age", data=hist_data_df).fit().summary()
```

	coef	std errt		P>|t|	[0.025	0.975]
...						
Intercept	20.0166	0.037	534.906	0.000	19.943	20.090

```
play_area              3.9110   0.063  62.014    0.000   3.787   4.035
children               9.9983   0.061  165.012   0.000   9.880   10.117
play_area:children     29.1638  0.101  290.105   0.000   28.967  29.361
age                    -0.0006  0.001  -0.820    0.412   -0.002  0.001
play_area:age          0.0010   0.001  0.806     0.420   -0.001  0.003
children:age           0.0003   0.001  0.297     0.767   -0.002  0.003
play_area:children:age -0.1637  0.002  -86.139   0.000   -0.167  -0.160
...
```

출력 결과의 마지막 줄을 보면 3방향 상호작용 항의 계수는 음수일 뿐만 아니라 경제적 유의성이 있으며 90%의 신뢰 구간은 약 [−0.1671; −0.1590]이므로 0에 가까울 수 없다는 확신을 가질 수 있습니다.

조절된 조절효과는 간단한 조절효과와 같은 논리 및 규칙을 따릅니다. 따라서 조절된 조절효과는 대칭적이며 *Age*를 *Children*의 조절효과로 해석하거나 출력의 마지막 부분을 보고 *Children*이 *Age*의 조절한다고 해석할 수 있습니다.

행동학 관점에서는 기본 논리가 세분화의 논리인지 아니면 상호작용의 논리인지에 따라 조절된 조절효과를 다르게 해석할 수 있습니다.

- 비즈니스 특성 또는 비즈니스 행동을 조절하는 두 가지 개인 특성 변수가 있다면 세분화로 해석할 수 있습니다. 예를 들어 *Children*과 *Age*가 *PlayArea* 변수의 효과를 조절하는 놀이 공간의 경우가 여기에 해당합니다. 직관적으로 이것은 차원의 조절효과가 다른 차원을 따라 증가하거나 감소하는 2차원 세분화를 의미합니다. 예를 들어 *Age*가 증가하면 아이를 동반한 조절효과가 감소할 수 있습니다.
- [그림 11-20]과 같이 동일한 성질의 세 변수를 사용하면 세 변수 사이의 3방향 상호작용으로 해석할 수 있습니다.

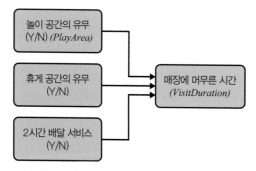

그림 11-20 세 가지 비즈니스 특성 변수 사이의 3방향 상호작용

이렇게 조절변수를 구분하는 요점은 규칙에 맞게 정확히 분류하는 것이 아니라 분석의 목표를 명확히 하는 것입니다. 회귀 분석에서 예측 변수 사이의 조절효과를 찾고 검증하는 것은 모두 멋진 일이지만 얻은 정보로 무엇을 할 수 있을까요? 비즈니스 행동이나 비즈니스 특성을 변경할 수 있지만 고객의 개인 특성을 목표 대상으로 지정할 수 있습니다. 마찬가지로 비즈니스 행동에 미치는 영향을 조절하는 고객의 특정 행동을 발견한다면(예를 들어 교차판매cross-selling 이메일 캠페인이 최근에 매장에 방문한 고객에게 가장 효과가 좋다면) 그 정보는 이전에 해당 행동을 보인 고객을 공략하거나 고객이 해당 행동을 하도록 유도할 때 사용할 수 있습니다.

> **NOTE** 기술적으로 말하면 조절된 조절효과는 3차 항(예를 들어 $Purchases = \beta_0 + \beta_1 Emails + \beta_2 Emails^2 + \beta^3 Emails^3$)을 사용하여 비선형성에도 적용할 수 있지만 이러한 경우는 매우 드물고 실무에서 잘 사용하지 않습니다.

아마 이제쯤 머리가 지끈거릴 수도 있습니다. 조절효과는 순식간에 엄청나게 복잡해질 수 있습니다. 필자는 3방향 상호작용도 가능하다는 점을 보여주기 위해 방법을 소개했지만 반드시 3방향 상호작용을 적용해야 하는 경우가 아니라면 이렇게 복잡하게 조절효과를 적용하는 것은 추천하지 않습니다. 그 외에도 이론적으로는 5방향 또는 심지어 12방향 상호작용('조절효과의 조절효과의 조절효과...')도 있을 수 있습니다. 하지만 너무 많은 상호작용 항을 포함하는 것은 거짓 양성의 위험을 높일 수 있으며 실제로 무의미한 모델이 될 수 있습니다. 단순하고 깔끔한 조절효과만으로도 충분히 의미 있는 실험을 만들 수 있습니다. 조절효과를 설정하는 근거를 분명하게 하고 합리적인 비용 안에서 필요한 만큼의 복잡성을 더해보세요.

11.3.3 부트스트랩으로 조절효과 검증

지금까지 p-값이 아닌 조절효과 항에 대한 회귀 계수만 살펴보았습니다. 그러나 다른 회귀 계수와 같이 조절효과의 계수도 불확실성과 표본 변동성의 영향을 받습니다. 조절효과는 '2차' 효과(즉, 변수에 대한 직접적인 영향이 아닌 효과에 대한 효과)이기 때문에 일반적으로 '1차' 효과보다 훨씬 작으며 조절변수를 설명할 때는 불확실성을 잘 설명할 수 있어야 합니다.

C마트의 놀이 공간 예제로 돌아가겠습니다. *PlayArea*와 *Children* 사이의 조절효과에 대해 추정한 계수는 $\beta_{pc} = 21$입니다. 지금까지 실습했던 것처럼 부트스트랩 시뮬레이션을 사용하여

관찰한 값을 얼마나 확실하게 확인할 수 있는지 알아보겠습니다. 먼저 사용 가능한 과거 데이터에서 각각 10,000개의 행으로부터 1,000개의 표본을 추출하고 각 표본에 대해 이전 장과 동일한 회귀 분석을 수행하겠습니다. 상호작용의 계수 값의 분포는 [그림 11-21]과 같습니다.

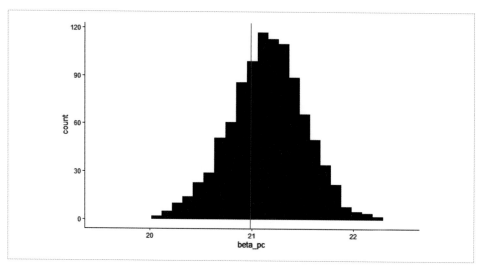

그림 11-21 상호작용 계수에 대한 부트스트랩의 값 분포(10,000개의 행에서 뽑은 1,000개의 표본)

7장에서는 표본의 수를 늘리면 히스토그램의 매끄러운 정도와 신뢰 구간 추정치의 정확도가 올라가고 값의 분산이 감소하는 것을 확인했습니다. 풀어야 하는 비즈니스 문제에 따라 다음과 같은 조치를 취할 수 있습니다.

"조절효과가 있나요? β_{pc} 계수가 0이 아닌가요?"

[그림 11-21]에 따라 명확하게 '예'라고 대답할 수 있으므로 더 깊이 파고들 필요가 없습니다.

"조절효과 계수가 20.5 이상이라고 얼마나 확신하나요?"

이렇게 불확실한 질문의 경우 명확하게 대답하기 위해서는 표본 크기를 늘려야 합니다. 현재 히스토그램은 20.5를 넘어 왼쪽으로 조금 더 넘어갑니다. 20.5보다 낮은 값은 조절효과의 계수가 임곗값보다 낮은 부트스트랩 시뮬레이션을 나타냅니다. [그림 11-22]와 같이 부트스트랩의 표본 크기를 200,000개 행으로 늘려봅시다.

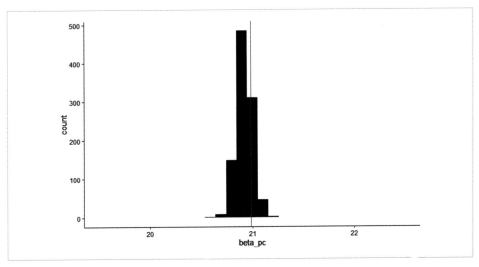

그림 11-22 상호작용 계수에 대한 부트스트랩의 값 분포(20만개의 행에서 뽑은 1,000개의 표본)

보다시피 [그림 11-22]는 [그림 11-21]에 비해 값이 21 주위에 훨씬 더 좁게 집중되어 있으며 20.5에서 안전하게 떨어져 있습니다. 두 번째 시뮬레이션은 비즈니스 문제에 답하기 충분한 결과를 도출합니다.

주어진 예제의 경우 데이터에 약 600,000개의 행이 있기 때문에 가벼운 예제로 코드를 검증했다면 큰 불편 없이 해당 표본 크기를 바로 적용할 수 있습니다. 여러분이 사용하는 데이터의 크기보다 큰 부트스트랩 표본 크기는 절대 사용해서는 안 됩니다. 하지만 과거 데이터에 천만 또는 1억 개의 행이 있다면 어떨까요? 비즈니스 질문에 대답하는 단 몇 분을 위해서 해당 크기의 표본을 시뮬레이션한 결과를 몇 시간 또는 며칠 동안 기다려야 할 수도 있습니다. 물론 최종 신뢰 구간은 [20.9999; 21.0001]과 같이 매우 좁을 것입니다. 하지만 '20.5보다 높나요?'라는 질문에 대답하려고 한 실험이라기에 이 실험은 너무 지나치며 시간 낭비와 같습니다. 그렇기 때문에 과거 데이터의 크기를 바로 적용하기보다는 부트스트랩 표본의 크기를 점진적으로 늘려가는 것이 좋습니다.

즉, 코드가 올바로 실행되는지 확인하는 것을 목표로 작은 부트스트랩 시뮬레이션을 실행한다면 여러분이 대답해야 하는 비즈니스 문제에 필요한 만큼 표본의 수 또는 표본 크기를 늘려야 합니다. 이렇게 반복하다보면 비판적인 감각을 키우고 기계처럼 분석하는 것을 방지할 수 있습니다. 세분화(실험 데이터 포함), 상호작용, 자기조절과 같은 조절효과의 모든 형태에 이것을 적용할 수 있습니다.

11.3.4 개별 계수 해석

여러 번 언급했듯이 조절효과에 관련된 변수는 사용할 계획이 없거나 중요하지 않아도 회귀 분석의 개별 변수로 포함해야 합니다. 그러나 이것을 적용할 때 몇 가지 주의할 점이 있습니다.

다음 두 가지 회귀를 비교하겠습니다. 문제를 단순화하기 위해 *PlayArea* 외에는 *Age*만 회귀에 포함합니다.

$$VisitDuration = \beta_0 + \beta_{p0}.PlayArea + \beta_{a0}.Age$$

$$VisitDuration = \beta_1 + \beta_{p1}.PlayArea + \beta_{a1}.Age + \beta_{pa1}.(PlayArea * Age)$$

언뜻 보기에는 두 번째 방정식은 첫 번째 방정식에 조절효과 항만 추가한 것처럼 보일 수 있습니다. 하지만 그렇지 않습니다. β_{p0}과 β_{p1}은 같지 않고 서로 의미가 다릅니다. β_{a0}과 β_{a1}도 마찬가지입니다.

가독성을 높이기 위해 1,000개의 데이터 표본점을 *Age * VisitDuration* 평면에 표시하여 차이를 시각화하겠습니다. [그림 11-23]과 [그림 11-24]를 참조하세요. 두 그림에는 2개의 회귀선이 그려져 있습니다. 하나는 놀이 공간이 있는 매장을 방문한 고객이고 다른 하나는 놀이 공간이 없는 매장을 방문한 고객입니다.

[그림 11-23]은 첫 번째 방정식을 나타내며 조절효과 항이 없습니다. 두 선의 기울기는 동일하며 $\beta_{a0} = -0.024$이고 두 선 사이의 (일정한) 거리는 $\beta_{p0} = 12.56$입니다.

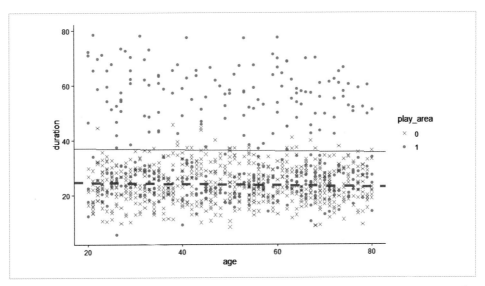

그림 11-23 조절효과가 없을 때 1,000개의 표본 데이터 점과 회귀 선으로 놀이 공간이 있는 경우(채워진 점, 실선)와 없는 경우(십자형, 점선)를 나타낸 그래프

[그림 11-24]는 두 번째 방정식을 나타낸 그래프입니다. 이번에는 두 선이 평행하지 않습니다. 이것은 간단하게 말해서 'β_{p1}은 두 회귀선 사이의 수직 거리를 나타냅니다'라고 말할 수 없다는 것을 의미합니다. 수직 거리를 측정하려면 나이를 명시해야 합니다. 마찬가지로 'β_{a1}은 이러한 회귀선의 기울기를 나타냅니다'라고 말할 수 없습니다. 어떤 선을 참조하는지 명확히 해야 합니다. 즉, 해당 기울기를 측정하는 *PlayArea*의 값을 명시해야 합니다.

이것은 비즈니스 관점에서 중요합니다. 비즈니스 파트너가 '놀이 공간이 매장 이용 시간에 미치는 영향은 무엇인가요?'라고 물었을 때 여러분이 조절효과 항이 없는 첫 번째 방정식을 기반으로 결과를 해석한다면 '그 영향은 β_{p0}과 같습니다'라고 대답할 수 있습니다. 그러나 두 변수 사이에 유의한 조절효과가 있다고 판단하는 두 번째 방정식을 기반으로 결과를 해석한다면 비즈니스 파트너가 두려워하는 '글쎄요, 경우에 따라 다릅니다'가 답이 되어야 합니다.

다행히 이 문제를 해결하는 두 가지 방법이 있으며 약간의 주의를 기울이면 쉽게 해결할 수 있습니다.

- 의미 있는 기준점을 설정합니다.
- 비즈니스 의사결정 수준에서 효과를 계산합니다.

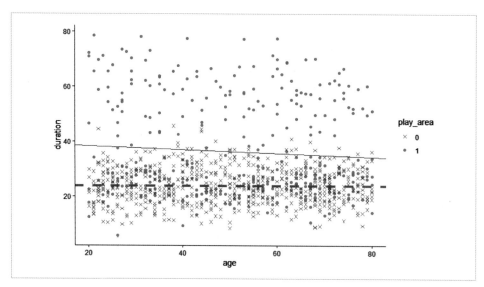

그림 11-24 조절효과가 있을 때, 1,000개의 표본 데이터 점과 회귀 선으로 놀이 공간이 있는 경우(채워진 점, 실선)와 없는 경우(십자형, 점선)를 나타낸 그래프

의미 있는 기준점 설정

첫 번째 해결 방법은 변수에 대해 의미 있는 기준점을 설정하는 것입니다. 먼저 방정식의 조절 효과 항을 살펴보겠습니다.

$$VisitDuration = \beta_1 + \beta_{p1}.PlayArea + \beta_{a1}.Age + \beta_{pa1}.(PlayArea * Age)$$

고객의 나이를 0으로 설정하면 놀이 공간이 없는 매장에서 신생아 고객의 예상 매장 이용 시간은 β_1이고 놀이 공간이 있는 매장에서는 $\beta_1 + \beta_{p1}$입니다. 따라서 β_{p1}은 사실 0세 고객의 매장 이용 시간에 대한 놀이 공간의 영향을 나타내는 것입니다. 그러나 신생아 고객은 주요 고객층이 아니기 때문에 *Age* 변수를 정규화하여 비슷한 논리로 방정식을 활용할 수 있습니다. 일반적인 접근법은 데이터셋의 평균 나이로 *Age*를 정규화하는 것입니다.

```
## R
centered_data <- hist_data %>% mutate(age = age - mean(age))
```

```
## 파이썬
centered_data_df = hist_data_df.copy()
centered_data_df['age'] = centered_data_df['age'] \
    .subtract(centered_data_df['age'].mean())
```

이렇게 하면 *PlayArea*의 계수가 15.85에서 12.56으로 감소하고 '데이터의 평균 고객 연령에 대해 놀이 공간이 매장 이용 시간에 미치는 영향은 12.56분입니다. 즉, 놀이 공간이 있으면 고객의 매장 이용 시간이 12.56분 증가합니다'라고 말할 수 있습니다. 마찬가지로 *PlayArea*가 이진형 변수이기 때문에 β_{a1}은 기본적으로 놀이 공간이 없는 매장을 방문한 고객에 대한 선의 기울기입니다. *PlayArea*의 레벨을 반대로 설정하여 이것을 변경할 수 있습니다. 1 또는 'Y'를 기본값으로 설정하고 0 또는 'N'으로 변경할 수도 있고 이진형 변수를 다루는 방식에 따라 설정은 달라질 수 있습니다.

```
## R
centered_data <- hist_data %>%
  mutate(play_area = factor(play_area, levels=c('1','0')))
```

```
## 파이썬
centered_data_df['play_area'] = centered_data_df['play_area']
```

*PlayArea*의 기본 레벨을 변경하면 β_{a1}의 계수가 0에서 −0.07로 바뀝니다. 이것이 바로 [그림 11-24]에서 실선의 기울기입니다.

변수의 기본값을 어떻게 설정해야 할까요? 비즈니스 문제와 변수의 특성에 따라 달라집니다.

- 일부 상황에서는 숫자형 변수의 기본값이 평균이 아니라 최솟값, 최댓값 또는 관련된 부분군의 평균 (예를 들어 자녀가 있는 고객의 평균 나이 또는 놀이 공간이 있는 매장을 방문하는 고객의 평균 나이)입니다. 특히 자녀 수 또는 통화 수와 같이 개수를 나타내는 변수를 처리할 때는 평균보다 0이 참조점으로 더 적합할 수 있습니다.

- 이진형 변수의 경우 기본값은 보통 현재 상태를 나타냅니다. 예를 들어 새로운 놀이 공간을 추가하려는 경우 *PlayArea*의 기본값을 0으로 설정하고 이미 놀이 공간이 있는 상태를 생각하는 경우라면 1로 설정합니다.

- 성별 또는 주와 같은 범주형 변수의 경우 의미 있는 참조점이 없다면 가장 빈도가 높은 범주를 기본 값으로 설정할 수 있습니다.

조절효과와 관련된 모든 변수는 기준점을 설정하면 계산이 간단해지는 효과가 있습니다. 그러나 조절효과와 관련된 변수가 많아지면 굉장히 번거로워질 수 있습니다. 예를 들어 회귀 분석에 주와 성별 사이의 상호작용을 추가한다고 가정하겠습니다.

$$VisitDuration = \beta_1 + \beta_{p1}.PlayArea + \beta_{a1}.Age + \beta_{pa1}.(PlayArea * Age) +$$
$$\beta_{g1}.Gender + \beta_{s1}.State + \beta_{gs1}.(Gender * State)$$

이제 β_{p1}은 기준 상태에서 기준 나이와 성별의 고객에 대한 놀이 공간의 영향을 나타냅니다. '43세의 캘리포니아 여성 고객에게 놀이 공간의 유무가 미치는 영향은 10입니다'와 같이 조절효과를 길고 복잡하게 설명하고 심지어 설명한 변수가 서로 독립적이지 않으면 다소 무의미해질 수 있습니다. 남성 고객보다 여성 고객이 더 많고 다른 주보다 캘리포니아 출신의 고객이 더 많으며 고객의 전체 평균 나이가 43세라고 해서 캘리포니아에 43세 여성 고객이 많다는 의미는 아닙니다. 이 문제를 해결하려면 표본의 평균 효과를 계산하는 솔루션이 필요합니다.

비즈니스 의사결정 수준에서 효과 계산

과학적인 관점에서 볼 때 이전 접근 방식의 큰 장점은 계수를 단일 숫자로 제공한다는 것입니다. 이 숫자는 완전히 다른 상황에 적용할 수도 있으며 적어도 다른 상황에서 얻은 숫자와 비교할 수 있다는 장점이 있습니다. 그러나 응용 분석의 목표는 단지 측정을 위한 측정을 하는 것이 아니라 비즈니스 결정을 내릴 수 있도록 길을 안내하는 것입니다(데이터를 분석하고 있는데 분석 결과로 어떤 결정을 내릴 수 있는지 모르고 있다면 관리자에게 면담을 신청하세요. 일이 무언가 잘못되고 있다는 의미입니다). 따라서 비즈니스 결정에 따라 관심 있는 효과 변수의 값을 계산하는 방법도 있습니다.

예를 들어 C마트가 놀이 공간을 설치할 다음 매장을 선택하고 싶어한다고 가정하겠습니다. 이 문제에 대답하려면 놀이 공간에 대한 하나의 '평균' 효과를 구할 필요가 없습니다. 오히려 그렇게 하는 것은 역효과를 낼 수도 있습니다. 대신 현재 놀이 공간이 없는 각 매장에 대해 놀이 공간을 설치했을 때 평균 고객의 매장 이용 시간이 얼마나 늘어날 것으로 기대하는지 결정할 수 있습니다. 효과를 계산하는 과정은 다음과 같습니다. 주요 단계를 표시하는 번호는 R과 파이썬에서 동일하게 사용했습니다.

```python
## 파이썬 (출력 결과는 생략)
def business_metric_fun(dat_df):

    model =  ols("duration~play_area * (children + age)", data=dat_df)  ❶
    res = model.fit(disp=0)

    action_dat_df = dat_df[dat_df.play_area == 0].copy()  ❷
    action_dat_df['pred_dur0'] = res.predict(action_dat_df)  ❸
    action_dat_df.play_area = 1  ❹
    action_dat_df['pred_dur1'] = res.predict(action_dat_df)  ❺
    action_dat_df['pred_dur_diff'] = \  ❻
        action_dat_df.pred_dur1 - action_dat_df.pred_dur0
    action_res_df = action_dat_df.groupby(['store_id']) \  ❼
        .agg(mean_dur_diff=('pred_dur_diff', 'mean'),
            tot_dur_diff=('pred_dur_diff', 'sum'))

    return action_res_df

action_res_df = business_metric_fun(hist_data_df)
action_res_df.describe()
```

```r
## R
> business_metric_fun <- function(dat){
    mod_model <- lm(duration~play_area * (children + age), data=dat)  ❶
    action_dat <- dat %>%  ❷
      filter(play_area == 0)
    action_dat <- action_dat %>%
      mutate(pred_dur0 = predict(mod_model, action_dat)) %>%  ❸
      mutate(play_area = factor('1', levels=c('0', '1')))  ❹
    action_dat <- action_dat %>%
      mutate(pred_dur1 = predict(mod_model, action_dat)) %>%  ❺
      mutate(pred_dur_diff = pred_dur1 - pred_dur0) %>%  ❻
      dplyr::group_by(store_id) %>%  ❼
      summarise(mean_d = mean(pred_dur_diff), sum_d = sum(pred_dur_diff))
    return(action_dat)
  }
> action_summ_dat <- business_metric_fun(hist_data)
> summary(action_summ_dat)
```

```
     store_id      mean_d            sum_d
3        : 1    Min.    :10.41    Min.    :109941
4        : 1    1st Qu.:11.26    1st Qu.:129817
5        : 1    Median :11.80    Median :143079
7        : 1    Mean    :11.95    Mean    :144616
8        : 1    3rd Qu.:12.25    3rd Qu.:155481
9        : 1    Max.    :14.43    Max.    :207647
(Other):27
```

❶. ❶ 모델을 실행하고 저장하여 예측에 사용합니다.

❷. ❷ 현재 놀이 공간이 없는 매장을 선택합니다.

❸. ❸ 현재 상황에서 예상되는 매장 이용 시간 pred_dur0을 추가합니다.

❹. ❹ 이진형 변수 *PlayArea*를 0에서 1로 변경합니다.

❺. ❺ 놀이 공간을 추가했을 때 예상되는 매장 이용 시간 pred_dur1을 결정합니다.

❻. ❻ 두 값의 차이를 비교합니다.

❼. ❼ 매장 수준에서 평균 또는 총 추가 이용 시간을 집계합니다. 평균이 더 직관적이지만 비즈니스에서는 큰 규모의 매장이 중요하기 때문에 총 집계 값을 사용하면 비즈니스 결과와 더 직접적으로 관련된 결과를 얻을 수 있습니다.

이제 놀이 공간의 이익이 가장 높은 매장을 선택할 수 있습니다. 이때 중요한 것은 숫자형 변수를 중심으로 분석을 진행해야 한다는 점입니다. 그러면 최종 결론이 예상한 것과 동일한지 확인할 수 있습니다. 수학적으로 두 항에서 같은 값을 빼기 때문에 두 항의 차이를 구할 수 있습니다.

$$(VisitDuration_{i1} - mean(VisitDuration)) - (VisitDuration_{i0} - mean(VisitDuration)) =$$
$$VisitDuration_{i1} - VisitDuration_{i0}$$

$VisitDuration_{i1}$과 $VisitDuration_{i0}$은 각각 놀이 공간이 있는 경우와 없는 경우(현재 조건과 상관없이)의 예상 매장 이용 시간을 나타낸 변수입니다. 따라서 의사결정 중심적 관점에서 기준점이나 중심화centering는 관련이 없으며 더 이상 신경 쓰지 않아도 됩니다.

요약하자면 조절효과 항을 추가하면 관련 변수에 대한 개별 계수의 값과 해석이 달라집니다. 이러한 현상은 계수가 '모든 경우'에서 동일하지 않고 계수가 측정되는 기준값을 조절효과가 변경하기 때문입니다. 이것이 바로 조절효과의 정의입니다. 따라서 개별 계수는 관련 변수의 관련 기준점(중심화로 조정 가능)으로 해석하거나 전체 데이터셋에 대해 해석하되 주어진 의사 결정 문제와 관련이 있게 해석해야 합니다.

11.4 정리하기

행동 과학의 핵심 신조는 '행동은 사람과 환경의 기능'이라는 것입니다. 이 문구는 일반적으로 환경을 변화시켜서 행동에 영향을 줄 수 있다는 의미로 해석합니다. 이것은 분명한 사실이지만 평균은 단지 평균일 뿐이고 행동 분석가가 부지런하게 조절효과 분석을 하면서 더 깊이 문제를 파고들어야 합니다. 특히 최근에 고전 심리학 실험을 복원하지 못한 것을 '효과가 없다'라고 해석하기보다는 '인구통계 특성(사람)과 실험 조건(환경)에 의해 효과가 강하게 조절된다'는 의미로 해석하는 것이 가장 올바른 해석이라고 생각합니다.

이것이 단지 학문적인 관심의 영역이라고 생각할 수 있지만 그렇지 않습니다. 비즈니스 환경에서는 양측이 주장을 뒷받침하는 많은 증거를 수집하여 열띤 토론을 벌이곤 합니다. 이런 상황에서 조절효과는 증거를 재구성하고 뒷받침하는 연결고리를 설명할 유용한 수단이 될 수 있습니다. 특히 같은 주제를 보더라도 주어진 환경에 따라 해석할 여지가 달라질 수 있기 때문입니다. 교육 프로그램은 경험이 없는 직원에게 효과적이지만 경험이 많은 직원에게는 효과가 별로 없으며 그 반대의 경우도 마찬가지입니다. 정의에 따르면 조절효과가 없는 회귀는 이러한 두 가지 경우를 모두 완벽하게 해석할 수는 없습니다.

조절효과 분석은 이러한 이유로 매우 가치가 있지만 어떤 사람들은 조절효과 분석을 행동 분석에 속한 하나의 도구로 생각하고 무시하는 경향이 있습니다. 이 장에서는 두 변수 사이의 곱셈항을 회귀 분석에 추가하는 매우 간단한 방법으로 관찰 데이터와 실험 데이터에 조절효과를 모두 적용할 수 있다는 점을 확인했습니다. 다음 장이자 이 책의 마지막 장에서는 또 다른 주요 행동 데이터 분석 도구인 매개효과를 살펴보겠습니다.

## CHAPTER 12

매개효과와 도구 변수

11장에서 조절효과는 관계가 더 강하거나 약한 집단을 드러내면서 인과관계의 블랙박스를 들여다볼 수 있게 한다고 했습니다. **매개효과**^{mediation}는 사슬에 있는 두 중간변수의 존재를 확인할 수 있게 합니다. 즉 인과 효과의 '이유'를 이해하여 인과관계의 블랙박스를 들여다볼 수 있게 합니다.

매개효과는 프레임워크의 인과적 측면과 행동 측면 모두에서 몇 가지 이점이 있습니다. 인과적 측면에서 매개효과는 거짓양성의 위험을 줄이며 매개효과를 적절하게 해석하지 못하면 분석이 편향될 수 있습니다. 행동 측면에서 매개효과는 실험을 더 잘 설계하고 이해할 수 있도록 돕습니다. 어떻게 보면 매개효과는 새로운 것이 아닙니다. 이 장은 '적어도 처음에는 최대한 인과관계 다이어그램의 사슬을 확장하라'고 요약할 수 있습니다. 하지만 많은 과학적 발견이 매개변수를 찾는 것에서 비롯되기 때문에 이렇게 매개효과를 단순하게만 해석하는 것은 좋지 않습니다. 두 변수의 인과관계를 확인했다면 그다음으로 '그런데 왜 그럴까?'라는 의문을 가지는 것이 바람직합니다. 고객 만족도는 유지율을 높입니다. 그런데 왜 그럴까요? 다른 대안을 찾을 가능성을 줄이기 때문일까요 아니면 기업에 대한 고객의 선호도가 높아지기 때문일까요?

또한 매개효과는 이 책에서 살펴볼 마지막 도구인 도구 변수^{instrumental variable} (IV)를 위한 좋은 디딤돌입니다. 도구 변수는 아주 다루기 어려운 문제를 해결할 수 있도록 도와줍니다. 이 책의 시작 부분에서 약속했듯이 고객 만족도가 이후의 구매 행동에 미치는 영향에 대한 편향되지 않은 추정치를 구할 것이며 도구 변수가 이것을 가능하게 합니다.

다음 절에서 11장에서 살펴봤던 C마트 매장의 놀이 공간 예제를 바탕으로 매개효과를 소개하겠습니다. 매개효과가 얼마나 인과-행동 분석을 더 효과적으로 만드는지 살펴봅니다. 그런 다음 도구 변수가 무엇인지 알아보겠습니다.

12.1 매개효과

C마트 사례를 다시 살펴보겠습니다. 이번에는 C마트가 식료품 구매(*GroceriesPurchases*)에 놀이 공간(*PlayArea*)이 미치는 영향을 측정한다고 가정하겠습니다. 이것을 인과관계 다이어그램으로 나타내면 [그림 12-1]과 같습니다.

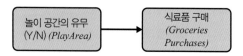

그림 12-1 관심 변수의 관계

C마트 경영진은 사전 분석을 진행하여 매장에 머무르는 시간(*VisitDuration*)이 이러한 관계의 핵심적인 인과관계라고 판단했습니다. 즉, *PlayArea*가 *VisitDuration*에 영향을 주고 다시 *VisitDuration*이 *GroceriesPurchases*에 영향을 준다고 생각합니다. 이러한 이론을 무시하고 회귀 분석, 신뢰 구간 등을 구축하여 [그림 12-1]에 표시한 관계를 바로 분석할 수도 있습니다. 그러나 경영진이 주장한 핵심적인 인과관계를 고려하면 다음과 같은 몇 가지 이점이 있기 때문에 인과 메커니즘을 확인하고 측정하겠습니다.

- 매개효과는 현재 진행 중인 메커니즘을 이해하고 적용할만한 결론을 도출할 수 있게 합니다.
- 어떤 상황에서는 매개효과를 고려하지 않으면 인과 추정치가 편향될 수 있습니다.

이어지는 절에서 이러한 이점을 자세히 살펴본 다음 매개효과를 측정하는 기술적인 방법을 설명합니다.

12.1.1 인과 메커니즘의 이해

매개효과를 파악하고 측정하는 첫 번째 이점은 인과 메커니즘을 이해할 수 있다는 점입니다. 상관관계는 여전히(물론 언제나) 인과관계가 아니지만 행동 관점에서 무슨 일이 일어나고 있는지 이해하면 허위 상관관계에 빠지는 것을 막을 수 있습니다. 상관관계가 있는 두 변수가 있지만 상관관계가 인과관계인지 확신할 수 없는 경우에 두 변수 사이의 매개변수를 찾고 검증하면 해당 관계가 인과관계라는 것을 강하게 뒷받침할 수 있습니다. 이때 오류를 가장 많이 발생시키는 원인은 역 인과관계입니다. 즉, 인과관계를 반대 방향으로 해석하는 것입니다. 또는 세 가지 변수가 각각이 다른 두 변수와 모두 허위 상관관계를 갖는 상황도 오류를 발생시킬 수 있습니다. 가능성은 매우 희박하지만 세 가지 허위 상관관계가 임의의 확률로 발생합니다.

매개효과는 또한 데이터를 분석하고 실험을 설계하는 단계에서 조절효과를 보완하는 매우 효과적인 방법입니다. 데이터 분석 단계(이전 장에서 '낚시 원정'이라고 표현)에서 가능한 매개변수를 식별하면 통찰력을 얻을 수 있습니다. 매개변수를 관찰할 수 없더라도(예를 들어 신념이나 감정) 고려하는 것 자체만으로 측정 가능한 조절변수를 찾거나 조절변수에 대한 근거를 제공할 수 있습니다. 11장에서 *PlayArea*와 *GroceriesPurchases* 사이의 관계가 *Children*에 의해 조절된다는 사실을 확인했습니다. 그러나 이 관계가 *VisitDuration*에 의해 매개된다는 사실을 인지하면 다른 가능한 조절변수를 찾을 단서를 얻을 수도 있습니다. 예를 들어 실제로 *VisitDuration*이 그 관계를 매개한다면 마감 시간 근처에 방문한 경우 전반적인 효과가 약해질 가능성이 있습니다. 이것은 *VisitDuration*의 역할을 무시하면 절대 확인할 수 없는 사실입니다.

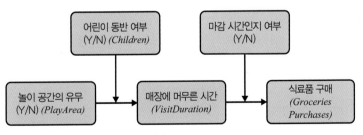

그림 12-2 PlayArea와 GroceryPurchases의 관계

마감 시간 근처에 방문한 건에 대해 *PlayArea*가 *GroceriesPurchases*에 미치는 영향이 약하다는 것을 확인하면 효과의 특성에 대한 추가 정보를 얻을 수 있으며 이것을 바탕으로 이 가설이 사실인지 확인할 수 있습니다.

매개효과는 비즈니스 프로세스와 메시지를 설계하거나 개선할 때 도움을 줄 수 있습니다. 세분화는 '세그먼트 A가 세그먼트 B보다 더 강한 효과를 나타냅니다' 정도의 결론만 내고 끝나는 경우가 상당히 많습니다. 이러한 결론은 마케팅 캠페인과 같이 이미 존재하는 실험처치를 선정하는 것이 더 좋은 상황에서만 유리합니다. 조절효과가 작용하는 메커니즘을 이해하면 분석의 아이디어에 대한 유용한 통찰력을 얻을 수 있습니다. *PlayArea*에 대한 *Children*의 조절효과가 *VisitDuration*에 의해 매개된다는 것을 확인하고 나면 놀이 공간 이용 고객에게 수차 할인을 해주거나 놀이 공간 근처에 간식 코너를 만드는 등 특별한 서비스를 제공하여 매개효과를 활용할 수 있습니다. 놀이 공간을 (잠재적으로 더 저렴한) 미니 영화관으로 대체할 수도 있습니다.

12.1.2 인과 편향

매개효과는 단순히 '갖기 좋은' 도구가 아닙니다. 어떤 상황에서는 매개효과를 놓쳤을 때 인과적 추정치에 편향이 생길 수 있습니다. 가장 간단한 예를 들자면 한 변수가 다른 변수에 미치는 (총) 효과를 측정하려고 할 때 무의식적으로 매개변수를 회귀 분석에 통제변수로 포함할 수 있습니다. 2장의 권장 사항에 따라 놀이 공간이 개인 수준의 식료품 구매에 미치는 영향을 측정했다고 가정하겠습니다. 놀이 공간은 놀이 공간과 상관없이 매장을 방문한 고객의 매장 이용 시간에 영향을 줄 뿐만 아니라 새로운 고객을 끌어들이는 것도 가능합니다. 이러한 인과 경로를 설명하려면 인과관계 다이어그램을 매장 수준에서 다시 그려야 합니다.

그림 12-3 매장 수준에서 인과관계 다이어그램 재구성

고객 수준의 평균 식료품 구매는 평균 매장 이용 시간에 의해 완전히 매개되지만 매장 수준의 총 식료품 판매량은 그렇지 않습니다. 행동을 측정하는 수준이 중요합니다.

[그림 12-3]을 보면 고객의 수($CustomersNumber$)는 $PlayArea$가 $GrocerySales$에 미치는 영향의 매개변수임이 분명합니다. 그러나 이러한 효과를 분석하는 누군가가 해당 회귀 분석에서 $CustomersNumber$를 통제변수로 포함했다고 가정해봅시다.

$$GrocerySales = \beta_p.PlayArea + \beta_c.CustomersNumber$$

결국, 매장의 고객 기반의 크기는 전체 식료품 판매량에 확실히 영향을 미치고 놀이 공간을 설치할 매장을 선택하는 데에도 영향을 미칠 수 있습니다.

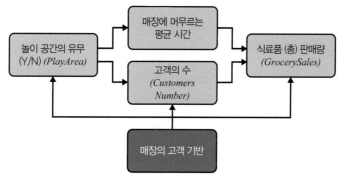

그림 12-4 매장의 고객 기반은 교란변수

[그림 12-4]는 인과적 난제를 제시합니다. 매장의 고객 기반은 매장에서 쇼핑할 수 있는 거리에 있는 잠재 고객의 수입니다. 이 고객 기반은 $PlayArea$와 $GrocerySales$ 사이 관계의 교란 요인이 될 수 있습니다. 그러나 동시에 $CustomersNumber$는 이러한 관계의 매개변수입니다. 이 상황에서는 관련 회귀 분석, 즉 종속변수가 $CustomersNumber$ 또는 $GrocerySales$인 모든 회귀 분석을 신중하게 제어해야 합니다.

회귀 분석에 신중하게 통제변수를 추가하면 이 문제를 해결할 수 있습니다. 예를 들어 놀이 공간을 설치하기 1년 전의 고객 수는 고객 기반을 대체할 적절한 대리 변수이지만 정의에 따르면 놀이 공간 설치의 효과를 전혀 포착하지 못합니다. 또는 시골($Rural$)/도시($Urban$) 범주형 변수와 같은 다른 대리 변수를 선택할 수도 있습니다.

변수를 추가할 때 '가능한 모든 것을 동원하자'와 같은 접근 방식은 위험합니다. 고객의 수를 나타내는 변수가 사용 가능하고 현재 상황과 관련이 있다고 해서 무조건 통제 대상으로 포함해야 하는 것은 아닙니다.

12.1.3 매개효과 식별

3장에서 인과관계 다이어그램의 구성 요소를 소개했을 때 [그림 12-5]와 같이 매개변수는 사슬에서 두 변수 사이에 있는 변수라고 설명했습니다.

그림 12-5 놀이 공간의 유무가 식료품 구매에 미치는 영향을 매개하는 매장에 머무른 시간

$VisitDuration$은 $PlayArea$의 효과이며 $GroceryPurchases$의 요인입니다. 인과관계 다이어그램에서 $VisitDuration$은 $GroceryPurchases$에 미치는 $PlayArea$의 영향에 대한 매개변수입니다. [그림 12-5]의 인과관계 다이어그램이 사실이라면 $PlayArea$는 $VisitDuration$을 지나는 경로가 아니면 $GroceryPurchases$에 영향을 미치지 못합니다. 즉, $VisitDuration$을 일정하게 유지하면 $PlayArea$의 상태를 변경해도 $GroceryPurchases$는 변하지 않습니다. 이때 $GroceryPurchases$에 $PlayArea$가 미치는 영향은 '완전히' 또는 '모두' 매개된다고 말합니다. [그림 12-6]과 같이 $PlayArea$가 $VisitDuration$과 무관하게 $GroceryPurchases$에 직접 영향을 주는 방법도 있다고 가정합시다.

그림 12-6 부분 매개효과

이것은 '부분' 매개효과라고 합니다. $PlayArea$가 $GroceryPurchases$에 미치는 전체 효과를 나타내지 않더라도 $VisitDuration$은 여전히 매개변수입니다. 중간변수가 없다면 $PlayArea$에

서 *GroceryPurchases*로 바로 가는 영향은 완전히 직접적인 것일 수도 있고 아직 알지 못하거나 분석에서 관심을 갖지 않은 하나 또는 여러 개의 매개변수가 있는 것일 수도 있습니다. 두 번째 경우에 해당한다면 해당 사슬이 축소된 것일 수 있습니다.

잠재적인 조절변수를 찾는 것처럼 매개변수를 찾는 과정은 낚시 원정과 같지만 검색하는 범위(거짓 양성의 위험)는 훨씬 더 제한적입니다. 잠재적인 매개변수는 강력한 행동 근거가 있는 경우에만 찾아야 합니다. 따라서 매개변수가 될 수 있는 후보 변수의 개수가 상당히 제한되어 있습니다. 또한 매개변수를 확인하려면 여러 번의 회귀 분석을 거쳐야 하기 때문에 거짓 양성의 위험도 줄어듭니다.

매개변수를 고려했을 때 생기는 이점과 고려하지 않았을 때 생기는 위험을 고려할 때 최소한 분석의 첫 번째 단계에서 관련된 매개변수를 항상 분석에 포함해야 합니다. 분석할 사슬과 무시할 사슬을 결정한 다음에는 무시할 사슬을 안전하게 축소할 수 있습니다. 예를 들어 변수 사이의 매개변수가 분석에서 보조적인 역할만 한다면 사슬을 축소하는 것이 좋습니다.

조절변수와 마찬가지로 매개변수를 찾을 때는 먼저 잠재적인 후보를 찾은 다음 부트스트랩 신뢰 구간으로 유효성을 검사합니다. 주어진 예제에서 *VisitDuration*은 명백한 매개변수 후보이므로 매개효과를 확인하고 측정할 수 있는 방법을 알아보겠습니다.

12.1.4 매개효과 측정

매개효과를 측정하는 것은 간단하면서도 약간 번거롭습니다. 다음과 같은 사실을 확인하려면 여러 번의 회귀 분석을 수행해야 합니다.

- *PlayArea*가 *GroceryPurchases*에 미치는 총 효과
- *VisitDuration*에 의해 매개되는 *PlayArea*가 *GroceryPurchases*에 미치는 효과(간접 효과)
- *VisitDuration*에 의해 매개되지 않는 *PlayArea*가 *GroceryPurchases*에 미치는 효과(직접 효과)

간접적이고 매개된 경로의 증거를 찾지 못한다면 그 변수는 매개변수가 아닙니다. 반대로 직접 경로의 증거를 찾지 못한다면 효과는 완전히 매개됩니다. 일반적으로 매개된 총 효과의 백분율을 사용하여 이러한 증거를 요약하며 이 방법은 굉장히 유용합니다. 매개변수가 이진형 변수인 특수한 상황을 살펴보겠습니다.

총 효과

먼저 *PlayArea*에 대한 *GroceryPurchases*의 회귀 분석을 실행하여 총 효과를 확인합니다. 이때 *VisitDuration*은 포함하지 않습니다.

```
## R (출력 결과는 생략)
summary(lm(grocery_purchases~play_area, data=hist_data))
```

```
## 파이썬
ols("grocery_purchases~play_area", data=hist_data_df).fit().summary()
```

```
...
              coef      std errt              P>|t|     [0.025    0.975]
Intercept   49.1421    0.047    1036.494     0.000     49.049    49.235
play_area   27.6200    0.079    349.485      0.000     27.465    27.775
...
```

총 효과는 약 27.6입니다. 즉, 놀이 공간을 추가하면 **매장 이용 시간을 일정하게 유지하지 않았을 때** 식료품에 지출되는 금액이 평균 27.6달러 증가합니다.

매개된 효과

*VisitDuration*에 의해 매개된 *GroceryPurchases*에 대한 PlayArea의 영향은 *VisitDruation*에 *PlayArea*가 미치는 영향과 *GroceryPurchases*에 *VisitDuration*이 미친 영향을 곱해서 구할 수 있습니다. 이것은 직관적으로 이해할 수 있습니다. 만약 놀이 공간이 평균 매장 이용 시간을 X분 증가시킨다면 1분이 늘어날 때마다 매장 이용 시간은 총 식료품 판매액을 Y달러 증가시킵니다. 따라서 놀이 공간은 총 식료품 금액을 X * Y달러 증가시킵니다.

첫 번째 회귀는 *PlayArea*와 *VisitDuration* 사이의 화살표를 나타냅니다. 이 회귀는 약 12.6의 계수를 산출합니다. 놀이 공간이 있으면 평균 매장 이용 시간이 12.6분 늘어납니다.

```
## R (출력 결과는 생략)
summary(lm(duration~play_area, data=hist_data))
```

```
## 파이썬
ols("duration~play_area", data=hist_data_df).fit().summary()
```

```
...
            coef      std errt    P>|t|             [0.025 0.975]
Intercept   23.8039   0.018       1287.327  0.000   23.768 23.840
play_area   12.5570   0.031       407.397   0.000   12.497 12.617
...
```

두 번째 회귀는 *VisitDuration*과 *GroceryPurchases* 사이의 화살표를 나타냅니다. 이 회귀 분석에는 *PlayArea*도 포함시킬 것입니다. [그림 12-6]을 다시 살펴보고 교란변수의 정의를 떠올려보세요. 매개효과가 부분적이라면, 즉 *PlayArea*와 *GroceryPurchases* 사이를 바로 연결하는 화살표가 있다면 *PlayArea*는 *VisitDuration*과 *GroceryPurchases* 사이의 관계에 대한 교란변수입니다. 따라서 *PlayArea*는 회귀에 기본적으로 포함해야 합니다. 주요 요인과 매개변수를 설명 변수로 포함하여 회귀 분석을 수행하면 계수는 각각 0.16(놀이 공간을 추가하면 매장 이용 시간이 동일할 때 한 번의 매장 방문당 평균 식료품 판매 금액이 0.16달러 증가)과 2.2(매장 이용 시간이 1분 늘어날 때마다 한 번의 매장 방문당 평균 식료품 판매 금액이 2.20달러 증가)입니다.

```
## 파이썬 (출력 결과는 생략)
ols("grocery_purchases~duration+play_area", data=hist_data_df).fit().summary()
```

```
## R
> summary(lm(grocery_purchases~duration+play_area, data=hist_data))
```

```
...
Coefficients:
            Estimate Std. Error  t value Pr>|t|)
(Intercept) -2.917728  0.047329  -61.647  < 2e-16 ***
duration     2.187025  0.001695 1290.410  < 2e-16 ***
play_area1   0.157477  0.046419    3.393 0.000693 ***
...
```

앞에서 '기본적으로' 회귀에 주요 요인을 포함해야 한다고 말했습니다. 그러나 때로는 주요 요인과 매개변수가 굉장히 밀접하게 상관관계가 있어서 회귀 분석에 두 변수를 모두 포함하면 다중공선성이 형성될 수 있습니다. 이것은 주로 완전한 매개효과 때문에 발생하며 큰 p-값을 가진 반대 방향의 의심스러울만큼 큰 계수(주요 원인과 매개변수가 대부분 서로를 상쇄함)가 이것을 증명합니다. 최악의 경우에는 분석 소프트웨어가 회귀 분석을 끝내지 못하고 에러 메시지를 띄우며 종료될 수도 있습니다. 회귀 분석에 주요 요인을 포함하면 매개변수의 계수가 불안징해지므로 회귀에 주요 요인을 포함하지 마세요.

마지막으로 더 복잡한 상황을 대처하는 방법을 알아보겠습니다. 예를 들어 [그림 12-7]과 같이 두 매개변수 사이에 화살표가 있을 수 있습니다. 이것은 하나의 매개변수가 다른 매개변수의 요인인 상황을 나타냅니다. 이러한 상황은 종종 발생하며 특히 행동 데이터에서 발생하는 경우가 있습니다. 이러한 상황을 맞닥뜨린다면 지름길을 찾으려고 하기보다는 2부에서 배운 것을 바탕으로 차분하게 해결해야 합니다. 백도어 기준으로 교란을 해소하고 인과관계 다이어그램에 적용되는 다양한 규칙을 활용하며 회귀 분석에 포함해야 하는 변수와 포함해서는 안 되는 변수를 구분해야 합니다.

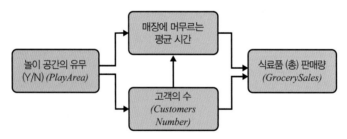

그림 12-7 다른 매개변수에 영향을 주는 매개변수

매개효과는 매개효과 사슬을 따라 구한 두 계수의 곱(즉, *PlayArea*에 대한 *VisitDuration*의 회귀 계수와 *VisitDuration*에 대한 *GroceryPurchases*의 회귀 계수의 곱)과 같습니다.

$$MediatedEffect \approx 12.6 * 2.2 \approx 27.5$$

여기서 매개된 총 효과의 백분율을 계산할 수 있습니다.

$$PercentageMediated = MediatedEffect / TotalEffect \approx 27.5 / 27.6 \approx 99.5\%$$

이 비율에 대한 90%의 부트스트랩 신뢰 구간은 약 [0.9933; 0.9975]입니다.

직접효과

직접적이고 매개되지 않은 효과는 *PlayArea*와 *VisitDuration*에 대한 *GroceryPurchases*의 회귀 분석에서 *PlayArea*에 대한 계수와 같습니다(). 이것을 바탕으로 매개되지 않은 총 효과의 백분율을 계산할 수 있습니다.

$$PercentageUnmediated = UnmediatedEffect / TotalEffect \approx 0.16 / 27.6 \approx 0.5\%$$

결과를 보면 총 효과가 수치상으로 완전히 매개되지 않는다는 점을 확인할 수 있습니다. 그러나 실제 분석에서는 이정도의 매개되지 않은 효과는 무시할 수 있습니다. '매개되지 않은 효과'는 항상 특정 매개변수와 관련하여 표현됩니다. 총 효과를 완전히 매개하는 매개변수가 2개인 경우 첫 번째 변수의 매개효과는 두 번째 변수의 매개되지 않은 효과와 동일하며 그 반대도 성립합니다.

앞에서 설명한 것과 같이 다중공선성이 발생하고 회귀에 주요 요인을 포함할 수 없는 상황에서 효과는 완전히 매개될 가능성이 높습니다. 매개효과의 잔차로 매개되지 않은 총 효과의 백분율을 계산하여 이러한 경우를 확인할 수 있습니다.

$$PercentageUnmediated = (TotalEffect - MediatedEffect) / TotalEffect$$

이러한 방법으로 경제적 유의성이 있는 매개되지 않은 효과를 구한다면 이것은 여러분이 생각했던 것보다 더 복잡한 인과 구조를 분석하고 있을 가능성이 높다는 것을 의미합니다. 이제 인과관계 다이어그램을 의심의 눈초리로 볼 차례입니다. 어쩌면 여러분의 주요 요인과 매개변수는 더 많은 공통 요인을 공유하지 않을까요? 아니면 주요 요인과 매개변수 사이에 여러 개의 매개변수가 있지는 않을까요?

매개변수가 이진형 변수인 경우

주어진 예제의 매개변수는 숫자형 변수이기 때문에 2개의 화살표를 나타내는 계수를 곱하여 매개효과를 쉽게 구할 수 있었습니다. 매개변수가 이진형 변수인 경우에는 방정식을 사용하여 매개효과를 정량화할 수 있지만 공식은 더 복잡해집니다.

관심의 요인을 X, 매개변수를 M, 관심 효과를 Y라고 하면 매개변수와 최종 효과에 대한 회귀 방정식은 다음과 같습니다.

$$P(M = 1) = logistic(\alpha_0 + \alpha_X.X)$$
$$Y = \beta_0 + \beta_X.X + \beta_M.M$$

첫 번째 방정식은 이제 이진형 변수에 적합한 로지스틱 회귀를 나타냅니다. 선형 회귀에서와 같이 M의 값을 예측하는 대신 M이 1이 될 확률, 즉 $P(M = 1)$을 예측합니다. 이 확률로 M을 대체하여 두 번째 방정식을 얻을 수 있습니다.

$$Y = \beta_0 + \beta_X.X + \beta_M.P(M = 1)$$

직접 효과는 여전히 간단하게 계산할 수 있습니다. X가 1만큼 증가하면 직접 효과는 Y를 β_X만큼 증가시킵니다. 그러나 X가 M에 미치는 영향은 선형이 아니기 때문에 간접 효과를 계산하려면 추가 문제를 풀어야 합니다. M에 대한 X의 영향은 X의 특정 값에 대해 결정해야 하며 이 문제는 11장에서 조절효과를 배울 때 살펴본 문제와 유사합니다. 이는 다음과 같이 해결할 수 있습니다.

- 데이터에서 X의 평균값과 같은 전역 기준점을 정의합니다.
- 데이터의 각 행에 대해 매개된 효과와 매개된 비율을 계산한 다음 각각의 평균을 계산합니다.

11장에서와 마찬가지로 풀고자 하는 비즈니스 문제에 맞게 필요에 따라 수정할 수 있는 두 번째 방법을 권장합니다.

12.2 도구 변수

매개효과는 그 자체로도 훌륭한 행동 데이터 분석 도구이지만 도구 변수라는 또 다른 강력한 도구의 디딤돌이 되기도 합니다. 간단하게 말해서 도구 변수는 알려진 매개된 관계를 활용하여 계수의 교란 편향을 줄입니다.

도구 변수가 가장 유용할 때는 실험을 사용하여 더 광범위하고 더 어려운 질문에 답해야 할 때입니다. 굉장히 많이 참조되지만 측정하기 어려운 비즈니스 지표인 고객 만족도와 관련된 예제를 통해 도구 변수를 설명하겠습니다.

2장에서 언급한 것과 같이 에어씨앤씨의 경영진은 고객 만족도(CSAT)가 주요 성과 지표인 예약 후 6개월 동안 지출한 금액(*M6Spend*)에 미치는 영향을 알고 싶어 합니다. 10장에서 콜센터의 응대 절차를 바꿨을 때 고객 만족도에 어떤 영향을 미치는지 확인했습니다. 문제가 발생했을 때 반복적으로 사과하는 대신 콜센터 상담사가 고객과 대화를 시작할 때 사과를 먼저 하고 '문제 해결 모드'로 전환하여 고객에게 몇 가지 선택지를 안내해야 했었죠. 그때와 동일한 데이터를 사용합니다.

12.2.1 데이터

이 장의 깃허브 폴더에는 10장에서 사용한 실험 데이터의 복사본이 들어 있습니다. 이번에는 *M6Spend* 변수도 분석에 포함합니다. [표 12-1]은 데이터셋에 포함된 변수를 표시하는 표입니다.

표 12-1 데이터의 변수

변수명	변수 설명	chap10-experimental_data.csv
Center_ID	10개 콜센터에 대한 범주형 변수	✓
Rep_ID	193개 콜센터에 대한 범주형 변수	✓
Age	상담하는 고객의 나이, 20-60	✓
Reason	상담 이유, 'payment(결제)'/ 'property(숙소)'	✓
Call_CSAT	고객 만족도, 0-10	✓
Group	실험 배정, 'ctrl(대조군)'/'treat(실험군)'	✓
M6Spend	예약 후 6개월 동안 소비한 금액	✓

12.2.2 패키지

이 장에서는 도구 변수를 위한 특별한 패키지를 사용합니다.

```
## 파이썬
from linearmodels.iv import IV2SLS
```

```
## R
library(ivreg)
```

12.2.3 도구 변수의 이해와 적용

인과관계 다이어그램과 매개효과에 익숙해졌다면 도구 변수는 다음과 같이 간단하게 설명할 수 있습니다.

두 변수 사이에 완전히 매개된 관계가 있고 매개변수와 최종 변수 사이의 관계가 교란되었다고 가정하겠습니다. 총 효과에 대한 계수를 첫 번째 매개효과(즉, 첫 번째 변수와 매개변수 사이의 관계)의 계수로 나누어 해당 관계에 대한 편향되지 않은 추정치를 구할 수 있습니다.

먼저 관심 변수의 인과관계 다이어그램을 그리겠습니다. 주어진 예제에서는 *CSAT*와 *M6Spend*의 인과관계를 알아내고자 합니다. *CSAT*가 높으면 다음 몇 달 동안 고객이 예약에 돈을 더 지불하여 *M6Spend*가 증가하는 것이 그럴듯해 보이지만 이 관계는 개방성 (*Openness*)과 같이 측정되지 않은 성격 특성으로 인해 교란되기도 합니다. 10장에서 실험을 진행했기 때문에 실험처치가 *CSAT*에 영향을 준다는 사실을 우리는 이미 알고 있습니다. 이것을 인과관계 다이어그램으로 나타내면 [그림 12-8]과 같습니다.

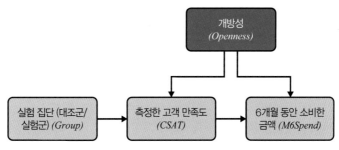

그림 12-8 관심 변수에 대한 인과관계 다이어그램

[그림 12-8]에서 볼 수 있듯이 *CSAT*는 *Group*과 *M6Spend* 사이의 매개변수이지만 *CSAT*와 *M6Spend* 사이의 관계는 *Opennss*의 교란 효과에 의해 상향 편향되어 있습니다.

이상적으로는 *Openness* 변수에 대한 데이터가 있고 다음의 수식과 같은 2개의 회귀를 수행할 수 있어야 합니다.

수식 12-1

$$CSAT = \beta_{g1}.Group + \beta_{o1}.Openness$$

수식 12-2

$$M6Spend = \beta_{c2}.CSAT + \beta_{o2}.Openness$$

그러나 *Openness*에 대한 구체적인 데이터를 구했다고 해도(예를 들어 설문조사로) 더 이상의 교란변수가 없다고 확신할 수 있을까요? 잠시 수학에서 한 걸음 물러서서 생각해보면 이 질문은 행동 분석의 핵심으로 이어집니다. 고객 만족도는 비즈니스 성공의 필수 기준이지만 개인의 행동에 영향을 미치는 무수한 관찰되지 않은 개인 특성에 매우 강하게 영향을 받기 때문에 이 모든 특성을 고려하여 고객 만족도를 식별하고 통제하기는 어렵습니다.

다시 수학으로 돌아와서 앞에서 설명한 몇 가지 사실을 살펴보겠습니다.

1 가장 왼쪽에 있는 *Group*과 *CSAT* 사이의 관계에 대한 계수를 계산합니다.

2 *Group*이 *M6Spend*에 미치는 총 효과의 계수를 계산합니다.

3 *CSAT*가 *M6Spend*에 미치는 효과의 계수를 계산합니다. 2단계에서 구한 총 효과를 1단계에서 구한 가장 왼쪽 관계의 계수로 나눕니다.

1단계: 왼쪽 관계

*Group*은 *Openness*와 무관한 무작위 배정이기 때문에 [수식 12-1] 대신 다음과 같은 회귀 분석을 수행할 수 있습니다.

$$CSAT = \beta_{g1}.Group$$

의 추정치는 편향되지 않으며 실제 인과 계수이기 때문에 필요에 따라 [수식 12-1]으로 사용할 수 있습니다.

2단계: 총 효과

총 효과의 방정식 [수식 12-3]을 축소 회귀$^{reduced\ regression}$이라고 하며 'r'로 표시합니다. 변수 사이의 사슬을 축소하기 때문입니다.

수식 12-3 R 방정식

$$M6Spend = \beta_{gr}.CSAT(\text{Eq. R})$$

매개효과의 첫 번째 관계(왼쪽 관계)와 같은 이유로 β_{gr}의 추정치도 편향되지 않습니다.

3단계: 관심 변수의 관계

여기가 바로 관심 변수의 마법이 일어나는 곳입니다. 이전 절에서 매개효과를 설명하면서 언급한 바와 같이 $\beta_{gr} = \beta_{c2} * \beta_{g1}$입니다. 이 방정식을 $\beta_{c2} = \beta_{gr} / \beta_{g1}$로 변경할 수 있습니다. 등호 오른쪽의 모든 변수는 편향되지 않았기 때문에 왼쪽의 변수도 편향이 없습니다. β_{c2}의 추정치는 편향되지 않습니다.

즉, 관심 요인의 요인이지만 관심 효과와 교란변수 모두와 관련이 없는 변수(도구 변수)를 찾을 수 있다면 두 변수 사이 관계의 교란을 해소할 수 있습니다.

- 첫 번째 조건(**독립 가정**$^{independence\ assumption}$)은 축소 회귀 분석이 편향되지 않으려면 반드시 필요하지만 다행히 무작위 배정에서는 항상 참입니다.
- 두 번째 조건(**베제 제약**$^{exclusion\ restriction}$)은 도구 변수와 관심 효과 사이의 관계가 반드시 관심 요인에 의해 완전히 매개되어야 한다고 말할 수 있습니다. 방정식 $\beta_{gr} = \beta_{c2} * \beta_{g1}$이 참이어야 합니다. 하지만 안타깝게도 이것은 수학적으로 증명할 수 없으며 정성적으로 인과 상황을 판단하여 가정해야 합니다. 예를 들어 주어진 예제에서는 실험 집단의 배정이 $CSAT$ 사슬 밖에서 $M6Spend$에 영향을 미칠 가능성은 거의 없습니다. 이것을 수학적으로 증명하려면 매개효과의 두 번째 관계를 알아야 합니다.

12.2.4 측정

이제 이론을 모두 알아봤으니 실제로 측정해볼까요? 직접 회귀를 다 계산할 수도 있지만 우리를 도와줄 멋진 패키지가 있습니다.

먼저 매개효과의 첫 번째 관계와 총 효과에 대한 선형 회귀(축소 회귀)로 두 가지 온전성 검사를 수행하겠습니다. 두 검사 중 하나가 부트스트랩 신뢰 구간을 기반으로 0에 매우 가까운 계수를 도출하면 도구 변수 회귀 분석이 위태로워질 수도 있습니다. 대부분의 경우 관심 변수와 인과적으로 관련된 다른 공변량을 포함하려고 할 것입니다. 10장의 예제에서 *Age*(상담 고객의 나이)와 *Reason*(상담의 이유)는 *CSAT*를 예측할 때 사용할 수 있도록 *Group*에 덧붙여 회귀를 수행했습니다. 여기서도 마찬가지로 세 가지 변수로 회귀를 수행합니다.

```
## 파이썬 (출력 결과는 생략)
ols("call_CSAT~group+age+reason", data=exp_data_df).fit(disp=0).summary()
ols("M6Spend~group+age+reason", data=exp_data_df).fit(disp=0).summary()
```

```
## R
summary(lm(call_CSAT~group+age+reason, data=exp_data))
summary(lm(M6Spend~group+age+reason, data=exp_data))
```

```
...
Coefficients:
               Estimate Std. Error t value Pr(>|t|)
(Intercept)    4.103826   0.011790  348.07   <2e-16 ***
grouptreat     0.540633   0.006291   85.94   <2e-16 ***
age            0.020202   0.000280   72.14   <2e-16 ***
reasonproperty 0.200590   0.006600   30.39   <2e-16 ***
...
Coefficients:
               Estimate Std. Error  t value            Pr(>|t|)
(Intercept)    99.93195   0.43976   227.242            < 2e-16 ***
grouptreat      1.61687   0.23465     6.891 0.00000000000557 ***
age            -1.46785   0.01044  -140.536            < 2e-16 ***
reasonproperty  0.44458   0.24615     1.806             0.0709 .
...
```

다행히 두 계수 모두 0과 떨어져 있으므로 도구 변수 회귀 분석으로 넘어갈 수 있습니다.

파이썬 코드

파이썬에서는 linearmodels 패키지를 사용합니다.

```
## 파이썬
iv_mod = IV2SLS.from_formula('M6Spend ~ 1 + age + reason + [call_CSAT ~ group]',
                             exp_data_df).fit()
iv_mod.params
```

```
Intercept            87.658610
age                  -1.528264
reason[T.property]   -0.155326
call_CSAT             2.990706
Name: parameter, dtype: float64
```

IV2SLS.from_Formula() 함수의 구문은 ols() 함수의 구문과 거의 동일합니다. 관심 효과는 물결표('~') 왼쪽에 작성하고 예측에 사용할 변수는 오른쪽에 작성합니다. 이때 1단계 회귀 분석은 대괄호 사이에 작성합니다. 다음 두 가지를 유의하세요.

- 예측 변수를 작성할 때 상수('1')를 명시적으로 포함해야 합니다.
- 관심 변수와 관련된 다른 공변량(여기서는 Age와 Reason)도 대괄호 밖에 포함해야 합니다. 대괄호 밖으로 빼더라도 이 변수는 1단계 회귀 분석에 자동으로 포함됩니다. 1단계 회귀 분석의 공식에는 매개변수, 즉 관심 요인과 도구 변수만 포함하면 됩니다.

파이썬 함수의 출력은 제한적이지만 이것만으로도 충분합니다. *call_CSAT*가 *M6Spend*에 미치는 영향은 단위당 약 2.99달러고 *call_CSAT*에 대한 *M6Spend*의 단순하고 편향된 회귀에 비하면 약 1달러 적습니다.

```
## 파이썬
ols("M6Spend~call_CSAT+age+reason", data=exp_data_df).fit(disp=0).summary()
```

```
...
                        coef      std errt   P>|t|    [0.025    0.975]
Intercept            83.2283    0.536  155.302  0.000   82.178    84.279
reason[T.property]-0.3582     0.245   -1.461  0.144   -0.839     0.122
call_CSAT             4.0019    0.076   52.767  0.000    3.853     4.151
age                  -1.5488    0.010 -147.549  0.000   -1.569    -1.528
...
```

편향되지 않은 효과에 대한 90%의 부트스트랩 신뢰 구간은 약 [2.26; 3.89]입니다.

R 코드

R에서는 ivreg 패키지를 사용합니다.

```
## R
> iv_mod <- ivreg::ivreg(M6Spend~call_CSAT + age + reason ¦ group + age + reason,
                         data=exp_data)
> summary(iv_mod)
```

```
Call:
ivreg::ivreg(formula = M6Spend ~ call_CSAT + age + reason ¦ group +
    age + reason, data = exp_data)

Residuals:
   Min    1Q Median    3Q    Max
-86.82 -35.01 -17.94  19.92 706.58

Coefficients:
                Estimate Std. Error  t value     Pr(>¦t¦)
(Intercept)     87.65861    1.93745   45.244      < 2e-16 ***
call_CSAT        2.99071    0.43165    6.929 0.00000000000426 ***
age             -1.52826    0.01358 -112.540      < 2e-16 ***
reasonproperty  -0.15533    0.25968   -0.598         0.55

Diagnostic tests:
                  df1    df2 statistic p-value
Weak instruments    1 231655  7384.847  <2e-16 ***
Wu-Hausman          1 231654     5.667  0.0173 *
Sargan              0     NA        NA      NA
---
Signif. codes:  0 '***' 0.001 '**' 0.01 '*' 0.05 '.' 0.1 ' ' 1

Residual standard error: 56.12 on 231655 degrees of freedom
Multiple R-Squared: 0.0925,  Adjusted R-squared: 0.09249
Wald test:  7019 on 3 and 231655 DF,  p-value: < 2.2e-16
```

감사하게도 ivreg 패키지의 개발자는 ivreg() 구문과 출력 등의 기능을 모두 lm()과 최대한 비슷하게 만들기 위해 최선을 다했습니다. 공식의 유일한 차이점은 수직 막대 '|'로 2개의 회귀 목록을 구분할 수 있다는 점입니다. 변수는 다음과 같은 위치에 작성합니다.

- 관심 요인(주어진 예제에서 *call_CSAT*)은 막대의 왼쪽에만 나타납니다.
- 도구 변수(주어진 예제에서 *Group*)는 막대의 오른쪽에만 나타납니다.
- 관심 효과 또는 요인에 기여하는 다른 설명 변수(주어진 예제에서 *Age*와 *Reason*)는 막대의 양쪽에 나타납니다.

*ivreg()*의 출력은 *lm()*의 출력과 매우 비슷합니다. 관심값은 *call_CSAT*의 계수입니다. *ivreg()*는 또한 모델의 다양한 관계의 강도를 테스트하는 도구 변수에 대한 몇 가지 진단 결과를 반환합니다. 여기서도 *M6Spend*에 대한 *call_CSAT*의 효과는 단위당 약 2.99달러입니다. 해당하는 90%의 부트스트랩 신뢰 구간은 약 [2.26; 3.89]입니다.

> **NOTE** 간단한 예제로 살펴본 두 추정치 사이의 차이는 *Openness* 때문에 발생합니다. 현실 세계에서는 모든 교란변수를 자신 있게 파악할 수는 없을 것입니다. 대신 '알 수 없는 심리적인 것'이라는 레이블을 붙일 수 있습니다. 하지만 이러한 교란변수를 측정하지 않더라도 *CSAT*이 *M6Spend*에 미치는 영향을 측정할 수 있습니다. *CSAT*를 1점 증가시키는 교란변수의 변화는 *M6Spend*도 약 1달러 증가시킵니다. 이제 *CSAT* 1점당 *M6Spend*에 1달러어치의 교란변수가 있다는 사실을 알고 있는 상태에서 개방성이나 다른 알려지지 않은 심리학적인 것을 측정하는 설문조사를 진행할 수 있습니다. 모르는 것을 알고 있다니 꽤나 멋진 일이죠?

12.2.5 도구 변수 적용: 자주 묻는 질문

앞의 예에서 실험 데이터의 다운스트림 분석^{downstream analysis}을 하기 위해 도구 변수를 사용했습니다. 실험 데이터를 사용하여 인과관계의 교란을 해소했습니다. 이것은 도구 변수를 활용하는 가장 간단하고 강력한 방법이지만 이밖에도 다양한 경우에 적용할 수 있습니다. 도구 변수에 익숙해지면 여러분은 이제 스스로에게 '이건 어떨까?'와 같은 질문을 하기 시작할 것입니다 일일이 예제를 만들긴 어렵겠지만 간단하게 몇 가지 질문만 살펴보겠습니다.

순수 관찰 데이터로 도구 변수를 사용할 수 있나요?

네, 분석 과정은 실험 데이터와 완전히 동일하지만 독립 가정이 다를 수 있기 때문에 도구 변수를 적용할 수 있는지 검토해야 합니다. 필자는 종종 잠재적인 도구 변수를 먼저 생각했다가 잠시 후에 도구 변수와 최종 효과 사이에 또 다른 연관성이 숨어있다는 사실을 깨닫곤 합니다.

이진형 최종 효과로 도구 변수를 사용할 수 있나요?

이러한 경우 계수 사이의 관계는 선형 회귀 분석보다 훨씬 복잡합니다. R에서는 `ivprobit()` 패키지를 사용하면 도구 변수로 프로빗 회귀^{probit regression}를 수행할 수 있지만 로지스틱 회귀 분석으로 해결할 방법은 없는 것으로 알고 있습니다.

12.3 정리하기

마침내 이 책의 마지막에 도달했습니다. 책의 시작 부분에서 필자는 고객 만족도가 비즈니스 지표에 미치는 인과적 영향을 측정하기로 약속했고 이렇게 해냈습니다. '기록된 고객 만족도가 한 단위 증가하면 6개월 동안 고객이 소비하는 금액이 2.99달러 증가합니다'라는 것이 이 책의 결론입니다. 긴 주의 사항이나 각주, '상관관계는 인과관계가 아니다'라고 말릴 사람도 없습니다. 이것은 분명히 명백한 결과입니다. 그리고 이제 여러분은 무엇이든 상상하고 증명할 수 있습니다. 고객 만족도, 로열티 프로그램 멤버십과 브랜드 인식 등 모호하고 편향된 개념의 비즈니스 영향을 얼마든지 측정할 수 있습니다. 필요한 데이터는 이미 존재할 가능성이 높습니다. 마케팅 담당자가 2년 전에 고객이 로열티 프로그램에 가입하면 할인해주는 실험을 진행한 적이 있나요? 그렇다면 단순히 해당 데이터를 가져와서 한 줄짜리 공식으로 도구 변수 회귀 분석을 적용하면 됩니다. 물론 '단순하다'라는 것이 갑자기 '짠!'하고 된다는 뜻은 아닙니다. 이 결론에 도달하기까지 다음과 같이 많은 과정이 필요하니까요.

- 1부에서 살펴본 것과 같이 고객 만족도와 고객의 소비에 대한 변수는 잘 정의되고 이해할 수 있어야 합니다.
- 2부에서 살펴본 것과 같이 올바른 인과관계 다이어그램이 필요합니다.
- 3부에서 살펴본 것과 같이 통계 검정 방법을 모두 외우지 않아도 불확실성을 처리할 수 있는 도구가 필요합니다.

- 4부에서 살펴본 것과 같이 잘 설계되고 잘 분석된 실험이 필요합니다.
- 마지막으로 5부에서 배운대로 조절효과와 매개효과를 이해해야 합니다.

마지막이니 조금 편하게 얘기하자면 흔히 아이들이 세상을 무한한 호기심을 가지고 바라본다고 말하죠? '왜 하늘은 파랄까?'와 같이 지금은 전혀 궁금하지 않은 사소한 사실조차 궁금해합니다. 물론 그 호기심이 실제로 무한하지는 않습니다. 어느 순간부터 대부분의 아이들은 그렇게 질문을 많이 하는 것을 멈춰버립니다. 이 책이 여러분 안에 어린아이와 같은 호기심을 다시 불러일으킬 수 있기를 진심으로 바랍니다. 주변의 세상(특히 사람들)에 호기심을 갖고 '그런데 왜 그럴까?'라는 생각을 하게 된다면 정말 좋겠네요. 아참, 인과관계에 오류를 저지를 뻔했네요. 물론 호기심이 이미 충분하다면 여러분은 전문가로서 성공할 수 있다는 점을 잊지 마세요.

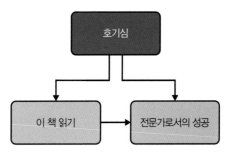

그림 12-9 상관관계는 인과관계가 아니다?

INDEX

INDEX

INDEX

INDEX

INDEX